先秦多都并存制度研究

潘明娟　著

中国社会科学出版社

图书在版编目(CIP)数据

先秦多都并存制度研究／潘明娟著.—北京：中国社会科学出版社，
2018.12

ISBN 978 - 7 - 5203 - 0503 - 7

Ⅰ.①先…　Ⅱ.①潘…　Ⅲ.①政治制度史—研究—中国—先秦
时代　Ⅳ.①D691.2

中国版本图书馆 CIP 数据核字(2017)第 134054 号

出 版 人	赵剑英
责任编辑	顾世宝
责任校对	张 慧
责任印制	戴 宽

出　　　版	中国社会科学出版社
社　　　址	北京鼓楼西大街甲 158 号
邮　　　编	100720
网　　　址	http://www.csspw.cn
发 行 部	010 - 84083685
门 市 部	010 - 84029450
经　　　销	新华书店及其他书店

印刷装订	北京君升印刷有限公司
版　　　次	2018 年 12 月第 1 版
印　　　次	2018 年 12 月第 1 次印刷

开　　　本	710×1000 1/16
印　　　张	22
插　　　页	2
字　　　数	339 千字
定　　　价	99.00 元

凡购买中国社会科学出版社图书，如有质量问题请与本社营销中心联系调换
电话:010 - 84083683

目　　录

第一章
绪　　论

都城作为一个国家或政权的政治、军事、宗教、经济、文化中心，是历史横断面的缩影。都城是承载国家政治权力中枢功能的一个区域政治实体，研究古代都城对于研究我国古代及现代的政治、经济、文化发展有着重要的意义。

在国家主要都城之外另设辅助性都城，以同时存在的多座都城来有效统治疆域、强化政治管理的政治制度，可以称为多都并存制度。多都并存制度是我国古代建都史上的一个重要特点，其应用非常广泛，几乎各个统一王朝及大部分割据政权都设置有两个或两个以上的都城。先秦时期是多都并存制度的形成时期，同一王朝或政权的多个都城的设置情况及设置背景、都城的政治地位及都城之间的相互关系是错综复杂的，先秦多都并存制度对后世的都城体系、城市形态和城市结构都存在或大或小的影响。本研究旨在以先秦时期同一王朝或政权的多座都城设置为研究对象，还原其历史真相，揭示其原因及其对后世的影响。

第一节　问题的缘起

先秦时期是我国多都并存制度形成的时期，因此，研究先秦的多都并存制度有着重要的历史意义和现实意义。关于这一点，可以从三个方面来说明。

一　古代都城研究的重要性

都城是国家统一体的重要组成部分，没有都城的国家是不存在的。

因此，可以说都城是一个政权最重要的城市，都城的地址选择、数量设置、都城与其他城市之间的关系等都是需要认真考虑的因素。在中国古代，都城更是占据着社会政治生活的重要地位。它往往与政权的兴衰存亡有着直接的关系。正如刘庆柱所言："古代都城是古代国家的政治中心，是集中体现物化载体的国家政权形式，因此，一般而言都城的兴废与国家政权的建立、灭亡同步。古代王朝建立的第一行动和标志，往往是'定都'，而都城被攻陷、覆灭则意味着王朝的终结。"①

从都城发展的角度来看，我国历经几千年的政治变革和数十次的朝代变更，几乎每一次重大的变革与变更都伴随着都城的变迁。都城的区位选择总是以特定的社会背景为前提，以特定政权的政治要求和政治目标为基础，都城的数量设置及都城与其他城市、其他地域之间的关系等问题也是必须深思熟虑的。这中间包含着深刻复杂的政治、经济、军事、环境、文化传承等方面的考量。

由于都城是特殊的城市，因此研究中国古代的都城，对历史时期其他城市的研究也有很大启发。

都城问题既是一个理论问题，也是一个具有现实意义的重要问题。科学研究历来强调"学以致道"和"学以致用"，"学以致道"在于揭示所研究事物的本质与规律，体现问题研究的理论意义；"学以致用"则是为现实服务，体现问题研究的现实意义。从"学以致道"的角度来看，古代都城是历史地理学一个重要的研究领域，而研究古代都城体系及都城的发展规律又是古代都城研究一个不可或缺的方面。对古代都城体系的深入研究，可以扩展历史地理学的研究领域，丰富和发展历史地理学理论。从"学以致用"的角度来看，都城的区位、都城的数量设置、都城政治地位的升降、都城与其他区域之间的关系、都城的腹地大小等都是一个政权是否能够站稳脚跟、致力于稳定发展的重要因素，也是比较现实的问题。因此，研究古代都城可以以史为鉴，为现实的都城城市发展、都城区域发展和全国各区域和谐发展服务。

---

① 刘庆柱：《中国古代都城考古学研究的几个问题》，《考古》2000 年第 7 期。

二　古代多都并存制度研究的重要性

多都并存是我国古代都城制度中一个比较重要的环节，是一个政权或王朝在国都之外另设辅助性都城以加强中央控制力的政治制度。

中国历史上，由于政治、经济、军事等诸多因素的限制，在区域空间权衡理念的支配下，许多王朝或政权除了设置首都（或称为"主都"）以外，还设置一些辅助性都城，亦即陪都（或称为"别都"），从而形成同一政权同一时期有多座都城并存的局面，基本构成由一座主都与若干陪都所组成的复杂都城体系。这是中国古代都城建置史的一个特点。

多都并存的现象起源甚早，在中国都城发展过程中曾长期存在，其本身的发展也具有一定的时间与空间特征。在我国古代都城发展史上，几乎大部分王朝或政权都采用多都并存制度。虽然历朝设置都城的形式、数量、原因、都城之间的关系等各不相同，但不可否认，广泛而普遍存在的多都并存制度对我国古代的政治、经济、军事、文化的发展有着一定的影响，在某种程度上，陪都对其所辅助的主要都城发挥了支持作用。因此，多都并存制度的研究应该成为我国古代都城研究的一个重要方面。

三　先秦时期多都并存制度研究的重要性

先秦时期是我国古代大部分政治制度的形成时期，也是多都并存制度的起始时期。

三代时期每个政权有多座都城是一种较为普遍的现象，史念海先生综述过三代的都城：夏的都城先后有崇、安邑、平阳、晋阳、阳城、阳翟、黄太之丘、斟郡、帝丘、斟灌、原、老、西河等13处。商的都城，自契至汤八迁，实有亳、蕃、砥石、商、商丘、相土之东都和邺等7处。汤以后6座都城，为嚣、相、耿、庇、奄、殷。早周有邰、豳、岐、程、丰5处。三代共有三十多处都城。[①] 但是，这些都城是同时存

---

① 史念海：《中国古都概说》（一），《陕西师范大学学报》（哲学社会科学版）1990年第1期。

在的关系还是前后相继的关系，其政治地位怎样，需要进一步探讨，同时并存的都城如何设置，其相互关系如何等问题也需要在复原历史的基础上，分析其设置原因，探究其政治地位的演变和相互关系的动态变化。

关于夏商都城，文献记载较为模糊混乱，在梳理文献之外，需要借助考古资料论证分析。

多都并存制度的起源，从明确的文献记载来看，应是从西周时期开始的，这一时期，青铜铭文出现有"周""宗周""成周"之名，文献记载中也有洛邑被称为"新都"（与之相对的都城应为"旧都"）、"东都"（与之相对的都城应为"西都"）的说法。但是，制度的确定有一个漫长的过程。在成文记载之前，可能就已经有了多都并存制度的存在与演变，发展到西周时期，这个制度才被我们现在能够看到的文献明确记载下来。由于学者对文献资料和相关考古资料的不同理解与解释，多都并存制度的起源成为一个存在较大争议的问题。

春秋战国时期，一个政权多座都城同时存在的制度普遍盛行起来，相关的文献记载也多了起来。例如，《左传》中，晋国的曲沃被称为"下国"，也就是地位次于国都的"国"；楚国在陈、蔡、不羹三县筑城，"赋皆千乘"，称为"三国"；齐国也有设五都的制度，据《战国策·燕策一》所载，齐国除国都临淄外，还在四境设有四个别都，因此，当时有"五都"的说法；《战国策》中，燕国也出现"下都"武阳的名称，当然也会有对应的"上都"。因此，分析春秋战国时期的史料、复原各诸侯国的都城设置及都城地位状况是必要的。

多都并存制度起源甚早，这是大部分学者公认的。但其具体起源的时期，学术界众说纷纭。有学者认为远在夏代即已出现①，只是有关夏代的主都和陪都，在考古学上还未得到确认。还有学者认为，"早商时代，偃师商城可以说一直是商都的别都（即陪都或离宫）"②，或者提出

---

① 张国硕：《夏商时代都城制度研究》，河南人民出版社 2001 年版，第 66 页；李民：《夏商史探索》，河南人民出版社 1985 年版，第 1—9 页；程平山：《夏商周历史与考古》，人民出版社 2005 年版，第 18 页。

② 邹衡：《桐宫再考辨——与王立新、林沄两位先生商榷》，《考古与文物》1998 年第 2期。

郑州商城（即阑或管）是商代前期的别都，而朝歌（即牧或沫）是商代晚期的别都[①]，则说明至迟在商代前期已经出现了主都、陪都并存的都城形式。另外还有学者认为中国历史上最早的陪都是西周初经营的雒邑[②]。由此可见，学界对多都并存制度起源于何时的具体观点差异甚大，基本集中在夏、商、西周三个时期。只有全面分析夏、商、西周时期的都城设置情况，才能确定多都并存制度起源的具体时代。

多都并存是先秦时普遍存在的现象，并逐渐形成一个约定俗成的制度，这个制度对后世有着比较重要的影响。秦汉以后的多都并存制度，在设置形式、都城数量甚至都城关系等方面都与先秦时期的多都并存制度有着密不可分的联系。因此，先秦时期不仅是我国都城制度的形成时期，也是多都并存制度起源并定型的时期。所以，研究先秦时期的多都并存制度对认识我国古代都城制度、深刻了解我国相关政治制度，进而了解我国的历史、文化和政治、经济等问题，有非常重要的作用。

第二节　相关研究成果述评及基本资料

先秦多都并存制度研究是一个比较难做的题目。从笔者对已有研究成果的信息检索来看，学界对这个问题的研究比较薄弱也比较零散，目前尚无系统的研究成果。

一　相关研究成果述评

由于对先秦多都并存制度的研究没有可直接参考的研究成果，我们将视野转向了相关的研究成果方面，希望这些成果对本书的研究能有一定的帮助。

（一）对古代都城的研究

在我国，都城历来是一个朝代政治、经济、文化等最集中的表现。

---

① 杨宽：《中国古代都城制度史研究》，上海人民出版社1993年版，第32—39页。
② 史念海：《中国古都概说》，载《中国古都研究》第八辑，中国书店1993年版；朱士光、叶骁军：《试论我国历史上古都的形成与作用》，载《中国古都研究》第三辑，浙江人民出版社1987年版；赵中枢：《古都与陪都》，载《中国古都研究》第八辑，中国书店1993年版。

因此，对于中国古代都城的研究是中国历史地理和中国城市史的重要课题，长期受到历史地理学界诸多学者的关注，在对我国古代都城的研究方面，出版、发表了一批专著、论文。

对古代都城的研究，有通史性质的著述。如史念海先生的《中国古都与文化》① 对古都的内涵、古都形成的因素等问题进行了总结与探讨。李洁萍《中国历代都城》②、吴松弟《中国古代都城》③ 等均介绍了中国古代都城的概况。马正林《中国城市历史地理》④ 是研究古代城市地理的一部专著，涉及古代的大部分都城的形状、规模、平面布局等。此外，叶骁军《中国都城研究文献索引》⑤ 及《中国都城历史图录》1—3 集⑥为研究都城做了资料和图片的整理工作。

古代都城研究中，断代性质的著述也不少。如曲英杰《先秦都城复原研究》⑦ 分析先秦文献记载，讨论诸多都城的地望与平面布局，为本研究提供了先秦都城的资料。徐卫民《秦都城研究》⑧ 分析了春秋战国时期秦国的九座都城，探讨了秦国都城的发展演变及其特点，为本研究提供了可贵的研究思路和秦国都城的研究资料。

港台及国外学者也注意到都城研究领域大有可为，如陈正祥《中国文化地理》⑨ 对中国古代城市和都城尤其是北京和南京给予了特别关注，谢敏聪《北京的城垣与宫阙之再研究（1403—1911）》⑩ 研究了特定的都城——北京。日本学者也开始进行中国古代都城的比较研究，主

---

① 史念海：《中国古都与文化》，中华书局 1998 年版。
② 李洁萍：《中国历代都城》，黑龙江人民出版社 1994 年版。
③ 吴松弟：《中国古代都城》，中共中央党校出版社 1991 年版。
④ 马正林：《中国城市历史地理》，山东教育出版社 1998 年版。
⑤ 叶骁军：《中国都城研究文献索引》，兰州大学出版社 1988 年版。
⑥ 叶骁军：《中国都城历史图录》，兰州大学出版社，第一集出版于 1986 年 5 月，第二集出版于 1986 年 12 月，第三集出版于 1987 年 6 月。
⑦ 曲英杰：《先秦都城复原研究》，黑龙江人民出版社 1991 年版。曲英杰另一本著作《史记都城考》（商务印书馆 2007 年版）以《史记》所载的历代都城为线索，大部分研究也属于先秦都城。
⑧ 徐卫民：《秦都城研究》，陕西人民出版社 2000 年版。
⑨ 陈正祥：《中国文化地理》，三联出版社 1983 年版。
⑩ 谢敏聪：《北京的城垣与宫阙之再研究（1403—1911）》，台湾学生书局 1989 年版。

要有平冈武夫的《长安与洛阳》① 等，为我们进行深入研究提供了可资比较的思路与方法。美国的都城制度虽然与中国的传统文化不一样，但也出版了研究论文集《中华帝国后期的城市》②，书中收录了几篇研究中国古代都城的论文，为我们提供了不同的视角。

关于都城考古的研究资料比较丰富。考古工作者对中国古代都城遗址进行了全方位地、持续不断地考古调查、发掘与研究，其中有统一王朝或帝国时期的都城遗址，如夏代都城偃师二里头遗址、商代都城偃师商城和安阳殷墟遗址、西周都城丰镐遗址、汉长安城遗址、汉魏洛阳城遗址、隋大兴城遗址、唐长安城遗址、隋唐洛阳城遗址和元大都遗址等，此外还有陕西周原遗址、北京琉璃河燕国都城遗址、曹魏和北朝的邺城遗址、渤海上京遗址和南宋临安城遗址等。这些考古工作使对中国古代都城的研究不断深入。在考古资料中，刘庆柱《古代都城与帝陵考古学研究》③ 是作者的考古学论文汇编，主要综述了中国古代都城考古学需要研究的几个问题，对秦代都城与汉代都城遗址进行了论述，为本研究提供了考古学的都城研究方法及秦代都城的具体资料。

以上论著，既有关于都城的宏观研究，又有具体的微观研究，解决了一些理论上、概念上的问题，为我们研究先秦多都并存制度提供了可资借鉴的研究方法、研究思路及具体资料。

（二）对古代都城制度尤其是多都并存制度的研究

都城制度是人类社会早期各种制度的一个方面，中国古代社会与文化，乃至中国古代历史进程中许多特征的形成，都与都城制度的发展有关。王国维首先重视先秦制度研究④，但未涉及都城制度。关于都城制度，论文方面，张光直《夏商周三代都制与三代文化异同》⑤ 提出了都城制度问题，并且认为三代实行圣都俗都制度。国内学者也开始关注都

---

① ［日］平冈武夫：《长安与洛阳》，杨励三译，陕西人民出版社1957年版。
② ［美］施坚雅主编：《中华帝国晚期的城市》，叶光庭等译，中华书局2000年版。
③ 刘庆柱：《古代都城与帝陵考古学研究》，科学出版社2000年版。
④ 王国维：《殷周制度论》，《观堂集林》卷十，中华书局1959年版。
⑤ ［美］张光直：《夏商周三代都制与三代文化异同》，《中国青铜时代》，生活·读书·新知三联书店1999年版。

城制度的研究。李自智①、许顺湛②、渠川福③、程妮娜④、万明⑤、李令福⑥、马世之⑦等对不同时期、不同政权的都城进行了有益的实证探索，杨宽⑧、尹钧科⑨、叶骁军、朱士光⑩等从不同角度、不同程度对多都并存制度进行了理论探讨，为本书的写作提供了方法上、思路上的帮助。其中，叶骁军、朱士光的《试论我国历史上陪都制的形成与作用》是一篇有较高价值的论文，探讨了陪都制度的起源、多京制的形成与发展、陪都的类型地位和作用、陪都的地理位置等问题。李令福《周秦都邑比较研究》有意识地从都城体系的角度看待都城的迁徙和都城的地位，是一种可取的尝试。吴长川的硕士学位论文《先秦陪都功能初论》认为先秦时期的陪都具有军事、政治、祭祀三方面的功能，但复原、界定具体陪都的力度不够。

专著方面，目前较有影响的主要有杨宽《中国古代都城制度史研究》⑪和张国硕《夏商都城制度研究》⑫。其中，杨宽的研究主要集中在我国古代都城的方位朝向制度、城郭制度及城市形态结构等方面，未涉及多座都城所形成的都城体系研究。对本研究帮助最大的是张国硕的专著。张书从主辅都制度、离宫别馆、都城选址、都城军事防御、都城规划布局等五个角度深入研究了夏商都城。其中，主辅都制度和离宫别

---

① 李自智：《先秦陪都初论》，《考古与文物》2002 年第 6 期。

② 许顺湛：《中国最早的两京制——郑亳与西亳》，《中原文物》1996 年第 2 期。

③ 渠川福：《我国古代陪都史上的特殊现象——东魏北齐别都晋阳略论》，载《中国古都研究》第四辑，浙江人民出版社 1989 年版。

④ 程妮娜：《金代京、都制度探析》，《社会科学辑刊》2000 年第 3 期。

⑤ 万明：《明代两京制度的形成及其确立》，《中国史研究》1993 年第 1 期。

⑥ 李令福：《周秦都邑比较研究》，《中国历史地理论丛》2000 年第 4 期。

⑦ 马世之：《关于楚之别都》，《江汉考古》1985 年第 1 期。

⑧ 杨宽：《商代的别都制度》，《复旦学报》，1984 年第 1 期；《中国古代都城制度史研究》，上海人民出版社 2003 年版。

⑨ 尹钧科：《中国古代都城制度及其在古都学研究中的地位》，《中国古都研究》第十一辑，山西人民出版社 1994 年版；《古都学与城市历史地理学》，《中国古都研究》第十二辑，山西人民出版社 1998 年版。

⑩ 叶骁军、朱士光：《试论我国历史上陪都制的形成与作用》，《中国古都研究》第四辑，浙江人民出版社 1989 年版。

⑪ 杨宽：《中国古代都城制度史研究》，上海人民出版社 1993 年版。

⑫ 张国硕：《夏商都城制度研究》，河南人民出版社 2001 年版。

馆制度及都城选址制度在不同程度上涉及多都并存这个重要问题。在多都并存制度的研究方面，张书做了一定的开创性研究，获得了很大突破。第一，张书首次提出夏商都城并非"屡迁"，而是实行"主辅都制度"，并对此制度形成的原因进行了初步的探讨。第二，张书认为离宫别馆实际上是辅都的一种形式，虽然这种提法可能有待商榷，但对我们提出确立辅都（即陪都）的条件有一定的启发。第三，张书明确提出了"主都居中制度"和"辅都在边制度"，结合先秦时期出现的"择中建都"原则，我们可以看出，张书已经初步具有了空间权衡的概念，从政权疆域不同空间的角度来思考主都与陪都的都城设置与都城职能。但是，由于多都并存制度只是都城制度的一个方面，张书对涉及的多都并存制度并没有深入研究，还存在一些不尽如人意的地方。如没有正确解释主都与陪都之间深刻的差异所在，换句话说，没有明确指出主都和陪都应该具有的特点与条件及主都与陪都之间的差异性，因此，就无法具体解释为什么阳城为大禹时的主都而斟郭为夏王朝时期的主都，为什么郑州商城是商代前期的主都而安阳殷墟为商王朝后期的主都等问题。对于这些问题的解释，著者只是泛泛空谈这些主都"规模大、规格高、延续时间长"。其实，都城"规模大、规格高、延续时间长"只是主都相对于陪都的重要特点，笔者认为，这些描述不能科学地确定一个都城的主都地位，更不能论述主都地位从一个城市转移到另一个城市的过程。

二 本研究试图关注的视角

综观上述对已有研究成果的评述，可以看到，先秦多都并存制度的研究是一个非常重要的课题，亟待解决的问题也很多。笔者认为，以先秦多都并存制度为研究论题，在对先秦时期实证案例的分析基础上，进行规律与特点的探讨和总结，是需要关注的焦点。因此，对于先秦多都并存制度的研究可能需要集中在以下几个方面。

（一）与多都并存有关的概念及多都并存含义的界定

研究先秦的多都并存制度，首先碰到的问题是：城、城市、都城的概念及其内涵与外延，城市的起源、都的起源问题等。其次，目前学术界在进行研究时，使用多个类似的概念描述同时并存的多个都城，这些概念归纳起来主要有：主都、首都、陪都、辅都、行都、别都、圣都、俗都等。多个概念的使用，容易导致概念内涵和外延的模糊与混乱。因此，在研究多都并存制度的开始，我们需要对各个概念作一个简要的界定，以保证在本研究中不会出现歧义或混淆。最后，对"多都并存制度"的界定。"多都并存制度"一词是本研究率先提出的，学术界对相关问题的研究，有的用"主辅都制度"一词，有的用"陪都制度"或"别都制度"的说法，侧重点不同，其内涵也不一样。同时，有些学者对先秦时期的多都并存现象能否成为制度还存有怀疑，因此，本研究在界定相关概念的基础上，还要对"多都并存制度"一词的含义进行界定和说明，并论证"多都并存制度"的存在。

（二）先秦多都并存实证案例研究

为了对先秦时期多都并存现象有一个完整而深入的了解，进而分析多都并存制度的产生、确定及发展流变的过程，论证多都并存制度形成的原因，探讨先秦多都并存制度对后世的影响，需要复原研究先秦时期多都并存的实证案例。

因此，本研究用九章的篇幅着重复原研究先秦各个时期的多都并存案例并探讨具体政权多都并存的规律，包括：推测夏代多都并存的都城体系。研究商代都城迁徙和多都并存制度，在早商时期，郑州商城和偃师商城是二都并存的关系，其中郑州商城是主都，偃师商城作为陪都存在；在中商时期，圣都在"商"而隞、相、邢、奄等俗都屡迁；在晚商时期，殷墟为主都，"成汤之故居"为陪都，朝歌为重要政治中心（是否为陪都尚不确定）。梳理西周时期岐周、宗周、成周三都的设置及其关系，得出结论：岐周为西周政权的圣都，宗周为主都，成周为陪都。理清晋国初期"翼"与"绛"的同地异名关系，确定晋国曲沃的圣都地位和绛的主都地位。确定秦国都城的设置情况是并存中有迁徙，秦国圣都有两座，主都即俗都，是前线都城，俗都不断迁徙，最后定都于咸阳。楚国的陪都主要是在军事要塞设置，是军事性都城。齐国实行五都制，除主都临淄外，其余四都均为边疆地区的军事要塞。燕国也建立有军事性陪都。战国时期，存在着以赵魏韩等国为代表的都城制度的异变，表现形式为"一都独大"。

（三）多都并存制度的发展与流变

在上述关于多都并存制度研究的论著中，对于多都并存制度的起始时代的问题，分歧颇大。李自智从分析考古资料入手，有保留地认为"先秦时期陪都已经形成"。张光直认为，从夏代开始就存在多都并存制度。杨宽认为，"别都制度""可以追溯到商代"。史念海先生认为，陪都制度的建立年代，始于西周初年，即雒邑的建立是陪都制度形成的标志。

　　制度的确立有其过程性，也就是说，制度有一个逐步发展、逐步完善的过程。多都并存制度的渊源在哪里？如何确定其起始年代？这应该是学术界探讨的重要课题之一，也是先秦时期多都并存制度研究的重要任务之一。同时，起始状态下的多都并存制度有一种什么样的表现？起始状态下的多都并存制度与后世的多都并存制度相比有什么差异？诸多问题都是亟待解决的。

　　钱穆先生认为，制度有一个确定的过程，而一经确定，其在不同时期有不同的发展轨迹和发展特征，甚至在不同的地域也可能呈现不同的空间分布特征。关于多都并存制度的发展流变研究，有赖于对多都并存制度进行一定数量的典型实证研究，复原特定时期、特定地域、特定王朝或政权的多个都城设置状况，再对不同时期、不同区域、不同王朝或政权进行比较研究。当然，在做实证研究之前，首先应该确定提出实证研究案例的依据和原则，并保证这些依据和原则普遍适用于每一个实证案例。本研究第十一章在先秦多都并存制度案例复原研究的基础上，关注多都并存制度在某个特定时期的发展与流变以及在不同时期的特征，找出其阶段性和差异性，对多都并存制度的发展与流变得出自己的认识：从多都并存制度的表现形式来看，先秦时期的多都并存制度可以划分为滥觞（夏商时期）、确立（西周时期）和发展（春秋战国时期）三个阶段，在春秋战国时期，多都并存制度呈现出空间分异的特点。

　　（四）多都并存制度形成的原因分析

　　关于多都并存制度的形成原因，张国硕进行了初步的分析，认为客观原因和主观原因是影响夏商时代"主辅都都城制度"存在的两个重要因素。其中，客观原因包括"夏商王朝地域辽阔"和"交通不便"两个方面，主观原因则包括"力图对全国进行有效统治"和"军事战争的需要"两个方面。可以说，张国硕的研究具有开创性的意义。

　　李自智《先秦陪都初论》[①] 则在论述先秦的三个陪都偃师商城、西

---

　　① 李自智：《先秦陪都初论》，《考古与文物》2002 年第 6 期。

周洛邑、燕下都的基础上，根据以上三个陪都的各自特点及各国具体的政治军事形势对多都并存的原因进行了讨论。

以上分析是远远不够的。首先，多都并存制度能够在我国历史上长期存在，一定有我国历史发展的普遍原因，这与我国的历史文化发展是密不可分的，因此，多都并存制度有其宏观原因；其次，多都并存制度能够在先秦时期普遍存在，也有其特殊的时代背景，即中观层面的原因；最后，多都并存制度能够在一个王朝或政权中存在，则有其具体的政治军事形势的原因，即微观层面的原因。通过多都并存制度的实证研究，不仅要找出该制度在一国一地的具体原因，还要概括出先秦时期特殊的时代背景中导致多都并存制度普遍存在的因素，同时，总结出多都并存制度在我国历史上长期存在的普遍原因。

这是本研究第十二章要做的工作。

（五）先秦多都并存制度对后世的影响

本研究第十三章探讨这个问题。先秦时期是我国多都并存制度的形成时期。虽然其后的王朝或政权设置都城的形式、数量、原因及都城之间的相互关系等各不相同，但先秦时期同一王朝或政权的多个都城并存现象对后世的都城体系存在着重要影响，先秦时期的多都并存制度作为一个政治传统而流传下来，其后的大部分王朝或政权甚至民国时期都存在多座都城并存的现象。同时，先秦时期的多都并存制度对具体城市的城市形态和城市结构也有重大影响，因为，都城地位影响着城市规模及城市形态。先秦的多都并存制度对现存的都城制度也存在着一定的影响，需要深入研究。

第三节　相关概念的界定

在研究多都并存制度之前，我们有必要对本书涉及的相关概念进行界定，以明确各主要概念的内涵和外延。

一　都城概念的界定

都城不仅是城市学的一个重要概念，还是一个政治学的概念，对都城及其有关概念的界定需要从城市学和政治学两个方面来考虑。

（一）城市与都城

对城市与都城内涵的界定，需要从政治学和考古学两个方面入手。

1. 城市[①]与都城的政治学内涵

对于中国城市的起源，目前学术界仍有诸多争论[②]。笔者认为，中国古代早期的城市既可以没有城墙，也不一定有市场，它首先是作为政治中心存在的。判断城市的决定性标志应该是其内涵而不是其外在形

---

　　①　用现代定义来说，城市是指人口集中、工商业发达、居民以非农业收入人口为主的地区，通常是周围地区的政治、经济、文化中心（中国社会科学院语言研究所词典编辑室编：《现代汉语词典（修订本）》，商务印书馆2001年版，第162页）。按照这个定义来界定中国城市的起源，要包括人口（人口集中、居民以非农业收入为主）、工商业（工商业发达、经济中心）、政治（周围地区的政治中心）、文化（文化中心）等多方面的因素，比较难以操作。目前学术界还没有类似的界定方式。

　　②　关于中国古代城市的起源，等一种意见认为，原始社会后期的龙山文化，就是中国城市出现的具体时代，从考古上已经发现了龙山文化的古城，就是中国城市的雏形，或早期的城市（如杜瑜《中国城市的起源与发展》，《中国史研究》1983年第1期）；第二种意见认为，中国城市出现于原始社会的三次大分工之后，城市是由市直接发展而形成的，市是城市的前身（如傅崇兰《中国运河城市发展史》，四川人民出版社1985年版，第8—11页）；第三种意见认为，中国最早筑的城，实际上是有围墙的村落，具有真正规模的城市出现于春秋后期，战国时才得到了广泛的发展（如郑昌淦《关于中国古代城市兴起和发展的概况》，《教学与研究》1962年第2期）；还有人认为，中国城市出现的时代应该是西周，因为西周的都城内已经设市（如马正林《中国城市历史地理》，山东教育出版社1998年版，第19页）。这几种意见均有自己的依据，第一种意见是从城市形态学的角度来说明城市起源的问题，认为有了"城墙"的形态就算是有了城市；第二种意见是从城市经济学的角度来考虑，把城市看作商品经济发展的结果；第三种意见把城市学与经济学相结合，认为"城"与"市"的结合才是城市。拘泥于"城市"一词的字面含义，使学界对城市概念的界定多有歧义。也就是说，从不同的角度，依据不同的标准，来看待城市的起源问题，可以得出不同的看法和意见。因此，对于本书要论述的城市与都城问题，我们必须首先确定看待问题的角度和依据。依笔者的理解，"城"是人们在聚落上构筑的防御性设施及拥有这种设置的聚落。这种防御性设施一般为墙垣，但也包含其他如壕沟、栅栏等利用自然地形的防御系统。如果说城是人类社会发展到一定阶段的产物，那么，它的出现首先应是原始人类同自然斗争的结果和农业产生后人类各部落之间掠夺战争的产物。因此，城应该是伴随着农业和定居生活的出现而出现的，它的诞生与文明、国家的出现并无太大联系。当然，在现代汉语中，"城"常常用来借指城市，从语源上也可以看出中国古代城市与防御设施"城"之间的密切关系。但是，应该说，在中国城市发展的早期阶段，并不是所有的城市都有防御设施"城"，同样，也不是所有拥有防御设施的"城"就是城市。"市"是人们进行交易的场所。这种场所有的固定，有的不固定。它是一个地方存在由于产业分工而导致的非农业生产活动的标志，而城市从开始就存在着由于产业分工而出现的非农业生产活动，因此，"市"的存在并不是城市产生的必要条件。所以，城市既不是"城"，也不是"市"，更不是"城"与"市"的简单组合，过分强调城市的军事职能和商贸职能不符合中国古代社会发展的实际情况。

式。中国早期城市的特质在于它具有作为政治中心的"都邑"的内在属性，具有权力（神权或王权）的象征意义。因此，在中国城市发展的早期阶段，城市是一种以政治职能为主的、作为权力中心的聚落形态，这是从政治学的角度来考虑的。

从政治学的角度来看待古代城市，它首先是阶级统治的堡垒，是随着阶级的产生而产生的。也就是说，早期的城市主要是政治中心，因此，我们认为，城市是在阶级社会产生后，统治阶级为加强统治、镇压内部反抗、防御外来政权的侵犯而修建的堡垒。其次，城市的"维护统治"的意义导致城市可能具有一系列的军事防御设施。最后，一个政权的统治离不开统治者和被统治者，众多不同阶层的人生活在城市之中，这种现象要求城市必须是一个生活场所，有维持生活所必需的设施。

由于中国早期的城市是作为政治中心而存在的，那么，它在某种程度上就与"都城"的内涵重叠。都城作为统治中心，首先是城市。随着阶级社会的确立，统治阶级的最大的统治堡垒即首要的政治中心城市就成为都城。都城是一个国家的首都，当然也是国家的主要政治中心。从政治学的角度来看，国家作为政治统一体，一般需具备四个要素，即人民、政府、领土和管辖权。领土是国家的空间要素，都城是国家领土的重要组成部分，是将人民与政府、领土与管辖权紧密凝结在一起的国家政治中枢与国家政权机构的"集装器"。现代意义的都城是国家最高政权机关所在地，是全国的政治中心。①

古代都城的含义是什么？《左传·庄公二十八年》记载："凡邑，有宗庙先君之主曰都。"《说文解字》："有先君之旧宗庙曰都。"《广韵》："天子所宫曰都。"《释名》："都者，国君所居，人所都会也。"我们可以这样认为：都（都城）是国家的统治者（君或国君）对全国进行统治及其生活的地方，也是国家的祭祀中心。

2. 城市与都城的考古学内涵

既然都城与城市的内涵有一定的重叠，我们必须在确定城市的基础

---

① 中国社会科学院语言研究所词典编辑室编：《现代汉语词典（修订本）》，商务印书馆2001年版，第308页。

上，来确定古代都城。根据确定城市的条件，笔者认为确定都城的条件有两个方面。

第一，文献上有明确的记载，如"以某地为都""都某地"，甚至"作宫邑于某地"，因为宫殿在进入阶级社会后一般是统治阶级居住的地方，可以说是统治阶级的象征，在一定意义上宫殿代表着统治阶级的统治与政权。有宫殿的地方，其政治地位是不言而喻的。

第二，考古意义上的都城。早期文献记载相对简略，除以文献为主之外，还要从考古的角度来判断某地是否为都城。张光直也曾经论证过，中国古代都城应该有五条标准：夯土城墙、战车、兵器；宫殿、宗庙与陵寝；祭祀法器与祭祀遗址；手工业作坊；聚落布局在定向与规划上的规则性。[①] 这实际上说的是古代都城的要素。综合以上的解释，都城有这样几个必须具备的功能：首先，要有"宗庙先君之主""先君之旧宗庙"或先君陵墓等祭祀设施或祭祀法器等，也就是说，都城要有宗教祭祀功能；其次，要有统治者居住的地方，即"天子所宫"或"国君所居"，我们姑且称之为宫室区，这表明都城要有统治和行政功能；再次，这里是大量普通居民居住、生活的地方，即"人所都会"之地，都城应包括日常生活功能；第四，与以上功能相匹配的其他设施，如保护统治者不受攻击的军事防御设施、维护生活运转及众人消费的经济活动等。

因此，考古意义上的都城应有如下条件：①有高规格的祭祀场所或大型王陵。《礼记·曲礼下》："君子将营宫室，宗庙为先，厩库为次，居室为后。"《墨子·明鬼下》："昔者虞夏商周三代之圣王，其始建国营都日，必择国之正坛，置以为宗庙。"以宗庙为宫室之先，以宗庙建筑作为都城建筑的最重要规划，是我国古代都城建设规划的通则。不仅中国，世界各地上古时代的都城建设莫不如此。"从本质上说，它（早期城市）原是一种纪念性的仪典中心，是一个由宫殿、庙宇圣祠构成的复合体。"[②] 文明之初城市的突出特征，就是以大规模的宫殿和偶像

---

① ［美］张光直：《关于中国初期"城市"这个概念》，《文物》1985 年第 2 期。
② ［美］刘易斯·芒福德：《城市发展史——起源、演变和前景》，倪文冲等译，中国建筑工业出版社 1989 年版。

崇拜建筑设施为核心。②有大型夯土遗址被确认为宫殿。③有居民区遗迹、手工业作坊、出土商品或市场遗址、平民坟墓等代表平民居住和生活痕迹的设施。④有城墙、城壕等防御设施。城市作为统治者的据点、政治统治的中心，必须有一系列防御设施，确保城市的安全。

都城有一个发展的过程。早期的都城并不像后期都城那样成熟。然而，既然都城是一个王朝或政权的统治中心，其包含的要素是大致相同的。我们就从城市是否包含都城要素来判断这个城市是否为一座都城。

3. 都城与离宫

离宫或称行宫、离宫别馆，一般是帝王的行宫，即帝王出巡时居住的宫殿。则离宫应该具有以下两个特征：第一，离宫的位置通常不在都城内部，而是在都城的外围，一般与都城有一定距离。如秦汉的上林苑、隋的万寿宫、唐的华清宫等。离宫一般处于风景优美、山水俱备的地方，由于它是供帝王狩猎、避暑、避寒、行乐的行宫，其选址不受都城选址必须在交通便利、经济发达地方的约束，只要风光宜人、便于游猎行乐即可。第二，离宫是供帝王居住的行殿。由于中国古代的政治与帝王有着千丝万缕的关系，帝王长期居住之处就是一个王朝或政权的政治中心。如果帝王长期居住在某一离宫，那么特定的离宫可发挥一定的政治中心作用，如唐代的华清宫、清代的承德避暑山庄。由此可见，离宫与都城的关系应该是非常密切的。

离宫只是大型宫殿群及环绕周围的贵族宅邸、行政处所而已，一般距离都城不远，它不具备我们确定的城市基本要素。离宫以宫殿和行政机构为主，当然也可能有较为完善的军事设施。但是，由于离宫是处于都城外围的行宫，它不可能有大量的普通城市居民，因此，离宫不是城市。而都城最基本的内涵就在于它首先是城市，其次才是政治中心，因此，离宫虽然可能成为政治中心，但它不是都城。

（二）其他与都城有关的概念

目前学术界对于同时并存的多个都城存在多种提法，每一种都显示出不同的都城地位与政治地位。

1. 主都与陪都

主都（或首都）是指国家最高政治机关所在地，是全国的政治中心①，一个王朝或政权在某一时期占首要地位的都城。为防止概念混乱，本书把处于首要地位的都城统称为主都，若偶尔有其他称呼，皆系引用自原作者。

陪都是指在主都以外另设的辅助性都城。陪都是国家的另一个政治中心，设有较高级别的政治机关，但不是首要政治中心。相对于主都而言，陪都处于辅助地位。与"陪都"概念相似的有副都、辅都、别都等。为防止概念混乱，本书把处于辅助地位的都城统称为"陪都"，若偶尔有其他称呼，皆系引用自原作者。

先秦时期的主都和陪都均有"都"名，为国家都城。

还有一个概念，"行都"或"行在"，指临时性的都城，"行"意味着都城不固定，主要从作为都城时间长短的角度来考虑②。临时性都城的行都概念不在本书的论述范围之内。

当然，都城地位不是一成不变的，尤其是随着政治形势、经济文化发展、对外策略转移等情况的变化，都城地位也会发生转变。有些主都会沦为陪都，而有些陪都会上升为主都。

2. 圣都与俗都

先秦时期是中国多都并存制度的形成期，对后世都城制度的发展产生了深远的影响。但也应看到，这一时期受国家政治与社会形态发展水平的影响，其多都并存制度表现出相应的时代特征，具体来说就是存在一种特殊的多都形式，即"圣都"与"俗都"并存。

关于圣都问题，张光直有论述：

> 三代虽都在立国前后屡次迁都，其最早的都城却一直保持着祭仪上的崇高地位。如果把那最早的都城比喻作恒星太阳，则后来迁徙往来的都城便好像是行星或卫星那样围绕着恒星运行。再换个说法，三代各代都有一个永恒不变的"圣都"，也各有若干迁徙行走

---

① 中国社会科学院语言研究所词典编辑室编：《现代汉语词典（修订本）》，商务印书馆2001年版，第1164页。

② 当然，有的行都是实际意义上的长期政治中心，如赵宋王朝南渡后，以杭州为行都或行在（《宋史·黄裳传》有："中兴规模与守成不同，出攻入守，当据便利之势，不可不定行都。"），结果南宋政治中心杭州以"行都"之名存在了153年。

的"俗都"。"圣都"是先朝宗庙的永恒基地,而俗都虽也是举行日常祭仪所在,却主要是王的政治、经济、军事的领导中心。①

三代时期,圣都是一个王朝或政权的发迹之地,是"先朝宗庙的永恒基地","一直保持着祭仪上的崇高地位",承担着国家主要的祭祀功能。圣都的"祭仪上的崇高地位",是其在国家都城体系能够占据重要地位的主要原因。

笔者认为,圣都有两个方面的含义:其一,圣都是保持较高宗教意义的都城,而这个"宗教意义"可能是祭天、祭神之地,也可能是有先王陵墓、宗庙等,不管怎样,从考古发掘上,我们可以找到较高规格、较大规模的礼制建筑;其二,圣都是先王发迹之地,或是对一个王朝或政权有较大意义的发迹之所,虽然可能不是最早的都城,但必须对王朝或政权有重要意义,是其发展历程上的转折之地。可以说,圣都是宗教祭祀意义上的都城。

俗都是与圣都相对应的都城。它虽然也是举行日常祭仪之所在,却主要是帝王政治、经济、军事的领导中心。

圣都与俗都之间具有复杂的关系。如果一个都城在开始的时候是主要的政治中心,具有主都的地位,有宗庙等祭祀设施,又是一个政权迅速强大时期的都城,随着政权势力的增加以及疆域的扩大或者是对外策略的转移,政治中心向其他地区转移,这时政权内部就会出现至少两个都城。较早的都城是具有宗教意义的陪都,而较晚出现的都城则成为一个政权的政治、经济、军事中心。在大部分情况下,较早的都城由于是发迹之地,是宗庙祭祀场所,是陪都,也是圣都;而较晚出现的都城,是主都,也是俗都。

以上两组概念所显示的都城地位是相对的。

3. 先秦文献中的"国"与"都"

由于本书主要研究先秦时期的多都并存制度,主要依据的文献为先秦文献,因此,有必要对先秦文献中涉及的都城记载进行梳理。

---

① [美] 张光直:《夏商周三代都制与三代文化异同》,《中国青铜时代》,生活·读书·新知三联书店1999年版。

先秦时期都城的概念是用"国"与"都"来表示的。

"国"是指国都。周礼注曰：大曰邦，小曰国。邦之所居，亦曰国。[①] 在这里，"国"有两个含义，一是指国家，二是指"邦之所居"，即国都、都城。《周礼》中有不少关于国家都城的记载。如："距国五百里曰都"，此"国"是指国家的都城；"惟王建国，辨方正位，体国经野，设官分职"[②]，"匠人营国，方九里，旁三门；国中九经九纬，经涂九轨；左祖右社，面朝后市"[③]，这是说建立国都（天子所居之城）应该怎样做。其他的典籍也有关于"国"即都城的记载。《左传·隐公元年》载："先王之制，大都不过三国之一"；《管子·度地》有："圣人之处国者，必于不倾之地，而择地形之肥饶者"；《吕氏春秋·知度》也有："古之王者，择天下之中而立国，择国之中而立宫，择宫之中而立庙"。由此，我们可以看出，"国"是指天子所居的都城，到战国时期，随着礼崩乐坏，有些诸侯的都城也开始称"国"。

"都"的含义是什么呢？根据周代文献记录，"都"有两层含义，一曰都城，二曰都域。《周礼·地官·小司徒》："四县为都，四井为邑。"《说文通训定声》："王畿方千里，其最外之一周，东西南北方百里者三十六，谓之都，亦谓之大都。王子弟及三公之采也。王畿之内一周方百者二十八，谓之县，亦谓之小都，九卿之采也。"在这里，都是指"都域"，即行政区划概念。"都"还可以指诸侯都城。《左传·庄公二十八年》："筑郿，非都也。凡邑有宗庙先君之主曰都，无曰邑。邑曰筑，都曰城。"《释名·释州国》："国城曰都，都者国君所用，人所都会也。"这里的"国城"及"宗庙先君之主"并非专指天子，亦可及于分封诸侯和公卿（采邑）。《战国策·燕策》载齐宣王"令章子（匡章）将五都之兵，以因北地之众以伐燕"。这里的五都是指齐国的五个都城。《左传·隐公元年》："都城过百雉，国之害也，先王之制，大都不过三国之一；中五之一；小九之一。"这里的"都城"是指有宗庙的陪都，"国"是国都。可见，与"国"相比，"都"的概念要宽泛

---

① （清）段玉裁：《说文解字注》，上海古籍出版社 1981 年版，第 277 页。

② 《周礼·天官冢宰第一》。

③ 《周礼·冬官·考工记》。

一些。

"都"与"邑"也有区别,杜预《释例》云:"大曰都,小曰邑。虽小而有宗庙先君之主曰都,尊其所居而大之也"。这里记载着都、邑区分的两条标准,一是尊卑,二是规模,前者尤为重要。

二 多都并存制度的内涵

多都并存在我国古代是一项被大多数王朝或政权所遵循的制度。

（一）制度

制度是指在一定历史条件下形成的政治、经济、文化等方面的体系。① 钱穆曾对政治制度有过精辟论断:

在史学里,制度本属一项专门学问。首先,要讲一代的制度,必先精熟一代的人事。若离开人事单来看制度,则制度只是一条条的条文,似乎干燥乏味,无可讲。而且已是明日黄花,也不必讲。第二,任何一项制度,决不是孤立存在的。各项制度间,必然是互相配合,形成一整套。否则那些制度各各分裂,决不会存在,也不能推行。第三,制度虽像勒定为成文,其实还是跟着人事随时变动,某一制度之创立,决不是凭空忽然地创立,它必须有其渊源,早在此制度创立之先,已有此项制度之前身,渐渐地在创立。某一制度之消失,也决不是无端忽然地消失了,它必有流变,早在此项制度消失之前,已有此项制度之后影,渐渐地在变质……第四,某一项制度之逐渐创始而臻于成熟,在当时必有种种人事需要,逐渐在酝酿,又必有种种用意,来创设此制度。这些,在当时也未必尽为人所知,一到后世,则更少人知道。但任何一制度之创立,必然有其外在的需要,必然有其内在的用意,则是断无可疑的。纵然事过境迁,后代人都不了解了,即其在当时,也不能尽人了解得,但到底这不是一秘密。在当时,乃至在不远的后代,仍然有人知道得该项制度之外在需要与内在用意,有记载在历史上,这是我们谈论

---

① 中国社会科学院语言研究所词典编辑室编:《现代汉语词典（修订本）》,商务印书馆2001年版,第1622页。

该项制度所必须注意的材料。否则时代已变，制度已不存在，单凭异代人主观的意见和悬空的推论，决不能恰切符合该项制度在当时实际的需要和真确的用意。第五，任何一制度，决不会绝对有利而无弊，也不会绝对有弊而无利。所谓得失，即根据其实际利弊而觉出。而所谓利弊，则指其在当时所发生的实际影响而觉出。因此，要讲某一代的制度，必需知道在此制度实施时期之有关各方面意见之反映……第六，我们讨论一项制度，固然应该重视其时代性，同时又该重视其地域性。推扩而言，我们应重视其国别性。在这一国家，这一地区，该项制度获得成立而推行有利，但在另一国家与另一地区，则未必尽然。正因制度是一种随时地而适应的，不能推之四海而皆准，正如不能行之百世而无弊。①

　　以上文字较长，笔者之所以摘录这些文字，是因为钱穆对制度不厌其烦地从各个角度进行解释与说明，有助于我们深思制度的内涵。从以上钱穆的论断可以看出，制度包括成文的规定和不成文的约定俗成的政府行为。因此，普遍存在的各种都城现象均可称为都城制度。在古代，都城制度就是政治制度之一，政治制度与都城制度之间有着千丝万缕的关系，我们可以通过钱穆对政治制度论断的视角，来研究都城制度，研究此制度的变迁、与别种制度之间的联系、制度创立的过程、制度的利弊和制度的演变特征。在这里，需要强调的是制度的过程性，由于每一种制度都不会突然而生或戛然而止，它有一个逐渐积累、逐步完善的过程。在渐进的过程中，制度的发展有阶段性的特点。另外需要强调的是制度的地域性，由于文化背景、政治背景的不同，各国家、各地区的同一项制度会有所不同，其推行情况也有差异。

　　（二）多都并存制度

　　根据对"制度"的界定，以及上文对相关概念的分析，我们来界定本书"多都并存制度"的内涵。

　　首先，"多都"就是指一个王朝或政权设置有多座都城。每一座具

① 钱穆：《中国历代政治得失·前言》，生活·读书·新知三联书店2001年版，第5—7页。

体的"都城"都应该具有都城的内涵和都城的地位，一方面，有明确的文献记载，用"国"或"都"的称号，说明某个城市是一个王朝或政权的都城，另一方面，还可以从考古发掘上证明其具有都城要素，尤其在三代时期，文献记载较为模糊，考古发掘就成为论证一个遗址是否为都城的必不可少的手段。

其次，"并存"是从都城存在的时间上来看的，有两个方面的含义，一方面，我们研究的多座都城必须是同一个王朝或政权的，另一方面，"并存"的多座都城是同时使用、同时存在的。

"多都并存"是指同一个王朝或政权在同一时期设置多座都城。

最后，多都并存现象在先秦时期普遍存在，既有成文的记载，也有不成文的政治行为，这样就逐渐成为一种约定俗成的都城制度。多都并存制度在先秦显示出其滥觞、发展与完善的过程，表现出一定的发展与变化的轨迹，反映出一定的变化规律。同时，不同政权、不同地域的多都并存制度也有其空间差异。通过对多都并存现象的实证研究，我们可以确定先秦时期存在多都并存制度。

从上述相关研究综述我们可以看到，近代学人的研究中，对多都并存制度的表述不同，其含义各有侧重，有用"主辅都制度"① 一词，主要表示同时存在的多座都城的政治地位的不同，却没有指出都城宗教地位（圣都和俗都）及军事地位（前线都城与根据地都城）的不同；还有学者用"别都制度"② 或"陪都制"③ 一词，表示在一个政权在主都之外设置陪都的制度，侧重研究陪都的设置，其缺点在于没有指出主都政治地位的表现及主都与陪都之间关系的动态变化；还有学者用"两京制"④ 来表示一个政权同时设置两座都城或多座都

---

① 张国硕：《夏商都城制度研究》，河南人民出版社 2001 年版。

② 杨宽：《中国古代都城制度史研究》，上海人民出版社 2003 年版；杨宽：《商代的别都制度》，《复旦学报》1984 年第 1 期；马世之：《关于楚之别都》，《复旦学报》1984 年第 1 期。

③ 李自智：《先秦陪都初论》，《考古与文物》2002 年第 6 期；渠川福：《我国古代陪都史上的特殊现象——东魏北齐别都晋阳略论》，载《中国古都研究》第四辑，浙江人民出版社 1989 年版，第 334 页。

④ 许顺湛：《中国最早的两京制——郑亳与西亳》，《中原文物》1996 年第 2 期；万明：《明代两京制度的形成及其确立》，《中国史研究》1993 年第 1 期。

取得重大收获①。一是搞清了王城岗遗址的面积，二是发现一座河南龙山文化晚期的大型城址，三是大城城内发现很多重要的遗迹。有学者初步认定小城是禹都的宗庙遗迹，小城内"奠基坑"就是祭祀坑的遗存②。这些都为王城岗遗址是"禹都阳城"提供了可靠的旁证。

（三）安邑

安邑可能是夏代都邑。《世本》："夏禹都阳城，避商均也，又都平阳，或在安邑，或在晋阳。"《水经注·陈水》也有"安邑，禹都也"的记载。说明安邑为夏初的政治中心之一。《尚书·商书序》："伊尹相汤，伐桀，升而陑，遂与桀战鸣条之野。"伪《孔传》注曰："桀都安邑。"则安邑似为夏代末年的政治中心。由夏初到夏末，安邑应该一直为政治中心。

安邑所在，至今未有定论。上文《尚书·商书序》中所说的"鸣条之野"既是汤桀相战的地点，则可能与夏桀的政治中心距离不远。孔颖达疏对"鸣条之野"有解释："鸣条在安邑之西，皆彼有其迹相传云……今安邑见有鸣条陌，昆吾亭。"《帝王世纪》："今有鸣条亭在安邑之西。"《括地志》："高崖原在蒲州安邑县三十里南阪口，即古鸣条陌也。鸣条战地，在安邑西。"按，今山西夏县西北有座山名叫鸣条冈，冈东的东下冯村有一处二里头文化遗址，面积为25万平方米，文化层厚度达3米，在二里头文化层之上，还叠有二里冈期商文化的堆积。③根据这处遗址的情况和文献记载分析，夏都安邑可能就在这附近。

（四）阳翟

据文献记载，夏初曾以阳翟为政治中心。《史记·周本纪·集解》引徐广曰："夏启河南，初在阳城，后居阳翟。"《汉书·地理志》记载的颍川郡属县"阳翟，夏禹国"。《帝王世纪》亦曰："禹受封为夏伯，

---

① 方燕明：《河南登封王城岗遗址发现龙山晚期大型城址》，《中国文物报》2005年1月28日。

② 杨肇清：《略论登封王城岗遗址大城与小城的关系及其性质》，《中原文物》2005年第2期。

③ 东下冯考古队：《山西夏县东下冯遗址东区、中区发掘简报》，《考古》1980年第2期。

在豫州外方之南，今河南阳翟县是也。"《水经注·颍水》记载："（颍水）又东南过阳翟县北……渠中又有泉流出焉，时人谓之岖水，东径三封山东，东南历大陵西，《归藏易》曰启筮享神于大陵之上，即钧台也。《春秋左传》曰夏启有钧台之飨是也。杜预曰：河南阳翟县南有钧台。其水又东南流，水积为陂，陂方十里，俗谓之台陂。盖陂指钧台取名也。又西南流，径夏亭城西，又屈而东南，为郏之靡陂。颍水自竭东径阳翟县故城北。夏禹始封于此，为夏国。"根据这些记载的方位推断，"河南阳翟"应在今河南禹州境内。

阳翟有夏代著名建筑"钧台"。《帝王世纪》曰："阳翟有钧台，在县西。"《左传·昭公四年》记载："夏启有钧台之享，商汤有景亳之命，周武有孟津之誓，成有岐阳之蒐。"杜预注："河南阳翟县南有钧台陂，盖启享诸侯于此。"夏启的"钧台之享"与商汤、周武王、周成王的重要政治活动并列，可知钧台是夏启举行重大政治活动的场所。

河南禹州一带已发现龙山文化时期遗址多处。① 曲英杰认为："夏人东迁，以阳翟之地为活动据点是有可能的。所谓夏禹受封于此，当即指是夏后氏为诸侯时以此为都。"②

二 夏代中晚期的斟鄩

《古本竹书纪年》曰："大（太）康居斟鄩，羿亦居之，桀又居之。"③ 据此，夏代中晚期的政治中心之一当为斟鄩，伪《孔传》所曰"桀都安邑"应为桀之另一都城。若上述记载皆属实，则桀时都城至少有安邑与斟鄩两座。

（一）文献记载中的斟鄩地望

关于斟鄩的地望，《括地志》有两条不同的记载。其中一条记载为："斟鄩故城，今青州北海县是也。"④《汉书·地理志》北海郡平寿

---

① 河南省文物研究所、郑州大学历史系考古专业：《禹县瓦店遗址发掘简报》，《文物》1983 年第 3 期。

② 曲英杰：《先秦都城复原研究》，黑龙江人民出版社 1991 年版，第 13 页。

③ 《史记·夏本纪》正义引。

④ 同上。

县条下引应邵曰："济南平寿县，其地即古斟鄩国。"则应在今山东省潍坊一带。但是根据《史记》的记载，夏的统治中心地带是伊洛地区[①]，其政治中心似乎也应在伊洛地区。据此，这则记载可能有误，不足为信。《括地志》的另一条关于斟鄩地望的记载是："故鄩城在洛州巩县西南五十八里，盖夏桀所居也。"[②] 根据这个记载，则斟鄩在今河南省巩义市罗庄一带。这个地址与二里头文化遗址直线距离为四十里。

《左传·襄公四年》记载了后羿代夏及少康兴夏事迹："（浞）使浇用师灭斟灌及斟鄩氏，处浇于过，处豷于戈。靡自有鬲收二国之烬，以灭浞而立少康。"杜注："有鬲，国名，今平原鬲县……过、戈，皆国名，东莱掖县有过乡，戈在宋郑之间。"根据方位远近推断，有鬲、斟灌、斟鄩、过、戈五地相距不会太远。又，《左传·昭公二十三年》记载："春，王正月，壬寅，朔，二师围郊。癸卯，郊，寻溃。"杜预注："河南巩县西南有地名郊中。"

今在河南巩义发现有面积大、堆积厚的二里头文化遗址，延续时间较长，有四期的文化层堆积，比较符合《古本竹书记年》"大（太）康居斟鄩，羿亦居之，桀又居之"的记载。

（二）考古资料所证明的夏代中晚期都邑

河南巩义的二里头文化遗址没有经过大规模发掘，不知道其详细情况，但同时期的二里头遗址已经发掘，我们可以通过考古资料来分析夏代中晚期的都邑。

河南偃师二里头遗址是中国青铜时代早期的一个重要遗址，对于探索夏文明和中国文明的起源有着极其重要的学术价值。关于二里头遗址的性质主要有两种观点：主张二里头文化一至四期（或一至二期、一

---

① 《周书·度邑篇》："自洛汭延于伊汭，居易无居，其有夏之居。"《史记·夏本纪·正义》引《尚书》："太康失邦，兄弟五人居于洛汭，此即太康居之为近洛也。"《史记·封禅书》曰："昔三代之居，皆在河洛之间。"《史记·孙子吴起列传》亦曰："夏桀之居，左河济，右太华，伊阙在其南，羊肠在其北。"

② 《史记·夏本纪》正义引。

至三期）是夏文化的学者认为是夏都或夏都斟鄩①；主张二里头文化一期是夏文化、二至四期是早商文化的学者则认为二里头遗址是汤都西亳②。由于二里头附近偃师商城的发掘，目前二里头文化一至四期是夏文化已经为绝大多数学者所接受，笔者认可二里头文化一至四期是夏文化。

二里头遗址东西长、南北宽各 3 千米，面积 9 平方千米。遗址南临古洛河和伊水，遥望嵩岳、太室山、少室山，北依邙山而背黄河。二里头遗址有许多重大的考古发现，包括宫殿基址、墓葬、手工业作坊等重要遗迹，以及青铜器、玉器等重要遗物。在遗址的中部地带的第五区、第六区和第九区等勘探出大规模的宫殿基址群，面积 12 万平方米，已经发掘其中的一号、二号宫殿基址。在宫殿区以北和以东，分别是制陶作坊区和制骨作坊区。在宫殿区以南发现有规模宏大的铸铜作坊区，面积在 1 万平方米以上。在遗址中发现中小贵族墓和平民墓，出土众多青铜礼器、兵器和工具以及精美的玉石礼器、装饰品等。二里头一期遗存偏少，并且无重要遗存发现，二至四期遗存丰富。③ 二里头遗址的规模与内涵表明这不是普通的聚落，而是夏代都城。

关于二里头文化的繁荣年代，李伯谦根据^{14}C 数据，认为二里头一期的^{14}C 年代（公元前 1900 年左右），比依据文献推算的夏年晚几十年至一百多年，夏代初期文化应包括在王湾三期文化（河南龙山文化王湾型）的范围之内。李伯谦提出："夏朝是由启或禹开始的，据古本《竹书纪年》、《路史·后纪十三》等记载，启、太康在位 58 年，禹、启、太康共计 103 年。从推算的夏代开国之年，减去以上年数，应即

① 邹衡：《夏文比分布区域内有关夏人传说的地望考》，载《夏商周考古学论文集（第二版）》，科学出版社 2001 年版，第 209—210 页；邹衡：《综述夏商周四都之年代和性质》，《夏商周考古学论文集（续集）》，科学出版社 1998 年版，第 173—188 页；赵芝荃：《论二里头遗址为夏代晚期都邑》，《华夏考古》1987 年第 2 期；程平山：《夏商周历史与考古》，人民出版社 2005 年版，第 17 页。

② 郑光：《试论二里头商代早期文化》，载《中国考古学会年会第四次年会论文集》，文物出版社 1985 年版，第 18—24 页；郑光：《二里头遗址与夏文化》，载《华夏文明》第一集，北京大学出版社 1987 年版，第 212—223 页。

③ 郑光：《二里头遗址的发掘——中国考古学上的一个里程碑》，载《夏文化研究论集》，中华书局 1996 年版，第 66—80 页。

'后羿代夏'开始之年，而这个时间与二里头类型一期的碳十四测定年代基本符合。"[1] 从而提出二里头型文化是"后羿代夏"及"少康中兴"以后的文化。有学者认为二里头文化是中晚期夏文化[2]。

二里头遗址二至四期长期使用，遗址的规模庞大，反映其地位很高，当为夏代中晚期主要政治中心。而且，二里头遗址的繁盛和使用时期与少康、槐、孔甲等夏代中晚期诸王的时代正相符合。因此，二里头遗址是少康中兴以后夏代中晚期的都邑。

表2—1　　　　　　　考古学文化同夏代纪年之间的关系

阶段	年数	代表遗存	文化分期	每期大致年数	大致对应的夏王
夏（伯）国初期	38 年	登封王城岗龙山五期遗存	王城岗五期	50 年	大禹（18 年）、启（20 年）
夏代早期：大禹至于帝相（包括寒浞）	10 年				大禹（7 年）、三年之丧（3 年）
	119 年	偃师二里头一期遗存	二里头一期	119 年	启（9 年）、太康（29 年）、仲康（13 年）、帝相（28 年）、寒浞（41 年）
夏代中期：少康至于帝扃	198 年	偃师二里头二期遗存	二里头二期	100 年左右	少康（21 年）、帝杼（17 年）、帝芬（26 年）、帝芒（18 年）、帝泄（16 年）
		偃师二里头三期遗存	二里头三期	100 年左右	帝不降（59 年）、帝扃（21 年）、帝廑（20 年）

---

① 李伯谦：《二里头类型的文化性质与族属问题》，载《中国青铜文化结构体系研究》，科学出版社 1998 年版，第 64—71 页。

② 夏商周断代工程专家组：《夏商周断代工程 1996—2000 年阶段成果报告》（简本），世界图书出版公司 2000 年版，第 77—82 页。

以上每种说法均有一定的道理，或有文献记载佐证，或有考古数据支持。因此，早在西晋时期，皇甫谧就提出了调和"三亳"的说法，认为汤都是先南亳后西亳，唐代张守节附和曰"汤即位，都南亳，后徙西亳"[①]。商都的迁移较为频繁，有"前八后五"之说，但亳之迁移，未见记载。所以，调和众"亳"的迁移说可能行不通。如果不考虑亳都的迁移因素，则众"亳"还有另一种可能："亳"是同名异地，是同时存在的多座都城。傅斯年先生早在 20 世纪 30 年代就提出"亳实一迁徙之名，应不止一地"[②] 的观点，应是符合史实的。陈梦家先生也有"'亳'乃商都之通称"[③] 的说法。

就偃师商城和郑州商城来说，从文献记载来看，二者皆有"亳"名。

根据文献记载，偃师商城一带称为"亳"地，是东汉末年以后的事[④]，东汉之前偃师一带不称"亳"。但是，偃师一带在东汉之前就有商都之名。《汉书·地理志》河南偃师县下班固自注："尸乡，殷汤所都。"再往前推，西汉董仲舒《春秋繁露·三代改制质文》云："故汤受命而王……作宫邑于下洛之阳……文王受命而王……作宫邑于丰……武王受命，作宫邑于鄗……周公辅成王受命，作宫邑于洛阳。"这里下洛之阳指偃师一带，与丰、鄗、洛阳一样为王都。因此，偃师为"亳"应无疑问。

郑地之亳在文献记载中出现比较早。《左传·襄公十一年》有："公会诸侯、宋公、卫侯、曹伯、齐世子光、莒子、邾子、滕伯、薛伯、杞伯、小邾子伐郑。秋，七月，己未，同盟于亳城北。"杜预注："亳城，郑地。"同年《传》有："秋，七月，同盟于亳。"而《公羊》《谷梁》也有襄公十一年的记载："秋，七月，己未，同盟于京城北。"这说明"亳"与"京城"可能是同一个地方。惠栋《九经古义》有解

---

① 《史记·殷本纪》正义。
② 傅斯年：《夷夏东西说》，载《庆祝蔡元培先生六十五岁论文集》（下），国立中央研究院，1935 年。
③ 陈梦家：《殷虚卜辞综述》，中华书局 1988 年版，第 32 页。
④ 东汉末年的郑玄明确指出："亳，今河南偃师县，有汤亭。"《书·胤征序》孔疏引。

释："京，郑地，在荥阳。"因此，至迟到春秋时期，有一座亳城在郑州一带。

如此说来，偃师商城和郑州商城①均为"亳"地。

二　偃师商城与郑州商城的始建与使用年代

（一）考古资料分析

有关偃师商城与郑州商城的始建年代、使用年代及衰落废弃年代的分析已经很多。至于偃师商城和郑州商城的衰落和废弃时期，学术界一般少有争论，都认为是二里冈上层的偏晚阶段。所以，如果要论述二者的关系，关键在于这两座商城的始建年代孰早孰晚。

董琦根据邹衡《夏商周考古学论文集》、安金槐《对于郑州南关外商代遗址分期的再认识》和《关于郑州商代二里冈期陶器分期问题的再探讨》、高炜《偃师商城与夏商文化分界》、中国社会科学院考古研究所河南第二工作队《河南偃师商城小城发掘简报》、杜金鹏《试论偃师商城小城的几个问题》中的有关商文化分期，做了一个总结②，见表3—1。

---

① 按：关于郑州商城的都城地位，杨宽根据文献及铭文记载论证"郑州商城即阚或管，是商代前期的别都"。其论证过程如下：第一步，从沿革地理来看，根据《括地志》和《元和郡县志》卷八所载，得出结论："郑州商城当是西周初期受封的管国"；第二步，"管"字在《墨子》中为"关"字，"在商代、西周金文中作'阚'"；第三步，根据利簋铭文中"（周武王）辛未才阚自"的记载，认定"阚自是当时后方的军事重镇"，"如同'牧自'（杨宽认为牧自为朝歌，是商代晚期的别都）一样，原先当是商代的别都"。参见杨宽《中国古代都城制度史研究》，上海人民出版社2003年版，第34—39页。笔者认为，上述论证过程中的第三步似乎有误，"管"字就是金文中的"阚"为一些学者所认可（参见于省吾《利簋铭文考释》，《文物》1977年第8期；徐中舒《关于利簋铭文考释的讨论》，《文物》1978年第6期），但由"阚自"与"牧自"均为军事重镇，牧自为其论证的商代晚期别都，就推测阚自也具有别都地位似乎有些偏颇。而且，郑州商城建筑于商代前期，就算它在商代晚期叫作"阚自"并且是军事重镇，也不能说明其在商代前期的政治地位。因此，本书在正文中不使用杨宽的资料，不涉及杨宽的观点，另选文献资料和考古资料加以论证。

② 董琦：《论证汤亳的学术标准》，《中国历史文物》2003年第5期。

商文化有关分期比较

表3—1

郑州商城				偃师商城					
邹衡的分期		安金槐的分期		高炜的分期		社科院考古所的分期			杜金鹏的分期
典型单位	分期	典型单位	分期	典型单位	分期	典型单位	分期	分期	典型单位
以郑州南关外中下两层为代表，以往定为郑州下层的 C1H9、C1H10、C1H14、C1H12，C9H118 亦属此组	第一段第 II 组	以郑州南关外下层为代表	南关外期	以宫城北部大沟底层堆积、宫城墙、最初的宫殿为代表	一期早段		一期早段	一期1段	
		以郑州二里冈下层的 C1H9、C1H10、C1H14、南关外的中层为代表	二里冈下层	以大城东北隅的 H8、H9、H10 为代表	一期晚段	以小城城墙下面的 G2、小城城墙相当于郑州二里冈 H9 为代表	一期晚段	一期2段	以大城东北隅的 H8、H9、H10、小城墙下面的 G2 为代表
				以大城城墙为代表	二期早段	以大城城墙的东部 M16、小城城墙的东部内的 T54 第 10 层为代表，相当于郑州南关外中层 H62	二期早段	二期3段	以大城城墙的东部 M16 为代表

分期	郑州商城				偃师商城				
	邹衡的分期	安金槐的分期		高炜的分期		社科院考古所的分期		杜金鹏的分期	
	典型单位	分期	典型单位	分期	典型单位	分期	典型单位	分期	典型单位
第二段第Ⅲ组	以郑州二里冈下层的 C1H17、C1H3、C1H2甲、C1H15 为代表	二里冈下层二期	以郑州二里冈下层的 C1H17、H12、H3、H2 为代表	二期晚段	以大城东北隅的 M27、M19 为代表	二期晚段	以小城北墙的东部 M12 为代表，相当于郑州二里冈 H17	三期4段	以大城东北隅的 M29、M19、大城西二城门的 M7、M18、大城东二城门的 M11 为代表
第二段第Ⅳ组	以郑州二里冈上层的 C1H2乙为代表	二里冈上层一期	以郑州二里冈上层的 H1、H22、H13 为代表	三期早段		三期早段			
第二段第Ⅴ组	以郑州二里冈上层的 C1H1 为代表	二里冈上层一期		三期早段		三期中期	以小城北墙的东部 M6 为代表，相当于郑州二里冈上层早段		
第三段第Ⅵ组	以郑州白家庄商代上层为代表	二里冈上层二期	以郑州白家庄商代上层为代表	三期晚段		三期晚段	以小城北墙的东部 M8 为代表，相当于郑州二里冈上层晚段，即白家庄期		

从表 3—1 中可以看出，各家分期大同小异。从以上对偃师商城和郑州商城的文化分期分析可以看出，二者的繁盛时期基本上是相同的。

(二) ^{14}C 的年代测定

据 ^{14}C 数据所做的考古学文化的实际年代范围，是一种很好的参考。偃师商城的 ^{14}C 测定结果如表 3—2。

表 3—2　　　　　　　　偃师商城分期及常规 ^{14}C 测年数据①

分期		^{14}C 年代（BP）	拟合后日历年代（BC）
第一期	一段	3220 ± 36	1600—1565（0.67） 1525—1506（0.33）
		3219 ± 34	1600—1560（0.69） 1525—1505（0.31）
	二段	3252 ± 34	1532—1487
		3258 ± 36	1532—1487
		3150 ± 37	1516—1486
第二期	三段	3237 ± 37	1500—1461
		3158 ± 48	1496—1464
	四段	3207 ± 31	1467—1429
		3206 ± 36	1466—1427
		3201 ± 31	1464—1428
		3191 ± 48	1459—1412
		3183 ± 40	1456—1412
		3130 ± 35	1434—1388
		3120 ± 32	1429—1387
第三期	五段	3126 ± 37	1405—1370（0.37） 1355—1350（0.04） 1340—1315（0.59）
		3053 ± 34	1380—1260

如表 3—2 所列，偃师商城常规 ^{14}C 数据 16 个，范围应为公元前 1600—前 1260 年。

郑州商城分期及常规 ^{14}C 测年资料如表 3—3。

---

① 资料来源：夏商周断代工程专家组编著：《夏商周断代工程 1996—2000 年阶段性成果报告》（简本），世界图书出版公司北京公司 2000 年版，第 67 页表十六。

城的制度，但是从"两京制"的名称看不出都城政治地位的不同。因此，在本研究中，用"多都并存制度"来表示一个政权同时设置、使用多座都城的制度。

多都并存制度的研究，侧重于多座都城的设置及都城政治地位的变化和都城之间相互关系的研究。

第四节　研究方法

在这里，我们有必要界定一下本课题的时空研究范围，探讨应该采用什么方法进行课题研究，并且概括本研究的思路。

一　研究范围

进行先秦多都并存制度研究，必须先对时间、空间和内容进行明确的界定。

从时间上来说，本书研究的上限为夏王朝。笔者对夏的都邑做了论证，但是笔者无法明确指出夏王朝的多个都城的数量与都城设置，只能根据文献记载和考古发掘推测在当时的政治、经济条件下存在着多都并存的现象。本书研究的下限大致为战国结束，由于在战国时期，本书对不同政权的都城体系分别进行研究，则本研究的具体下限为各政权被秦消灭的时间，对于秦国的多都并存制度来说，本研究的下限则延伸至秦统一六国之后。

从空间上来说，虽然中国历史地理一直把中国历史上疆域最大时期的范围作为自己的空间范围，但对于本研究来说，研究的空间范围随着研究阶段、研究王朝或政权的不同而变化。夏商西周时期，本研究的空间范围是每个王朝所控制的疆域范围；春秋战国时期，本研究不可能对每一个政权的都城设置及其关系都进行研究，只能选择几个多都并存现象典型且实力较强的政权做实证研究，这样，对这一时期研究的空间范围，应是作为例证政权的疆域范围。

从内容上来说，都城作为地理实体、社会实体和历史实体，是一个可从多重视角来研究的对象。对于同一个王朝或政权同时设置的多个都城，笔者首先必须复原其设置情况、地理位置、政治地位和相互关系，然后，在此基础上，分析多都并存制度的发展阶段和区域差异，并得出结论。

二　研究方法

为完成上述关于先秦时期多都并存制度的研究任务，必须选择有效的研究途径。

从宏观的视野与思维角度来看，首先，需要多维视野的研究和思维方法。根据不同的特点，思维可以分成一维、二维、三维、四维等。一维方法是纵向的、直线的思维方法，这种方法往往关注单线的因果关系，极力构造一种因果链。二维方法是横向的、平面的、比较的思维方法，横向可以扩大视野，平面的观察大于直线的视角，比较的视野可以摆脱绝对的认识，因此，这种思维方法与一维方法相比是一个巨大的飞跃。三维方法是纵横统一的、立体的思维方法，注重解析研究对象的内部结构，注重形成系统化的视角。四维方法是时空统一的、螺旋式的、相对互补的思维方法。各种思维方法各有利弊，综合运用就可以形成多维视野。本课题的研究对象为都城及都城制度，涉及多学科的综合内容，当然必须借助多种学科、多维视野的不同研究方法对复杂的历史现象进行多维透视。本课题的研究将以历史地理学的研究方法为主，借鉴政治学、历史学、古文字学、考古学等多学科的研究理论与成果。特别注意将古文字学和考古学的最新研究成果运用到研究中去，运用不同的视角来看待研究目标。

其次，需要系统分析的方法。贝塔朗菲指出："普通系统论是对整体性和完整性的科学探索。"① 系统论的观点表明：任何事物都是由各要素按一定秩序组成的有机整体。系统论提供了事物整体与部分、部分与部分之间相互关系的科学规律，主要表现为整体与部分的有机结合。因此，在研究中，整体研究和部分研究要相互结合。在研究中，部分的研究是十分重要也是最基础的工作，一切结论都应当来

---

① ［美］I. V. 贝塔朗菲：《普通系统论的历史与现状》，载《科学学译文集》，科学出版社1980年版，第314页。

自对基本问题的探讨。但是，部分研究必须有宏观理论的指导，还应将对"部分"研究成果上升到理论高度，对已经复原的史实进行理论概括，得出较为完整的认识。所以，在研究中应尽可能做到部分与整体的结合。

最后，在充分占有、辨析并运用现有材料和理论知识的前提下，进行适当、合理的逻辑论证。虽然近年来考古的材料相当丰富，极大地弥补了古文献的不足，但应该恰当地看待文献资料的价值，将文献资料与考古资料相结合。这是一个重要问题。因此，限于目前我们掌握的先秦时期的研究资料及笔者本身的研究水平，许多结论不得不在充分论证的前提下进行合理的逻辑推论，这在研究中是无法避免的。

本研究的具体方法包括：

第一，比较研究法。

比较研究能帮助我们区分和解释一般和特殊的现象，因此横向的（空间的）和纵向的（时间的）比较分析是本研究贯彻科学方法所必须的。比较研究法是大部分研究都要采用的方法，关于先秦多都并存制度的研究也不例外。将比较法应用于本研究，就是根据特定的标准把彼此有某种联系的王朝或政权的多都并存现象加以对照分析，通过对夏、商、西周及春秋战国各政权多都并存实证案例中都城设置及都城地位变化的比较，研究先秦多都并存制度的表现、结构、功能、本质乃至发展趋势。

第二，案例分析法。

案例分析法是对真实世界的某个具有典型特征性事例进行实际描述和理论分析的方法。案例分析重在从个案中抽象出普遍性原理，也就是把个案普适化。矛盾的普遍性寓于矛盾的特殊性之中，个案分析一般包括以下四个步骤：一是搜寻有意义的个案命题。二是如实地描述特定事物间的来龙去脉。个案素材要真实客观，尽量少掺杂个人主观和偏见，不论研究结果对于最初的假设是起支持作用还是起否定作用，均应保持价值中立。三是对各个变量进行横向与纵向对比，并借助逻辑的力量证实或证伪某个结论、理论模型或范式。四是使个案研究结论普适化，推而广之。

关于先秦时期多都并存制度的研究必须遵循案例分析法的要求，选取先秦时期的夏、商、西周、晋、齐、楚、燕、秦等政权的多都并存的设置情况及其设置背景、各都城的地位变化和都城之间的关系等问题进行复原研究和实证研究。通过上述个案研究，抽象出先秦时期多都并存制度的表现、存在原因、影响等。

先秦都城的研究有其独特性，既不同于史前史研究也不同于秦汉以后的历史地理研究。史前史研究主要依靠考古材料，辅之以少量的古史传说及民族学、人类学材料，而真正可依据的传世文献资料寥寥无几。与史前史研究截然不同的是，秦汉以后的历史地理研究，主要依据传世文献记载，依据对文献的分析考证，辅之以考古材料。而先秦历史地理的研究特点，既有史前史的特点，又有秦汉以后历史的特点，既要广泛采用考古材料，又要充分采用东周、秦汉以后的文献记载。先秦历史的文献记载可以使研究者大概了解这一时期历史发展的轮廓，但由于记载较为简略又混乱，许多问题梳理不清，尤其是细节问题可能根本没有任何记载，这就需要大量依据考古获得的材料，来进行证实和推测。因此，先秦都城的研究，应在坚持唯物主义史观的基础上，密切结合文献材料和考古材料，进行综合研究，才能得出较为科学、较为公允的研究成果。

三 研究思路

本课题的研究思路是这样的：首先，在绪论部分着重阐述问题的缘起、相关概念的内涵及相关研究成果等问题，揭示本课题的研究重点；其次，用八章的篇幅进行先秦时期多都并存制度的实证研究，先秦时期主要分为夏商时期、西周时期、春秋战国时期（包括晋国、秦国、楚国、燕国、齐国等五个实证案例），复原各政权多座都城的设置及都城政治地位的变化和相互之间的关系；最后，在实证研究的复原基础上，力求上升到理论层面，分析先秦时期多都并存制度的确立和发展情况，寻绎制度形成的原因，阐述先秦时期多都并存制度对后世都城的设置和数量的影响。

本课题的研究框架可以用图1—1来表示。

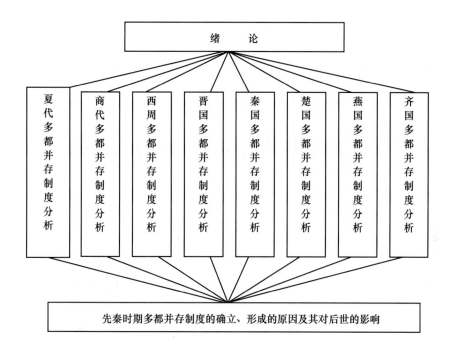

图 1—1　本研究的框架示意

第二章

从文献和考古资料看夏代都邑

顾炎武《日知录》云："三代以上，若汤居亳，大王居邠，并言居，不言都。"[①] 其实，商代政治中心，史家早已名之为都，《史记·殷本纪》记载："帝盘庚之时，殷已都河北。"《帝王世纪》认为古帝所居皆为都，例如：颛顼"都帝丘，今东郡濮阳县是"，"帝喾都亳，今河南（郡）偃师是"，"舜所都或言蒲坂，或言平阳，或言潘，今上谷也"，"尧都平阳，于《诗》为唐国"。[②]

夏代是我国第一个阶级社会，其政治中心称"都"应无疑问。但是，夏代处于国家发展的早期阶段，其政治中心城邑也处于早期发展阶段，都城要素尚不完善，都城职能包括行政管理职能、军事职能以及宗教祭祀职能等还不明显，也不全面。因此，上文引顾炎武《日知录》所言"并言居，不言都"也有一定的道理。为与商周以后职能较为完善的都城相区分，笔者姑且在本研究中称夏代政治中心为"都邑"。

夏代都邑众多，有因为迁徙而前后相接的都邑，也有同时存在的多座都邑，我们论述和研究的重点是后者。但是，为了复原这一时期的多都并存的原貌，分析多都并存制度的产生与发展，我们还要全面论述夏代都邑的迁移和并存情况。

---

① （清）顾炎武著，黄汝成集释：《日知录集释》下册，上海古籍出版社 1985 年版，第 1573 页。

② 《史记·五帝本纪》正义引。

第一节　夏代都邑概况

夏代都邑记载不详，梳理各文献记载，可以得出各王都邑的大体情况。

大禹：封于夏（见于《帝王世纪》、《汉书·地理志》、《水经·颍水注》、《括地志》等）；居阳城（见于《古本竹书纪年》、《孟子·万章上》、《世本》、《汉书·地理志》等），即天子之位于平阳、安邑或晋阳（见于《汉书·地理志》引应劭说、《帝于世纪》、《左传》杜预注和《水经·涑水注》等）。

启：都于夏（见于《左传》、《吴越春秋》、《括地志》等），"初在阳城，后居阳翟"（见于《史记·周本纪·集解》引）。

太康：都斟郭（见于《古本竹书纪年》）。

相：迁于帝丘（见于《左传》、《古本竹书纪年》、《帝王世纪》等，在今河南省濮阳市一带）。

后羿：都斟郭（见于《古本竹书纪年》）。

少康：少康中兴归于夏邑（见于《左传》、《水经·颍水注》、《太平寰宇记》引《洛阳记》、《路史》引《十道志》、《今本竹书纪年》等），迁于原（见于《今本竹书纪年》，在今河南省济源市一带）。

帝杼（宁）：都于原和老丘（见于《古本竹书纪年》，分别在今河南省济源市一带和河南省开封市一带）。

槐、芒、泄、不降、扃等夏王：都邑未明。

孔甲：畋于东阳萯山（见于《吕氏春秋·音初篇》，在今河南省偃师二里头遗址之北约数十里）。

帝廑：都西河（见于《古本竹书纪年》，在今河南省濮阳市一带）。

夏后皋：葬于崤（见于《左传》僖公三十三年，在今河南省洛宁县西北）。

帝发：都邑未明。

履癸（桀）：都斟郭（见于《古本竹书纪年》），安邑（见于《尚书·汤誓序》孔传、《帝王世纪》等）。

一 夏代初年的夏邑、阳城、安邑、阳翟

（一）夏邑

夏邑，据文献记载，禹、启、少康等均以此为都。《尚书·汤誓》："夏王率遏众力，率割夏邑。"《今本竹书纪年》："帝启元年癸亥，帝即位于夏邑。"林春溥《古史纪年》："启帝即位于夏邑。"《统笺》："《郡国志》颍川阳翟禹所都，盖禹始封于此，为夏伯。启即位于此，故曰夏邑。"《吴越春秋》："启即天子位，治国于夏。"因此，夏邑应该是夏的早期都城。

根据《穆天子传》对黄台和夏启之故居的方位记载，有学者确定夏邑在"今河南省新郑、密县间"[①]，史念海先生亦云："禹之后，启居黄台之丘，在今河南郑州和密县之间"[②]。这一地区发现有夏代早期古城遗址，位于河南省新密市东南18.6千米处的刘寨镇新寨村。这座城址有城垣、城壕等多重防御设施，在这个遗址的中心区域发现了一座大型建筑基址，面积不少于1000平方米，约相当于夏代早期；在中心区以外，还发现有骨器加工的场所，专家推测为手工业作坊区。除此之外，新砦城址内还出土有大批遗物，其中有子母口瓮、篚形豆、双腹豆、猪首形盖钮等制作精美的陶器，还有玉凿、铜容器等高规格的器物，器物上的纹饰有兽面纹、夔龙纹等，雕刻精细，与二里头遗址出土的铜牌纹饰相类似。在该遗址周围，还发现几个同时期的小型遗址，这表明当时在这一地区应该存在以新砦遗址为中心的聚落群。[③] 因此，推测新砦遗址可能是当时的一个政治中心[④]。从年代学来看，新砦城址的始建年代已经进入夏代初期。

---

① 丁山：《由三代都邑论其民族文化》，《历史语言研究所集刊》第五期第一分册，国立中央研究院，1935年。

② 史念海：《中国古都与文化》，中华书局1998年版，第43页。

③ 赵春青：《新密新砦古城与夏启之居》，《中原文物》2004年第3期；赵春青等：《河南省新密市新砦遗址发现城墙和大型建筑》，《中国文物报》2004年3月3日。

④ 王巍：《2003年中国考古学研究热点综述》，《中国文物报》2004年1月16日。

根据发掘简报和研究，有学者认为，新砦遗址应为夏代早期都城夏邑。①

（二）阳城

夏代最早的都邑可能为阳城。《古本竹书纪年》记载："禹居阳城"，《世本》也有"夏禹都阳城"的记载，《孟子·万章篇》也有"禹避舜之子于阳城"。可见，夏禹的都邑为阳城，应无疑义。但对阳城的具体位置的研究，学界一直存在分歧：沈长云根据《太平御览》卷一五五引《帝王世纪》记载："《世本》又言夏后居阳城，于战国大梁魏都，今陈留俊仪是也"，认为禹都阳城应在濮阳②，至少应在大梁以南③。而方酉生则根据考古调查资料认为禹都阳城应在河南登封告成镇。④

笔者赞同方酉生的观点。从文献记载来看，《史记·夏本纪·集解》记载阳城地望："（阳城）今颍川阳城是也。"《左传·昭公四年》也提到了"阳城"："四岳、三涂、阳城、大室、荆山、中南，九州之险也，是不一姓。"杜预注曰："（阳城）在河南阳城县东北"；"（大室）在河南阳城县西南"。则阳城山应该在现在的河南登封境内（即古阳城县），与大室山同为中岳山的一部分。另外，《史记·六国年表》也提到"阳城"，韩文侯二年（前385）"韩伐郑，取阳城"，说明战国时阳城应在郑地西北，可能也是因阳城山而得名。《水经注·颍水》有："颍水出阳城县少室山。颍水东合五渡水，经阳城县城城南。昔禹避商均、伯益避启并于此。"由此可知，阳城这一地名，自先秦至魏晋南北朝应该都在河南登封一带。

---

① 坚持新砦遗址为夏邑的学者有：赵春青：《新密新砦古城与夏启之居》，《中原文物》2004 年第 3 期；马世之：《新砦城址与启都夏邑问题探索》，《考古与文物》2007 年第 3 期；杨建敏：《新砦城址是夏代早期都城》，载《中国古都研究》第二十一辑，三秦出版社 2007 年版。当然，也有学者根据发掘简报和论述，认为新砦古城包括两座古城，一座为河南龙山文化王湾类型晚期城，另一座为新砦二期晚段城。其中，新砦河南龙山文化王湾类型晚期城的性质为诸侯都邑，新砦二期晚段（属于二里头文化一期）城的内涵表明其为夏王的离宫别馆。参见程平山《论新砦古城的性质与启时期的夏文化》，《考古与文物》2007 年第 3 期。

② 沈长云：《禹都阳城即濮阳说》，《中国史研究》1997 年第 2 期。

③ 沈长云：《论禹治洪水真象兼论夏史研究诸问题》，《学术月刊》1994 年第 6 期。

④ 方酉生：《论禹都阳城为颍川阳城》，《殷都学刊》2001 年第 4 期。

由于文献记载语焉不详，对夏都的探索主要应集中在对考古资料的分析与研究上。从 1977 年开始，河南省文物研究所等单位对河南登封告成镇遗址进行了长达 4 年的考古发掘，发现了两座属于河南龙山文化晚期的东西并列的城址①。在西城基址内，中部和西南部较高地带，发现一些断断续续的夯土遗存，专家推测是当时城内的重要建筑基址，并发现有经过夯打的圆形坑，在一些坑内的夯土层之间，发现有夹埋人骨架的现象，比如在第一号奠基坑内，发现儿童和青年的骨架，共计 7 具。这种在建筑基址下面用人或狗等作为"奠基"的现象很普遍，从龙山文化开始，到偃师二里头遗址的宫殿基址下面、偃师商城的宫殿建筑基址下面以及安阳小屯殷墟的宫殿建筑基址下面，都发现有人或狗的骨架。因此，王城岗西城址内发现的奠基现象，在一定程度上说明王城岗遗址与安阳小屯殷墟、偃师商城等遗址的性质是一样的。这个结论对我们分析王城岗城址的性质，是很有帮助的。在城址内，还出土了一些特别重要的遗物，比如在 H617 内，发现了一件青铜器残片（H617：14）。在 H473 内出土的一件泥质黑陶薄胎平底器的外底上，刻有一个"共"字陶文。根据^{14}C 测年数据，王城岗遗址二期、三期为公元前 2132—前 2030 年。由此，王城岗遗址与夏代的历史文化联系在一起了②。

此外，河南省文物研究所等考古单位还在告成镇的东北部调查并试掘了一座春秋战国至汉代的古遗址③，在这个城址内，发现一个战国时期的陶豆，其上印有"阳城仓器"的陶文，同时，发掘出印有"阳城"两字的陶片共三十余片④。

2002—2005 年，北京大学考古文博学院和河南省文物考古研究所共同参与的"中华文明探源工程预研究——登封王城岗城址及周围地区遗址聚落形态研究"专题组，在王城岗遗址开展大规模的考古工作，

① 河南省文物研究所：《登封王城岗与阳城》，文物出版社 1992 年版。
② 江林昌：《来自夏商周断代工程的报告》，《中原文物》2001 年第 1 期。
③ 河南省文物研究所：《登封王城岗与阳城》，文物出版社 1992 年版。
④ 当然，王城岗是否就是禹都阳城的问题还有争论，考古学界有人认为把把文献记载的禹居阳城（或都阳城）与王城岗城堡联系起来，还存在着诸多未能解决的问题。如董琦《王城岗城堡遗址再分析》，《中国历史文物》2003 年第 3 期。

阶段	年数	代表遗存	文化分期	每期大致年数	大致对应的夏王
夏代晚期：孔甲至于夏桀	106 年	偃师二里头四期遗存	二里头四期	106 年	孔甲（31 年）、帝皋（11 年）、帝发（13 年）、夏桀（51 年）

第二节　夏代都邑体系推测

关于夏代都城体系，学术界有两种认识，一种从迁移的角度来看待问题，认为都邑是不断迁移的。如，有学者认为：

> 夏人最初的活动只局限于其都邑阳城周围的伊、洛地区，到了夏启时开始扩张。《古本竹书纪年》记"启征西河"，应该是指启征伐至西河，即征服了河东的晋南地区。以后的夏国大概由于内乱，未能继续发展，故"太康居斟鄩"。而其"昆弟五人居于洛汭，作五子之歌"。直到帝相时，夏人才开始向外发展，东征淮夷、畎夷，以后的夏代各王，大概亦主要居于伊、洛地区的阳城、斟灌、斟鄩，只是有时为了东征的需要才迁居老丘。根据史籍所见，夏人的敌人似乎主要在东方，而老丘则是夏人控制东方的主要据点。①

随着统治区域的变迁，夏的政治中心也在不断迁徙。到了夏代中期，《古本竹书纪年》记"胤甲即位，居西河"，西河为夏人早已征服之地区，胤甲由伊洛地区迁徙到西河。夏代后期，桀居斟鄩，汤率兵征伐的时候，桀走鸣条。鸣条在今山西夏县，夏县为夏都安邑所在，桀自斟鄩迁居于此，与商人对峙了一段时间。顾朝林还制作了夏都十迁表②。这都是从都邑迁移的角度来考虑问题的。

① 孙华：《夏代都邑考》，《河南大学学报》（社会科学版）1985 年第 1 期。
② 顾朝林等：《中国城市地理》，商务印书馆 1999 年版，第 26 页。

还有一部分学者从都城并存的角度来看待问题，认为夏代的都邑可能有同时并存的现象。① 笔者同意这些学者的意见。夏代可能存在都邑同时并存的现象。据《世本》记载："夏禹都阳城，避商均也，又都平阳，或在安邑，或在晋阳。"② 《帝王世纪》曰："禹受封为夏伯，在《禹贡》豫州外方之南，角亢氏之分，寿星止次，于秦汉属荥川，本韩地，今河南阳翟是也。受禅都平阳，或在安邑，或在晋阳，于汉平阳、安邑皆属河东，晋阳属太原。"③ 这些记载虽有错乱，一时难以理清，但夏初的多都并存现象，则是昭然若揭。

夏代中晚期，二里头遗址是一个重要的政治中心，其政治地位也比较高。而在文献记载中，处于夏代中晚期的夏王少康、槐、芒、泄、不降、扃、孔甲、后皋、帝发等的都邑缺乏明确记载，这一时期，伊洛一带为夏人的统治中心。二里头遗址的繁盛和使用时期，与少康、槐、孔甲等夏代中晚期诸王的时代正相符合。因此，二里头遗址应该是少康中兴以后夏代中晚期的一处都邑。可是，与之时代接近的夏都斟鄩与桀都安邑的地望从文献资料分析并不在二里头，这就存在一种可能：二里头与斟鄩和安邑是同时并存的都邑。而且，原、西河和老丘等记载中的夏代都邑也可能与二里头遗址并存。程平山认为："原、西河和老丘等当属别都，二里头遗址为夏代中晚期正都……古之帝王多设都邑以理疆土，故汤有三亳，周有岐、丰、镐、成周等。周之成王都成周，而宗周地位不变。帝廑都西河、桀都斟鄩时，二里头遗址作为都城的地位不变，二里头遗址自夏代中期为帝都而后世常守之，故二里头文化二至四期时二里头遗址持续繁荣。"④ 因此，我们可以推测，在夏代中晚期，在都城体系中，有持续繁荣的二里头遗址，还有文献记载的斟鄩、安邑、原、西河和老丘等都邑。

---

① 持此观点的有李民（《夏商史探索》，河南人民出版社1985年版，第1—9页）、程平山（《夏商周历史与考古》，人民出版社2005年版，第20—29页）、张国硕（《夏商时代都城制度研究》，河南人民出版社2001年版，第66页）等。

② 《史记·封禅书·正义》引。

③ 《太平御览》卷一五五引。

④ 程平山：《夏商周历史与考古》，人民出版社2005年版，第29页。

第三节　本章小结

关于夏代都邑的文献记载极为简单而且混乱，考古发掘资料也不完全，夏代的都邑体系研究只能根据已有的资料作简单的推测。笔者认为，无论是夏代初期还是夏代中晚期，似乎都存在着多都并存的现象。不过，由于资料的欠缺，目前尚无法论证各都邑之间的相互关系及政治地位的变化。

进一步推测夏代多都并存现象出现的原因，笔者认为，首先，从夏代的经济、社会发展背景来看，可能会产生多都并存的现象。因为都邑的建设需要大量的人力、物力和财力。而都邑的选定一般都反映了某一时期国内外的总形势，如果形势发生了变化，可能就会导致行政中心的迁移。行政中心的迁移是一个政权的大事，同时也是一个复杂的系统工程，涉及诸多方面，行政中心所承担的使命重大，需要大兴土木从事国都建设，包括城墙壕沟等防御设施、宫殿宗庙等大型建筑，并配以完善的交通通信设施、特殊的京畿制度等，才能使行政中心真正成为国家的神经中枢。因此，规划、建设一个行政中心需要大量的人力、物力和财力的支撑。频繁的迁移行政中心，对国家实力是非常大的损耗。在夏代，由于社会、经济生产的不发达，能够用来建设新都的人口与财力都比较缺乏，都邑建设方面，统治者会倾向于保留旧都的做法。为适应新的形势变化，在建设新都的同时保留旧都，多都分享都城的政治职能、军事职能、文化（宗教）职能，可以节省建都开支。

其次，旧都还可以作为后方根据地，扩大疆域的有效统治面积。夏代的国家政权机构无疑是比较简单的，基层组织尚不健全。因此，仅仅在疆域中心区域建立一个都邑来实施对全国的统治和管理，会存在鞭长莫及的现象。设置几个都邑，对各区域分别进行管理，是一个行之有效的办法。

第三章

商代的都城迁移与多都并存制度

商代的都城设置复杂，都城名称混乱，"亳"都同名异地，"商""商汤之故居""殷"等名号众多，都城的迁移与并存现象频繁发生。笔者拟根据都城发展阶段的不同，把商代的都城设置分为三个时期：早商、中商和晚商，分别探索并复原其多都并存制度。

第一节　从郑州商城和偃师商城看早商的主都和陪都

根据考古发掘资料，目前被指为汤都的遗址主要有两处，即偃师商城、郑州商城①。

在偃师商城、郑州商城这两座早商遗址中，学者无论认定哪里是汤亳，一般都要对另外一处遗址的性质作出合理的解释。对于这两座城的具体的建城时间和都城性质，学术界的观点主要可归纳为三种。

---

① 另外还有两座遗址被认为是商都，即二里头遗址和垣曲商城。二里头遗址，在偃师商城未被充分认识之前，有人认为二里头后期为西亳。如郑光《二里头遗址与夏文化》，载《华夏文明》第一集，北京大学出版社 1987 年版，第 223 页注释 6。目前学术界一般认为是夏都。垣曲商城也曾被认为是亳都，见陈昌远《商族起源的地望发微——兼论山西垣曲商城发现的意义》，《历史研究》1987 年第 1 期。但学术界普遍认为，垣曲商城规模较小，不具备王都的规模。如，邹衡曾针对陈文有争鸣文章，见邹衡《汤都垣亳说考辨》，载《国学研究》第一卷，北京大学出版社 1993 年版，第 425—440 页。笔者从邹衡观点。因此，在本研究中，不认为二里头遗址和垣曲商城是汤都遗址。

第一种：郑州商城为仲丁所迁的隞都，偃师商城为盘庚所迁的殷亳。[①] 这种观点是以"二里头二、三期为西亳"说法成立为前提的。根据本书第二章所述，二里头二、三期为夏代中期，则"郑州商城为仲丁所迁的隞都，偃师商城为盘庚所迁的殷亳"这种观点就站不住脚了。

第二种：偃师商城为汤之亳都——西亳[②]，郑州商城为仲丁之嚣（隞）都[③]。若此观点成立，偃师商城要比郑州商城的建造时间早150多年。

第三种：从营建时间来看，偃师商城和郑州商城同时并存，或偃师商城始建年代稍晚于郑州商城。在都城性质上，有学者认为二者共为汤之亳都，是中国最早的两京制[④]；有学者认为郑州商城为主都，偃师商城为太甲桐宫或商代一座别都[⑤]。

对于偃师商城和郑州商城的关系，本书拟从二者的都城性质、使用年代入手，在确定二者是同时并存都城的基础之上，考察这两座都城的

---

① 郑光：《试论偃师商城即盘庚之殷亳》，台湾《故宫学术季刊》第八卷第四期，1992年7月抽印本，第55—84页。

② 偃师商城西亳说，是由勘探、发掘该遗址的几位先生提出来的。段鹏琦等在《偃师商城的初步勘探与发掘》（《考古》1984年第6期）中即指出偃师商城很可能与商汤西亳有密切之联系。接着赵芝荃、徐殿魁在《1983年秋季河南偃师商城发掘简报》（《考古》1984年第10期）中"初步认为这座城址应是商汤所都的西亳"。后来，赵芝荃又与其他研究者合作，在《偃师商城的发现及其意义》（赵芝荃、黄石林，《光明日报》1984年4月4日）、《河南偃师商城西亳说》（赵芝荃、徐殿魁，《全国商史学术讨论会论文集》）、《偃师尸乡沟商代早期城址》（赵芝荃、徐殿魁，中国考古学会第五次年会论文）、《试谈偃师商城的始建年代并兼论夏文化的上限》（赵芝荃、刘忠伏，《华夏文明》第一辑）、《关于汤都西亳的争议》（赵芝荃，《中原文物》1991年第1期）等文章中，一再论证，重申了偃师商城西亳说。支持偃师商城西亳说的学者还有杜金鹏等。

③ 张文军、张玉石、方燕明：《关于偃师尸乡沟商城的考古学年代及相关问题》，《青果集》，知识出版社1993年版，第173—192页；张文军、张玉石、方燕明：《关于郑州商城的考古学年代及其若干问题》，《郑州商城考古新发现与研究》，中州古籍出版社1993年版，第30—46页；杨育彬：《再论郑州商城的年代、性质及相关问题》，《华夏考古》2004年第3期；李锋：《郑州商城隞都说合理性辑补》，《郑州大学学报》（哲学社会科学版）2004年第4期。

④ 许顺湛：《中国最早的两京制——郑亳与西亳》，《中原文物》1996年第2期；张国硕：《郑州商城与偃师商城并为亳都说》，《考古与文物》1996年第1期。

⑤ 邹衡在《偃师商城即太甲桐宫说》中首创此说，见《北京大学学报》（社科版）1984年第4期；郑杰祥：《关于偃师商城的年代和性质问题》，《中原文物》1984年第4期；邹衡：《西亳与桐宫考辨》，载《纪念北京大学考古专业三十周年论文集》，文物出版社1990年版，第108—137页。

主次关系，确定哪一座都城是主都，哪一座都城是陪都，并探讨早商的都城体系形成原因。

一　偃师商城和郑州商城的性质

根据第一章对都城要素的界定，我们首先来看偃师商城和郑州商城是否算得上都城。

（一）从考古资料判定

1. 偃师商城

偃师商城建于洛河北岸稍稍隆起的高地上，整体略作长方形。城址范围：南北1700米；东西方面，最北部为1215米，中部1120米，南部740米。整个城址的面积约为190万平方米。城周围有夯土城墙。[①]根据考古发掘，偃师商城宫城北墙长200米，东墙长180米，南墙长190米，西墙长185米。墙宽3米左右，夯土厚1—1.5米。[②] 2000年宫城北部发掘出"大型建筑基址13项，其中大型宫殿建筑2座；大型池苑遗存1处；祭祀遗存10项，其中大规模的祭祀场所5处"[③]。而城内大量的平民墓葬[④]及尸乡沟"以北密集的商代居住遗迹"[⑤]，说明偃师商城的城内不仅有宫殿、祭祀遗址，还有大量各个层次的居民。从城内的手工业遗址[⑥]来看，偃师商城应该具有一定的经济功能。偃师商城还有完善的军事防御体系，包括三重城垣、宫城与府库的互相呼应、小城

---

① 中国社会科学院考古研究所洛阳汉魏故城工作队：《偃师商城的初步勘探和发掘》，《考古》1984年第6期。

② 同上。

③ 王学荣：《偃师市商城遗址》，原刊于《中国考古学年鉴（2001）》，后收入杜金鹏、王学荣主编《偃师商城遗址研究》，科学出版社2004年版，第602—603页。

④ 中国社会科学院考古研究所河南第二工作队：《1983年秋季河南偃师商城发掘简报》，《考古》1984年第10期；中国社会科学院考古研究所河南第二工作队：《偃师商城第Ⅱ号建筑群遗址发掘简报》，《考古》1995年第11期；中国社会科学院考古研究所河南第二工作队：《河南偃师商城东北隅发掘简报》，《考古》1998年第6期；中国社会科学院考古研究所河南第二工作队：《河南偃师商城小城发掘简报》，《考古》1999年第2期。

⑤ 中国社会科学院考古研究所河南第二工作队：《河南偃师商城Ⅳ区1996年发掘简报》，《考古》1999年第2期。

⑥ 中国社会科学院考古研究所河南第二工作队：《河南偃师商城东北隅发掘简报》，《考古》1998年第6期。

城墙的马面式设计等。

这就证明了偃师商城的宗教祭祀功能、统治和行政功能、日常生活功能和军事防御功能，进而说明它具备都城的要素。

需要注意的是，偃师商城不是太甲桐宫。因为太甲桐宫是离宫别馆，不是都城，太甲桐宫没有完整的都城基本要素（它可能有宫室和祭祀场所，有完善的防御设施，甚至有一定的手工业活动，但作为离宫，它不会有大量的各个层次的居民居住于此），相反，偃师商城的都城要素非常完备。因此，笔者认为，偃师商城是一座都城，而非太甲桐宫。

2. 郑州商城

郑州商城的规模比偃师商城的规模要大得多。郑州商城遗址位于分布面积约 25 平方千米的郑州商代遗址中部，即今郑州市区内偏东的管城区和金水区所辖的郑州旧城区一带。郑州商城内城城垣的形制除北城墙东段略呈东南至西北向的倾斜状外，其他各部分城墙的方向，基本都是属于近东西和近南北向。整个郑州商城城垣呈南北纵长方形，其中东墙长约 1700 米，南墙长约 1700 米，西墙长约 1870 米，北墙长约 1690米，周长约 6960 米。[①] 在郑州商城的南城墙与西城墙外侧 600—1100 米处，发现没有合围的外郭城墙。

郑州商城的宫殿区范围较大，祭祀场所较多。郑州商城的宫殿区遗址略呈东西长方形，东西长约 800 米，南北宽约 500 米，总面积约 40万平方米。[②] 另外，在郑州商城城垣内外的商代二里冈下层二期与商代二里冈上层一期的文化堆积中，发现一些祭祀坑和窖藏青铜器坑，可能与举行祭祀后的埋藏有关。如位于郑州商城的商代北城墙东段内侧的约 100 平方米的殉狗殉人坑，西南距离宫殿区东北边沿处约 50 米[③]，应是一处位于宫殿区的奴隶主贵族举行祭祀很方便的地方；又如，商城内西北部的祭祀遗迹，东距宫殿区约 200 米[④]。

---

① 河南省文物考古研究所：《郑州商城：一九五三年——九八五年考古发掘报告》，文物出版社 2001 年版，第 178 页。

② 同上书，第 230 页。

③ 同上书，第 493 页。

④ 同上书，第 506 页。

　　考古发掘表明,在郑州商城内的"中部、南部和西北部的广大地区,还散布着一些商代二里冈期的一般居住区遗址或遗存"①。只是由于多数居住区遗址或遗存所在地曾被汉代及其以后各代在这里所建的"管城"与"郑县城"的旧城区所破坏或覆盖,所以,对于商城内的商代一般居住区遗址发掘较少。

　　以上考古资料证实,郑州商城具有宗教祭祀功能、统治和行政功能、日常生活功能和军事防御功能,具备都城的要素。

　　因此,我们可以得出结论:偃师商城和郑州商城从其规模、布局及城内大片秩序井然的夯土基址来看,无疑均够得上王都的级别。

　　(二)从文献记载判定

　　汤亳的地望,见于文献记载的有不少,如:

　　"伊尹奔夏,三年,反报于亳。"(《吕氏春秋·慎大览》)

　　"汤放桀而复薄(亳)。"(《逸周书·殷祝解》)

　　"汤既黜夏命,复归于亳。"(《尚书·汤诰序》)

　　(汤)"既绌夏命,还亳。"(《史记·殷本纪》)

　　"汤始居亳,从先王居。"(《书序》)

　　"汤以亳,武王以鄗,皆不过百里而有天下。"(《战国策·楚策四》)

　　"汤封于亳,绝长继短,方地百里。"(《墨子·非命上》)

　　"汤居亳,武王居鄗,皆百里之地也。"(《荀子·正论篇》)

　　"桓公问管子曰:'夫汤以七十里之薄,兼桀之天下,其故何也?'"(《管子·轻重篇甲》)

　　"汤处亳,七十里。"(《淮南子·泰族训》)

　　"禹兴于西羌,汤起于亳,周之王也以丰镐伐殷。"(《史记·六国年表》)

　　"桀纣有天下,兼于滈亳。"(《盐铁论·险固》)

　　"造攻子鸣条,朕哉自亳。"(《尚书·伊训》)

---

　　①　河南省文物考古研究所:《郑州商城:一九五三年——一九八五年考古发掘报告》,文物出版社 2001 年版,第 287 页。

"汤居亳，与葛为邻。葛伯放而不祀……汤使亳众往为之耕，老弱馈食。"（《孟子·滕文公下》）

"伊尹去亳适夏，既丑有夏，复归于亳，入自北门。"（《书序》）

"昔有成汤，自彼狄羌，莫敢不来享，莫敢不来王，与商是常。天命多辟，设都于禹之绩。"（《诗·商颂·殷武》）

商汤灭夏即天子位，"作宫邑于下洛之阳。"（《春秋繁露·三代改制质文》）

以上都城的地望，根据后人的理解，出现了多种说法，主要有"杜亳说""南亳说""北亳说""垣亳说""西亳说""郑亳说"等。

"杜亳说"认为成汤之亳在关中西安一带，《史记·六国年表》有："夫作事者必于东南，收功实者常于西北。故禹兴于西羌，汤起于亳。"《集解》引徐广曰："京兆杜县有亳亭。"但从考古发掘来看，关中到目前为止，没有发现大面积先商、早商遗存。已有多位学者从考古发掘的实物数据入手，并结合文献记载，论证了汤都杜亳说的不合理性[①]。

"南亳说"为西晋皇甫谧首创："殷有三亳，二亳在梁国，一亳在河南。南亳、偃师，即汤都也。"[②] "梁国谷熟为南亳，即汤都也"[③]，南亳地望在今河南商丘一带，这里分布有先商、早商文化遗存。然南亳说不见于先秦文献，王国维等人已否定[④]。

王国维力主"北亳说"[⑤]，认为商汤之亳乃汉山阳县，在今山东曹县境内。丁山和邹衡皆非之[⑥]。

"垣亳说"：《太平寰宇记》卷四七河东道八绛州"垣县"条载："古亳城在县西北十五里。《尚书·汤诰》'王归自克夏，至于亳，诞

---

① 邹衡：《论汤都郑亳及其前后的迁徙》，载《夏商周考古学论文集》，科学出版社2001年版，第171—202页。
② 《太平御览》卷一五五引《帝王世纪》。
③ 《史记·殷本纪·集解》引。
④ 王国维：《说亳》，《观堂集林》卷十二，中华书局1959年版，第518—522页。
⑤ 同上。
⑥ 丁山：《商周史料考证》，龙门联合书局1960年版；邹衡：《论汤都郑亳及其前后的迁徙》，载《夏商周考古学论文集》，科学出版社2001年版，第171—202页。

告四方’即此也。”垣曲商城的发现，为“垣亳说”提供了考古学上的证据①。此说邹衡和王睿已非之②，认为垣曲商城从考古发掘的资料分析，始建于二里冈下层偏晚阶段，晚于郑州商城和偃师商城的始建年代。

“西亳”为偃师，有一定的文献记载（详见下文），也有考古发掘为证，偃师商城被认为是早商都城，有学者认为这就是汤都。但也有学者持反对意见，理由有西亳与“汤居亳，与葛为邻”③ 的地望不符等。④

“郑亳说”同“西亳说”“垣亳说”一样，有文献记载，也有考古发掘的论证，各位学者各执一词。⑤

---

① 中国历史博物馆考古部等：《垣曲商城1985—1986年度勘察报告》，科学出版社1996年版。

② 邹衡：《汤都垣亳说考辨》，载《国学研究》第一卷，北京大学出版社1993年版，第425—440页；王睿：《垣曲商城的年代及其相关问题》，《考古》1998年第8期。

③ 《孟子·滕文公下》。

④ 郑光：《试论偃师商城即盘庚之殷亳》，台湾《故宫学术季刊》第八卷第四期，1992年7月抽印本，第55—84页；段鹏琦等在《偃师商城的初步勘探与发掘》（《考古》1984年第6期）中即指出偃师商城很可能与商汤西亳有密切之联系。接着赵芝荃、徐殿魁在《1983年秋季河南偃师商城发掘简报》（《考古》1984年第10期）中“初步认为这座城址应是商汤所都的西亳”。后来，赵芝荃又与其他研究者合作，在《偃师商城的发现及其意义》（赵芝荃、黄石林，《光明日报》1984年4月4日）、《河南偃师商城西亳说》（赵芝荃、徐殿魁：《全国商史学术讨论会论文集》）、《偃师尸乡沟商代早期城址》（赵芝荃、徐殿魁，中国考古学会第五次年会论文）、《试谈偃师商城的始建年代并兼论夏文化的上限》（赵芝荃、刘忠伏，《华夏文明》第一辑）、《关于汤都西亳的争议》（赵芝荃，《中原文物》1991年第1期）等文章中，一再论证，重申了偃师商城西亳说。支持偃师商城西亳说的学者还有杜金鹏等。

⑤ 张文军、张玉石、方燕明：《关于偃师尸乡沟商城的考古学年代及相关问题》，《青果集》，知识出版社1993年版，第173—192页；张文军、张玉石、方燕明：《关于郑州商城的考古学年代及其若干问题》，《郑州商城考古新发现与研究》，中州古籍出版社1993年版，第30—46页；杨育彬：《再论郑州商城的年代、性质及相关问题》，《华夏考古》2004年第3期；李锋：《郑州商城隞都说合理性辑补》，《郑州大学学报》（哲学社会科学版）2004年第4期；许顺湛：《中国最早的两京制——郑亳与西亳》，《中原文物》1996年第2期；张国硕：《郑州商城与偃师商城并为亳都说》，《考古与文物》1996年第1期；邹衡：《偃师商城即太甲桐宫说》，《北京大学学报》（社科版）1984年第4期；郑杰祥：《关于偃师商城的年代和性质问题》，《中原文物》1984年第4期；邹衡：《西亳与桐宫考辨》，载《纪念北京大学考古专业三十周年论文集》，文物出版社1990年版，第108—137页。

表3—3　　　　　　　　郑州商城分期及常规^{14}C测年数据①

分期		^{14}C年代（BP）	拟合后日历年代（BC）
第一期	二里冈下层一期早	3216±35	1580—1490
	二里冈下层一期晚	3202±37	1518—1478
		3174±41	1515—1480
第二期	二里冈下层二期	3221±36	1474—1436
		3184±35	1485—1425
		3148±40	1485—1480（0.09）
			1455—1415（0.91）
第三期	二里冈上层一期	3130±34	1427—1392
		3140±35	1429—1395
		3138±37	1429—1393
		3125±48	1429—1393
第四期	二里冈上层二期	3094±34	1390—1300（0.95）
			1280—1260（0.05）
		3061±37	1380—1260
		3030±38	1370—1210
		3136±34	1400—1370（0.33）
			1340—1315（0.67）

据统计，郑州商城（不含洛达庙诸单位）常规^{14}C数据14个，范围应为公元前1580—前1315年。

根据上述^{14}C年代测定，偃师商城与郑州商城的始建年代相差不过二十年，年代下限相差不过五六十年，我们可以得出结论，二者基本上是同时建造、同时使用的都城。

有学者认为偃师商城为汤都西亳，而郑州商城为仲丁之隞都②，如果

① 资料来源：夏商周断代工程专家组编著：《夏商周断代工程1996—2000年阶段性成果报告》（简本），世界图书出版公司北京公司2000年版，第63—64页表十四。

② 张文军、张玉石、方燕明：《关于偃师尸乡沟商城的考古学年代及相关问题》，《青果集》，知识出版社1993年版，第173—192页；张文军、张玉石、方燕明：《关于郑州商城的考古学年代及其若干问题》，《郑州商城考古新发现与研究》，中州古籍出版社1993年版，第30—46页；杨育彬：《再论郑州商城的年代、性质及相关问题》，《华夏考古》2004年第3期；李锋：《郑州商城隞都说合理性辑补》，《郑州大学学报》（哲学社会科学版）2004年第4期。

确是如此的话，那么，从建城时间来算，从成汤都亳到仲丁迁隞，共历五世十王，历时应有一百五十余年，也就是说，偃师商城与郑州商城的始建年代差距应有一百五十余年。但是，从考古分期来看，二城的繁盛时期是基本相同的，从 ^{14}C 测年来看，二城的始建年代相差不过二十年，年代下限相差不过五六十年。换句话说，偃师商城和郑州商城根本没有一百五十余年的差距。因此，偃师商城为汤都西亳、郑州商城为仲丁之隞都的说法不能成立，偃师商城与郑州商城是同时存在的都城。

三 偃师商城和郑州商城的主次关系

根据以上论证，可以得出结论：偃师之亳与郑州之亳是二都同时并存的关系，"亳"是同名异地的都城。这样，就出现了另一个问题，即都城间的主次关系及政治地位如何？

（一）都城规模比较

根据第一章对主都与陪都关系的分析，我们来比较偃师商城和郑州商城的规模大小，即可看出其主次关系。

表3—4　　　　　　　　偃师商城与郑州商城规模比较

年代	古城名称	推测等级	范围规模			
			外城范围（万 m^2）	内城（小城）范围（A）（万 m^2）	宫殿区范围（B）（万 m^2）	B/A
早商	偃师商城（C）	早商都城	190	81.4	4	4.91%
	郑州商城（D）	早商都城		289	40	13.84%
	C/D			28.17%	10.00%	

注：保留小数点后两位数。

资料来源：中国社会科学院考古研究所河南第二工作队：《河南偃师商城小城发掘简报》，《考古》1999 年第 2 期；河南省文物考古研究所：《郑州商城——一九五三年——九八五年考古发掘报告》，文物出版社 2001 年版；杜金鹏：《偃师商城与"夏商周断代工程"——"夏商周断代工程"〈偃师商城年代与分期研究〉专题结题报告》，《偃师商城初探》，中国社会科学出版社 2003 年版，第 144 页。

从表3—4 可以看出，偃师商城的外城总面积约 190 万平方米；而郑州商城由于外郭没有合围，所以，无法推算郑州商城外城的规模，故而我们暂不比较外城的面积。偃师商城小城面积据"小城大体呈长方形，直线距离南北约 1100，东西约 740 米"①，推算面积为81.4 万平方米，有论文称"约 80 万平方米"；郑州商城内城面积据"东墙长约 1700 米，南墙长约 1700 米，西墙长约 1870 米，北墙长约1690 米，总周长约 6960 米，近 7 公里"② 的资料推算，面积约为 289万平方米。这样，偃师商城的城圈面积只有郑州商城城圈面积的28.17%，不到三分之一。即使以郑州商城的城圈范围（289 万平方米）和偃师商城的外城面积（190 万平方米）相比，郑州商城也大偃师商城 100 万平方米左右。从宫殿区来看，偃师商城的宫殿区面积只有郑州商城的十分之一。毫无疑问，偃师商城的规模比郑州商城的规模小得多。

宫殿是统治者行使统治权力、居住生活娱乐的地方，是统治者极其重视的一个场所，宫殿区的面积大小、大型建筑基址多少，都能说明统治者的重视程度。从宫殿区所占城圈的面积来看，偃师商城的宫城只占小城面积的 4.91%，而郑州商城的宫殿区则占城圈面积的 13.84%。可以说，郑州商城是统治者更为重视的都城。

从考古发掘来看，偃师商城的文化内涵远没有郑州商城的文化内涵丰富。因此，从规模上比较两座都城的主次关系，得出的结论应该是明显的。

（二）都城职能比较

偃师商城与郑州商城都体现出行政统治功能、宗教祭祀功能、日常生活功能、一定的经济功能以及军事防御功能，只不过二者功能的侧重点有所不同。

1. 从军事功能来看，偃师商城较为浓厚

偃师商城的设计布局体现了浓厚的防御及制敌思想。其选址是从军事角度考虑的，偃师商城北面依山，东北、东南、南部傍水，只有西南部朝二里头遗址（即以前的夏都）敞开。这样，既可以避免四面受敌，

---

① 中国社会科学院考古研究所河南第二工作队：《河南偃师商城小城发掘简报》，《考古》1999 年第 2 期。

② 河南省文物考古研究所：《郑州商城——一九五三年—一九八五年考古发掘报告》，文物出版社 2001 年版，第 178 页。

又可以快速向二里头出击。偃师商城在构造上的军事色彩，主要表现在以下几点。

第一，三重城垣的格局，由外向内依次为大城、小城、宫城，宫城居于小城中部，在最安全的地方，且地势较高。

第二，Ⅱ号基址的府库性质。小城的Ⅱ号基址"有宽近3米的围墙环绕包围，与外界隔开，足见其封闭性极强"。其内的大型建筑夯土基址，由下至上叠压三层建筑遗迹，都是规整有序的排房式建筑，"排列整齐，结构紧凑"。三层建筑之中的各层，尤其是下层和中层建筑，同层的单体建筑结构、布局、相互间距皆惊人地相似，这说明三层建筑的变化，是人为地按照原有的规模、布局和结构重新翻建。同时，Ⅱ号建筑群"整个遗址围墙范围以内皆干干净净，整洁异常，无零乱杂务散落或堆积，也无用火痕迹"。这意味着Ⅱ号建筑群并非人类活动频繁和集中之所，也不是普通人能够进入和使用的地方。Ⅱ号建筑群遗址位于商城西南隅，与Ⅰ号建筑群遗址（宫殿区）同处地势较高的南部地带，其东北距离宫殿区不足百米，可见Ⅱ号建筑群遗址与宫室关系非同一般。发掘者认为这是府库仓储类建筑。[1]

在小城东墙外，还有一座方形的建筑群，即Ⅲ号建筑群基址。钻探结果表明，这个建筑群也是由若干长条形建筑组成的，性质应该与Ⅱ号建筑群相同，因未经正式发掘，该组建筑的年代尚不清楚，从其位于小城之外分析，也许它是扩建大城时新建的。但无论其建造年代如何，它位于宫城的东北方不远处，说明它与宫城的关系也相当密切。而且，两组性质相同的建筑群，一在西南一在东北呈掎角之势拱卫着宫城。这种布局上的对应关系，似乎说明了宫城与府库之间的内在联系。

第三，小城城墙的马面式设计。北城墙南凹，西城墙东凹，东城墙东凸，南城墙目前尚不清楚。即"小城东、北、西三面城墙皆有两处'Z'字形转角"。以北城墙为例，直线距离全长740米，因转角而将其分成三段，中段向南凹进了大约8—10米，从而使北城墙形成了四个直角拐弯，其中西段城墙长约180米，东段城墙长约200米，中段也就是

---

[1] 中国社会科学院考古研究所河南第二工作队：《偃师商城第Ⅱ号建筑群遗址发掘简报》，《考古》1995年第11期。

凹进部分长约 360 米，约占北城墙总长度的一半。东、西城墙与北城墙相似。从整体上看，小城城墙人为地设计成非直线走向。发掘者认为，这样可以"增加城墙曲度，达到压缩防御距离的效果，在防御时利用城墙转角来增加局部地点的战斗人数，强化杀伤能力"。城墙的这种设计方式类似后世的"马面"。[①] 因此，也有研究者认为，偃师商城的小城城墙就是马面的滥觞[②]。

以上种种都说明了偃师商城明显的军事防御意图。

当然，郑州商城也体现一定的军事防御思想。如外郭城的建造；宫城的地势较高，并筑有城墙；等等。但只是着眼于一般的都城防御。相对来说，郑州商城的军事防御色彩要比偃师商城淡薄一些。郑州商城城内面积较大、布局不紧凑，有许多空地，这不利于迅速出击和调遣军队；郑州商城的城墙坡度较缓，有"护城坡"[③]，不像偃师商城那样陡立，不易防守；也不见像偃师商城那种宫城与府库互为犄角的配置情况，也看不到城墙的马面防御设施。

郑州商城之所以没有偃师商城那样浓厚的防御色彩，可能是由于其距夏王朝的政治中心地区稍远一些，夏民族的反抗力量相对较弱；而且，在灭夏之前，商人的活动区域已到达郑州附近地区，这里已经成为商人的大后方。因此，对军事防御的要求没有偃师商城那样强烈，宽大的缓坡城墙应该主要是从防御洪水方面考虑的。

2. 从经济文化功能来看，郑州商城要强于偃师商城

偃师商城发现的工具较少，用于农业生产的青铜工具更少，没有发现大规模手工业作坊遗址，同时，这里也没有发现文字。因此，张国硕认为："偃师商城不具备经济、文化中心的功能。"而郑州商城则相反，在经济方面，发现有较多的青铜生产工具和制造工具的陶范，有大规模制陶、铸铜、制骨作坊遗址，此外，还有可能有酿造、制玉、木器、漆器以及纺织、编织、缝纫等行业，尤其是青铜器，受

---

① 中国社会科学院考古研究所河南第二工作队：《河南偃师商城小城发掘简报》，《考古》1999 年第 2 期。

② 杜金鹏：《偃师商城初探》，中国社会科学出版社 2003 年版，第 58 页。

③ 河南省文物考古研究所：《郑州商城——一九五三年—一九八五年考古发掘报告》，文物出版社 2001 年版，第 224 页。

原料、技术等方面的限制，并不是每个地方都能制造，因此，许多青铜器是从郑州商城通过交换、赏赐等渠道流传到各地的。在文化方面，郑州商城已显示出文化中心的功能。目前发现属于二里冈期商文化的分布区非常广大，东至潍坊、西至周原、南至长江、北至北京，在陶器和铜器的制作、城市的布局、城墙的夯筑技术、宫殿的建造、葬丧习俗等方面，都直接或间接地受郑州商城的影响，郑州商城还发现有带字卜骨、陶文以及大量形象逼真的陶塑艺术品。因此，郑州商城具备经济和文化中心的功能。①

从二城的功能比较来看，郑州商城的军事防御功能较弱，经济文化功能较强，而偃师商城则相反，军事防御功能较强，甚至有学者认为偃师商城是一座军事重镇②，这也说明偃师商城的军事性陪都性质。

（三）与其他时代的都城设置比较

由于没有明确的文献记载，我们只能根据考古发掘的信息对偃师商城和郑州商城这两座早商都城进行主次关系的判断，这显然是不够的。笔者认为，其他时代的都城设置（尤其是类似背景下的都城设置）可以帮助我们进一步理清这两座都城的功能侧重与主次关系。

夏代的都城体系可能对早商的都城制度影响最大，但限于文献数据和考古数据我们无法复原夏代都城体系，在这里也无法讨论夏代都城体系对早商都城制度的影响。晚商时期，政治形势发生了较大变化，统治者的重心任务也从镇抚夏遗民以巩固统治转移到其他方面，其都城设置自当不同。因此，从盘庚迁殷开始，殷一直为其主都，《史记·殷本纪》正义引《古本竹书纪年》："自盘庚迁殷，至纣之灭，二百七十三年，更不徙都"③，殷是商代晚期长期的都城，这已为考古发掘所证实。但文献上又有"商汤之故居"和"朝歌"的记载。这样，由于晚商的都城制度与早商都城制度是在不同的政治背景下确立的，所以，这两个时段基本没有可比性。

唯一能与商汤克夏的政治形势相提并论的，应该是西周初年武王克

---

① 张国硕：《郑州商城与偃师商城并为亳都说》，《考古与文物》1996 年第 1 期。
② 郑杰祥：《关于偃师商城的性质与年代》，《中原文物》1984 年第 4 期。
③ 《史记·殷本纪》。

商后的情形。因此，联系西周初年的都城制度，可能对我们分析偃师商城和郑州商城的主次关系有帮助。

西周克商之后，成为"天下共主"，面临的局面是：疆域迅速扩大，而原来的都城丰镐（宗周）没有相应的疆域控制能力，尤其是对新增的东方疆域；殷代遗民势力较大，虽然西周王朝有西迁殷遗民的举措①，但大量殷遗民仍留在故地，成为较大的反抗势力，对西周的统治造成极大威胁，因此，周武王时期采取分而治之的办法，把殷商王畿一分为三，设置"三监"，成王时期，更实现武王营建洛邑的计划②。洛邑是"天下之中，四方入贡道里均"③的地方，成周在此建成之后，成为周人在东方地区的政治统治据点，同时，也是周人在东方的军事据点。因此，形成宗周丰镐为主都、成周洛邑为陪都的都城体系。④

根据西周营建陪都洛邑以镇抚"殷顽民"的情形向前反推，笔者认为，商人也极有可能在克夏后，于夏人故地设置一座陪都，以镇抚夏遗民。如果这个推测成立，则可以根据丰镐与洛邑的都城关系，论证商代初年主都、陪都的关系。然则夏人故地在何处？目前学术界均倾向于二里头遗址为夏都（见第二章相关论述）。二里头遗址发现有大型宫殿基址，有青铜礼器群，有冶铜、制陶、制骨等手工业作坊遗址，这些应当是王权的主要标志，所以，二里头遗址应该是王都遗址。结合文献记载，我们认定它是夏代王都。随着夏代灭亡、夏社被毁，这里虽然可能逐渐沦为废墟，但应仍有许多夏代遗民聚居于此，在商代统治者看来，这是一股较大的潜在反抗力量，因此，有必要在二里头附近建立一个军事性统治中心。这个军事性统治中心就是偃师商城。偃师商城西南距二里头遗址约6千米，距离较近，军事职能比较突出，当夏遗民有所异动时，能够迅速出击，因此，可以非常有效地监视、镇抚夏代的遗民。另外，从考古的年代学来看，偃师商城的兴起与二里头文化的衰落是同步的，二里头遗址与偃师商城是前后相继的关系。因此，偃师商城极有可

---

① 周书灿：《西周王朝经营四土研究》，中州古籍出版社2000年版，第55页。
② 《左传·桓公二年》有"昔武王克商，迁九鼎于雒邑"，显然，早在武王之世就有建雒邑的计划，只是可能由于当时条件的限制，延至成王时期由周公完成。
③ 《尚书·多方》。
④ 具体论述见本书第四章。

能是商初为镇抚夏遗民而建立的陪都。

第二节 仲丁迁隞至盘庚迁殷以前的商代中期都城的迁移

从仲丁迁隞开始到盘庚迁殷的一百五十余年间，商代经历了一个较为动荡的时期。史载商有"九世之乱"以致"不常厥邑"。这一时期都城迁徙比较频繁。

表3—5　　　　　　　　　商代中期都邑迁移情况

商王	《书序》记载的都城	《古本竹书纪年》记载的都城	《史记·殷本纪》记载的都城
仲丁	嚣	嚣	隞
河亶甲	相	相	相
祖乙	耿	庇	邢
南庚		奄	
盘庚	殷	殷	先都河北后渡河南汤故居

资料来源：据《书序》《古本竹书纪年》《史记·殷本纪》相关记载整理。

据表3—5可知，虽然文献记载都城的名称各不相同，但迁移之频繁确是史实。

一 都邑地望研究

（一）隞都

商自仲丁迁隞。《古本竹书纪年》载："仲丁即位，元年，自亳迁于嚣。"《尚书》序亦载："仲丁迁于嚣。"《史记·殷本纪》载："帝中丁迁于隞。"古音嚣、隞相通，故"嚣"应该就是"隞"。在本节中，笔者论述仲丁时期的都城用"隞都"一词。

隞都的地望，目前并不清晰。皇甫谧云："仲丁自亳徙嚣，在河北也。或曰在河南敖仓。二说未知孰是也。"《诗经·小雅·车攻》："建旐设旄，搏兽于敖。"郑玄注："兽，田猎搏兽也。敖，郑地，今近荥阳。"《左传·宣公十二年》载：晋楚邲之战，师楚"次于管以待之。

晋师在敖、鄗之间"。杜预注："荥阳京县东北有管城,敖、鄗二山在荥阳县西北。"《括地志》载:"荥阳故城在郑州荥泽县西南十七里。殷时敖地,周时名北制,在敖山之阳。"

曲英杰认为:"从后河亶甲自嚣迁于相（今河南内黄县境）来看,商人这一时期的迁徙路线循于河水（古河道）而在河外。如此,则隞地似不当在河北,而当在河南敖仓。"① 张新斌认为"敖仓地区位于今郑州市区西北以及荥阳市的范围内"②,因此,在这一地区找出隞都,从道理上是讲得通的。

近年在郑州西北小双桥发现有商代遗址③。遗址南北长约 1800 米,东西宽约 800 米,总面积约 150 万平方米。现已发现的商代遗迹包括多处大规模的夯土基址、青铜冶铸遗迹、窖穴、灰坑、灶面、壕沟,以及众多的祭祀遗迹,见于报道的最大的一处夯土基址东西残长 50 余米,南北残宽 10 米,上面发现有带石础的柱础坑,祭祀遗迹包括人祭坑和牲祭坑两类。小双桥遗址中发掘出丰富的陶器、铜器、石器、骨器、蚌器,目前铜器发现不多但却非常引人瞩目,目前被断定是与大型建筑有关的青铜构件,这对我们认识小双桥遗址的性质具有重要意义。小双桥遗址的时代总体上略晚于二里冈文化,但明显早于安阳殷墟文化。④ 陈旭认为郑州小双桥有可能是隞都所在⑤,也有人认为小双桥不是隞都,因为仲丁迁隞时,内忧外患均在,而小双桥至今未发现防御设施,这是不可想象的;另外,小双桥的主要遗存均与祭祀有关,缺乏居住和生活遗存。⑥

因此,继续发掘小双桥遗址并整理相关资料以确定小双桥遗址的性质,对认定隞都地望有很大帮助。

---

① 曲英杰:《先秦都城复原研究》,黑龙江人民出版社 1991 年版,第 73 页。

② 张新斌:《敖仓史迹研究》,《中国历史地理论丛》2003 年第 1 期。

③ 河南省考古研究所等单位:《1995 年郑州小双桥遗址的发掘》,《华夏考古》1996 年第 3 期。

④ 宋国定、曾晓敏:《郑州小双桥遗址的调查与试掘》,《郑州商城考古新发现与研究》,中州古籍出版社 1993 年版,第 242—271 页;宋国定、曾晓敏:《1995 年郑州小双桥遗址的发掘》,《华夏考古》1996 年第 3 期。

⑤ 陈旭:《郑州小双桥商代遗址即隞都说》,《中原文物》1997 年第 2 期。

⑥ 李锋:《"郑亳说"不合理性刍议》,《华夏考古》2005 年第 3 期。

（二）相都

商人在河亶甲时徙居相。《古本竹书纪年》记载："河亶甲即位，自嚣迁于相。"《尚书》序与《史记·殷本纪》都有相同的记载。《史记》集解引《传》云："相，在河北。"

相地所在，有三种说法。第一种说法为相州安阳说。《通典》卷一七八"相州"载："殷王河亶甲居相，即其地也。"《通鉴地理通释》云："《类要》安阳县本殷虚，所谓北冢者，亶甲城在西北五里四十步，洹水南岸。"20、21世纪之交的时候，在安阳殷墟遗址的东北发现一座商代古城，与传统的殷墟范围略有交错，被命名为洹北商城。该城址方向约北偏东13度，南北长约2200米、东西宽2100米以上，墙基宽9—10米。在城址南北中轴线的南段已发现大面积夯土基址，不少基址规模宏大，显然是宫殿所在。城北则分布大量规模不等的居民点。[①] 根据地层关系和发掘品的类型学研究，遗址中的遗存可分为早晚两期，早期略晚于小双桥遗址，晚期略早于殷墟一期，[14]C测年完全支持这一结论[②]。如果小双桥遗址确为仲丁之隞都，则判定洹北商城遗址为河亶甲之相都应该是正确的。洹北商城的发现，使相州安阳说受到重视。

第二种说法为相州内黄说。《括地志》云："故殷城在相州内黄县东南十三里，即河亶甲所筑之都，故名殷城也。"在今河南内黄县境。春秋以前黄河河道径其西，商人自随地循河水北迁至此是完全有可能的。今内黄县城南12千米刘次范村东立有宋开宝七年（974）商中宗庙碑，记有商王河亶甲事迹，附近发现有商代遗物[③]，可为我们寻找商都相提供线索。

第三种说法为沛郡相县说。孙星衍《尚书今古文注疏》卷三十注《尚书》序"河亶甲居相"云："相者，《地理志》相县属沛郡。"近世

---

① 唐际根等：《洹北花园庄遗址1997年发掘简报》，《考古》1998年第10期；唐际根：《中商文化研究》，《考古学报》1999年第4期；唐际根：《洹北商城》，载《1999年重大考古发现》，文物出版社2001年版，第62—63页。

② 唐际根等：《洹北花园庄遗址1997年发掘简报》，《考古》1998年第10期；夏商周断代工程专家组：《夏商周断代工程：1996—2000年阶段成果报告》（简本），世界图书出版公司北京公司2000年版。

③ 杨育彬：《河南考古》附《河南古代遗址、城址、窑址、墓葬统计表》，中州古籍出版社1985年版。

陈梦家、丁山等主此说①，其地在今安徽宿州一带。然除地名相同外，似别无所据。此相地近淮水，商时为东夷所居。由商代晚期"纣克东夷"的记载，可以获知在商代中期商人势力似乎并未到达此处，故河亶甲之都不可能在这里。

（三）邢都

商人自祖乙时迁于邢，见于《史记·殷本纪》。《尚书》序载："祖乙圮于耿。"《古本竹书纪年》载："祖乙胜即位，是为中宗，居庇。"司马贞《索隐》云："邢音耿。近代本亦作耿。"

邢地所在，据王国维考证，应在河内邢丘②。《左传·宣公六年》载："秋，赤狄伐晋，围怀，及邢丘。"杜预注："邢丘，今河内平皋县。"在今河南温县境。《韩诗外传》卷三载："武王伐纣，到于邢丘，轭折为三，天雨三日不休……乃修武勒兵于宁，更名邢丘曰怀，宁曰修武。行克纣于牧之野。"可知邢丘在武王伐纣时已存在，其名邢丘，当如王国维所释为邢虚，即商都邢城之墟，武王更其名曰怀。古音怀在微部，庇在脂部，可通转，故庇当即为怀。《古本竹书纪年》云祖乙"居庇"，是以后起之名指称其地。

（四）奄都

商人自南庚时迁奄。《古本竹书纪年》载："南庚更自庇迁于奄。"此奄地，人多据《左传·定公四年》所载伯禽就封于鲁，"因商奄之民"，以为在今山东曲阜市，不确。所谓"因商奄之民"，是指鲁国兼领有原奄国之地，而不是以原奄都为都。奄都所在，当在今山东沂水县西北一带③。其地距商人活动之中心区域遥远，商人迁都，不可能至此。

从商人多次迁徙不离河水来看，奄都似乎应当在近河地区。王国维云："余谓墉与奄，声相近。《书·雒诰》'无若火始焰焰'，《汉书·梅福传》引作'毋若火始庸庸'。《左文十八年传》'阎职'，《史记·齐太公世家》、《说苑·复思》篇均作'庸职'。奄之为墉，犹焰、阎之

---

① 陈梦家：《殷墟卜辞综述》第八章"方国地理"，中华书局 1988 年版；丁山：《盘庚迁殷以前商族踪迹之追寻》，载《商周史料考证》，中华书局 1988 年版。

② 王国维：《说耿》，《观堂集林》卷十二，中华书局 1961 年版。

③ 曲英杰：《先秦都城复原研究》，黑龙江人民出版社 1991 年版，第 262 页。

为庸矣。"① 奄既可通墉，则当即为周灭商后分其畿内为邶、墉、卫三地中之墉。郑玄《邶墉卫谱》云："自纣而北谓之邶，南谓之墉"，服虔、王肃等又以为"墉在纣都之西"②。《通典》卷一七八载卫州新乡县"西南三十二里有墉城。即墉国"。在今河南新乡市西南。《左传·定公四年》记康叔之封域"取于有阎之土，以共王职。"杜预注："有阎，卫所受朝宿邑，盖近京畿。"此有阎之上，亦当指奄（同墉）。今新乡北站区火电厂附近潞王坟遗址已发现商代早、中期文化遗存，马小营村和台头村等地亦发现有商代遗迹③，似可为寻找奄都提供线索。

二　中商时期屡次迁都的原因探讨

商代中期都邑迁徙频繁，不常厥邑，正如林之奇所说："盖古者邑居无常，择利而后动。其宗庙、社稷、朝市之制，简而不伙，约而不费，故不以屡迁为劳也。"④ 这种状态一直持续到盘庚迁殷之时。屡迁的原因历来众说纷纭，大致有五种说法。

一是所谓"去奢行俭"说。此说产生较早，《墨子》就主张这种说法，其后《汉书》《申鉴》《盐铁论》及张衡、郑玄、皇甫谧等人皆从此说。

二是水患所迫说。《书序》明确记载"祖乙圮于耿"，《尚书》孔安国传及孔颖达的《尚书正义》都把这条记载解释为"河水所毁曰圮"，"圮，毁也"。那么，耿邑的废弃应与水患有直接关系。近人王国维持此说："其地（耿）正滨大河。故祖乙圮于此。"⑤《尚书·盘庚》篇又记载"今我民用荡析离居，罔有定极"，与《书序》记载相联系，则有学者认为盘庚迁都也是因为水患，由此类推到历次迁都，得出中商迁都均因水患的说法。如吴泽认为："盘迁殷前，史称自成汤至盘庚，

---

① 王国维：《北国鼎跋》，《观堂集林》卷十八，中华书局1961年版。

② 《诗经·邶墉卫谱》孔颖达疏引。

③ 杨育彬：《河南考古》附《河南古代遗址、城址、窑址、墓葬统计表》，中州古籍出版社1985年版。

④ 《尚书全解》卷十八。

⑤ 王国维：《说耿》，《观堂集林》卷十二，中华书局1961年版。

均因水患而迁都者，凡五次。"①

三是把迁都看作游牧民族无所定居的反映②，或者认为商人尚处于渔猎游牧经济向农业经济过渡的阶段，有人名之曰"游农"或"游耕"阶段③。丁山认为商代人们处于"部落时代之生活，农业方在萌芽，大部分生活基础仍为游牧，游牧者因水草而转徙，部落之领袖因其族类而亦转徙不定；于是政治中心之所在，既无所谓都邑，更无固定可言"④。翦伯赞提及"商代农业生产力比较低，经常迁都可能和地力耗竭有关"⑤。此外，柳诒徵⑥、芳明⑦、果鸿孝⑧等也以游牧说解释殷都屡迁的现象。

四是战争需要说。在奴隶社会，战争是经常发生的，通过战争掠夺"士女牛羊"（《师寰毁》铭），为奴隶主补充财富。而在当时的交通运输条件下，跋涉远征比较困难，故选择王都不能不从军事角度考虑作战的方便。⑨

五是政治斗争说。这是今人创新的观点。这一学说中，包括阶级斗争说和统治阶级内部的王位纷争说。如郭沫若认为盘庚迁殷的原因是"阶级斗争"⑩。李民则认为盘庚迁殷所需解决的中心问题是"贵族和平

---

① 吴泽：《殷代史》，《中国历史大系》，棠棣出版社1953年版。

② 郭沫若：《卜辞中的古代社会》，《中国古代社会研究》第三编，人民出版社1977年版。

③ 傅筑夫：《关于殷人不常厥邑的一个经济解释》，《文史杂志》第四卷第5、6期；傅筑夫：《中国古代经济史概论》，中国社会科学出版社1981年版；傅筑夫：《殷人的游农与殷人的迁居》，《中国古代经济史论丛》，生活·读书·新知三联书店1985年版；冯汉骥：《自〈尚书·盘庚〉看殷商社会的演变》，《文史杂志》第五卷第5、6期；王玉哲：《中国上古史纲》，上海人民出版社1959年版。

④ 丁山：《由三代都邑论其民族文化》，《中央研究所历史语言研究所集刊》第5本，1935年。

⑤ 翦伯赞：《中国史纲要》，人民出版社1962年版。

⑥ 转引自朱彦民《殷墟都城探论》，南开大学出版社1999年版。

⑦ 芳明：《殷商为什么屡次迁都》，《历史教学》1956年第7期。

⑧ 果鸿孝：《游农与殷人迁居再探》，《中国古代经济史论丛》1984年第4期。

⑨ 邹衡：《论汤都郑亳及其前后的迁徙》，载《夏商周考古学论文集》，文物出版社1980年版，第209—210页。

⑩ 郭沫若主编：《中国史稿》第一册，人民出版社1964年版，第162页。

民的斗争"①。黎虎、赵锡元认为是由于统治阶级内部的王位纷争②。

笔者认为，以上诸说虽各具其理，但都不完全符合五迁的具体情况，不能把成汤以后的多次迁都笼统说成是具体的某个原因。仲丁至盘庚间历次迁都的原因，需要具体分析每一次的迁移。同时，在具体分析中又要充分注意到政治因素的作用，不能单从水患、农业落后等方面去找原因，因为国都是政治的中心，各次迁徙总的目的，仍然是巩固统治，扭转王国一度出现的中衰局面。《史记·殷本纪》载："自中丁以来，废适而更立诸弟子，弟子或争相代立，比九世乱，于是诸侯莫朝。"所谓"自中丁以来……比九世乱"，应该是指仲丁至阳甲九王在位期间，商朝接连发生的王位纷争。而殷人频繁的迁都，恰好也发生在这个时期。殷都屡迁的时间与商朝"比九世乱"的时间如此契合，不能看成是偶然现象，它们之间应该存在着某些内在的因果关系。第一，九世之乱为商王朝王位纷争。这一时期有无嫡长子继承制，人们还有不同认识，但在王位继承上，这一时期连续发生了几次异常现象。王国维认为："商之继统法以弟及为主而以子继辅之，无弟然后传子。自成汤至于帝辛三十帝中，以弟继兄者凡十四帝，其以子继父者，亦非兄之子而多为弟之子。惟沃甲崩，祖辛之子祖丁立，祖丁崩，沃甲之子南庚立，南庚崩，祖丁之子阳甲立，此三事独与商人继统法不合。此盖《史记·殷本纪》所谓中丁以后九世之乱，其间当有争立之事，而不可考矣。"③ 这种异常的王位继承关系，可能就是"废适而更立诸弟子，弟子或争相代立"的一种反映。第二，这一时期商王年祚均比较短促。根据《今本竹书纪年》的记载，仲丁"九年陟"，外壬"十年陟"，河亶甲"九年陟"，祖乙"十九年陟"，祖辛"十四年陟"，沃甲"五年陟"，祖丁"九年陟"，南庚"六年陟"，阳甲"四年陟"。一方面，年祚短促会加剧权力的争夺，另一方面，可能也是由于权力纷争才导致商王年祚短促。二者互为因果，加上其他因素，才使得这一时期屡

---

① 李民：《〈盘庚〉篇所反映的平民与奴隶主的斗争》，载《尚书与古史研究》，中州书画社1983年版。

② 黎虎：《殷都累迁原因试探》，《北京师范大学学报》1982年第1期；赵锡元：《中国奴隶社会史述要》，上海人民出版社1959年版，第58、65页。

③ 王国维：《殷周制度论》，《观堂集林》卷十，中华书局1961年版。

次迁都。

我们具体分析每一次的迁移。

仲丁迁隞。从成汤灭夏以后直到仲丁，都城一直在亳。从汤到太戊的时代，商王国一直是稳步发展的。太戊子仲丁即位后，有"征兰夷"的军事活动[①]。征兰夷有三个可能：一是东方的夷人诸部中，有的已经强大起来，如兰夷，这些部族强大起来之后，西侵商王朝的边邑，造成商王朝东部边疆不稳定，如后来卜辞中所记的征土方一样。二是仲丁即位后，为了商王国的发展，以某种口实去征兰夷，以掠夺人口和财物。三是借助征兰夷的军事行动加强商王朝的权威。因为从仲丁的伯父雍已起，商王朝已衰弱，所谓"诸侯或不至"，兰夷或即其中之一。故仲丁即位后，便乘太戊以来的余威，前往征伐。《汉书·地理志》把兰夷作为东方九夷的一部分，由此看来，其方位大致应在今山东、安徽、苏北一带。为了东征兰夷，仲丁将政治中心迁往前线隞都。

河亶甲迁相。《古本竹书纪年》记载河亶甲时代"征兰夷，再征班方"，同时，"河亶甲时，殷墟复衰"[②]。既是衰弱，何能征伐？实际情况可能是：仲丁时已征过兰夷并得胜，但为防夷人东侵，没有再回到亳都去。二十余年（以仲丁十一年、外壬十五年计）后，东方的兰夷重整旗鼓，要报仲丁时之仇，故借"河亶甲时，殷复衰"的机会再侵商，于是商都隞便受到威胁。班方也乘机叛离商朝。旧史书上所谓"征"，实为史家的褒贬笔法：凡正统王朝出兵，哪怕是被迫应战也一概叫征或伐。因此，所谓的河亶甲"征兰夷，再征班方"可能是河亶甲之世被迫出兵。但后来终因国力衰弱，只好内迁到相，即今河南内黄地方。有人认为不是迁到内黄，而是迁到今江苏徐州以南、安徽宿州以北的符离集[③]，以靠近兰夷，便于征战，其说恐怕与当时情况不合。再者，甲骨文的河亶甲写作戋甲；戋字作两戈相向形，按徐锴注《说文解字》讲"兵多则残也，故从二戈"，含有干戈动乱之意。因此，河亶甲迁相，非为征讨之便而是一种避战内迁。

---

① 《古本竹书纪年》。
② 《史记·殷本纪》。
③ 参见孙星衍《尚书今古文注疏》卷三十、丁山《商周史料考证》、陈梦家《殷墟卜辞综述》。

祖乙和南庚所迁，则主要是与统治阶级的内部斗争有关。《史记·殷本纪》讲，盘庚以前"自中丁以来，废适而更立诸弟子，弟子或争相代立"，形成所谓"九世之乱"。从有关商王朝的世系谱中可以看出，祖乙和南庚的即位与前两世不一样，而与成汤后的嫡长孙太甲即位相同。祖乙是兄终弟及，太庚死后没有还位给沃丁之子（长兄之子），而是直接传位给自己的儿子小甲。小甲兄弟三人（小甲、雍已、太戊，他们是祖乙的祖父辈）按兄终弟及相继为王，但太戊死后没有还位给长兄小甲之子，而由太戊之子仲丁（祖乙之父，《史记》三代世表和《殷本纪》误把戋甲作为祖乙之父，《古今人表》把祖乙作为戋甲之弟亦误①）即位。仲丁、外壬、河亶甲兄弟三人又相继为王。前两代——沃丁、太康和小甲、雍已、太戊——按惯例，并未还位给长兄之子。可是祖乙却一反其曾祖父、祖父之例，以长兄之子而即王位，如同太甲一样。由伊尹定下的这种新的继位法不同于前代，实行中必有一番争斗。南庚自然也是如此，沃甲死后，按照太庚、太戊之例，当立自己的儿子南庚，但是南庚尚未立起，便由沃甲之兄祖辛之子祖丁继承了王位。可是南庚并没有死心，当祖丁死后，照例应由祖丁的亲兄弟即位，如无亲兄弟，则当直接传给儿子阳甲，可是结果却被南庚继了位，这是商代王位继承中独一无二的变例，即堂兄弟继位的特例。难怪王国维在《殷周制度论》中说："此盖《殷本纪》所谓中丁以后九世之乱，其间尝有争立之事而不可考矣。"

祖乙、南庚夺得王位后，失位者及其家族同党必然会发难。为了摆脱这种政治纠纷而另迁新都，是完全可能的。祖乙所迁的耿，南庚所迁的奄，均是他们即位前的封邑或同党势力的聚居地。这样，把这两世的迁都原因归结为与争夺王位有关是合理的。后来，祖乙之子阳甲又夺回了王位。经过这番争斗，王朝的统治力量自然削弱了，所以《史记·殷本纪》说："帝阳甲之时，殷衰。"又说："自中丁以来，废适而更立诸弟子，弟子或争相代立，比九世乱，于是诸侯莫朝。"阳甲在位只有七年，死后由其弟盘庚继位。

---

① 这点在甲骨卜辞中已经得到很好的明证。从甲骨文卜辞中的祭祀情况看，当是太戊子仲丁，仲丁子祖乙，祖乙子祖辛。

　　至于最后盘庚迁殷的主要原因，应该是为了巩固政权。前面的阳甲在位七年，而南庚在位近三十年。为了摆脱原南庚势力的影响和阳甲之世的衰象，盘庚自然要考虑迁都。

　　事实证明，经过五次迁都，特别是盘庚迁都后，商王朝就越过了动荡衰微的阶段，逐步发展到了鼎盛时期。

三　中商都城体系的推测

　　隞、相、邢、奄几座都城相继替代，根据以上分析的迁都原因来看，被替代的都城不会仍然发挥其政治中心的作用，可能是被废弃了。

　　由于各都城经营时间都比较短暂，城市规模不可能很大，也不可能有明显的规划。所以，除大型宫殿、祭祀建筑外，一些重要建筑如王陵等，可能还要与某一地区发生密切关系（目前发现的小双桥遗址和洹北花园庄遗址均有大型宫殿建筑基址和大型祭祀遗址，但未见有大型陵墓）。则此"某一地区"可能就是亳都或商丘。这里由于是祖先陵墓所在，是商人发迹的地方，不可能被随意废弃，可能还起着"圣都"的作用。正如张光直先生所言："三代虽都在立国前后屡次迁都，其最早的都城却一直保持着祭仪上的崇高地位。如果把那最早的都城比喻作恒星太阳，则后来迁徙往来的都城便好象是行星或卫星那样围绕着恒星运行。再换个说法，三代各代都有一个永恒不变的'圣都'，也各有若干迁徙行走的'俗都'。'圣都'是先朝宗庙的永恒基地，而俗都虽也是举行日常祭仪所在，却主要是王的政治、经济、军事的领导中心。圣都不变，缘故容易推断，而俗都屡变，则以追寻青铜矿为主要的因素。"而且"亘殷商一代，王都屡迁的过程中，商这个最早的都城还维持着什么样的地位？从微子封在商以续殷祀这一点来看，说商人先祖宗庙一直在商丘奉祀的说法是有道理的"①。如此推测，中商时期商丘与隞、相、邢、奄几座行政性都邑为同时并存的关系。只是由于文献记载比较简略，考古数据又欠缺，我们无从详细证明了。

　　所以对这一阶段的都城体系，只能存在一个简单的推测，即"圣

---

　　① ［美］张光直：《夏商周三代都制与三代文化异同》，载《中国青铜时代》，生活·读书·新知三联书店1999年版，第45页。

都俗都体系"，商丘为圣都，隞、相、邢、奄几座都城顺次迁徙，与商丘并存，是商代中期的俗都。

第三节　晚商的多都并存现象

丁山先生早年以为："殷商时代，可能有两个以上的都城，'大邑商'是首都，那末，'中商'该是陪都。无论首都、陪都，总是名商。"[1] 晚商的政治中心，出现在文献中的主要有三个名称：殷或殷墟，朝歌，成汤之故居。本书尝试从都城体系的角度理清晚商各个政治中心之间的关系。

一　殷墟的都城地位分析

关于殷墟的政治地位，大部分学者认为殷墟是晚商时期的主要都城，如邹衡、李民、杨升南、王贵民、杨宝成、杨锡璋等，从正面肯定了殷墟作为都城的地位。[2] 但也有学者认为殷墟不是都城遗址，而是墓地和公共祭祀场所。[3] 笔者认为，殷墟是晚商的都城，这一点我们可以通过对文献记载和考古数据的分析来证明。

---

[1]　丁山：《由三代都邑论其民族文化》，《中央研究所历史语言研究所集刊》第 5 本，1935 年。

[2]　邹衡：《综述夏商四都之年代和性质》，《殷都学刊》1988 年第 1 期；李民：《关于盘庚迁殷后的都城问题》，《郑州大学学报》1988 年第 1 期；杨升南：《殷墟与洹水》，《史学月刊》1989 年第 2 期；王贵民：《浅谈商都殷墟的地位与性质》，《殷都学刊》1989 年第 2 期；杨宝成：《殷墟为殷都辨》，《殷都学刊》1990 年第 4 期；杨锡璋：《殷墟的年代及性质问题》，《中原文物》1991 年第 1 期。

[3]　如日本学者宫崎市定（《中国古代的都市国家与它的墓地——商邑位于何处考》，《东洋史研究》第 28 卷第 4 期，1970 年版）就怀疑王都不在今安阳小屯一带，因为小屯不见西周和春秋初的文化堆积，也不见城郭遗存。日本学者松丸道雄（《1971 年的历史学界——回顾与展望》，《史学杂志》1972 年第 2 期）也对安阳殷墟持怀疑态度，他根据计算机检索卜辞中大量地名，认为商都应在汤阴一带，这样符合甲骨文地理关系，而安阳殷墟只是商王的宗庙祭祀场所。石田千秋（《甲骨文与殷墟》，《书道研究》1988 年第 12 期）也认为小屯周围的殷墟是殷代进行贞卜与祭祀的特别场所。国内学者也有否定殷墟为晚商都城者，秦文生（《殷墟非殷都考》，《郑州大学学报》1985 年 1 期；《殷墟非殷都再考》，《中原文物》1997 年 2 期）认为殷墟作为都城的条件和证据不足，殷墟只是商代后期的王陵区和祭祀场所，其都城应为朝歌。胡方恕（《小屯并非殷都辨析》，《东北师大学报》1987 年第 2 期）也有类似观点。

（一）从文献资料来看

在迄今所见到的古代文献中，涉及盘庚迁殷地望的最早记载，应该是《古本竹书纪年》。但因该书散佚，各家所引又不尽相同。因此，就盘庚迁殷而言，各家的引用也有某些差别：

①《太平御览》八三《皇王部》："《纪年》曰：盘庚旬自奄迁于北蒙，曰殷。"

②《水经注·洹水》："《竹书纪年》曰：盘庚即位，自奄迁于北蒙，曰殷。"

③《尚书·盘庚·正义》："《汲冢古文》云：盘庚自奄迁于殷，殷在邺南三十里。"

④《尚书·祖乙序·正义》："《汲冢古文》云：盘庚自奄迁于殷。"

⑤《史记·项羽本纪·集解》："《汲冢古文》曰：'盘庚迁于此。'《汲冢》曰：'殷虚，南去邺三十里。'"

⑥《史记·殷本纪·正义》："《括地志》云：相州安阳本盘庚所都，即北蒙殷墟，南去朝歌城百四十六里。《竹书纪年》云：'盘庚自奄迁于北蒙，曰殷墟，南去邺四十里。'"

从这些大致相似又不尽相同的记载中，我们大体可以肯定，《古本竹书纪年》涉及的盘庚所迁之"殷"在北蒙，在邺南三四十里处。此后，《史记》也有类似记载，如"项羽乃与（章邯）期洹水南殷虚上"[1]，也就是说：洹水之南有殷墟。

由以上记载来看，"殷"的地望当在今安阳一带。

从甲骨文来说，安阳一带发现了大量甲骨卜辞，这些卜辞基本上均与商王及王室生活相关，内容涉及政治生活的方方面面，年代从武丁一直延续到帝乙、帝辛时期，这也可以从另一个角度说明这里可能就是当时的政治中心所在地。

（二）从考古发掘来看

经过大半个世纪以来的考古发掘与调查，关于殷墟的考古数据非常多，我们可以通过对考古资料的分析，确定殷墟是否具有都城要素，并

---

① 《史记·项羽本纪》。

探究殷墟为都的年限。

第一，殷墟具有都城要素。

从目前的考古发掘成果来看，殷墟的现今范围，东界大致为京广铁路一线，北界在三家庄、小营至秋口一线，西界以安阳钢铁公司西墙的南北延伸线为界（北辛庄以西），南界为戚家庄、刘家庄一线（大致以万金渠为界）。东西约6千米，南北约5千米，总面积约为30平方千米，包括重点区、一般区和外围区三部分。由于殷墟都城未发现城墙，所以其平面形状仍待考证。但总的来说，殷墟的布局已基本清楚。

殷墟有居住区。殷墟的居住遗址主要分布在洹河南岸，洹河北岸只有大司空村南地、武官村南地以及侯家庄南地发现居住遗存。在小屯村以西，孝民屯以东地段，如四盘磨、王裕口、白家坟、霍家小庄等地都有商代文化层，"这一带殷代遗址分布密集，可能是殷代平民居住地"①。小屯村以西的白家坟西地和孝民屯南地一带是商代的重要平民墓葬区，墓葬稠密。这片墓地出现于殷墟二期，到三期、四期其范围显著扩大，数量成倍增加。这反映出殷都非贵族人口的迅速繁衍。

殷墟有明显的宫殿区。宫殿遗址在洹河以南1—2千米范围内，宫城区的东、北为洹河，西、南为壕沟，壕沟与洹水正好围成封闭的防卫沟。在小屯村东北部，发现50多座大型夯土基址，判断为宫殿建筑遗址，在小屯村西北和东部也发现几座。

殷墟有大型王陵遗址。小屯村西北约1.5千米的西北冈侯家庄一带是王陵区，此处曾发掘十几座带墓道的大墓。关于西北冈大墓的性质，陈梦家先生认为："西北冈东西两区所发现的九个大墓，其中应有殷代王室的陵墓，其理由如下：（1）墓制规模宏大，椁室亦很大，四面有墓道；（2）墓内数目众多的杀殉，墓外小墓成群的杀殉坑，足见当时阶级社会对于奴隶的残酷的处理；（3）大墓1004南墓道所出数目以百计的戈、矛和数十个胄，如此殉葬非王室莫属；（4）大墓1400东墓道所出的'寝小室盂'，当指王寝中小室所用之盂；（5）铜器中有体制特

---

① 中国社会科学院考古研究所编：《殷墟的发现与研究》，科学出版社1994年版，第46页。

别巨大的，有形制很不平常的；（6）大理石雕刻和白陶为寻常殷墓所罕见；（7）大量的绿松石饰、牙饰和雕骨，亦为寻常殷墓所少有。"[1]西北冈大墓为殷王室成员的墓的推论应该是正确的。1976年春发掘的小屯5号墓为一长5.60米、宽4.00米的长方形竖穴墓，墓中有大量随葬品，其中有些与西北冈大墓出土者相似，如方鼎、大理石雕刻、玉器和象牙雕刻等[2]，然其墓室形制及规模不能与西北冈大墓相比。此墓的墓主为妇好，为武丁的主要配偶之一。

殷墟有手工业作坊遗址。小屯村东南约1千米的苗圃北地是一座规模较大的铸铜作坊遗址，总面积约1万平方米，经多次发掘，发现了极为丰富的铸铜遗迹和大量陶范、陶模以及坩埚、炉壁等与铸铜有关的遗物。在陶范中以礼器范数量最多，也有少量镞范和戈范。这是迄今为止在殷墟范围内所发现的一处规模最大的铸铜作坊遗址，它可能是殷王室控制下的一座铸铜作坊，大约始建于殷墟文化第一期偏晚阶段，其后规模不断扩大，一直延续到商代末年。[3] 小屯北地和孝民屯东南也发现有铸铜遗址。[4] 大司空村东南和北辛庄南有制骨作坊。在小屯村西北约3千米的北辛庄分布有制骨的手工业作坊[5]。另外，小屯村西北有制玉器作坊遗址，在花园庄南地（安钢大道南）有制陶作坊遗址等。

从以上数据分析来看，殷墟具有都城的要素，拥有宫殿遗址、平民居住遗址以及手工业作坊遗址。殷墟的平民居住遗址及大量手工业作坊遗址尤其能够说明殷墟并非某些学者所谓的墓地和公共祭祀场所。因此，安阳殷墟遗址应为都城遗址。

第二，从考古数据来看殷墟作为都城的时间。

从考古数据来分析殷墟作为都城的起始时间和结束时间，牵扯到殷

① 陈梦家：《殷代铜器》，《考古学报》第七册，1954年。

② 中国社会科学院考古研究所安阳工作队：《安阳殷墟五号墓的发掘》，《考古学报》1977年第2期。

③ 中国社会科学院考古所编著：《殷墟青铜器》，文物出版社1985年版，第455—456页。

④ 中国社会科学院考古研究所：《殷墟发掘报告》，文物出版社1987年版，第66—69页。

⑤ 同上书，第85—89页；中国社会科学院考古研究所编：《殷墟的发现与研究》，科学出版社1994年版，第46页。

墟的文化分期问题。

学术界对殷墟文化的分期，争论较多。1934 年董作宾先生发表《甲骨文断代研究例》，把殷墟甲骨文分为五个时期：第一期，相当于武丁及以前，包括盘庚、小辛、小乙时期；第二期，祖庚、祖甲时期；第三期，廪辛、庚丁时期；第四期，武乙、文丁时期；第五期，帝乙、帝辛时期。① 邹衡先生从 1956 年起开始了他对殷墟文化分期的研究，1964 年，根据殷墟出土的陶器，邹先生把殷墟文化分成七组四期：殷墟文化第一期约相当于甲骨文第一期以前，或属盘庚、小辛、小乙时代；殷墟文化第二期约相当于甲骨文分期的第一、第二期，即武丁、祖庚、祖甲时代；第三期约相当于甲骨文第三、第四期，即廪辛、庚丁、武乙、文丁时代；第四期约相当于甲骨文分期的第五期，即帝乙、帝辛时代。② 中国社会科学院考古研究所安阳工作队郑振香、陈志达根据大司空村、苗圃北地及妇好墓的发掘材料，把殷墟文化分为四期：第一期上限可早于武丁，下限不晚于武丁；第二期，上限可早到武丁，下限不晚于祖甲；第三期，约当廪辛至庚丁时；第四期，当在帝乙、帝辛之世。③ 杨锡璋在 20 世纪 80 年代初总结安阳工作队前后分期的研究成果，提出：第一期，相当于盘庚、小辛、小乙和武丁前期；第二期，相当于武丁后期及祖庚、祖甲时期；第三期，相当于廪辛、庚丁、武乙、文丁时期；第四期，相当于帝乙、帝辛时期。④ 张长寿从铜器分析入手，认为殷墟文化可分为三期，第一期，盘庚到武丁；第二期，祖庚、祖甲、廪辛、庚丁时期；第三期，武乙、文丁、帝乙、帝辛时期。⑤ 以上不同的分期，依据不同，分别以甲骨文、陶器、铜器、文化层等为依据，故而出现众多不同分期。比较而言，根据文化层进行分期更为科学，故本书研究以郑振香、陈志达分期为行文依据。

---

① 董作宾：《甲骨文断代研究例》，《中央研究院历史语言研究所集刊》外编第一种《庆祝蔡元培先生六十五岁论文集》，商务印书馆 1933 年版。

② 邹衡：《试论殷墟文化分期》，《北京大学学报》（人文科学版）1964 年第 4、5 期。邹衡：《夏商周考古学论文集》（科学出版社 2001 年版）收录此文。

③ 郑振香、陈志达：《论妇好墓对殷墟文化和卜辞断代的意义》，《考古》1981 年第 6 期。

④ 杨锡璋：《安阳殷墟西北冈大墓的分期与相关问题》，《中原文物》1981 年第 3 期。

⑤ 张长寿：《殷商时代的青铜容器》，《考古学报》1979 年第 3 期。

表3—6　殷墟文化考古分期比较

晚商的商王顺序	董作宾的分期	邹衡的分期	郑振香、陈志达的分期	杨锡璋的分期	张长寿的分期
盘庚	第一期	第一期	第一期（其下限不会晚于武丁，其上限早于武丁）	第一期	第一期
小辛					
小乙					
武丁					
祖庚	第二期	第二期	第二期	第二期	第二期
祖甲					
廪辛	第三期	第三期	第三期	第三期	
庚丁					
武乙	第四期	第四期	第四期	第四期	第三期
文丁					
帝乙	第五期				
帝辛					

由表3—6可见，对于殷墟文化分期的争论，主要是上限的起始年代。而对殷墟文化分期认识的不同，影响到人们对殷墟作为都城的起始年代的看法。有学者认为殷墟都城可以早到武丁时代①，有学者认为殷墟作为都城的时间可以早到盘庚迁殷之时②。笔者认为，殷墟的始建都年代是从盘庚时期开始的。殷墟文化中存在着早于武丁的文化遗存，包括甲骨文、宫殿基址、墓葬及出土器物等。董作宾关于殷墟文化的分期就是根据甲骨文做的，甲骨文第一期包括盘庚、小辛、小乙、武丁四王。1987年春安阳工作队在宫殿发掘中，在时代较早的甲组基址附近的一座灰坑（87H1）中出土的陶盘上发现有刻写的文字，在一件陶器、将军盔口内发现有朱书文字，随出陶器属殷墟第一期偏早阶段，这一发现表明，殷墟确实存在盘庚、小辛、小乙时期的文字。③殷墟也存在盘庚、小辛、小乙时期的宫殿宗庙建筑。1987年安阳工作队重新发掘了时代较早的甲组基址，其中一号灰坑被判断属于殷墟文化第一期偏早阶段，甲十二基址的上层回填土所出陶片亦属殷墟第一期偏早阶段，故判断"甲十二的修建年代下限不晚于武丁，上限可能早于武丁"，而甲四、甲六、甲十二、甲十三修建年代比较接近，甲十一则早于甲十二。④由此可见，甲组基址中属于第一期偏早阶段的基址就不下5座。据杨宝成推测，在乙组和丙组基址中也有相当于这一时期的基址。⑤虽然殷墟文化第一期内容少、规模小，但并不是完全没有，我们不能认为殷墟到武丁时期才具有都城要素。

从上表可以看出，对于殷墟都城的下限，学界一致认为是到帝辛灭亡之时，因此，殷墟的年代与《竹书纪年》记载的"更不徙都"

① 杨锡璋：《安阳殷墟西北冈大墓的分期及相关问题》，《中原文物》1981年第3期；杨锡璋：《殷墟的年代与性质问题》，《中原文物》1991年第1期。
② 邹衡：《试论殷墟文化的分期》，原刊于《北京大学学报》1964年第4、5期，后收入《夏商周考古学论文集》，科学出版社2001年版；杨宝成：《殷墟为殷都辩》，《殷都学刊》1990年第4期。
③ 中国社会科学院考古研究所安阳工作队：《1987年安阳小屯东北地的发掘》，《考古》1989年第10期。
④ 同上。
⑤ 杨宝成：《殷墟为殷都辩》，《殷都学刊》1990年第4期。

比较一致。殷墟文化第一至第四期是连续发展的，其中第三、第四期多连续使用，帝乙、帝辛时期的遗址面积大、分布也最广，居住遗址内的窖穴、灰坑密集，这说明商末时期，在安阳一带人口非常稠密。从墓葬来看，殷墟所发掘的竖穴小墓以帝乙、帝辛时代所占比例最大，如殷墟西区的 939 座墓中，有陶器的共 719 座，能分期的 697 座，而第四期的 434 座①，约占总数的 60% 以上，与居住遗址所见现象一致。在王陵区还发现有属于第四期的大墓（M1003），此墓有四条墓道，一般认为属于殷墟文化第四期，或许是帝乙之墓②。这说明帝乙、帝辛时期商王及众多臣民仍在殷墟一带生活，该地并没有政治中心迁移后出现的衰落、中断现象。此外，这里出土有后母戊大方鼎、后母辛方鼎等王室重器及一些精美的玉器、白陶、象牙器等物品，又发现有近 60 座宏伟壮观的宫殿建筑基址和宗庙基址，以及由 13 座大墓及大量小墓组成的王陵区，还见有多处贵族墓地。这些因素都说明这里是商王朝后期的都城所在。

殷墟文化的发展趋势，总的来看，是由小到大、由弱到强。关于每一期的发展情况，曾长期担任安阳工作队队长的郑振香有一段很好的阐述：

> 殷墟的范围是逐步扩大的。在殷墟文化第一期偏早阶段，大体盘庚迁殷初期，仅在小屯村东北地和三家庄发现有这一时期的墓葬和居址。到了第一期偏晚阶段，也即武丁早期，范围显著扩大，小屯村西北地、南地、四盘磨东地、苗圃北地、高楼庄、后冈以及洹河北岸的大司空村东南，都发现有这一段的遗址，苗圃北地、武官村北还发现了墓葬。第二期的范围比一期扩大，夯土基址增多，小屯东北地的宫殿宗庙基址有不少属于这一时期。侯家庄殷王陵也已兴建，并且在小屯村西北埋有这一时期的王室墓，苗圃北地的铸铜手工业作坊初具规模，大司空村东南出现了

---

① 中国社会科学院考古研究所安阳工作队：《1969—1977 年殷墟西区墓葬发掘报告》，《考古学报》1979 年第 1 期。

② 中国社会科学院考古研究所编：《殷墟的发现与研究》，科学出版社 1994 年版，第 50 页。

制骨手工业作坊，等等。因此说，到了武丁时代已经大体具备了都城的规模。这一时期东西长近3公里，南北长约4公里，总面积接近12平方公里。到了三、四期，遗迹更为丰富。如苗圃北地铸铜作坊遗址早集中在东北部，此时更向西南发展，面积扩大一倍以上；大司空村遗址在第一、二期仅在距洹河较近的地方有零星发现，此时范围扩大约10倍，一直已连成片……殷墟直到晚期，也并无衰落现象。①

由此可见，殷墟文化是逐渐发展壮大起来的，相对于第二、第三、第四期而言，第一期文化比较弱小，但它符合事物发展的逻辑顺序；第四期文化遗存丰富，一直没有迁都的迹象。从以上根据文献记载和考古数据的分析来看，殷墟是盘庚时期所迁，一直作为晚商的都城存在，这应为不刊之论。对此，史念海先生也断定："商人曾屡次迁都，盘庚既迁之后，再未另迁新都。"②

二 文献记载朝歌与"成汤之故居"的政治地位

朝歌与"成汤之故居"是文献中记载的晚商时期的两个政治中心，由于相关考古资料欠缺，我们在本部分试图通过理清文献所显示的线索，来论证这两个地方的政治地位。

（一）朝歌的政治地位

关于晚商朝歌的政治地位，有很大争议。有学者认为，安阳与朝歌是一前一后的都城，帝乙时期把都城从安阳迁到朝歌。如白寿彝认为"帝乙……又把都城迁到了朝歌"③。现代也有学者认为帝乙之后，商王朝徙都朝歌。④ 还有一种意见，认为朝歌是离宫，但最晚在帝辛（即殷

---

① 郑振香：《商代后期都城——殷墟》，《百科知识》1985年第8期。
② 史念海：《先秦城市的规模及城市建置的增多》，《中国历史地理论丛》1997年第3期。
③ 白寿彝：《中国通史纲要》，上海人民出版社1980年版，第65页。
④ 田涛：《谈朝歌为殷纣帝都》，载《全国商史学术讨论会文集》，《殷都学刊》1985年增刊；田涛：《朝歌为殷纣帝都考》，《中州今古》1987年第1期；王健：《帝辛后期迁都朝歌殷墟试探》，《郑州大学学报》1988年第2期。

纣王）时期，升为"辅都"①。郭沫若先生在1931年初版的《殷周青铜器铭文研究》中确定帝乙二十年之后徙都朝歌。②但在其1933年初版的《卜辞通纂·后记》中，根据晚商铜器戊辰彝铭文有武乙配偶妣戊的记载而卜辞不见，结合《帝王世纪》的文献记载，认为商代末年商都"殷"的地域扩大，包括现在的安阳与朝歌，而帝乙末年确曾移徙其政治中心于朝歌，但安阳旧都仍然存在，商代的宗庙仍在安阳③，因此，是所谓的"更不徙都"。在郭沫若主编的《中国史稿》（1962年初版）里，又认为"从盘庚迁殷到商纣灭亡的二百七十三年的时间里，除商纣有时居于朝歌（今河南汤阴县）外，现在的安阳小屯是商朝的都城"④。显然，郭沫若对朝歌地位的认识有一个发展的过程，从开始认为"徙都"朝歌到后来认为安阳与朝歌是同时并存的两个政治中心，其结论不是一蹴而就的。显然，郭沫若的后一个结论是他长期研究、深思熟虑的结果。

　　分析以上意见，我们可以看到：大部分学者都同意，在晚商时期，朝歌是一个重要的政治中心。不同意见在于对朝歌政治地位的认识，一是认定朝歌是主都，晚商政权从安阳迁都于此（笔者认为，晚商的主都在安阳，这一点，上文已从文献记载和考古资料两方面证实，朝歌不可能为晚商主都）；二是认定朝歌是陪都而安阳为主都；三是认定朝歌为离宫。笔者认为都城与离宫具有不同的内涵，朝歌至少在一段时间内仅仅是离宫，不具备都城应有的要素，在帝辛时期是否转变为都城，还有待考证。

　　1. 陪都与离宫的界定

　　如何区别陪都与离宫呢？笔者认为，陪都首先必须是城市。因此，古代都城有古代城市必须具备的基本要素，如城市居民、城市规划等，除此之外，还要有都城特有的要素，如宫殿、祭祀场所等。

　　离宫或称行宫，一般是帝王的行宫，即帝王出巡时居住的宫殿。

---

① 张国硕：《夏商都城制度研究》，河南人民出版社2001年版，第104—108页。
② 郭沫若：《殷周青铜器铭文研究》，科学出版社1961年版，第25页。
③ 郭沫若：《卜辞通纂》，科学出版社1978年版，第24页。
④ 郭沫若主编：《中国史稿》第一册，人民出版社1962年版，第112页。

则离宫应该具有以下两个特征：第一，离宫的位置通常不在都城内部，而是在都城的外围，一般与都城有一定距离。如秦汉的上林苑、隋的万寿宫、唐的华清宫等。离宫一般处于风景优美、山水俱备的地方，由于它是供帝王狩猎、避暑、避寒、行乐的行宫，其选址不受都城选址必须在交通便利、经济发达地方的约束，只要风光宜人、便于游猎行乐即可。第二，离宫是供帝王居住的行殿。由于中国古代的政治与帝王有着千丝万缕的关系，帝王长期居住之处就是一个王朝或政权的政治中心。如果帝王长期居住在某一离宫，该离宫便可发挥一定的政治中心作用，如清代的承德避暑山庄。由此可见，离宫与都城关系非常密切。

离宫只是大型宫殿群及环绕周围的贵族宅邸、行政处所而已，一般距离都城不远，它不具备我们确定的城市基本要素。离宫以宫殿和行政机构为主，当然也可能有完善的军事设施。但是，由于离宫是处于都城外围的行宫，它不可能有大量的普通城市居民，所以离宫不是城市。因此，离宫虽然可能成为政治中心，但它不会是陪都。

离宫起源甚早，在夏代已有离宫的萌芽。史料记载夏王朝太康失国就与他在都城之外"盘于游田"有关。《楚辞·离骚》有："启九辩与九歌兮，夏康娱以自纵。不顾难以图后兮，五子用夫家巷。"孔安国也说："（太康）盘于游田，不恤民事，为羿所逐，不得反国。"[1] 有关的记载还有"禹孙太康，淫放失国"[2]。夏后太康不理政事，多日不返夏都，沉湎于游乐之事，因此，招致后羿的入侵而失国。代夏的后羿也是"恃其射也，不修民事，而淫于原兽"[3]，以致在田猎之后回归途中，被家众"杀而亨之"。由太康多日不回夏都可以推断，其游田之处应有一定的建筑设施，供其居住与享乐。不仅如此，我们进一步推断，居住条件应该还较为优越，因为如果生活环境比较恶劣的话，太康也不会长期流连不归了。这些建筑设施处在游田之处，那么应该具有离宫的某些特性。

———————————

① 《史记·夏本纪》集解。
② 《左传·襄公四年》杜预注。
③ 《左传·襄公四年》。

商代前期的离宫有桐宫。商代前期发生过"伊尹放太甲"于"桐"或"桐宫"的政治事件。有关的记载有：

"伊尹放太甲而卒以为明王。"① 韦昭注："太甲，汤孙，太丁子，而伊尹放之桐宫。三年，太甲改过，伊尹复之，卒为明王。"

"伊尹放太甲而相之。"② 杜预注："太甲，汤孙也，荒淫失度，伊尹放之桐宫，三年改悔而复之。"

"伊尹相汤以王于天下。汤崩，太丁未立，外丙二年，仲壬四年。太甲颠覆汤之典刑，伊尹放之于桐。三年，太甲悔过，自怨自艾，于桐处仁迁义，以听伊尹之训。已也，复归于亳。"③ 赵岐注："伊尹以其颠覆典刑，放之于桐邑。"

"伊尹曰：'予不狎于不顺，放太甲于桐，民大悦。太甲贤，又反之，民大悦。'"④

"太甲既立，不明，伊尹放诸桐。三年，复归于亳。"⑤

"帝太甲既立三年，不明，暴虐，不遵汤法，乱德，于是伊尹放之于桐宫。三年，伊尹摄行政当国，以朝诸侯。帝太甲居桐宫三年，悔过自责，反善，于是伊尹乃迎帝太甲而授之政。"⑥

由以上记载可以看出几个问题。伊尹曾流放太甲，太甲的流放地称作"桐"或"桐宫"。第一，桐与亳不是一地，即桐不是都城。因为，如果二者是同一个地方的话，就无所谓"放"，也无所谓"迎"了。第二，桐不是别都。既然太甲被"放"，应该在都城之外，如果桐是都城或者别都，都说明太甲仍生活在都城之内，这就无法与太甲被流放者的地位相符。我们可以得出结论，桐既不是都城，又不是别都。那么，它的性质到底是什么？孔安国说桐是"汤葬地"，郑玄认为桐为"地名也，有王离宫焉"⑦。《帝王世纪》云："桐宫盖殷之墓

---

① 《国语·晋语四》，上海古籍出版社1978年版，第369页。
② 《左传·襄公二十一年》。
③ 《孟子·万章上》。
④ 《孟子·尽心上》。
⑤ 《书序》。
⑥ 《史记·殷本纪》。
⑦ 《史记·殷本纪》集解。

地，有离宫可居。"《元和郡县图志》记载："孔注《尚书》曰桐，汤葬地也。"由此，我们可以确认，桐可能是汤的埋骨之地，而桐宫则可能是在桐地的离宫。

2. 朝歌政治地位①的变化

晚商时期，建立了许多离宫，据《古本竹书纪年》记载，"纣时稍大其邑，南距朝歌，北距邯郸及沙丘，皆为离宫别馆"。说明在帝辛时期离宫别馆的范围很大，在朝歌、邯郸、沙丘等地，应有离宫存在。而从"南距""北距"等语来看，在朝歌、邯郸、沙丘之间，应该还有一些离宫别馆。

《括地志》云："纣都朝歌在卫州东北七十三里朝歌故城是也，本妹邑，殷王武丁始都之。"② 这里明言朝歌原本为"妹邑"，可能本来是一个聚落，离宫是商王武丁始建的。

由以上记载来看，在兴建之初，朝歌的离宫地位应是毋庸置疑的。发展到商代末年，朝歌的政治地位越来越重要了。武丁之后，妹邑一直为商代重要的政治中心。如《史记·三代世表》言庚丁时"殷徙河北"，《史记·殷本纪》又言武乙时"徙河北"，《史记·周本纪·正义》引《帝王世纪》云："帝乙复济河北，徙朝歌"。从以上说法来看，庚丁、武乙、帝乙三王都曾迁都，且迁往同一地方——

---

① 按：关于朝歌的政治地位，杨宽认为"牧即沫，是商代晚期的别都"。其论证过程如下：第一步，根据《水经注·淇水注》在朝歌下"本沫邑也……殷王武丁始迁居之"的记载，认为朝歌即沫邑；第二步，根据"妹与沫，声同通用"，认定《尚书·酒诰》中记载的"妹邦""妹土""春秋以后称为朝歌"；第三步，认为"所谓'牧野'，就是牧邑之野。事实上，牧邑就是妹或沫"。因此，牧野就是朝歌之野。根据《逸周书·克殷篇》和《逸周书·世俘篇》所记载的牧野之战关于战场和商辛（纣王）所居之地的描述，认定"实际上牧（即朝歌）又是纣居住的都城"；第四步，得出结论："为什么《古本竹书纪年》说自盘庚迁殷以后，没有迁过都，而实际上牧（即朝歌）又是纣居住的都城呢？合理的解释，就是'大邑商'的'郊'区原有别都的建置，牧就是商代晚期的别都。"西周时期的小臣谜簋铭文中所谓的"牧自"就是指这里。（参见杨宽《中国古代都城制度史研究》，上海人民出版社2003年版，第32—34页）笔者认为，在文献记载中朝歌有"都"之名，有离宫，这已是不争的事实，牧野与朝歌的位置，近人也多有论证，可以据此推出结论：朝歌具有重要的政治地位。但朝歌的陪都地位仍需进一步考证。另外，《尚书·酒诰》中的"妹邦""妹土"是否指朝歌还需商榷。

② 《史记·周本纪》正义。

河北，即朝歌。① 有学者就根据这些记载认为商朝后期徙都朝歌，显然是说不通的。但是，文献记载又是如此，如果不是记载有误，只能是后人的理解有所偏差。如果我们不把"徙"看作单纯的迁都，而将之视为商王往返于朝歌与另一政治中心之间，就说得过去了。

表3—7　　　　　　　　《史记》关于"徙"朝歌的记载

记载中"徙"朝歌的商王	文献	文献记载	结论
武丁	《史记·周本纪》正义	纣都朝歌在卫州东北七十三里朝歌故城是也，本妹邑，殷王武丁始都之。	晚商时期，几次徙都朝歌显然说不通，需重新考虑这些记载的含义。若不把"徙河北"看作迁都，而看作往返于都城与朝歌之间，可能就说得过去了。
庚丁	《史记·三代世表》	殷徙河北。	
武乙	《史记·殷本纪》	帝庚丁崩，子帝武乙立，殷复去亳，徙河北。	
帝乙	《史记·周本纪》正义	帝乙复济河北，徙朝歌，其子纣仍都焉。	

从另一个方面来说，文献中较少有关于"沙丘""邯郸"等离宫别馆的记载②，这也可以说明，朝歌逐渐超越一般离宫，其政治地位越来越重要。

除了指明某王"徙"往朝歌之外，古代文献还有不少记载，确切指明朝歌为"都"或"殷虚"，如：

《尚书·酒诰》："明大命于妹邦。"郑玄解释："妹邦者，纣所都之

---

① 按：关于"河北"到底是指朝歌还是安阳的问题，学术界应用甚乱。笔者认为"河北"应是指朝歌。谭其骧先生《西汉以前的黄河下游河道》（刊于《历史地理》创刊号）一文论证了《山海经》记载的先秦时期的黄河河道，它从今武陟起折向东北，流经今淇县、浚县、内黄、曲周、平乡至现在的河北省。文献记载中的"河北"是一个方位词，即大河之北的意思，而"河"在先秦特指黄河。朝歌的位置在今河南省淇县，说它为"河北"较为属实，而安阳当在黄河河道之西偏北的位置，称之为"河北"似乎有些牵强。而《帝王内世纪》有"帝乙复济河北，徙朝歌"的说法，这里的"河北"与"朝歌"应是指同一地点。

② 仅在《史记·殷本纪》有"益广沙丘苑台……大聚乐戏于沙丘……"的记载。

处也。"①

《左传·定公四年》："命以康诰而封于殷虚。"杜预注曰："殷虚，朝歌也。"

《史记·卫康叔世家》："以武庚殷余民封康叔为卫君，居河、淇间故商虚。"

《史记·宋微子世家》："箕子朝周，过故殷虚。"

《汉书·地理志》："河内本殷之旧都……而河内殷虚更属于晋。"颜师古注云："殷虚，汲郡朝歌县也。"

《汉书·地理志》："朝歌，纣所都，周武王弟康叔所封，更名卫。"

为什么会有"都"朝歌、"徙"朝歌、"殷虚"的说法呢？笔者认为，这可能与帝乙、帝辛常居朝歌导致朝歌政治地位日益重要有关。有文献记载在帝乙、帝辛时期朝歌的政治地位非常重要。帝辛时期，朝歌新建许多大型建筑，如鹿台②、琼室③等，据《史记·周本纪》记载，朝歌还有"社及商纣宫"，甚至还有作为防御设施的城墙。《史记·周本纪》在记载武王伐纣后，提到"诸侯毕从武王至商国"，这里的"商国"应该是指商的国都，《正义》注曰"谓至朝歌"。"朝歌"与"商国"同指，可见朝歌的政治中心地位。也正由于朝歌在纣时的政治地位非常重要，古文献有朝歌为"纣都"的记载。

从以上分析可以看出，朝歌的政治地位有一个非常明显的变化。兴建之初，朝歌是作为离宫之一而存在的，到了商代末期，朝歌地位超越一般离宫，甚至被称为"纣都"，成为商政权的政治中心。

虽然安阳殷墟从盘庚至商代末年"更不徙都"，但主要政治中心有了变化，由于商代末年帝乙、帝辛长期居留，朝歌成为主要的政治中心，有离宫等多种大型建筑是毋庸置疑的。但它是否具有都城所必须具有的大量居民，这是牵涉到朝歌地位、确认朝歌是离宫还是都城的重要问题。在文献资料里，我们没有发现相关记载，这就需要翻阅考古数

---

① 《诗·墉风·桑中》正义引。

② 《史记·殷本纪》："厚赋税以实鹿台之钱"，《集解》云："鹿台，台名，今在朝歌城中。"《逸周书·克殷篇》："商师大崩，商辛奔内，登鹿台之上，屏遮自燔于火。"

③ 《太平御览》引《帝王世纪》云："居五年，纣果造倾宫，作琼室、瑶台，饰以美玉，七年乃成。"

据。"关于朝歌周围的遗迹,当地文物部门曾进行过调查和试掘,收集到一些陶器和骨器等殷代文化遗物,其年代约自武丁至帝乙、帝辛时代,与安阳邻近的浚县、辉县分布有殷代遗址的现象近似,但由于工作太少,对遗址的内涵、年代等问题还不清楚。"① 因此,由于目前关于朝歌的考古资料欠缺,我们无法从考古资料上证明朝歌是否有大量的普通居民。因此,朝歌是否为陪都还不能下定论,我们只能确认朝歌为商代末年的一个重要的政治中心。

(二)殷墟与朝歌的关系初探

由以上分析可见,盘庚迁殷之后到商代灭亡,安阳殷墟作为商的都城虽然没有迁徙过,但商的政治重心发生了很大的变化。商代末期,朝歌的政治地位迅速上升。当然,帝辛居留朝歌,有其政治、军事、田猎、游乐等方面的需要,而朝歌与安阳殷墟的作用是互为补充的。因此,笔者认为,商代末期尤其是帝乙、帝辛时期,商王朝至少有安阳殷墟和朝歌两个政治中心。这两个政治中心的地位,孰主孰次?这个问题只能从都城体系这个角度来考虑。

1. 安阳殷墟与朝歌同在王畿之内

"殷"都在古代文献中,是一个范围相当广阔的都邑。《竹书纪年》有记载:"自盘庚徙殷,至纣之灭,二百五十三年,更不徙都。纣时稍大其邑,南距朝歌,北据邯郸及沙丘,皆为离宫别馆。"② 这里的"稍大其邑"的"邑",应为殷都的王畿,从"南距""北据"等语来看,当时王畿的北境,应在今河北巨鹿(即古沙丘)一带,王畿的南端,至少应在朝歌一带。《汉书·地理志》载:"周既灭殷,分其地为三国:《诗·风》邶、墉、卫是也。"邶、卫在淇县附近;墉在新乡,在淇县以南40千米。在这一地区发现了许多零散的商文化遗存。因此,张光直认为:"殷这个地名包括一个范围相当大的王畿地区。"③

在殷墟卜辞中,有"商""中商""大邑商""天邑商"的说法。

---

① 中国社会科学院考古研究所编:《殷墟的发现与研究》,科学出版社1994年版,第50页。

② 《史记·殷本纪》正义引。

③ 〔美〕张光直:《商文明》,张良仁、岳红彬、丁晓雷译,辽宁教育出版社2002年版,第60页。

"中商"出现的次数较少，辞意简单，很难判断其意。"商"出现的次数最多，其中，占卜"王其入于商"多次，这里的"商"似应指国都。关于"大邑商"和"天邑商"的书契，有：

"王其入于大邑商"（《殷虚书契续编》卷三第四页第一片）；

"才（在）大邑商"（《殷虚书契后编》卷上第十八页第二片）；

"告于大邑商"（《卜辞通纂》第五九二片）；

"天邑商公宫"（《甲骨缀合编》第一八二片、第一八三片）；

等等。

除了甲骨契刻之外，《尚书·多士》记载周公告诫商贵族的言辞也有"天邑商"的说法："今尔又曰：夏迪简在王庭，有服在百僚。予一人惟听用德，肆予敢求尔于天邑商？"何尊铭文也载："王诰宗小子于京室曰：……惟斌（武）王既克大邑商，则廷告于天曰：余其宅兹中或（国），自之辥民。"因此，罗振玉、王国维把"大邑商"解释为"王畿"，杨宽亦同意这种观点①。

商代的王畿范围是比较广阔的。《战国策·魏策一》中记载有"殷纣之国"的范围："左孟门，右漳、釜，前带河，后被山。"这里的"殷纣之国"，应是指商代的王畿，孟门是今河南省辉县以西太行山的一个重要关隘，也就是说，晚商的王畿左有太行山，右有漳水、釜水，前有黄河，后有山岭，四面都有天险。

张光直划出晚商的王畿范围②，北至邢台、巨鹿一带，南到辉县、新乡附近，安阳殷墟在王畿中心地带，而朝歌（张光直认为在淇县），在王畿的南部，安阳殷墟和朝歌同在王畿之内。

2. 安阳殷墟与朝歌的政治功能不同

安阳殷墟和朝歌这两个政治中心的政治功能是大不相同的。

根据陈梦家《殷墟卜辞综述》记载，在安阳出土的甲骨文中，帝乙、帝辛时期的卜人有六个，分别是：黄、派、猫、全、立、𝐀。其中，第二个到第四个卜人即派、猫、全都有周祭卜辞③。这说明，在帝

---

① 杨宽：《中国古代都城制度史研究》，上海人民出版社2003年版，第27页。

② ［美］张光直：《商代文明》，毛小雨译，北京工艺美术出版社1999年版，第58页。

③ 陈梦家：《殷墟卜辞综述》，中华书局1988年版，第202—204页。

乙、帝辛时期，安阳殷墟还是存在国家祭祀活动的。安阳殷墟有商代的宫室与宗庙，至商末并没有废弃。

由于没有足够的考古及文献资料来说明朝歌的政治地位，我们只能根据当时的政治军事背景来分析安阳殷墟与朝歌的不同政治功能。

分析安阳殷墟与朝歌这两个并存的政治中心，显然，安阳殷墟是一直作为主都存在的，大体来说，安阳殷墟应该主要是国王和贵族的宗庙、祭祀所在，而朝歌主要是军事重镇及田猎、游乐场所，特别是朝歌作为军事重镇的作用是不容忽视的，到商代末年，朝歌的军事地位显得越发重要。这应该是安阳殷墟和朝歌这两个地方所处的地理环境和殷商末年政治形势所决定的。安阳殷墟的周围环境是：北面紧靠洹水，再往北则有漳水，西有太行山为屏障，东有大河为阻隔。可以看出，安阳的东、北、西三面可以说是山水重重，在冷兵器时代，这些屏障应该可以在一定程度上保证安阳的安全。可是，安阳的南面是开阔的大平原，没有任何屏障。从军事防御的角度来考虑，在安阳南面不远的地方建立一个军事基地，是保证安阳殷墟安全的必要手段。而且，至今在安阳殷墟都没有发现城墙的痕迹，所以安阳南面的军事防卫可能在很大程度上要依靠建立在其南面的军事重镇，也就是朝歌，殷与周的牧野之战及其结局就是朝歌重要军事地位的证明。

牧野之战中的"牧野"，《史记·殷本纪·集解》引郑玄曰："牧野，纣南郊地名也。"《史记·周本纪·正义》引《括地志》曰："卫州城，故老云周武王伐纣，至于商郊牧野，乃筑此城。郦道元《水经注》云自朝歌至清水，土地平衍，据皋跨泽，悉牧野也。"由此可见，牧野应该是朝歌以南的开阔地带，武王伐纣，与殷商军队大战于此。纣王兵败，朝歌立即失守。纣之大军主要集中在朝歌及其附近，牧野战败，由于前卫军事重镇失守、主要军事力量溃败，作为都城的安阳殷墟也就不战而灭了，整个商王朝的统治也随之宣告结束。这正表明了朝歌的重要性和它的军事意义。也可能正是由于朝歌的军事地位，商王朝才使它具有了另一个政治中心的地位。所谓庚丁、武乙、帝乙、帝辛等"徙河北"，可能就是指商的辅助性政治中心在朝歌的确立。

由于朝歌的考古资料欠缺，我们只能根据现有的文献记载与考古数据来比较安阳殷墟与朝歌，如表3—8。

表3—8 安阳殷墟与朝歌的比较

	安阳殷墟	朝歌
面积规模	约30平方千米	
主要建筑	大型建筑基址（包括宫室与宗庙）、大型王陵、手工业作坊、居住区等	社及商纣宫、鹿台、琼室等
作为政治中心的时间	从盘庚至帝辛	大致是从武丁至帝辛
结论	国王和贵族的宗庙、祭祀所在	军事重镇及田猎、游乐所在

注：上表中安阳殷墟的主要建筑是根据考古资料整理得来，朝歌的主要建筑是根据文献分析得来。

（三）安阳殷墟与"成汤之故居"的关系推测

就目前掌握的文献资料和考古资料来看，晚商的政治中心除了安阳殷墟和朝歌之外，还有亳，即"成汤之故居"。

文献上有晚商时期的商王居亳的记载：

①《史记·殷本纪》曰："盘庚渡河南，复居成汤之故居。"

②《史记·三代世表》曰："帝盘庚，阳甲弟，徙河南。"

③《水经注·谷水》曰："阳渠又东径亳殷南，昔盘庚所迁，改商曰殷，此始也。"

④《帝王世纪》曰："殷汤都亳，在梁，又都偃师，至盘庚……又徙偃师也。"①

⑤《括地志》曰："河南偃师为西亳，帝喾及汤所都，盘庚亦徙都之。"②

⑥［王卜才］商，贞［步］于亳，亡灾？（《殷虚书契后编》卷上第九页第十二片）

上述这些记载说明，盘庚时期曾都汤亳故居。根据我们对安阳殷墟

---

① 《史记·封禅书》正义引。

② 《史记·殷本纪》正义引。

都城地位的分析，盘庚居安阳殷墟应是不刊之论。那么，盘庚既都安阳殷墟，又复居汤亳，应该如何解释？这种现象似乎只能用同时并存的多都制度来解释了。

笔者注意到，上述②、③、④、⑤的记载基本上用的是"徙""迁"之类的词，根据我们对"徙"的解释，如果把"徙"看作帝王往返于一个政治中心与另一个政治中心之间，则可以认定盘庚时期的都城不只一座。⑥的记载是一则在安阳殷墟发现的甲骨书契，其意是占卜王至于亳的吉凶情况。当然，对于上述的"成汤之故居""河南""亳殷""偃师""亳"是指同一地点，还是不同地点，学界众说纷纭。至少根据上述①、②、④、⑤的记载来看，当时居于河南的偃师应为盘庚时期的一个政治中心，这个政治中心是与安阳殷墟同时并存的，盘庚曾往返于二者之间。

上述①的记载很有意思，提到盘庚"复居""河南"的"成汤之故居"，说明位于河南的偃师应是又一次为都了。李民《关于盘庚迁殷后的都城问题》一文，细心地发现了《偃师商城的初步勘探和发掘》文章中的一段资料："（偃师商城）在与二里冈上层相当的某段时间里，城墙曾做过修补，该城废弃的年代，约相当于二里冈上层晚期或更迟一些的时候"①。由此推测，很可能是偃师商城在商初筑成并使用一段时间之后，即被放弃，而在二里冈上层晚期或更晚一些时间，曾对偃师商城进行了修补，重新使用过，所以才使得这座城的城墙出现了两次夯筑的现象。其中的第二次夯筑，由于数据较少，无法断定具体修筑时间，但联系盘庚"又都偃师""盘庚渡河南，复居成汤之故居"的记载，很可能盘庚在这里设置了一座都城②。而这座都城，与安阳殷墟相比较，可能只是陪都。至于盘庚所设这一陪都的具体地位如何，由于文献数据匮缺，我们很难论定。根据《史记·殷本纪》记载的"帝庚丁崩，子帝武乙立，殷复去亳，徙河北"，则似乎可以认为武乙时期再一次放弃了汤亳，由此反推，应该可以认定在盘庚与武乙之间的时期，汤亳应为

---

① 中国社会科学院考古研究所、洛阳汉魏故城工作队：《偃师商城的初步勘探和发掘》，《考古》1984 年第 6 期。

② 李民：《关于盘庚迁殷后的都城问题》，《郑州大学学报》1988 年第 1 期。

商王朝的政治中心之一。

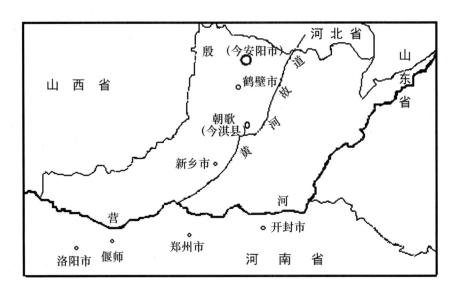

图 3—1　安阳、朝歌与成汤之故居（偃师）位置示意图

　　根据以上分析，笔者认为，晚商的都城设置应该是多个政治中心同时存在的体系。出现在文献中的晚商政治中心主要有三个：殷或殷墟（即现在的安阳殷墟）、朝歌、成汤之故居，这三个政治中心之间的关系推断如下：安阳殷墟是都城，是主要的政治中心；成汤之故居可能是晚商前期盘庚至武乙时期的陪都；朝歌是晚商后期的政治中心之一，开始时为离宫，在商代末年，由于帝乙、帝辛的长期居留，是否发展为城市无从界定，但朝歌的政治地位可能迅速上升，成为主要政治中心，被文献称为"纣都"，这时的安阳具有较强的宗教祭祀功能。

第四节　本章小结

　　综合本章分析，商代早期的都城，从考古发掘来看主要有偃师商城和郑州商城两座，对比其规模，笔者认为，郑州商城为文献记载中的郑亳，是早商的主要都城，偃师商城为文献记载中的西亳，是早商的军事性陪都。商代中期，可能实行圣都俗都制度，俗都屡次迁徙，而圣都不变。到商代晚期，安阳殷墟是主要都城，这一时期，出现在文献记载中的都城还有"成汤之故居"，可能为陪都；朝歌为军事性政治中心，它不是主要都城。商代早、中、晚期的多都并存关系，可以用下表来表示：

表3—9 　　　　　　　　　　　商代都城概况

时期	都城	都城之间的关系
早商	郑州商城	二者同时并存，郑州商城为主都，偃师商城为陪都。
	偃师商城	
中商	隞	隞、相、邢、奄几座都城相继替代，但是可能均与亳同时并存，亳为圣都，隞、相、邢、奄相继为俗都。
	相	
	邢	
	奄	
晚商	安阳殷墟	成汤之故居与安阳殷墟同时并存了一段时间，安阳殷墟为主都，成汤之故居为陪都。
	成汤之故居	朝歌是军事性政治中心，根据目前的文献与考古资料尚无法判断其为陪都还是离宫。安阳在与朝歌并存期，具有较强的宗教祭祀功能。
	朝歌	

第四章

西周时期的都城设置与多都并存制度

根据典籍记载，周人自后稷居邰到建立西周，曾数迁其都邑。在周人的历史上，曾经有过如下的活动中心：邰、豳、岐周、丰镐、洛邑①等。邰②

---

① 成周洛邑之"洛"，文献记载有"雒""洛"两种写法，大部分学者研究西周时期的"成周"，均写为"洛邑"，今姑且从众，如有"雒"或"雒邑"出现，则为引文。

② 周之始祖弃居邰。关于邰的记载有很多，如：

（1）《诗·大雅·生民》谓："厥初生民，时维姜嫄……诞后稷之穑，有相之道。茀厥丰草，种之黄茂。实方实苞，实种实褎。实发实秀，实坚实好，实颖实栗。即有邰家室。"毛传曰："邰，姜嫄之国也。尧见天因邰而生后稷，故国后稷于邰，命使事天以显神，顺天命耳。"郑玄笺云："尧改封（后稷）于邰，就其成国之家室，无变更也。"孔颖达疏云："此邰为后稷之母家，其国当自有君，所以得封后稷者，或时君绝灭，或迁之他所也。"此诗不仅可证弃始封于邰，还可说明弃的教民耕稼也是事实。

（2）《史记·周本纪》载弃少时善种植，"及为成人，遂好耕农，相地之宜，宜谷者稼穑焉，民皆法则之。帝尧闻之，举弃为农师，天下得其利，有功。帝舜……封弃于邰，号曰后稷，别姓姬氏"。其中关于弃的生活时代虽有问题（据《史记·周本纪》，自弃至文王共传十五世，与商代自成汤灭夏到纣王十七世大体相当，是可知如本纪世系准确的话，弃只能在夏末，与上述弃与尧舜同时代有矛盾。学者们有两种意见，一是认为记载时代正确，弃与尧舜同时，其后世系有缺失；二是认为弃生活在夏末），但所谓"封弃于邰"却是有根据的。

（3）邰，又写作斄。西汉时有斄县，《汉书·地理志》谓"斄，周稷所封"。此应有所据。

（4）《水经·渭水注》谓："渭水又东径斄县故城南，旧邰城也，后稷之封邑矣。即《诗》所谓有邰家室也。城东北有姜嫄祠，城西南百步有稷祠，眉之斄亭也。"后人在此修筑有姜嫄庙、后稷祠、教稼台等纪念性建筑，也是一大证据。

（5）《史记·周本纪·索隐》："邰即斄，古今字异耳。"《史记·周本纪·正义》："《括地志》云：故斄城一名武功城，在雍州武功县西南二十二里，古邰国，后稷所封也。有后稷及姜嫄祠。毛苌云：'邰，姜嫄国也，后稷所生。尧见天因邰而生后稷，故因封于邰也。'"

根据上述（3）、（4）、（5）所述，邰应在今陕西省咸阳市杨陵区与扶风县的交界处。考古资料也证明，此处是古邰国的中心地区。邰是周部族首领后稷的居地，是周族之发祥地，后人以其为周人的第一个都邑。

与豳①是先周的两个活动中心，一方面，彼时先周并未建国，因此，二者都不是现代政治意义上的都城；另一方面，邰与豳是先后承继的关系，并不属于我们所谓的并存意义上的政治活动中心，故而不予详细讨论。

　　实际上，邰可能仅仅是一个大型聚落，与后世的国都有些不同。又因邰是后稷封地，还可能代表了周部族兴起时的分布区域。后稷之后，周部族离开了邰地。《史记·周本纪》曰："后稷卒，子不窋立。不窋末年，夏后氏政衰，去稷不务，不窋以失其官而奔戎狄之间。不窋卒，子鞠立。鞠卒，子公刘立。公刘虽在戎狄之间，复修后稷之业，务耕种，行地宜，自漆沮度渭，取材用。行者有资，居者有蓄积，民赖其庆。百姓怀之，多徙而保归焉。"由上可知，后稷子不窋带领其部族离开了邰地，迁徙到"戎狄之间"。不窋所居的具体地点，《括地志》有载："不窋故城在庆州弘化县南三里，即不窋在戎狄所居之城也。"在今甘肃庆阳市境。这也与《太平寰宇记·庆州安化县》所引《水经注》观点相同。故学者多以为不窋迁居庆阳一带。文献记载有"不窋故城"，只是根据当时的情形来看，恐怕当时并未筑城。因此，从邰与周人其后居住的"戎狄之间"或"不窋故城"的关系来看，二者应是前后迁移而非同时并存，也就是说，周人放弃了邰地。

　　① 周人在公刘之后迁居于豳。《诗·大雅·公刘》记有此事。其首章曰："笃公刘，匪居匪康。乃场乃疆，乃积乃仓。乃裹餱粮，于橐于囊，思辑用光。弓矢斯张，干戈戚扬，爰方启行。"明说周人收拾行装，带上"餱粮""弓矢"，"启行"到新的地方。其末二章曰："笃公刘，既溥既长，既景乃冈。相其阴阳，观其流泉，其军三单。度其隰原，彻田为粮。度其夕阳，豳居允荒。笃公刘，于豳斯馆。涉渭为乱，取厉取锻。止基乃理，爰众爰有。夹其皇涧，溯其过涧。止旅乃密，芮鞫之即。"是说公刘带领部族迁到了豳地，定居下来，"于豳斯馆"。在这块有较好水源的原野上，大力发展农业生产，"相其阴阳，观其流泉"，"度其隰原，彻田为粮"。而且以豳地为据点南下涉渭，西征密芮等地，周人势力从此发展起来。

　　关于公刘迁豳的事，《史记·匈奴列传》也有记载："公刘失其稷官，变于西戎，邑于豳。"《诗·公刘·毛传》云："公刘居邰而遭夏人乱，追逐公刘，公刘乃避中国之难，遂平西戎，而迁其民，邑于豳也。"《史记·周本纪》记载到公刘之子庆节时期，周人确实是以豳为都的，有"公刘卒，子庆节立，国于豳"的说法。

　　豳之地望，有迹可循。汉时右扶风有县名栒邑，《汉书·地理志》云："栒邑，有豳乡，《诗》豳国，公刘所都。"《史记·周本纪》集解引徐广曰："新平漆县之东北有豳亭。"《括地志》云："豳州新平县，即汉漆县也，《诗》豳国，公刘所邑止地也。"汉代的栒邑县在今旬邑县东北，汉代的漆县就是唐代的新平县、今天的彬县。根据上述记载，豳当在今陕西旬邑与彬县一带。石璋如先生经过实地考察和文献考证，认为"豳还是只有现在的邠县城一个"（石璋如《传说中周都的实地考察》，《历史语言研究所集刊》第二十本，1949 年版）。邠县，现改写成彬县。

　　周人在豳地经营农业时间很长，大约经过了十代三百余年。在这期间，其原始公社制度逐渐解体，开始了向文明社会的过渡，故有"周道之兴自此始"（《史记·周本纪》）之说。

　　到了古公亶父（后称为太王）时期，由于獯狁的骚扰，古公亶父"乃与私属遂去豳，度漆、沮，逾梁山，止于岐下。豳人举国扶老携弱，尽复归古公于岐下"。太公迁岐之后，豳就处于犬戎的控制之下，周人与豳断绝了联系。因此，豳与其后的岐周是属于先后承继的政治中心，不是同时并存的。

关于西周时期的多都并存，学界意见较为一致的是丰镐与洛邑的并存关系，但对于岐周与丰镐、洛邑的关系，目前未见论述。本章试图研究西周时期岐周、宗周、成周的都城设置与都城之间的关系，以分析三者政治地位的变化及西周的多都并存制度。

第一节　岐周、宗周、成周的都城设置

古公亶父迁岐之后，在都城的营建方面，经历了文王建丰、武王营镐、成王作洛的事件，周的都城体系逐渐完善起来，而岐周、丰、镐、洛邑在洛邑建成之后直至西周灭亡的一段时间内是长期并存的，几者之间的关系随着具体都城政治地位的消长各有不同。

从时间顺序来说，岐周建都时间最早，它单一为都的时间有百年左右，至文王后期，文王营建了丰京，接着武王营建镐京，丰与镐的营建时间相差不过十年，而且丰、镐二城仅隔沣水，地理位置极近，学界一般把丰镐视为一座都城，丰镐建成之后，不到十年，成王修建洛邑，镐京与洛邑的营建时间也相差不远，但两座都城距离遥远，因此，一为宗周，一为成周。

一　岐周单一为都时期

岐周是周人作为一方诸侯时期的政治中心，是周族发迹的都城，在文献上有几个不同的名称，有"岐下""岐阳""岐邑""周"（西周铜器铭文）等，因其北倚岐山，后人多以岐周称之。[①] 文献中相关记载很多，如：

> 《诗·颂》：后稷之孙，实维太王，居岐之阳，实始剪商。
> 《大雅·绵》：古公亶父，来朝走马。率西水浒，至于岐下。爰及姜女，聿来胥宇。周原膴膴，堇荼如饴。爰始爰谋，爰契我龟。曰止曰时，筑室于兹。
> 《孟子·梁惠王下》：太王居邠，狄人侵之，事之以皮币，不

---

① 岐周一词最早见于《孟子·离娄下》："文王生于岐周。"

得免焉；事之以犬马，不得免焉；事之以珠玉，不得免焉。乃属耆
老而告之曰："狄人之所欲者，吾土地也。吾闻之也：'君子不以
其所养人者害人'，二三子何患无君，我将去之。"去邠，逾梁山，
邑于岐山之下居焉。邠人曰："仁人也，不可失也。"从之者如
归市。

《孟子·梁惠王下》：昔者太王居邠，狄人侵之，去之岐山之
下居焉，非择而取之，不得已也。

《史记·周本纪》：（古公亶父）乃与私属遂去豳，度漆沮，逾
梁山，止于岐下。豳人举国扶老携弱，尽复归古公于岐下。及他旁
国闻古公仁，亦多归之。于是古公乃贬戎狄之俗，而营筑城郭室
屋，而邑别居之。作五官有司。

这些文献，明确记载了早周时期（相当于晚商时期）周族的首领
古公亶父（即后世所称的太王）在岐周设置政治中心、大置宫室、设
立属官的史实。

岐周是周人立国及走向强盛的都城。

从政治方面来说，《国语》中有："周之兴也，鸣于岐山。"自古
公亶父在岐周筑城到文王徙丰，岐周作为周都凡历三世，约百年。其
间周人建都邑宫室，规划开垦农地，整顿部落组织，设置官吏，建立
了国家政权，称"周"，逐渐强盛起来。周人迁入周原后即大筑宫
室，正式建立了都城。《史记》所谓："营筑城郭室屋。"《诗·大
雅·绵》描述了都城的建设情景："乃召司空，乃召司徒，俾立室
家。其绳则直，缩版以载，作庙翼翼。捄之陾陾，度之薨薨，筑之登
登，削屡冯冯，百堵皆兴，鼛鼓弗胜。乃立皋门，皋门有伉。乃立应
门，应门将将。乃立冢土，戎丑攸行。"据后人解释，"皋门"为宫
门，"应门"乃朝门，"冢土"乃大社。可知岐周城初建时已经有了
朝寝、宗庙、社稷之类大型建筑，都城规制是非常完备的。古公亶父
"作五官有司"，建立政治机构，形成了粗具规模的国家，自称
"周"。其政治影响日益扩大，到其子季历时代开始向西北方的戎狄
发动进攻，《古本竹书纪年》谓："武乙三十五年，周王季征西落鬼
戎，俘二十翟王。""太（文）丁四年，周人伐余无之戎，克之。周

王季命为殷牧师。"文王立，"是为西伯"，其苦心经营数十年，对西北与西南各部族恩威兼施，不断开拓疆土，形成了"三分天下而有其二"的战略格局。

从经济方面来说，周人迁居周原后，发扬以农立国的传统，在广阔肥沃的周原上大力发展农业。《诗·大雅·绵》谓其"乃疆乃理，乃宣乃亩，自西徂东，周爰执事"，就是自西向东大规模地开发农地、修起田界、治理农田，开筑田沟和垄亩。周人对天时变化、节气更易、水源利用等都特别注重，促进了农地的开发和收成的提高。

根据《史记·周本纪》的记载，在文王迁丰之前，在岐周的有太王、王季、文王三代。在文王去世的前一年，才徙都于丰，而"西伯盖即位五十年"，以太王、王季在位各三十年计算，岐周在迁丰之前，单一为都的时间在一百年左右。

二 文王作丰至武王灭商时的丰镐

在周人记载中，丰和镐是不同时期营建的不同的两座城邑。但是，由于二者距离较近，且功能相同，我们在研究中把丰镐当作一座都邑。

（一）丰邑的营建与地望

丰是文王修建的都城。

文王晚年，周人力量已足以抗衡殷商，东进灭商势在必行。关于文王用兵的顺序，《尚书·大序》曰：一年质虞、芮，二年伐于，三年伐密须，四年伐畎夷，同年被纣囚禁，五年被释，克耆（黎），六年伐崇，同年称王。《史记·周本纪》记载顺序不同，文王用兵均在被释放之后，先解决虞、芮争端，明年伐犬戎（即畎夷），明年伐密须，明年败耆国，明年伐于，明年伐崇侯虎，徙都丰，明年西伯崩。杨宽认为，从地理形势来看，当以《史记》之说为是[①]。文王伐崇的时候，周人仍未全有关中，在渭水以南户县以东至西安、蓝田、华阴一带为殷商与崇侯所据。为了东进灭商，首先要消灭崇国，统一关中。实际上周人与崇国的矛盾早已激化，文王被囚羑里就是崇侯虎的计谋，而文王晚年据说

---

① 杨宽：《西周史》，上海人民出版社 2003 年版，第 72 页。

也曾迁居渭北咸阳原的程，兵锋直指渭南崇国①。从当时周崇对立形势分析，文王在渭北咸阳原上设置军事重镇并亲临驻屯，并非没有可能。只是"宅程"在伐密须以后，其后二年文王伐崇作丰邑，居程时间很短，程为行都。文王消灭崇国之后，要进一步巩固新占领的关中中部及东部地区，以便东向灭商，因此在沣河西岸营建丰邑。典籍中有相关记载，如：

> 《诗·大雅·文王有声》："文王受命，有此武功。即伐于崇，作邑于丰。"
>
> 《史记·周本纪》："明年，伐崇侯虎。而作丰邑，自岐下而徙都丰。明年，西伯崩。"

可知文王去世的前一年迁都于丰。

关于丰的地望，《说文解字》有："丰，周文王所都。丰在今陕西杜陵西南。"上述《诗·大雅·文王有声》有郑玄注："丰邑在丰水之西。"《诗·周南·召南谱》正义引皇甫谧："丰在京兆鄠县东，丰水之西……丰、镐皆在长安之西南。"

现代考古资料证明，丰位于沣水中游西岸，西至灵沼河，北及眉岭岗地北缘，南至石榴村。1977—1984 年，在陕西长安丰镐遗址的客省庄和马王村之间，先后发现和钻探出 14 座建筑基址，清理发掘了其中的 4 座。第四号夯土基址最大，平面略呈长方形，西端略宽，东西长 61.5 米，南北最宽 35.5 米，面积约 1827 平方米。夯土基址的底部不平，厚度不一，最厚处有 4 米。夯土基址由上下两层组成，而下层夯土又分为东西两块，似由不同时期扩建而成。但在基址的表面没有发现柱础之类的遗迹，大概已经被后期破坏了。基址下面叠压着西周早期的灰坑，而基址自身又被西周晚期的灰坑打破，其年代约当西周中期。② 在

---

① 《逸周书·大匡》载"维周王宅程"，《诗·大雅·皇矣》孔颖达疏："《周书》称文王在程，作《程寝》、《程典》。皇甫谧云：'文王徙宅于程。'"如此，则文王曾一度居程。程之所在，《太平寰宇记》有记载："安陵故邑，周之程邑"，则应在今咸阳市以东。

② 中国社会科学院考古研究所沣西发掘队：《陕西长安沣西客省庄西周基址夯土发掘报告》，《考古》1987 年第 8 期。

第四号夯土基址之南约 10 米处，有第三号夯土基址，基址暴露在断崖上，大部分已被近代取土破坏，详情已不可知，但在断崖露出的夯土中还保存着两节套接的陶水管，应当是基址排水设施的遗存。①

（二）镐的营建与地望

镐是武王营建的都城，这是不容置疑的。从周人徙丰后不久即开始营建镐来看，可能是因为丰邑营建匆促，较为狭小，难以转圜。

《诗·大雅·文王有声》在说明文王都丰之后，接叙武王营镐曰："考卜维王，宅是镐京。维龟正之，武王成之。"毛传解释曰："武王作邑于镐京。"郑玄笺云："武王卜居是镐京之地，龟则正之，谓得吉兆，武王遂居之，修三后之德以伐纣，定天下，成龟兆之占，功莫大于此。"《竹书纪年》也有记载，文王三十六年"西伯使世子发营镐"。根据以上资料我们可以归纳：文王迁丰一年后去世，而武王在位只有四年时间，伐纣之前即已营镐。由此可知，周人在徙居丰邑后不久就开始营建镐，丰和镐的营建时间不会相差太久。

武王灭商之后，镐迅速由一方诸侯的政治中心升为"天下共主"的政治中心。

镐在沣水之东，与丰隔河相望。镐的遗址西濒沣水，东至丰镐村，北界沣水与滮池，南部已为汉唐昆明池所毁。位于沣河以西的镐遗址，经调查，在斗门镇、下泉村等地发现建筑基址 10 余处，其中第五号基址位于花楼子附近，原为高大的土丘，由于历年的取土和平整土地，大部分已被破坏，经发掘，夯土基址顶部被扰土层叠压，其下有客省庄第二期文化层。基址呈"工"字形，由主体建筑和左右两翼组成，南北长 59 米，东西宽 23 米，面积约 1357 平方米。据推测，这应是一座重檐式建筑。②

除此之外，还发现一般的居住遗迹，主要是一些半地穴式和深土窖式的房址。③ 丰镐遗址还有大量平民墓葬，丰镐遗址的张家坡墓地，已

① 中国社会科学院考古研究所沣西发掘队：《1976—1978 年长安沣西发掘简报》，《考古》1981 年第 1 期。

② 陕西省考古研究所：《镐京西周的宫室》，西北大学出版社 1995 年版。

③ 中国科学院考古研究所：《沣西发掘报告》，文物出版社 1962 年版。

经发掘和业已探明的西周墓葬约有 1500 多座，①沣东的普渡村和花园村一带也已发掘了很多。②

丰镐遗址发现有大量手工业遗址。这里有大规模陶窑群，几座或十几座连在一起。如张家坡、③客省庄、④洛水村、⑤白家庄⑥等地，大部分陶窑属于西周晚期。有制骨遗址，其中张家坡制骨遗址属于西周早期，有大量的骨角镞和骨笄的半成品以及骨料、鹿角料。⑦新旺村西南的制骨遗址属于西周晚期，共出土 150 多斤骨料。⑧

从丰镐的遗址内涵来看，有大型夯土建筑基址即宫殿遗址，有完整的居民院落，有半地穴式和深土窑式的一般居住场所，也有铸铜、制骨、制陶等各种手工业作坊，也有当时的贵族们遗留下来的铜器窖藏，更有各种类型的墓葬。应该说，从考古资料的角度来考虑，丰镐具有都城的文化内涵。

（三）丰镐的前线都城地位

1. 丰邑政治地位

镐成为政治中心，但丰并未弃置不用。丰邑，在西周铜器铭文或刻辞中均直接称"丰"，这种称谓终西周一世未有改变。这是从西周青铜器铭文得出的结论。

《陶斋古玉图》收录有清光绪年间陕西岐山出土的召公太保戈，上有刻辞："六月丙寅，王在丰，令太保省南国，帅汉，徂馘南，令厉侯

---

① 中国社会科学院考古研究所：《张家坡西周墓地》，中国大百科全书出版社 1999 年版。

② 陕西省文物管理委员会：《长安普渡村西周墓的发掘》，《考古学报》1957 年第 1 期；《西周镐京附近部分墓葬发掘简报》，《文物》1986 年第 1 期。

③ 中国科学院考古研究所：《沣西发掘报告》，文物出版社 1962 年版。

④ 中国社会科学院考古研究所沣西发掘队：《陕西长安沣西客省庄西周夯土基址发掘报告》，《考古》1987 年第 8 期。

⑤ 中国科学院考古研究所丰镐考古队：《1961—1962 年陕西长安沣东试掘简报》，《考古》1963 年第 8 期。

⑥ 中国社会科学院考古研究所沣西发掘队：《1979—1981 年长安沣西、沣东发掘简报》，《考古》1986 年第 3 期。

⑦ 中国科学院考古研究所：《沣西发掘报告》，文物出版社 1962 年版。

⑧ 中国社会科学院考古研究所丰镐队：《陕西长安县沣西新旺村西周制骨作坊遗址》，《考古》1992 年第 11 期。

辟……"① 召公太保戈的时代在西周早期昭王之时，铭文记述周昭王在丰邑命太保召公循汉水省视南国。作册魏卣铭文有："惟公大（太）史见服于宗周年，在二月既望乙亥，公大（太）史咸见服于辟王，辨于多正。雪四月既声霸庚午，王遣公太史。公太史在丰，赏作册魏马，扬公休，用作日己旅尊彝。"② 以上二器的时代均为西周早期，铭文揭示虽然武王都镐，但丰的称谓并没改变。丰有天子宗庙、宫室，王臣卿士在丰也多有宅居。可见，西周早期，天子和公卿仍在丰举行各种重要活动。《尚书·序》云："成王既绌殷命，灭淮夷。还归在丰，作《周官》。"《史记》也有类似记载，成王常在丰举行重要活动。《左传·昭公四年》云："周武有孟津之誓，成有岐阳之蒐，康有丰宫之朝。"康王在丰举行大典，和会四方诸侯，这与武王的孟津之誓、成王的岐阳之会并列，丰邑地位之重要可见一斑。

到西周中期，丰邑还是重要如昔，并未衰落。如被唐兰认为是穆王时期的小臣宅簋有铭文："惟五月壬辰，同公在丰，令宅事伯懋父，伯锡小臣宅……"③ 被确认为西周中期的青铜器卫盉，其铭文曰："惟三年三月既生霸壬寅，王禼旗于丰。"④ 这是三年三月壬寅这一天，周共王在丰邑举行建旗之礼，建旗之礼当是周天子和会四方诸侯的大礼，这与康王时期的丰宫之朝的性质应该是一样的。卫盉铭文表明，直到西周中期，丰仍是西周的政治中心之一。

被推测为西周晚期的青铜器痶鼎的铭文有："惟三年四月庚午，王在丰，王乎虢叔召痶，锡驹两。"⑤ 这也反映出周王在丰开展政治活动。

丰的政治地位在西周一朝始终不败，正如宋人程大昌在《雍录》中所论："武王继文，虽改邑于镐，而丰宫原不移徙。每遇大事，如伐

---

① 陈梦家：《西周铜器断代（五）》，《考古学报》1956 年第 3 期。
② 陈梦家：《西周铜器断代（二）》，《考古学报》1955 年第 10 期；《商周青铜器铭文选（一）》一三零，文物出版社 1986 年版。
③ 唐兰：《西周青铜器铭文分代史征》，中华书局 1986 年版，第 317 页。
④ 《商周青铜铭文选（一）》一九三，文物出版社 1986 年版。
⑤ 薛尚功：《历代钟鼎彝器款识法贴》10，中华书局 1986 年影印本。

商作洛之类，皆步自宗周而往，以其事告于丰庙，不敢专也。"①

　　周人的丰与镐是分别命名的，在周人心目中，丰与镐是两座城市，但后人往往丰镐并称，认为这是一座横跨沣水的城市。这可能是因为它们相距很近，实际上紧密相连，而且武王营镐以后甚至在整个西周时期，并没有把丰邑弃置不用。《史记·匈奴列传》提到武王居丰镐，并不是专居于镐。《史记·周本纪》："成王在丰……成王自奄归，在宗周（《正义》释：'伐奄归镐京也。'），作《多方》。既绌殷命，袭淮夷，归在丰，作《周官》。"则可说明，成王是在丰与镐之间居住的。后世大部分学者在研究时都把丰与镐视为一体。在本书的论述中，我们把丰与镐看作一座都城的两个部分进行分析。

　　2. 武王伐纣前丰镐的前线都城地位

　　自文王始建至武王伐纣，这一时期的丰镐是周政权的前线都城。周在这一时期仍然是"方国"地位，并不是"天下共主"，作为一方诸侯的都城，丰镐的建立是为了对付商政权。

　　文王在调运军队东征西讨的同时，也采取了种种政治措施，为克商作好准备。《尚书·无逸》就是记载文王勤于政务、团结国人的，同时，文王大臣中有才能的贵族也不少，② 文王还接受和重用了一批前来投奔的殷商贵族，如《史记·周本纪》中提到的纣臣"辛甲"、《吕氏春秋·先识览》中提到的"殷内史向挚"等。在文王时期，周逐步建立了一套以卿士为首的官制，政权机构更加健全。

　　西周建立丰镐的目的就是向东扩张政治势力，因此，至少在丰镐建立初期，其军事意义较为浓厚。有学者认为丰镐"最初应该是东进的指挥中心"③，许倬云也认为"最初也许是经营东方的指挥中心，渐渐变为行政中心"④。这一时期，旧都岐周仍是周人政治、经济、宗教的

---

　　① 黄永年点校：《雍录》，中华书局2002年版，第12页。

　　② 文王时期著名的大臣有不少。如《左传·僖公五年》记载文王的两个卿士虢仲、虢叔；《尚书·君奭》也说文王有虢叔等五位大臣；《史记·周本纪》有"太颠、闳夭、散宜生、鬻子"等大夫；《墨子·尚贤上》有"闳夭、泰颠"等贵族；《国语·晋语四》还列举了八虞。

　　③ 文物编辑委员会：《文物考古工作三十年（1949—1979）》，文物出版社1979年版，第121页。

　　④ 许倬云：《西周史》，生活·读书·新知三联书店1994年版，第90页。

根据地和大本营。

三 成周洛邑的营建

武王灭商之后，周政权据有了原来商人所在的中原地区，其版图迅速向东、向南扩大，相对而言，周都丰镐所在的关中地区就不再是"天下之中"，而显得比较偏西了。周人虽然采取了一系列措施稳定政局，也见到了实效，但周王朝的政治中心远在丰镐，离原商都较远，不便于统治，殷商顽民可能的反抗和商王朝可能的复辟是周统治者"中心藏之，何日忘之"的大事。为了威慑商人的残余反抗势力，对原商王朝的势力范围进行有效统治，同时图谋"南夷"和"东夷"区域，有必要在黄河下游一带建立一个新的统治中心，以加强对商王朝故地的控制与管理，保证国家长治久安。《逸周书·度邑篇》就有武王担心没有"定天保，依天室"，难以安定大局的记载。"天保"是指顺应天意的国都，"天室"指举行大典及施政的明堂。对此，武王认为："我唯显服，及德方明，自洛汭延于伊汭，居易无固，其有夏之居。我南望三涂，北望岳鄙，顾瞻有河，粤詹雒、伊，无远天室。"即要把"天室"放在洛汭伊汭一带。

据何尊铭文记载："佳王初鄝宅于成周，复禀武王，豐福自天。在四月丙戌，王诰宗小子至宗室。曰，昔在尔考公氏，克逑文王。肆文王受兹□□。佳武王既克大邑商，则廷告于天曰：余其宅兹中或（国），自之（此）䚵（父）民……唯王初迁宅于成周，复禀武王礼。"这则铭文确认武王没有营建洛邑，只是叙述了武王决定建都成周的原因。"鄝宅于成周"即相宅于成周，就是勘察城址。[1]"宅兹中国"就是指在洛邑一带规划都邑的事情。"佳王初鄝宅于成周，复禀武王"应是指成王时期营建洛邑，定名"成周"。

关于营建洛邑的经过，文献多有记载。在《尚书》的周初八诰中，《召诰》《洛诰》《多士》《康诰》等篇从不同侧面记述了营建成周的历史事件。如《尚书·洛诰》："周公既相宅，周公往营成周，使来告卜，作《洛诰》。"《尚书·康诰》："惟三月哉生魄，周公初基，作新大邑

---

[1] 马承源：《何尊铭文初释》，《文物》1976 年第 1 期。

于东国洛。"在这里，"洛"可称东"国"，即东都，由此也可看出这个新邑的都城地位。营建洛邑的事件，记述较为详细的是《尚书·召诰》。《尚书·召诰》详细叙述了营建洛邑的时间表："惟二月既望，越六日乙未，王朝步自周，则至于丰，惟太保（即召公）先周公相宅。越若来三月，惟丙午朏，越三日戊申，太保朝至于洛，卜宅。厥既得卜，则经营。越三日庚戌，太保乃以庶殷攻位于洛汭。越五日甲寅，位成。若翼日乙卯，周公朝至于洛，则达观于新邑营。牲于郊，牛二。越翼日戊午，乃社于新邑，牛一、羊一、豕一。"①《尚书·洛诰》则对其中的细节作了补充，例如，在召公"攻位于洛"之后，周公在乙卯日又一次进行占卜，"予惟乙卯，朝至于洛师，我卜河朔黎水，我乃卜涧水东、瀍水西，惟洛食；我又卜瀍水东，亦惟洛食"。两卜皆吉，才使人献图及卜于成王，即"伻来以图，及献卜"。其后，成王为营建工作作了最后的决定："公既定宅，伻来，来视予……我二人共贞。"由此可知，此次营建洛邑的大致日程是：二月既望越六日，成王在丰命令召公去洛邑相宅；三月戊申，召公至于洛，卜宅；三月庚戌至甲寅，攻位，也就是通过实地测量确定筑城的具体方位；三月乙卯，周公至于洛，复卜宅；周公复卜之后，献上筑城规划图及占卜结果，与成王"二人共贞"，确定筑城方案；三月戊午，用牲于社；其后，营建洛邑正式开始。

后世的文献也多次提及洛邑的营建。如《左传·昭公三十二年》记载："昔成王合诸侯城成周，以为东都。"《史记·周本纪》："成王在丰，使召公复营洛邑，如武王之意。周公复卜申视，卒营筑，居九鼎焉。"②《史记·鲁周公世家》也有类似的记载："成王七年二月乙未，王朝步自周，至丰，使太保召公先之雒相土。其三月，周公往营成周雒邑，卜居焉，曰吉，遂国之。"③

洛邑建成之初，被周人称为"新大邑""新邑"或"东国洛"，如

---

　　① 所谓"攻位"，《周书·作雒解》云："乃作大邑成周于土中，城方内千七百二十丈，郭方七十里，南系于雒水，北因于郏山，以为天下之大凑。乃位五宫；太庙、总庙、考宫、路寝、明堂。"

　　② 《史记·周本纪》。

　　③ 《史记·鲁周公世家》。

上述的《尚书·康诰》有"作新大邑于东国洛",《尚书·多士》有"周公初于新邑洛",《鸣士卿尊》有铭文:"丁巳,王才新邑",王奠新邑鼎铭文有"王来奠新邑"①,卿鼎有"公违省自东,才新邑,臣卿易金"②。在整个西周时期,洛邑有个正式的称呼"成周"。

关于洛邑的具体位置和范围,《尚书·洛诰》有明确的记载:"我乃卜涧水东、瀍水西,惟洛食;我又卜瀍水东,亦惟洛食。"《逸周书·作雒解》提及洛邑地望时,也有:"南系洛水,北因于郏山,以为天下之大凑。"据此,洛邑应在涧水东、瀍水西及瀍水以东的地区。

从考古发掘上来说,迄今为止,无论是在瀍水以西还是在瀍水以东,都未能找到西周时期的成周城址,但在今洛阳东火车站北边的台地上,发现并试掘了西周前期的铸铜作坊遗址,其面积约为28万平方米,这一遗址的北边,是庞家沟西周墓地,共发掘出了300多座西周时期的墓葬,从出土的铜器中可以看到"康伯""毛伯""太保"等字样。③在洛阳北窑,也发现有西周时期的大型平民墓葬,已经发掘和业已探明的有近500座,其中包括带墓道的大型墓葬。④相信随着考古调查和发掘的不断深入,成周这座都城会呈现在学者面前。

第二节 西周前期岐周、宗周、成周的都城关系

以往学界论述西周的政治中心的过渡,大部分是从都城迁移的角度来谈的。笔者认为,从都城迁移的角度看待周政权政治中心的转移似乎有些偏颇,岐周与丰镐、洛邑的正确关系应是三都并存的关系,即周人在丰镐建立都城之后,并未放弃岐周旧都,丰镐成为周人灭商的前线都城,岐周作为周人的根据地逐渐确立了其圣都的地位。武王伐纣使周王成为天下共主,基于"择中立都"的原则和统治东方的需要,成王时

---

① 王奠新邑鼎铭文见唐兰《西周青铜器铭文分代史征》,中华书局1986年版,第45页。

② 唐兰:《西周青铜器铭文分代史征》,中华书局1986年版,第68—69页。

③ 河南省博物馆:《河南文物考古工作三十年》,载《文物考古工作三十年(1949—1979)》,文物出版社1979年版,第277页。

④ 洛阳市文物工作队:《洛阳北窑西周墓》,文物出版社1999年版。

期营建了成周洛邑，洛邑继丰镐成为前线都城，洛邑建成之后，周人仍然继续建设岐周。岐周、宗周、成周依次向东，三都分别成为圣都、主都、陪都，宗周居三都之中，向东依赖成周洛邑统治商人的原势力范围并对东夷、南夷进行征战；向西则有岐周这个周人发迹之地和手工业中心，岐周的宫室、宗庙和手工作坊，不仅是周人的精神支柱，也是宗周的经济支柱。

一　岐周的圣都地位

从时间段上来说，岐周的圣都地位，是从它与丰镐并存的时期开始的。岐周的圣都地位表现在以下几点。

（一）岐周是先王发迹的地方

不管是岐周单一为都时期，还是岐周与宗周并存时期，岐周都是使周政权一步步走向强盛的根据地。

周原是周人发展强盛的舞台，岐周是周人建国后的第一个都城。古公亶父建都岐周在周族发展史上意义重大，故《诗·鲁颂·泮宫》有言："后稷之孙，实维大王（即古公亶父）。居岐之阳，实始剪商。至于文武，缵大王之绪。"因此，岐周被称为周族发迹的地方并不为过。

至于另一个都城宗周，有学者认为"最初应该是东进的指挥中心"[1]，在伐商的政治、经济等因素的迫切要求下，西周建立宗周是为了政治势力向东扩张，因此，至少在宗周建立初期，其军事意义较为浓厚，是周人的前线都城。旧都岐周则是周人政治、经济的根据地、大本营。岐周有着发达的农业生产和发展了百余年的手工业生产，其产品不但能够满足平时使用，而且还可以保证将士出征之时的需要。农业和包括青铜冶炼等在内的手工业的重要性加强了岐周的重要地位。可以说，正是由于岐周根据地的支持，周人才取得了伐纣的胜利。

（二）岐周是西周前期重要的祭祀中心

周王成为天下共主之后，岐周成为重要的祭祀中心，其圣都地位更加重要。由于丰镐最初为前线都城，故周人的祭祀可能仍沿用岐周的宗庙，随着政治形势的变化和丰镐为都时间的延长，丰镐的祭祀设施逐渐

---

① 文物编辑委员会：《文物考古工作三十年（1949—1979）》，文物出版社1979年版。

增多，但由于岐周是旧都，又是周人发迹之地，因此，岐周的祭祀设施也在不断增加，其重要的祭祀地位仍然保持。

首先，岐周是文王、武王、周公等政治人物的埋葬之地。

西周初年的几位政治家并未埋葬在宗周附近，而是归葬周人的根据地岐周，使岐周成为祭祀"先王""先祖"的重要地点。

《逸周书·作雒解》："元年夏六月，葬武王于毕。"《史记·鲁周公世家》："周公卒，成王亦让。葬周公于毕，从文王……"由此可知，文王、武王、周公均葬于毕。《史记·周本纪》记载："九年，武王上祭于毕。"可见，"毕"是周人重要的祭祀地点之一。作为西周的重要政治人物文王、武王、周公的埋葬之地，毕当然具有崇高的政治地位，而且，终西周一世，保持着较高的祭祀规格。关于"毕"的地望，《逸周书》有明确记载："武王既归，成岁十二月崩镐，肂于岐周。"则"毕"应在岐周的某个地方。

1976 年在周原遗址范围内岐山凤雏村一座西周时期的大型建筑基址内，发现大批西周甲骨残片。其中，H11：17 载："祠，自蒿（镐）于周。"[1] 这片卜辞被认为是武王时期，周武王自镐京往"周"即岐周举行春祭的记载。

成王时"有岐阳之蒐"，以成功祭告祖庙。[2] 高卣铭文有："隹十有二月，王初饗旁，唯还，在周，辰才庚申，王饮西宫。"据唐兰先生解释，这是指康王在岐周之西宫举行饮酒礼，这是一种重要的祭祀活动。[3] 据金文记载，岐周都邑内设有周宫、周庙、成宫、康宫、康庙、康寝、大庙及康宫中的诸王宫庙等，多是历代周天子的祖庙。这些铭文记录集中体现了"周"作为周人圣都，以祭祀为主要功能的宗教地位。

以上记载说明，在西周时期，岐周的政治地位很高，周王不断到岐周举行各种高规格的祭祀活动。

其次，岐周有高规格的宗庙建筑遗址。

---

① 陈全方：《周原与周文化》，上海人民出版社 1988 年版。
② 《左传·昭公四年》曰："周武有孟津之誓，成有岐阳之蒐，康有丰宫之朝。"
③ 唐兰：《西周青铜器铭文分代史征》，中华书局 1986 年版，第 132 页。

岐周有大型宗庙建筑遗址。1976 年以来，考古工作者在凤雏村旁发掘出西周时代的大型宗庙建筑基址，规制宏大。

凤雏甲组建筑基址坐落在东西宽 32.5 米、南北长 43.5 米、高 1.3 米的夯土台基上，整个建筑坐北朝南。建筑物的形制以门道、前堂和后室为中轴，东西两边配置门房、厢房，左右对称，并以回廊相连接，形成一座前后两进的封闭性院落。门前 4 米处有一影壁，盖有护顶。前堂为该建筑群的主体建筑，比周围高出 0.3 米，东西长 17.2 米，有 7 排柱基，间距 3 米；南北宽 6.1 米，有 4 排柱基，间距 2 米。由这些排列整齐的柱洞可知，前堂面阔 6 间，进深 3 间。堂前为中院（中廷），北侧有三条斜坡状的阶道，可以升登前堂。由前堂经过廊道往后室，后室在基址北部，东西一排，共五间，东西总长 23 米，南北进深 3.1 米。基址两侧有对称的厢房，东西各八间。这组建筑的墙体均为夯土筑成，墙壁上和室内地面均涂三合土（由细沙、白灰和黄土搅拌而成）。在屋内堆积物中发现有瓦片，推测屋顶是用瓦覆盖的。房基周围有陶制水管，构成完备的排水设施，是一座结构严谨的大型建筑。凤雏甲组宫室建筑于西周早期，沿用到西周中晚期。[①]

当然，关于岐山凤雏的西周时期的大型建筑基址的性质有不同的观点。有学者认为凤雏建筑基址应是青铜器窖藏主人的宅院，有学者认为凤雏建筑基址有很大可能是属于周天子的，周原地区东自下樊、召陈，西至董家、凤雏乃是西周都城岐邑的宫室宗庙分布区。[②] 笔者认为凤雏建筑基址应该属于西周的宗庙建筑。《尔雅·释宫》云："室有东西厢曰庙"，而凤雏基址正是有东西厢的，因此，我们可以确认这组建筑是"庙"，即西周时期奴隶主贵族的宗庙。

正是由于周族兴盛于岐周又在岐周的支持下灭商，因此可能对当时人们的意识有着深刻的影响，特别是对贵族阶层的意识，他们把这块宫

---

① 参见陕西周原考古队《陕西岐山凤雏村西周建筑基址发掘简报》，《文物》1979 年第 10 期；傅熹年《陕西凤雏建筑遗址初探》，《文物》1981 年第 1 期；杨鸿勋《西周岐邑建筑遗存的初步考察》，《文物》1981 年第 3 期。

② 参见丁乙《周原的建筑群遗存和铜器窖藏》，《考古》1984 年第 4 期；王恩田《岐山凤雏村西周建筑群基址的有关问题》，《文物》1981 年第 1 期；陈全方《早周都城岐邑初探》，《文物》1979 年第 10 期。

室所在的兴盛故地看作圣地倍加敬仰。而且当时社会的思想意识也要求王室贵族前往岐周宫室、宗庙祭祀祖先，寻求神灵保佑。因此，周族在政治及其他活动中自然就不能忽略岐周，凤雏甲组宫室从西周早期一直沿用到中晚期的原因可能也在于此。

最后，岐周是西周时期许多贵族的居住之地。

岐周附近的贵族采邑很多，周公、召公、单公、毕公、荣公、南公、毛公、东虢公、西虢公、成公、原公、邢公等均在岐周附近有采邑。[①] 都城岐周与周围的大贵族采邑形成一个较大的城市群，[②] 共同发挥着重要的政治作用。

居于岐周的各个大家贵族，也要祭祀他们的祖先。根据周原出土的窖藏青铜器铭文记载及青铜器的纹饰图样，除上述贵族之外，在周原的主要贵族还有：函皇父家族、梁其家族、中氏家族、散伯车家族、裘卫家族、微氏家族等十几个家族。张光直先生判断："中国古代青铜器突出的特征，在于它的应用：青铜器几乎很少使用于农业生产或灌溉；相反，主要铸造成各种造型的礼器和兵器，即与维护王权的政治、军事和宗教活动等关系密切。"[③] 那么，在周原出土的各种造型的青铜礼器及由此显示出来的多个贵族家族，表明岐周在西周时期显赫的宗教祭祀地位。

二　宗周丰镐的主都地位

（一）宗周与丰镐的关系

成王时期，"宗周"之名开始出现。"宗周"始见于成王时期的铜器献侯鼎。西周铜器铭文中屡见"王才（在）宗周"的记载，"宗周"作为地名，在金文中出现的频率相当高（见表4—1）。自汉以来学者多以"宗周"为"镐邑"之称。如：

> 皇甫谧《帝王世纪》："武王自丰居镐，诸侯宗之，是为

---

① 吕文郁：《周代的采邑制度》，社会科学文献出版社 2006 年版。
② 潘明娟：《周秦时期关中城市体系研究》，人民出版社 2009 年版，第 118 页。
③ [美] 张光直：《宗教祭祀与王权》，明歌编译，《华夏考古》1996 年第 3 期。

宗周。"

《尚书·多方》："唯五月丁亥，王来自奄，至于宗周。"传曰："王亲征奄，灭其国。五月还至镐京。"

《诗经·小雅·正月》："赫赫宗周，褒姒灭之。"毛传曰："宗周，镐京也。"孔颖达云："周为天下所宗，王都所在，皆得称之，故丰镐与洛邑皆名宗周。"

由此看出，古代学者多认为宗周即镐。近代以来，随着对西周青铜铭文研究的不断深入，大部分学者指出，宗周在金文中专指镐，"宗周"具有明显的宗教和政治意义。但也有一部分学者对铭文中的宗周与镐有不同认识，如陈梦家在研究西周金文中的都邑时，根据排除法（即凡在一铭之中出现不同的地方名称，就可以认定这些名称不是同一城市），认为士上盉（臣辰盉）和麦尊的铭文中同时出现了宗周和镐，因此得出"宗周非镐"的结论。① 用排除法研究铭文是一种创举，但是，这里有一个前提，即铜器铭文的考释相当重要，若铭文考释有差别，则结论可能差之千里。陈梦家先生考释士上盉铭文为：

> 佳王大禴于宗周，出飨镐（郭沫若先生释为"莽"）京年，才五月既望辛酉，王令士上眔史黄殷于成周。

士上盉（臣辰盉）和麦尊这两器铭文的考释差异目前主要集中在镐或莽的铭文上。郭沫若在《臣辰盉》考释中认为："莽字从艸、芬声。芬当从亼、方声，当即旁之古字。莽则旁之繁文也。"② 大部分学者认定郭沫若的考释比较正确。虽然目前对于莽京地望争执不清，但大部分学者认为莽京确有其地，则陈梦家先生"宗周非镐"的结论可能有误。

因此，笔者基本同意"宗周即镐"的观点。尹盛平认为，古公亶

---

① 陈梦家：《西周铜器断代》，中华书局 2004 年版，第 366 页。
② 郭沫若：《臣辰盉》下，《两周金文辞大系考释》，科学出版社 1957 年版。

父迁岐之后，以其族名称呼岐之都邑为"周"，其后除文王是受命之君，"必徙居处"，建立丰邑之外，其他都邑均可称"周"①，这样就出现了三个周，分别是：岐邑之周、镐之周、洛邑之周。由于西周"祖文王、宗武王"，则武王所建之周（即镐）被称为"宗周"。

因此，镐是周政权的"宗周"是毫无疑问的。但是"镐"与"宗周"作为同一都邑的名称，其意义是有很大不同的。宗周是"诸侯宗之"的都城，是周王作为"天下共主"地位的象征。在西周的宗族社会中，宗周是"大宗"居住之地，有诸侯宗之的"宗庙"，不仅代表着祭祀上的最高地位和最高规格，还代表着政治上的最高等级。可以说，宗周之"宗"有着明显的宗教和政治意义，与"镐"单为都邑之名有着很大不同。

在本书中，我们把丰、镐视为一体进行研究，因此，对于宗周的范围界定就不能局限于镐。事实上，到西周中晚期，随着丰的宗庙设施的持续应用和日益齐备，②"宗周"的区域概念已经扩大，不仅仅包括镐了，丰和镐一带都可称为宗周，如《诗经·小雅·正月》云："赫赫宗周，褒姒灭之。"这里的宗周已不再如毛传所云仅指镐了，它指的应该是丰和镐。因此，在下文中，笔者所谓"宗周"是指丰镐。

（二）宗周丰镐的主都地位

关于宗周的政治地位，杨宽是把它与成周相比较来论述的："虽然西周的君王常住在宗周镐京，有时到东都成周来处理政务，但实际上由于地理位置的关系，成周的重要性超过了宗周。"③从都城关系的角度来分析，在这句话里，杨宽表达了以下几个观点：一、西周的主都在宗周，周王是常住宗周的；二、成周的地理位置较之宗周要优越得多，也重要得多；三、成周的政治地位在西周时期（尤其是西周中晚期）不断上升。

终西周一代，宗周丰镐一直是主要都城。

---

① 尹盛平：《西周史征》，陕西师范大学出版社 2004 年版，第 95 页。

② 丰京有文王之庙，镐京有武王之庙，文王、武王是周作为"天下共主"的开国之君，在周代诸王之中地位最高，后世诸王有重大活动都要到庙里去祭告他们。如成王营建成周，就有祭告文、武二王的活动。

③ 杨宽：《中国古代都城制度史研究》，上海人民出版社 2003 年版，第 44 页。

在先秦时期，常常出现国号与都城名号互相替代的现象，如盘庚国号为殷，其都城亦称"殷"。岐周之地在周未伐商之前也被称为"周"。在武王灭商后，丰镐作为"天下共主"的都城，其政治地位日益重要，尤其在武王、成王年间，镐这个都城与"周"的称号逐渐有互为替代的趋势。如：

> 《逸周书·世俘》："维一月壬辰旁死霸，若翌日癸巳，王乃步自于周，征伐商王纣。"班师之后，"武王朝至，燎于周庙"。[①]
>
> 《尚书·召诰》："惟二月既望越六日乙未，王朝步自周，则至于丰。"
>
> 《孟子·滕文公下》："有攸不惟臣，东征绥厥士女，匪厥玄黄，绍我周王见休，惟臣附于大邑周。"
>
> 《史记·周本纪》：灭商之后，"武王征九牧之君，登豳之阜，以望商邑。武王至于周，自夜不寐"。
>
> 《史记·鲁周公世家》：营建洛邑时，"成王七年二月乙未，王朝步自周至丰，使太保召公先之雒相土"。

这里的"周"，《史记·正义》有解释："周，镐京也。"这说明镐在国家政治生活中的主要都城地位。金文中也有不少关于"周"的记载，由于金文资料记载相对简单，且我们对金文的认识尚未深入，很难具体分辨金文中的都邑"周"是指岐周还是指宗周，因此这里不予探讨。

成王作新邑洛邑[②]之后，命名为"成周"，有王道始成[③]之意。随着新邑"成周"之名的确立，丰镐"宗周"之名也频繁地出现在文献、金文之中，成为丰镐是"诸侯宗之"、周之宗庙所在的最好注解。

---

① 《逸周书·世俘》之文据顾颉刚《逸周书世俘篇校注、写定与评论》，载《顾颉刚古史论文集》，中华书局1988年版。

② 成周洛邑之"洛"，文献记载其"雒""洛"两种写法，大部分学者研究西周时期的"成周"，均写为"洛邑"，今姑且从众，如有"雒"或"雒邑"出现，则为引文。

③ 《史记·鲁周公世家》集解："名为成周者，周道始成，王所都也。"

表4—1 　　　　　　　　　金文中的"宗周"①

序号	铜器	铭文	备注
1	献侯鼎	隹成王大秦在宗周，商（赏）献侯器贝，用作丁侯尊彝。	《商周青铜器铭文选》（一），24；唐兰，P85，成王；陈梦家P62，成王。
2	二十三祀盂鼎（大盂鼎）	隹九月，王才宗周。	唐兰，P169，康王时器。
3	麦方尊	王令辟井（邢）侯出钌，侯于井（邢）。零若二月，侯见于宗周，亡逆。迨王饗莽京酌祀。零若翌日，在辟雍，王乘于舟为大礼，王射大舅，禽。侯乘于赤旗舟从。	《商周青铜器铭文选》（一），P67，文物出版社1986年版；唐兰，P249，昭王时器。
4	士上盉	隹王大禴于宗周，出饗莽京年，才五月既望辛酉，王令士上眔史黄殷于成周。	唐兰，P257，昭王；陈梦家，P41，成王。
5	郭伯取簋	隹王伐逨鱼徦伐淖黑，至，寮于宗周。	陈梦家，P137，昭王时器。
6	莫鼎	匽侯令莫饴大保于宗周。	唐兰，P96，成王。
7	同簋	王在宗周，各于大庙。	罗振玉：《三代吉金文存》卷九第十七页第二器。
8	克鼎	王在宗周，旦，王各穆庙。	罗振玉：《三代吉金文存》卷四第40—41页。
9	盂簋	隹八月甲申，公中才宗周易（锡）盂贝五朋……	唐兰，P120，成王时器；陈梦家，P69，成王。
10	匽侯旨乍又始鼎	匽侯旨初见事于宗周，王赉旨贝廿朋……	唐兰，P149，康王时器，指匽侯旨第一次到宗周来朝见，康王赏赐给他二十朋贝。

① 备注中"唐兰"指的是唐兰著《西周青铜器铭文分代史征》（中华书局1986年版）一书；"陈梦家"指的是陈梦家著《西周铜器断代》（中华书局2004年版）一书。

续表

序号	铜器	铭文	备注
11	班簋	佳八月初吉才宗周，甲戌王令毛白更虢城公服……	陈梦家，P24，康王时器；唐兰，P346，穆王时器。
12	奚方鼎	佳二月初吉庚寅，才宗周……	陈梦家，P54，成王时器；唐兰，昭王时器，p235。
13	乍册䰧卣	佳公大史见服虞宗周年，才二月既望乙亥……公大史在丰，赏乍册䰧马。	陈梦家，P56，成王时器；唐兰，P326，穆王时器。
14	史叔隋器	佳王桒于宗周，王姜史叔吏于大保……	陈梦家，P76，成王时器；唐兰，P218，昭王时器。
15	夐尊	佳公豚于宗周，夐从……	陈梦家，P87，成康时器。
16	同簋	佳十又二月初吉丁丑，王才宗周，各于大庙……	陈梦家，P222，孝王器。
17	宗周钟（㝬钟）	王肇遹省文武勤疆土……㽙子用遣间来逆邵（昭）王，南夷东夷具见，二十又六邦……作宗周宝钟。	唐兰认为是厉王时器，郭沫若认为是昭王时器。
18	趞簋	佳三月王才宗周，戊寅王各与大朝……	陈梦家，P339，未完稿；唐兰，P306，穆王时器。
19	微絲鼎	佳廿又三年九月王才宗周。王令……	陈梦家，P281，夷王器。
20	善鼎	王在宗周，王各大师宫。	罗振玉：《三代吉金文存》卷四第三十六页第二器，唐兰，穆王，P398。
21	大克鼎	王才宗周，旦，王各穆庙既立……	陈梦家，P261，夷王器。

序号	铜器	铭文	备注
22	小克鼎	隹王廿又三年九月，王才宗周，王命善夫克舍令于成周……	陈梦家，P264，夷王器。
23	史颂鼎	隹三年五月丁巳，王才宗周，令"史颂……于成周"。	陈梦家，P306，厉王器。

在表4—1中，共有23件青铜器提到宗周，铸器时间从西周初年延续到西周末年。其中，周王在宗周的活动主要包括接受述职朝见、宗教祭祀、发布命令等，完全体现了宗周作为一个主要都城应具备的职能。第一，周王在宗周接受王臣和诸侯述职、朝见。如乍册䰲卣铭文"唯公大（太）史见服虞宗周年"，是指公太史到宗周述职性地朝见周王。"公太史"当指毕公，在周公死后由太史毕公兼管成周政务，所以，他要到宗周向周王述职。匽侯旨乍又始鼎中的"匽侯旨初见事于宗周"则是指第二代燕侯旨第一次到宗周朝见周王。麦方尊记述的是邢侯到宗周朝见周王的情况。柞伯簋也记载了柞伯到宗周朝见周王的事迹。宗周钟铭文"王肇遹省文武勤疆土……及子用遣间来逆邵（昭）王，南夷东夷具见，二十又六邦"，则说明周王不仅在宗周会见王臣、贵族，还会见外夷。第二，周王在宗周举行重要宗教祭祀活动。献侯鼎、史叔隋器有王大桒于宗周的记载，士上盉有"王大禴于宗周"，郭伯取簋有"寮于宗周"，同簋、克簋、大克鼎、善鼎、趞簋等有周王"各"的祭祀活动，柞伯簋记载了周王在宗周举行大射礼，其中，"大桒""大禴"是周王举行的高规格的祭祀行为。第三，周王在宗周向臣下发布命令。小克鼎、史颂鼎、宗周钟、班簋、芌簋等铜器铭文均有周王在宗周发布命令的记载。由上述周王及诸侯、王臣在宗周的活动可知宗周是西周的政治中心，是周王长住之地，是西周的主要都城。周代铜器"王才（在）宗周"的记载，说明周王在宗周进行各种祭祀和政治活动，也反映了宗周作为"天下之宗"的地位。

宗周一带的丰邑政治地位也很重要。上述西周早期的召公太保戈、小臣宅簋、作册䰲卣及西周中晚期的卫盉、痹鼎都反映了周王在丰的一系列政治活动，如康王的"丰宫之朝"、共王的"禹旗"之礼（举行建旗之礼，大会四方诸侯及王臣、贵族）、晚期周王赏赐大臣等活动。

由此看来，宗周丰镐的政治中心地位即主都地位在西周一代应是比较稳固的。宗周丰镐与旧都岐周相比，丰镐的陆续建立已经表明岐周地理位置偏远的状况不能适应当时的政治、军事需求，而且周人在成为"天下共主"之后并未退回岐周，就已说明岐周不再是西周的政治、军事中心。与陪都成周相比，虽然成周洛邑是天下之中，地理位置比较优越，它也逐渐成为西周政权在东方的一个代理中心，但宗周丰镐的主都地位依然牢固。如上表中的士上盂、小克鼎、史颂鼎三器铭文均同时提到宗周与成周。根据陈梦家的分期意见，三器的时间分别代表了西周前期和西周中后期：士上盂铭文记载周王在宗周举行"大禴"的祭祀典礼，命令"士上眔史黄殷于成周"；小克鼎铭文记载周王在宗周命令"善夫克舍令于成周"；史颂鼎铭文也有周王在宗周，令"史颂……于成周"。三器均记载周王在宗周活动，而命令臣下到成周活动，由此来比较，宗周与成周在西周时期（不论是前期，还是中后期）的主、陪地位应是毋庸置疑的。

西周王朝的三座都城，自西向东依次为岐周、宗周、成周，西方的岐周是圣都，是老根据地和宗教圣地，东方的成周是陪都，是统治新征服地区的一个政治据点，宗周作为主都独据中央，是政治中心所在，是老根据地和新征服地区联系的一个枢纽。西周王朝利用这几处都邑，从宗教、宗族、政治、经济、军事、教育等多个方面，牢固地统治着京畿地区，并由此驾驭四方诸侯，有效地控制全国。可以说，这种都城体系的布局，使周人处于进可攻、退可守的不败之地。因此，《史记》有"诸侯咸服宗周"[①] 的记载。

三　成周洛邑的陪都地位

成周洛邑是西周时期重要的都城，是西周统治者在东方的一个政治、经济、军事等方面的统治中心。成周洛邑是在一定社会背景下建立的，即灭商后周人的疆域迅速向东、南方向扩大，而都城宗周相对来说

---

① 《史记·鲁周公世家》。

较为偏西，为了有效统治迅速扩大的疆域，必须在此疆域中心建立一个统治据点，不仅镇抚以殷商遗民为主的中原地区，还能借此确立在南方和东方的统治。随着疆域的扩大，周王朝也在不断地寻找疆域中心，建立政治中心，以便于统治。

洛邑名为"成周"，显然是与"宗周"相对应的，"名为成周者，周道始成，王所都也"①。这昭示了成周的政治地位，也说明成周这个都城对周王朝"周道始成"的重要性。《史记·卫康叔世家》载："管叔、蔡叔疑周公，乃与武庚禄父作乱，欲攻成周。"索隐注："成周，洛阳。其时周公相成王，营洛邑，犹居西周镐京。管、蔡欲构难，先攻成周，于是周公东居洛邑，伐管、蔡。"②周公相成王时"东居洛邑"，这也说明了成周作为"王都"的重要地位。《汉书·郊祀志》云："祭天于南郊，就阳之义也；瘗地于北郊，即阴之象也。天之于天子也，因其所都而各飨焉。昔者，周文、武郊于丰、鄗，成王郊于雒邑。由此观之，天随王者所居而飨之，可见也。"这段记载明确指出成王时期是以洛邑为都的，然文献未有成王从丰镐迁都的记载，则此时洛邑与丰镐并存是毋庸置疑的。成王之后，文献仍没有迁都或弃都的记载，则丰镐与洛邑在西周时期同为都城应是无可否认的。

成周既是周王朝在东方的重要统治据点，则周王和高级臣僚经常前往成周。周王之中，在成周活动记载较为详细的是周成王。《尚书·洛诰》记载成王在成周有大型祭天活动："戊辰，王在新邑，烝，祭岁，文王骍牛一，武王骍牛一。王命作册逸祝册。王命周公后，作册逸诰，在十有二月，惟周公诞保文武受命，惟七年。"后人认为这是在成周举行的周公返政于成王的大型祭祀活动。《史记·鲁世家》记载："周公在丰，病，将没，曰：'必葬我成周，以明吾不敢离成王。'周公既卒，成王亦让，葬周公于毕，从文王，以明予小子不敢臣周公也。"由这段记载来看，成王可能在成周洛邑居住了较长一段时间。

在西周时期金文中"成周"与"宗周"几乎是相提并论的，而且，

①《史记·鲁周公世家·集解》。
②《史记·卫康叔世家》。

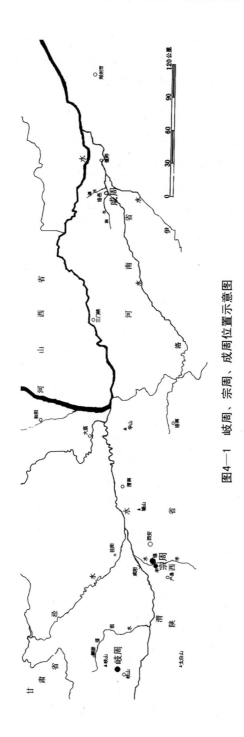

图4—1　岐周、宗周、成周位置示意图

记载"王才（在）成周"的铭文也非常多。① 如何尊铭文说明了周王在成周的活动，被认定为西周后期铜器的敔簋也记载了周王（可能是懿王②）在成周指挥"敔"对南淮夷作战并接受献俘的活动。

表4—2 金文中的"成周"③

序号	青铜器	铭文内容	备注
1	敔簋	隹王十月，王在成周。南淮尸（夷）迁、殳内伐泿、昴参、泉裕、敏阴、阳洛。王念令敔追御于上洛、怼谷，至于伊班马。隹王十又一月，王各于成周大庙……	唐兰认为懿王时器，P480；陈梦家认为孝王时器，P230。
2	何尊	隹王初迁宅于成周，复禀武王礼，福自天。	唐兰认为成王时器 P73。
3	德方鼎	隹三月，王才成周，延武福，自蒿，咸。	唐（P70）、陈（P73）均认为成王时器。
4	㡺士卿尊	丁子（自），王才新邑……王易（锡）㡺士卿贝朋。	唐：P46，成王时器；陈：P65，成王。
5	新邑鼎	癸卯，王束奠新邑；□二旬又四日丁卯，□自新邑于束……	唐：P45，成王；陈：P64，成王。
6	□卿方鼎	隹三（四）月，才成周。	唐：P79－80，成王时器。
7	圉甗	王莽于成周，王易（锡）圉贝。	唐：P98，成王时器。
8	令方彝	隹八月，辰在甲申，王令周公子明保尹三事四方，受卿事寮……惟十月月吉癸未，明公朝至于成周，出令……既咸令，甲申，明公用牲于京宫，乙酉，用牲于康宫。咸既用牲于王，明公归自王。	唐：P204，昭王器；陈：P36，成王时器。

① 据杜勇《周初东都成周的营建》（《中国历史地理论丛》1997年第4期）统计，有27尊铜器铭文涉及"王在成周"的记载，早自成王，晚至宣王，几乎与西周王朝相始终。本书搜集了37条与"成周"相关的铜器铭文，见表4—2。

② 唐兰认为是懿王时器，见《西周青铜器铭文分代史征》，中华书局1986年版，第480页。

③ 若无特别说明，本书选用的金文主要从以下三本资料摘录：（1）郭沫若：《郭沫若全集·考古编·第八卷两周金文辞大系图录考释》（二），科学出版社2002年版；（2）陈梦家：《西周铜器断代》，中华书局2004年版；（3）唐兰：《西周青铜器铭文分代史征》，中华书局1986年版。

续表

序号	青铜器	铭文内容	备注
9	嗣鼎	王初口迪于成周。	陈：P89，成王。
10	孟爵	隹王初莱于成周，王令孟宁登伯……	唐：P131，康王时器；陈：P63，成王。
11	史兽鼎	尹令史兽立工于成周，十又一月，史兽献工于尹……	唐：P140，康王时器；陈：P90，成康。
12	乍册翻卣	隹明保殷成周年。	唐：昭王器，P203；陈：P41，成王时器。
13	小臣傅簋	王在莽京，令师田父殷成周年。	唐：穆王，P366；陈：P41，成王器。
14	士上盉	隹王大禴于宗周……才五月既望辛酉，王令士上眔史黄殷于成周……	唐：昭王时器，P257；陈：P41-42，成王时器。可见宗周与成周地位的差别，在成、昭王时期就已经非常明显了。
15	厚趠方鼎（父辛鼎）	隹王来各（格）于成周年。	唐：昭王时器，P227。
16	白鲜钟	隹口月初吉口寅，王才成周嗣土栈宫……	陈：孝王器，P245。
17	小克鼎	隹王廿又三年九月，王才宗周，王令善（膳）夫史克舍令于成周正八自师之年。	陈：P264，夷王器；宗周与成周的差别。
18	丰尊①	王在成周，令丰殷大矩。	
19	小臣夌鼎	正月王才成周，王狱于楚麓，令，小臣夌先眚楚应……	唐：昭王时器，P229。
20	司鼎	王初口互于成周，溓公蔑司历……	唐：昭王时器，P228。
21	录夨卣	王令夨曰：叡淮尸（夷）敢伐内国，女其以成周氏戍于衉自。	唐：穆王时器，P395。

①　此器1976年发现，现藏周原博物馆。

序号	青铜器	铭文内容	备注
22	询簋①	王若曰："询！……今余令女（汝）裕官：司邑人、先虎臣后庸……成周走亚。"	
23	应侯见工钟②	佳正二月初吉，王归自成侯，应侯见工遗（贻）王于成周。	
24	十三年 兴壶③	佳十又三年九月初吉戊寅，王在成周司土虎官。各大室，即立。	
25	㚔壶盖	王乎（呼）尹氏册令㚔，曰："更乃且（祖）考乍（作）冢司土（徒）于成周八㠯。"	唐：P399，穆王。
26	䵼簋	佳王正月辰在甲午，王曰："䵼，命女司成周里人及诸侯，大亚。"	
27	颂鼎	王曰："颂，令女官司成周寅廿家，监司新造寅用宫御。"	
28	兢卣	佳白犀父以成师即东，命伐南尸（夷）。	
29	虢仲盨	虢仲以王南征伐南淮尸（夷），才成周。	
30	格伯簋	佳正月初吉癸子，王才成周。格伯……	
31	兮甲盘	王令甲政（征）治成周，四方积，至于南淮尸。	陈：P323，宣王器。

---

① 郭沫若：《弭叔簋及询簋考释》，《文物》1960 年第 2 期。
② 朱凤翰：《应侯见工钟》，载《保利藏金》（续），岭南美术出版社 2001 年版。
③ 现藏周原文物管理所。

序号	青铜器	铭文内容	备注
32	史颂鼎	隹三年五月丁巳，王才宗周，令"史颂……于成周"	陈：P306，厉王器。可见宗周与成周的差别。
33	晋侯稣编钟①	隹王三十又三年……正月既声泥巴到戊午，王步自宗周。二月既望癸卯，王入各（格）成周。	
34	虢仲盨	虢仲以王南征伐南淮尸（夷），才成周，乍旅盨。	陈：P317，厉王器。
35	易鼎	隹十月，吏于曾㐬白于成周……	

周代的高级臣僚在成周的活动也非常频繁，而且大型活动很多。周初成周营建完毕之后，周公长期驻守成周。《尚书·召诰》在叙述召公、周公营建洛邑之后，有"越七日甲子，周公乃朝用书，命庶殷候、甸、男邦伯。厥既命殷庶，庶殷丕作。太保乃以庶邦冢君出取币，乃复入，锡周公……"即指成周建成后，周公留守洛邑抚慰殷民，安定局面，召公代表周王赏赐周公。《尚书·洛诰》最后一段就是成王要求周公在营建洛邑之后，长期留守洛邑，主持东都事务，"监我士师工，诞保文武受民，乱为四辅……王曰：'公定，予妄念已，公功肃将祗欢，公无困哉。'"《尚书·多士》也有"惟三月，周公初于新邑洛，用告商王士"的记载，说明周公在洛邑的政治活动及政治措施。《史记·卫康叔世家》也记载了周公长期镇守成周的事实。

除周公之外，西周时期还有其他高级臣僚留下了在成周洛邑进行政治和军事活动的记载。西周铜器也记载周王多次命令大臣在洛邑进行重要活动，如祭祀、军事活动。成王时期的卿鼎有"公违省自东，才新

---

① 马承源：《晋侯稣编钟》，载《上海博物馆集刊》，上海书画出版社1996年版；刘启益：《西周纪年》，广东教育出版社2002年版，第57页。

邑，臣卿易（赐）金"①的记载。《左传·僖公二十四年》也记载召穆公在成周的活动："召穆公思周德之不类，故纠合宗族于成周以作诗"，杜预注："召穆公纠合宗族作《棠棣》之诗，特此周公之乐，歌《棠棣》。"这也说明，在西周时期高级臣僚甚至周王巡视或驻守洛邑的情形是常见的。

从职官上来说，西周前期在宗周和成周分设卿事寮，②这也间接保证了成周的政治地位。

但是，成周与宗周的都城地位是完全不同的，它们之间的主次关系相当明显。如上表中的士上盉、小克鼎、史颂鼎三器铭文均同时提到宗周与成周，根据陈梦家的分期意见，三器的时间分别代表了西周前期和西周中后期：士上盉铭文记载周王在宗周举行"大禴"的祭祀典礼，命令"士上眔史黄殷于成周"；小克鼎铭文记载周王在宗周命令"善夫克舍令于成周"；史颂鼎铭文也有周王在宗周，令"史颂……于成周"。这也反映了宗周与成周政治地位的差异。可见，宗周与成周在西周时期（不论是前期，还是中后期）的主、陪地位应是毋庸置疑的。

第三节　西周中后期都城地位的变化

值得注意的是，都城地位随着国内外的政治形势的变化而不断变化。西周中后期，国内外政治形势、军事状况有了很大变化，都城的政治地位也逐渐发生变化。

一　成周的都城功能

成周在西周初期是统治东方、统治殷商遗民的政治、经济和军事据点。到西周中晚期，成周的功能发生了很大变化，随着西方戎狄的入侵，周王朝的政治中心逐渐东移，同时，军事活动的重心也从原来的对

---

① 唐兰解释为：大臣"公遘"从东方视察回来，在新邑洛邑，把铜赏赐给一个臣下名卿的人。唐兰：《西周青铜器铭文分代史征》，中华书局1986年版，第68—69页。
② 杨宽：《西周史》，上海人民出版社2003年版，第327页。

付中原一带的殷商遗民到对付更东的"东尸"和江南的"南淮尸",这样,成周的都城地位日益重要。许倬云先生认为:"自从昭穆之世,周人对于东方南方,显然增加了不少活动。昭王南征不复,为开拓南方的事业牺牲了生命,穆王以后,制服淮夷,当是周公东征以后的另一件大事。西周末年,开辟南国,加强对淮夷的控制,在东南持进取政策。东都成周,遂成为许多活动的中心。"① 发展到东周初年,由于戎狄入侵和宗周的残破,成周终于成为主要都城。

成周作为周王朝的陪都,具有较强的政治、军事、经济功能。

首先,成周是周王朝在全国范围内除宗周之外的一个重要统治据点。

上文已经说过,洛邑名为"成周",是与"宗周"相对应的,"名为成周者,周道始成,王所都也"②。这昭示了成周的政治地位。表4—2也说明周王和许多高级臣僚在成周举行过非常重要的政治行动。从上述对营建成周洛邑目的及建成之后成王与周公对成周重视程度的论述,可以看出成周洛邑的政治地位是非常高的。

成周是伸入东方的政治中心,与宗周相呼应,从宗周到成周的泾、渭、河、洛的千里之地,都包括在王畿范围之内,形成一个强大的政治中心,同时也加强了中央对全国的统治。唐兰认为成周是西周的又一个都城,"成王定九鼎于郏鄏(洛邑)"就是指成王对新邑的地位从政治上进行了肯定,而"成周既成,迁殷顽民"也是出于同一目的。《尚书·洛诰》记载,周公"来相宅,其作周匹休",也就是营建与"周"即镐京相匹配的都城,即洛邑。《尚书·召诰》评价洛邑的地位:"其作大邑,其自时配皇天,毖祀于上下,其自时中。"《尚书·多士》:"惟王三月,周公初作新邑洛,用告商王士",是指周公在洛邑的第一次政命就是告诫商王的士;《尚书·庚浩》记载,"周公初基,作新大邑于东国洛,四方民大和会。侯甸男邦,采卫百工,播民和见,土于周"。《左传·昭公三十二年》也记载:"昔成王合诸侯,城成周以为东都,崇文德焉。"说明周公、成王曾利用营建

---

① 许倬云:《西周史》,生活·读书·新知三联书店1994年版,第292页。
② 《史记·鲁周公世家·集解》。

洛邑的机会合诸侯，号令侯、甸、男、采、卫各级诸侯、百官和边远地区的臣民为周王室服务，借此树立新政权的权威，加强西周中央与诸侯国之间的统属关系。

从政权机构的设置来看，西周中央政权主要有两大机构，即卿事寮和太史寮。"自从东都成周建成，成周曾与宗周同样设有卿事寮。由召公以太保之职主管宗周卿事寮，周公以太师之职主管成周卿事寮，实行分陕而治。"① 卿事寮主管"三事四方"。《尚书·立政》云"立政：任人、准夫、牧，作三事"，"四方"是指四方诸侯。由此可见成周的地位仅次于宗周，居于重要的陪都地位，成为东方的政治中心，对稳定广大东方地区的政局起了重大作用。

成周是周王朝在全国范围内除宗周之外的一个重要统治据点。《国语·郑语》记载史伯对郑桓公说的话："当成周者，南有荆蛮、申、吕、应、邓、陈、蔡、随、唐；北有卫、燕、狄、鲜虞、潞、洛、泉、徐、蒲；西有虞、虢、晋、隗、霍、杨、魏、芮；东有齐、鲁、曹、宋、滕、薛、邹、莒……虢叔恃罪，郐仲恃险……君若以成周之众，奉辞罚罪，无不克矣。"这也反映了成周作为东方政治中心的地位。

其次，成周具有较强的军事职能。

有效的政治统治必须与有力的军事威慑相统一。周王朝的统治者深谙此道，因此，在重要的统治据点都布设了强有力的军事力量。

青铜器铭文记载，西周时代，西周中央直接指挥的军队共有三支，"成周八自""殷八自""西六自"。分别驻扎于成周、殷故都、西都丰镐。如禹鼎铭文云："亦唯噩（鄂）侯驭方率南淮尸（夷）东尸（夷）广伐南或（国）、东或（国）、至于历内，王乃命西六自、殷八自曰：'伐噩侯驭方……'"曶壶铭文云："王乎（呼）尹氏册命曶曰：更（赓）乃祖考作冢妇土于成周八自。"谜毁铭文云："揸！东尸大反，白懋父以殷八自征东尸。"西六自驻守镐京，是周王的禁军，主要用以保卫王室，抵御西北的鬼方和猃狁。殷八自是由殷人组成的军队，驻殷人故地，主要用以镇抚东夷。成周八自驻成周，用以对付殷顽民和镇抚淮

---

① 杨宽：《西周中央政权机构剖析》，《历史研究》1984年第1期。

夷。周初拓疆于东夷、淮夷、荆楚，多有战事，成周地处天下之中，交通发达，成周八自是可供周王调遣的重要武装力量。杨宽认为："'成周八自'不仅用于征伐不服从的诸侯和夷戎部落，而且是巩固统治的一种威慑力量。"①

成周的军事地理位置非常优越，地处"天下之中"，西通关中根据地，东到齐鲁，北达燕地，南至荆楚，可谓交通方便。在周人打败殷商之后，周人的势力向东、北、南三方面扩展时，必定以洛邑为出发点。水路从洛邑沿河水而下，入济水可到齐鲁，北到燕地。从洛邑东南经汝水、颖水，又可入淮水。陆路"从镐京起，建筑了一条向东方伸展的军用公路，这种军用公路在当时叫周道"②。《诗·小雅·大东》记载："周道如砥，其直如矢，君子所履，小人所视。"这条周道是统治者专用的大道，不准平民行走。《诗·桧风·匪风》也有"周道"的记载。③《中方鼎》记载："惟王令（命）南宫伐反虎方之军，王令先省南或（国）橐行。""橐"即串、贯。省南国贯行，也就是循省南国而贯通其道路。可见，周道是从镐京通向成周，又从成周通向东方、通向"南国"的"军用公路"。这样，洛邑地区对当时的军事活动来说是至关重要的。西周以成周为基地，与东夷、徐戎、淮夷等方国部落之间，不断发生战争。青铜器铭文中记载很多。如上表提及的录致卣、敔簋、竞卣、虢仲盨等铜器铭文，以及晋侯稣编钟铭文④均提及对南夷或淮夷的军事行动，周王征伐南夷或淮夷都是从成周出发的。根据兮甲盘铭文的记载，周宣王初年可能亦居成周，当时猃狁侵周，是从山西太原南犯，循河、渭西指，镐京、泾阳均被威胁。王命尹吉甫先战于太原，后又曾西追，败敌于泾渭，保卫了镐京，大功告成，凯旋于成周。因此，《诗·六月》有"薄伐猃狁，至

---

① 杨宽：《中国古代都城制度史研究》，上海人民出版社 2003 年版，第 54 页。

② 柳孟训：《营建洛邑是西周巩固政权的重大战略措施》，《天津教育学院学报》（社会科学版）1988 年第 2 期。

③ 桧国以今河南密县为中心，在洛邑东部。

④ 晋侯稣编钟详细记述了晋侯稣随周厉王东征的经过。厉王三十三年，王亲省东国南国，正月，从宗周出发，二月至成周，随即往东，三月王亲会晋侯率乃师伐夙夷，大获斩俘。王还归成周。六月，王两次召见晋侯稣，亲赐弓矢、马驹等，晋侯稣因此作钟。马承源：《晋侯稣编钟》，载《上海博物馆集刊》，上海书画出版社 1996 年版。

于太原"，又有"来归自镐，我行永久"。刘向解释说这里的"千里之镐"是指周王在成周。可以说，在军事上，成周作为军事据点是非常重要的，特别是在对南方的淮夷与南夷的军事行动上，更显示出洛邑的重要性。

最后，成周拥有大量的物资囤积。

洛邑作为政治和军事重镇，有独立的经济体系和大量的物资囤积。

洛邑城郊大量的田宅授予殷商遗民，他们必须为王室助耕"籍田"，提供力役地租。籍田收入是周王室的一大经济来源。同时，成周的王室工商业也随之发展起来。《伊簋》铭文有："惟王廿由七年正月既望丁亥，王才（在）周康宫，王各（格）穆大室，即立（位）……季内（入）右伊，立中迁，北卿（向）。王乎（呼）命尹封命尹□官司康宫王臣妾百工。"成周有"臣妾百工"，可知手工业种类非常多。成周是全国较大的手工业中心。如河南洛阳北窑遗址①是已发现的西周时期最大的铸铜遗址，遗址位于洛阳东北郊北窑村西南，东西长约700米，南北宽约300米，面积20余万平方米。发现有建筑基址（包括柱基25个，地下水管1条，地面3处）、陶窑、窖穴、墓葬、祭祀坑等遗迹，出土了熔炉残壁上千块，都是泥条盘筑而成，由此可知，当时的熔炉有大、中、小三种。北窑遗址出土的陶范有容器、车马、兵器等类，其中容器居多，车马、兵器较少，说明这是商业性质的手工作坊。北窑遗址还出土有手工工具、日用陶器、卜骨等遗物。据推测，此遗址年代主要在西周早、中期。

洛邑作为西周在中原地区统治的据点，主要的经济职能是征收赋税，囤积物资。成周的经济地位在"四方入贡道里均"②这句话中有鲜明的体现。应该说，成周不仅是对周围郊甸地区征发人力物力的中心，而且是对四方诸侯征收贡赋的中心，更是对四方被征服的夷戎部族或国家征发人力物力的中心。分封制规定，各诸侯国对天子必须承担纳贡的义务。《左传·昭公十三年》记载："昔天子班贡，轻重以列，列尊贡

---

① 洛阳博物馆：《洛阳北窑村西周遗址1974年度发掘简报》，《文物》1981年第7期；洛阳市文物工作队：《1975—1979年洛阳北窑西周铸铜遗址的发掘》，《考古》1983年第5期。

② 《史记·周本纪》。

重，周之制也。"不同等级的诸侯按不同的标准纳贡。而成周为"天下之中，四方入贡道里均"。成周水陆运输都很方便，自然成为四方诸侯入贡的中心。成周也是对东夷和淮夷加以征服和进行掠夺的基地。《兮甲盘》铭文："王令甲（兮甲）征司成周四方积，至于南淮夷。淮夷归我帛亩人，毋敢不出帛，其积、其进人、其贮，毋敢不即次，即市。敢不用令，则即井（刑），糞（扑）伐。"周宣王派出著名的辅佐大臣兮甲，也就是尹吉甫，亲自主持征收东方的贡赋。南淮夷是向西周贡纳粮食和布帛的部族，所以称为"归我帛亩人"。兮甲到了南淮夷，强迫他们缴纳粮食、布帛，还要他们进献奴隶，否则就要用武力征伐。1974年出土的驹父盨盖，也说明了周王室对南夷和东夷的贡赋征收。驹父盨盖属西周晚期，有铭文82字，记录了周王十八年正月，"南仲邦父命驹父即南诸侯，率高父见南淮夷"，索取贡赋，淮上大小诸侯无敢不奉王命，"不敢不敬畏王命"，"厥献厥服"。同年四月驹父还至于蔡，此行历时三月。[1]

据此可知，成周不但在其四方积累了大量谷物，而且对东夷、淮夷在布帛与谷物之外还征收劳役和贡品，或许东方诸侯的贡赋也集中到这里。

二　西周中晚期都城地位的变化

都城地位随着国内外的政治形势的变化而不断变化。越来越多的考古资料及文献资料显示，文王迁丰、武王灭商之后，西周的政治中心逐渐地东移。

《史记·周本纪》记载昭王时"王道微缺"，穆王时"王道衰微"，懿王时"王室遂衰"，根据司马迁的说法，自昭王以后，西周逐渐衰落，到懿王时国力衰退，因此，《汉书·匈奴列传》记载懿王时"戎狄交侵，中国被其苦，诗人始作，疾而歌之曰：靡室靡家，猃狁之故"。应该是这时西周国力衰微，戎狄开始入侵。到后来，"西戎反王室，灭犬丘大骆之族。周宣王即位，乃以秦仲为大夫，诛西戎。西戎杀秦仲。秦仲立二十三年死于戎……周宣王乃召庄公昆弟

---

① 黄盛璋：《驹父盨盖铭文研究》，《考古与文物》1983 年第 4 期。

五人，与兵七千人，使伐西戎，破之。于是复予秦仲后，及其先大骆地犬丘并有之，为西垂大夫。"① 犬丘即今甘肃礼县东北，秦人与西戎的惨烈斗争持续几代，互有胜负，可见岐周之地（今陕西西部）已经成为与西戎交战的前线。从全国范围来看，宗周位于偏西北的地区，首当其冲地受到冲击。周代末年周幽王举烽火以博妃子一笑，虽然很戏剧化，但烽火的设置也在一定程度上反映了战火烽烟时常直抵都下的紧张局势。

王室衰弱还伴随着诸侯势力的逐渐强大。虽然文献记载较为模糊，但还是可以看出蛛丝马迹，如《史记·周本纪》载："懿王崩，共王弟辟方立，是为孝王。孝王崩，诸侯复立懿王太子燮，是为夷王。"西周确立的继承方式是父死子继，而懿王崩后，没有顺理成章地由懿王太子即周王位，而是先由懿王的叔叔即位为孝王，孝王崩后，王位才传回懿王之子，这应该不是无缘无故的。这里出现了"诸侯复立"的记载，可能有势力强大的诸侯（小宗）开始插手王室（大宗）事务，甚至操纵王位继承。《礼记·郊特牲》云："觐礼，天子不下堂而见诸侯。下堂而见诸侯，天子之失礼也，由夷王以下。"郑玄注："时微弱，不敢自尊于诸侯也。"夷王依赖"诸侯复立"，可见王位不能自专，郑玄所谓的"微弱"应该是指王室衰微，周王由诸侯拥立。这样，当然"不敢自尊于诸侯"，只能选择失礼，下堂见诸侯。宗周的政治地位当然更加下降。

王室衰弱、戎狄入侵、诸侯强大，导致西周的都城体系发生了微妙变化。

西周前期岐周是周人的圣都，它不仅支持周人在宗周成为天下共主，还在周人东进成周时成为周人的根据地，因此，岐周的政治地位相对较高。到西周中晚期，随着国内外政治势力的消长，岐周的圣都地位开始明显地下降。主都宗周随着建都时间的增长，已成为周人东进的根据地，加之祭祀设施不断地建设和完备，已不需要再到岐周去祭祀先王先祖。岐周圣都地位开始下降，表现主要有以下几点：首先，如前所述，从考古发掘来看，岐周的宗庙建筑只沿用到西周中晚期，而没有延

---

① 《史记·秦本纪》。

续到西周灭亡，这说明西周中晚期后，岐周的祭祀地位大大下降了。其次，在西周中晚期，岐周已不是贵族聚居地。目前周原出土的诸多青铜窖藏就能证明这一点。这些铜器，一般埋藏在居住遗址的近旁，是同一家族不同时期的器物，而且没有完整的体系。因此，学者认为这是岐周贵族在国势"微弱"之后，为了临时避难而将无法带走的贵重青铜器仓促埋藏，并且，这些贵族再未归来重新使用这些青铜器。[①] 这就说明这些贵族再未回到岐周，不同家族的多起窖藏表明岐周已不再是贵族聚居的地方。没有了贵族聚居，岐周的政治地位当然会一落千丈。随着祭祀地位和政治地位的衰落，纵然岐周仍是几百年前的先王发迹之地，其圣都地位也会逐渐下降。

宗周虽然还保持着主都地位，但由于周王"大宗"之"宗"地位的下降、西方戎狄的侵扰以及东方统治的稳固和周人对东方、南方各地方政权征战的胜利，导致宗周的政治影响逐渐减弱。而成周因为有大量的物资囤积，有常备的武力成周八师，自然具备了政权中心的实力，加之，东南军事行动常由成周发动，周王必定常来驻跸，因此，其政治地位的重要性是不言而喻的。再加上中原政治、经济、文化的影响，周的政治中心逐渐东移是历史发展的必然。[②]

第四节　关于莽京和王城的思考

莽京是研究西周时期都城体系不可避免的问题。关于莽京的记载，多见于青铜器铭文，莽京常与宗周、成周等都邑相连，可以看出莽京是西周时期重要的政治活动场所，对西周的政治、祭祀、都邑建设等均有很大影响，因此，论者多认为莽京是西周的一处都邑。对于这种观点，笔者认为有待商榷，因此，在这里附录笔者对莽京的认识，以求教于方家。

莽京一词见于西周青铜器铭文，至今已不下二十多器。如表4—3：

---

① 杨宽：《西周史》，上海人民出版社2003年版，第847—848页。
② 潘明娟：《西周都城体系的演变及岐周的圣都地位》，《陕西师范大学学报》（哲学社会科学版）2008年第4期。

表4—3　　　　　　　　　金文中有关莽京的记载①

铜器	铭文	备注
遹簋	隹六月既生霸，穆王才莽京，呼渔虞大池。王飨酒，遹御亡谴。	
麦方尊	王令辟井（邢）侯出矜，侯于井（邢）。雩若二月，侯见于宗周，亡远。迨王飨莽京彭祀。雩若翌日，在辟雝，王乘于舟为大礼，王射大龏，禽。侯乘于赤旗舟从，王以侯内于寝。	在这里，出现了宗周、莽京，证明莽京与宗周是两个概念。
小臣傅簋	隹五月既望甲子，王才莽京，令师田父殷成周年	莽京与成周对举，证明莽京与成周不是一地。
臣辰盉	隹王大禴于宗周，出飨莽京年，才五月既望辛酉，王令士上眔史黄殷于成周。	在这里，宗周、莽京、成周三地并举，证明三地不同。
高卣	隹十有二月，王初飨旁，唯还，在周，辰才庚申，王饮西宫。	"莽"做旁，与周对举，说明莽京与周不是一个概念。该器又名尹卣。
伯唐父鼎	乙卯，王才莽京，口莱膀舟，临舟龙，咸莱，伯唐父告膊。王各乘膀舟，临莱白旗，周射兕，救虎、貉、白鹿、白狐于辟池。	
戒鬲	王作莽宫明膊彝。	
奢簋	隹十月初吉辛巳，公姒易（锡）奢贝，才莽京。	
井鼎	隹七月，王才莽京，辛卯，王渔于口口。	
楚簋	隹正月初吉丁亥，王各于康宫，中倗父内（入）又（佑）楚立中廷，内史尹氏册命楚赤ᕵ、市、鑾旗，取遣五寽，司莽啚（鄙）官内师舟。	
王盂	王作莽京中寝归盂。	

① 本表铭文以唐兰《西周青铜器铭文分代史征》（中华书局1986年版）为准。

续表

铜器	铭文	备注
史懋壶	佳八月既生霸戊寅，王才荼京湿宫，王亲令史懋路筵，咸。王呼伊伯易（锡）懋贝。	
儆匜	佳三月既生霸甲申，王才荼上宫，伯杨父乃成赘，曰："牧牛，……"	
鲜盘	佳王卅又四祀，佳五月既望戊午，王才荼京，禘于邵（邵）王。	
卯簋	佳王十又一月既生霸丁亥，荣季入右（佑）卯立中廷。荣伯呼令卯："飘乃先祖考死司荣公室。昔乃祖亦既令乃父死司荼人。……今余佳令汝死司荼宫、荼人，汝毋敢不善。易（锡）汝……"	
静卣	佳三月初吉丙寅，王才荼京，王易（锡）静弓。	
静簋	佳六月初吉，王才荼京。丁卯，王令静司射学宫，小子眔服，眔小臣眔尸（夷）仆学射。零八月初吉庚寅，王以……，射于大池。静学（教）无罪……	
小臣静簋	佳十又三月，王宛（饗）荼京，小臣静即事，王易（锡）贝五十朋。	
寓簋	佳二月既生霸，□才荼京□□□，蔑寓历。	
弭叔师寀簋	佳五月初吉甲戌，王才荼京，格于大室，即位中廷。井叔内（入）右（佑）寀。王呼尹氏册命师寀。	
六年琱生簋	佳六年四月甲子，王才荼，召伯虎告曰："……"	
师察簋	唯五月初吉甲戌，王才荼，各于大室。	
师旅鼎	佳三月丁卯，师旅众仆不从王征于方。雷使眔友弘吕告于白懋父才荼。	

一 关于葊京地望的推测

从大量铭文记载来看，葊京应是周王常居之地。只是葊京一词仅见于西周金文，古籍文献中不见葊京记载，因此，葊京应是只限于西周时期，随西周的存亡而兴废。然而关于葊京的地望，众说纷纭。笔者拟从葊与京之字义来考证葊京地望。

（一）关于"葊"的解释

学界对于"葊"的解释基本是相同的。

关于"葊"字，清人方浚益首先指出，"葊京"即《诗·小雅》中之"方"，葊、方古今字也。[①] 唐兰也认为葊应释为"方"，是《诗》中"侵镐及方"之"方"。阮元在《积古斋钟鼎彝器款识》卷五"小臣继彝""继彝"及卷六的"召伯虎敦""卯敦"等铭中，均将葊释为"旁"。王国维认为："其字从艸从丣。丣字虽不可识，冉与旁鼎之𤰈，旁尊之𤰈，借极相似，当是从艸旁声之字。"[②] 郭沫若在《臣辰盉》考释中认为："葊字从艸丣声。丣当从厽方声。当即旁之古字。葊则旁之繁文也。"[③] 高卣铭文"王初饗旁"直接写作"旁"，可知葊京之"葊"释作"旁"字应无疑问。

（二）对"京"的理解

至于葊京之"京"，学界有不同的理解。一些学者未做解释，简单地认为"京"即"京城"，是大型城市或都邑。这样理解，葊京就是一个都邑了。卢连成认为"从其称'京'来推测，似乎应与周的京都联系起来"。因此，出现了两种截然不同的观点。一种观点认为葊京就是丰京或镐京，如郭沫若主张金文中的葊京即是文献上的丰京，他认为丰、葊古同纽，音亦相近，至于青铜器铭文中出现的"丰"字，他认为不是丰京之丰，而是丰沛之丰。[④] 还有不少学者主张葊京就是镐京，

---

① 方浚益：《缀遗斋彝器款识考释》1、3、7。
② 王国维：《观堂集林》卷十二《周葊京考》。
③ 郭沫若：《臣辰盉》下，《两周金文辞大系考释》，科学出版社 1957 年版。
④ 同上。

如清吴大澂《说文古籀补附录》："古器多莽京，旧释旁京……其为镐京无疑"；容庚《金文编》卷十四，"镐"字下所列金文均为"莽"字；陈梦家《西周铜器断代》（二）、陈云鸾《西周莽京新考》等均持此见。① 另一种观点认为莽京就是"旁于某京"或是某京的一部分，出现了旁于镐京、② 旁于岐周③的说法。

详考西周文献，虽然出现了"京"字，但是"京"并未与丰、洛邑等都邑相连，仅在《诗·文王有声》中有"考卜维王，宅是镐京"的说法（"镐京"之说，笔者另有论述）。则莽京之"京"与现在一些学者所谓"丰京"之"京"并非同义。因此，认为莽京就是某一都邑或旁于某都的解释不确。从这个角度来说，上述观点可能均无法成立。

关于京的另一种解释为：京为地名。甲骨文的京字写法为：𠅦𠅦，④从形状来看，"京"是一座高台上的建筑，而且，高台是有方有圆的。《尔雅·释丘》说"绝高为之京"，又说"卓绝高大为丘，而人力为作之者名京"⑤。可以看出，"京"从词源上来说，应是与高地、高台、高大建筑相关的。

西周文献关于"京"的记载集中在两个时期。第一是公刘迁豳时期，在关于豳的记载中，出现了"京"的字样。《诗·大雅·公刘》第三节："笃公刘，逝彼百泉，瞻彼溥原，乃涉南冈，乃觏于京。京师之野，于时处处，于时庐旅，于是言言，于时语语。"在"京师"

---

① 陈梦家：《西周铜器断代（二）》，《考古学报》1955 年第 10 期；陈云鸾：《西周莽京新考》，《中华文史论丛》1980 年第 1 期。

主张莽京就是镐京的学者，最初为清吴大澂《说文古籀补附录》："古器多莽京，旧释旁京，……其为镐京无疑"；以后有容庚说见《金文编》卷十四，"镐"字下所列金文均为"莽"字；丁山说见《历史语言研究所集刊》第五本一分册；陈梦家说见《西周铜器断代（二）》，《考古学报》1955 年第 10 期；陈云鸾说见《西周莽京新考》，《中华文史论丛》1980 年第 1 辑。

② 刘雨在其《金文莽京考》（《考古与文物》1982 年第 3 期）中认为"徣京是镐京附近的地方"；唐立厂先生有《敔京新考》有："镐及方之所以称镐京或𩵋京者……"见于《史学论丛》第 1 期，北大潜社，1934 年；《西周青铜器铭文分代史征》也有："这个莽京是和镐京在一起的，是宗周的一部分。"此书为唐兰著，中华书局 1986 年版，第 251 页。

③ 卢连成：《西周金文所见莽京及相关都邑讨论》，《中国历史地理论丛》1995 年第 3 期。

④ 高明：《古文字类编》，中华书局 1980 年版，第 404、417 页。

⑤ 《尔雅注疏·释丘》卷七，中华书局十三经注疏本，第 273 页。

之下，传谓曰："京，高丘也。"《公刘》第四节还有"笃公刘，于京斯依"，这里的"于京斯依"与第六节的"于豳斯馆"句法是相同的，因此，"京"应与"豳"一样，同为地名。[①]《公刘》记载的是公刘迁都到豳的事情，第一节讲述出发前的准备；第二节讲述考察和选定肥美的平原；第三节讲述在平原上选一个高丘建立"京师"；第四节讲述在"京"上筑造宫室，进行宴会；第五节讲述对都邑布局作出安排，包括军队营地、耕作田地及居住地区；第六节讲述对豳的居处的建设。从上述记载来看，《公刘》提到的"京"应是豳附近的高丘，其上建有进行宴会的宫室，是重要的政治性建筑。据曲英杰考证，豳"在今陕西彬县与旬邑之间，泾水北岸"[②]，这一地区，有一座山坡偏向西南，地势高平开阔，可能就是《公刘》中提到的"京"了。

出现"京"记载的另一个时期，是在古公亶父迁都周原之后，如《诗·思齐》："思媚周姜，京室之妇。"郑笺谓："周姜，大姜也。京，周地名也。"《吕氏春秋·古乐》记载武王伐纣"归荐俘馘于京太室"。

古公亶父从豳迁至岐周之后，就放弃了豳地故居，因此，古公迁至周原之后文献中出现的"京"，应与豳地之"京"已无关系。《思齐》的记载中，周姜是古公亶父之妃，是自豳迁岐住在京室里的头一个主妇，故为"京室之妇"，可知京在周地，即"京，周地名也"。与《古乐》类似的文献有：《尚书·武成》记载武王伐纣归来"燎于周庙"，《逸周书·世俘》记载武王"以庶国祀馘于周庙"，则周庙可能与京太室为同一建筑，周庙在岐周之地，可见，"京"应为周地的一个小地名。顾炎武认为："陕西凤翔有山曰京，有水曰师，周文武建都于此，统名之曰京师。"[③] 李仲操亦持此论。[④] 另外，关于京之地望，还有一个侧面证据，今岐山县有京当镇、京当乡，均在岐山之阳的周原上，此"京当"可能与周之"京"地有关。

---

① 谭戒甫：《先周族与周族的迁徙及其社会发展》，《文史》第六辑。
② 曲英杰：《先秦都城复原研究》，黑龙江人民出版社1991年版，第100页。
③ 顾炎武：《肇域志》，转引自《辞源》，商务印书馆1979年版，第155页。
④ 李仲操：《京室基址辨》，《文博》1993年第6期。

从周人对于地名的使用习惯①及后人的解释来看，公刘时期的"京"似乎是对豳地高丘的一种泛称，而到古公亶父时期，随着对豳地的放弃和岐周新都的建立，周原的一座高丘也被视为京，此时的京就与豳地无关了。武王伐纣之后的"京"，可能就专指周原的"京"了，这时岐周之地已经成为周人的发迹之地，在周人心目中有很高的地位，被尊称为"周"，故"京太室"又称"周庙"。

（三）结论

确认了"蒡"的意思和"京"的地望，再来看蒡京的意思与地望，就比较容易理解了。蒡即旁；"京"即西周时期的地名，是岐周附近的一座高丘。蒡京即旁京，这个说法无疑是正确的。蒡京应是旁于京地的意思，是岐周京地旁边的一个特定的处所，周王在此日常居住、行使权力。在周原出土有"蒡京"字样的铜器，如王盂、楚簋等，也说明了蒡京所在。但是，需要说明的一点是，在周人的心目中（至少在成康时期），② 蒡京并不完全是他们的都城"周"（岐周），③ 因为根据高卣铭文的记载，"蒡"是与"周"不同的一个地点。

二　蒡京的性质

考察蒡京的性质，李仲操认为是"学宫"④。其实，对蒡京性质的考察，需要从两个方面着手，一是蒡京的建筑性质，二是周王在蒡京活动的性质。

（一）蒡京的建筑性质

蒡京不是一个都邑，它是旁于京地的一个大型建筑群。蒡京主要包括以下建筑：

1. 中寝：在西周铜器中，只有王盂有关于蒡京"中寝"的记载，

---

① 曹玮：《也论金文中的"周"》，《考古学研究》第五辑，科学出版社 2002 年版，第581—603 页。

② 高卣的时代界定，唐兰先生认为是周康王器，参见唐兰《西周青铜器铭文分代史征》，第 132 页；陈梦家先生认为是不晚于成王，参见陈梦家《西周铜器断代》。

③ "周"即"岐周"的观点是目前大多数学者所接受的一种观点。其中具代表性的是尹盛平《试论金文中的"周"》（考古与文物丛刊第三号《陕西省考古学会第一届年会论文集》，1983 年）和宗德生《试论金文中的"周"》（《南开学报》1985 年第 2 期）。

④ 李仲操：《蒡京考》，《人文杂志》1983 年第 5 期。

即"王作莽京中寝归盂"。

2. 大室：师察簋有"王在莽各于大室"，弭叔师宾簋有"王才莽京，格于大室，即位中廷"。大室多指"太室"，是宗庙的组成部分，周王在这里有"格"的祭祀活动。

3. 大池：记载大池的铜器有遹簋、静簋、伯唐父鼎。遹簋记载"穆王才莽京，呼渔虞大池"，静簋有"射于大池"的说法，伯唐父鼎有"王才莽京，□萊旁舟，临舟龙，咸萊，伯唐父告菑。王各乘旁舟，临萊白旗，周射兕，救虎、貉、白鹿、白狐于辟池"，这里的"辟池"应为"大池"的意思。卢连成认为，此"池"应为"辟雍"①，可能不确，因为麦方尊铭文有"雺若翌日，在辟雍，王乘于舟为大禮，王射大龏，禽"的记载，明确地提出王在辟雍，而据《诗·大雅·灵台》《诗·大雅·文王有声》《礼记·王制》等相关记载，"辟雍"是设在丰、镐两都内的"大学"。则上述三器中记载的"大池""辟池"不然。与下文的"学宫"相联系，更能明确"大池""辟池""学宫"非"辟雍"的事实。

4. 湿宫：史懋壶有"王才莽京湿宫"。湿宫应是一座宫殿的名称，应是莽京近水之宫。与上述"大池"相联系，湿宫是否就是在大池附近的宫室？

5. 上宫：𫓧匜有"王才莽上宫"。李仲操认为："以近水之湿宫推之，上宫当指原上之宫。"② 如上所述，"京"为高丘之地，则莽京应有地势较高的处所。上宫可能就是莽京处于地势较高地段的一所宫室。

6. 学宫：静簋有"王令静司射学宫"。学宫是天子习射之所。

7. 莽宫：卯簋有"余隹令汝死司莽宫、莽人"，戒鬲有"王作莽宫明陣彝"。由上述论证可知，莽宫内宫室建筑众多，且都有专名，卯簋和戒鬲中提到的"莽宫"可能是莽京建筑的总称，王室设有专门的职官来管理。

从以上建筑可以看出，中寝、湿宫、上宫等可能是周王居住、日常

---

① 卢连成：《西周金文所见莽京及相关都邑讨论》，《中国历史地理论丛》1995 年第 3 期。

② 李仲操：《莽京考》，《人文杂志》1983 年第 5 期。

活动的建筑，"大室"则是祭祀场所，"大池"则是渔猎场所，"学宫"是天子习射场所。从金文记载来看，莽京是周王常居的一个建筑群；从建筑上看，莽京是一个功能比较齐全的建筑群，由于周王常住，举凡周王常用的日常居所、游乐场所、祭祀场所、习射教化的学宫等，都一一齐全。

表4—4　　　　　　　部分铜器记载的莽京建筑和周王活动

铜器	铭文中提到的莽京建筑	铭文中提到的周王活动
遹簋	大池	"呼渔虞大池，王飨酒"
麦方尊		"飨莽京彭祀"
小臣傅簋		"王才莽京，令师田父殷成周年"
臣辰诸器		王在宗周"大禴"，出飨莽京年，令某官"殷于成周"
高卣（尹卣）		"王初飨旁"
伯唐父鼎	辟池	"王才莽京，□莱髈舟，临舟龙，咸莱，伯唐父告甫。王各乘髈舟，临莱白旗，周射兕，救虎、貉、白鹿、白狐于辟池"
井鼎		"王渔于□□"
王盂	中寝	
史懋壶	湿宫	"王亲令史懋路筮，咸"
儆匜	莽上宫	周王评判两官员的经济案件
鲜盘		"禘于珊（邵）王。"
卯簋	莽宫	
静卣		"王易（锡）静弓"
静簋	学宫、大池	"王令静司射学宫""王以……射于大池"
小臣静簋		"王飨莽京"
弭叔师𡩗簋	大室	"王才莽京，格于大室，即位中廷"
六年琱生簋		召伯虎向周王"告庆"
师察簋	大室	"各于大室"

（二）周王在莽京的活动

周王在莽京的活动有以下几种：

1. 祭祀活动

"国之大事，在祀与戎"①，虽然在指春秋时期的情形，但在西周时期也是适用的，如《周礼》一书记载了天子祭礼过程中的各种职事，由大量职官承担，反映出西周时期祭祀具有"国之大事"的地位。周王的行政职能之中有一项很重要的职能就是祭祀。

周王在莽京的政治活动包括较高规格的祭祀活动。上表中的周王活动，如"饔莽京彫祀""饔莽京年""禘""格（或各）于大室"等，均为祭祀活动。其中，"禘"是周人祭祖礼的一种，一般祭祀的是先王、祖考，《说文解字》卷一："禘祭也……周礼曰：五岁一禘"，现代学者认为"西周中期以前金文中的禘主要指祭祀世代较近的祖先，一般是先父"②；"彫祀"在金文中常见，是先王之祭。③"饔"在青铜器中用作祭名，也是一种祭礼。④

麦方尊、小臣傅簋、臣辰诸器、高卣等器均出现莽京与其他都邑对举的现象，如，麦方尊铭文中出现了宗周和莽京，小臣傅簋则是莽京与成周对举，臣辰诸器铭文中宗周、莽京、成周三地对举，高卣铭文中"旁"与周对举。而以上各器的铭文中涉及的周王活动都有祭祀或令他人祭祀的意思。这说明莽京的祭祀地位与周（岐周）、宗周、成周相近，也可以说明莽京就是西周时期除宗周、成周之外的一个国家级祭祀地点。由这些记载也可以看到，周王在莽京祭祀活动的规格较高。

2. 发布命令

关于周王在莽京发布命令的记载，有"王才莽京，令师田父殷成周年"（小臣傅簋）、王令某官"殷于成周"（臣辰诸器）、"王亲令史懋路筮"（史懋壶），"王令静司射学宫"（静簋），"王易（锡）静弓"（静卣）等，这些活动都由周王在莽京发布命令，体现了周王的行政权力。当然，周王本身就掌握这种行政权力，无论周王在何地，他都会行

---

① 《左传·成公十三年》。

② 刘源：《商周祭祖礼研究》，商务印书馆 2004 年版，第 76 页。

③ 马承源：《中国青铜器》，上海古籍出版社 2003 年版，第 364 页。

④ 唐兰：《西周青铜器铭文分代史征》，中华书局 1986 年版，第 14 页。

使这种权力。但是，周王如果常居某地的话，就会逐渐形成一个以某地为核心的政治中心。因此，周王在此地发布政令的行为在一定程度上说明了莽京的政治中心性质。

3. 接受"告庆"

接受"告庆"也是周王行政职能和行政权力的体现，但是，接受告庆与其他行政职能的发挥不同，接受告庆并不常见而且必须在特定的地点。六年琱生簋记载召伯虎向周王告庆的史实。《礼记·王制》有："受命于祖，受成于学。出征执有罪，反释奠于学，以讯馘告。"也就是说，周王平时在学宫习道学艺，谋兵论事，出时告于祖庙，受命于祖。出征返回则告庆于学宫，并进行"释奠"及"讯馘告"等仪式。因此，告庆的活动是周王在学宫完成的。虽然六年琱生簋没有明确指出召伯虎向周王告庆是在莽京的什么建筑中举行，但从上述《礼记》的记载来看，应该是在莽京的学宫举行。莽京有学宫建筑，静簋就提到"王令静司射学宫"。拥有学宫建筑并且能够接受告庆的活动，表明莽京的建筑设施相当齐备，功能也比较完备。

4. 游赏渔猎、举行宴会

莽京是周王游猎的场所。遹簋"呼渔虞大池"，伯唐父鼎记载："王才莽京，□莱滂舟，临舟龙，咸莱，伯唐父告葡。王各乘滂舟，临莱白旗，周射兕、救虎、貉、白鹿、白狐于辟池"，井鼎有"王渔于□□"，静簋有"王以……射于大池"。以上记载，均说明莽京具有一定的园林游赏性质。

表4—4中的周王活动，如"飨酒""飨莽京酚祀""飨莽京年""飨莽京"等，其中的飨、飨等均为"飨"，其意是用酒食款待。如遹簋中"呼渔虞大池，王飨酒"就说明周王游猎后的宴会性质。

（三）莽京的性质

从上述莽京的建筑和周王在莽京的活动来看，莽京应是岐周附近非常重要的一座建筑群，建筑设施包括周王的寝食场所、宗庙的组成部分太室、周王学习与射猎的场所学宫、周王游乐场所大池等，可以说非常齐全；建筑功能非常完备，可以满足周王日常生活、行政工作、祭祀祖先、游乐休闲等各项需求。尤其是，虽然莽京专司祭祀的建筑并不多，但是从它的祭祀地位来看，莽京的祭祀规格是比较高的，它可能是西周王朝的一个祭祀中心。

三 "王城"说驳辩

许多学者认为西周时期洛阳一带除了成周之外，还有另外一座城：王城，持此观点的学者有唐兰、陈梦家等。[1]

考诸文献，关于洛阳一带"王城"的记载最早的应是《左传》，有两条记载：

①"春胥命子弭，夏同伐王城"（庄公二十一年，前673年）；

②"秋，刘子单子以王猛，入于王城"（昭公二十二年，前516年），杜预注："王城，郏鄏，今河南县也。"

以上两条记载明确提出了"王城"一词。还有没有明确指出，但经后人解释为王城的记载，如：

"齐人城郏。"（襄公二十四年，前549年）对于这一条记载，杜预注曰："郏，王城也，于是穀雒都毁王宫，齐叛晋欲求媚于天子，故为王城之。"这与杜预对于②的注解可互为参证。

这些记事的内容均在东周时期。

东周时期的王城与成周有很大区别，二者并不是一个地方，这在《左传》之中已有佐证，昭公二十六年有"冬十月，天子入于成周"，这里的成周与昭公二十二年记载的王城并不相同。

到东汉时期，《汉书·地理志》对王城和成周也有明确的记载，但是已经把王城和成周的时间提至西周时期。在《汉书·地理志》河南郡雒阳县下注："周公迁殷民，是为成周，春秋昭公二十二年，晋合诸侯于狄泉，以其地大成周之城，居敬王。"而在河南郡河南县下注："故郏鄏地，周武王迁九鼎，周公致太平，营以为都，是为王城，至平王居之。"由此可以看出，至迟在东汉时期，人们已经认为西周洛阳一带有成周和王城两座城。三国时期，进一步确认："成周在瀍水东，王

---

[1]　认为有王城存在的学者主要有：唐兰：《西周青铜器铭文分代史征》，中华书局1986年版，第52—64、211—212页；陈梦家：《西周铜器断代》，中华书局2004年版，第367页；[日]饭岛武次：《先周·西周都城研究》，载《中国周文化考古学研究》，同成社1998年版；[日]饭岛武次：《洛阳西周时代的遗址与成周、王城》，载《考古学研究》第五辑，科学出版社2003年版，第555—571页；等等。

城在瀍水西。"①

比上述资料更早的有《逸周书·作雒》，其中也有王城的说法："乃作大邑成周于土中，城方千七百丈，郛方七十里，南系于洛水，北因于郏城，以为天下之大凑。制郊甸，方六百里……分以百县……大县城方王城三之一，小县立城，方王城九之一。"在这则记载里，上文有成周城，下文依照"王城"的规模作为县城规模的参照，那么，笔者认为，这里的"王城"应该是国都、王之城（而非县城）的意思。只要不为西周洛阳附近有两座城的说法所囿，应该可以发现，《作雒》所言其实是成周这一座城，而非另有一座王城。

于是，有学者尝试用金文资料研究"王城"。"王城"二字不见于西周金文记载，它不像"成周"一样频繁见于金文。西周金文中只有"王"的记载，其中三条被一些学者解释为王城。令彝有"明公用牲于王""王公归自王"两条记载，御正卫簋有"伯懋父赏卸正卫马匹自王"的记载。由于有"于王""自王"的用法，这里的"王"明显地不是周王，而是指某一场所、某一地方。因此，唐兰、陈梦家等先生皆认为"王"为一座独立的都城。②但是，这里的"王"，显然也可释为王之所在、王宫之意。笔者在《诗经》中找到几句与上文"于王""自王"结构相似的诗句。如《诗·羔羊》有"退食自公"的说法，朱熹《诗集传》解释为"自公门而退"；《诗·七月》有"言私其豵，献豜于公"，《诗·臣工》有"敬尔在公"，朱熹解释曰：公，公家也；《诗·有駜》有"夙夜在公，在公明明""夙夜在公，在公饮酒""夙夜在公，在公载燕"，这里的"公"，应该也是公门、公家的意思。比较以上"自公、于公、在公"与"自王、于王"的语法，可以看出二者基本是一样的，"公"既然指公之所在，则"王"也当是指王之所在，而非专指王城。

另外，西周时期洛阳一带的都邑"成周"，在金文中有诸多记载，尤其是有二十多器"王才成周"的记录，但是，到现在尚未发现有

① （三国·吴）韦昭注：《国语·周语下》。

② 陈梦家：《西周铜器断代》，中华书局 2004 年版，第 367 页；唐兰：《西周青铜器铭文分代史征》，中华书局 1986 年版，第 52—64 页。

"王才王"或"王才王城"的记载，这就说明所谓"王城"并不能与"成周"相提并论。

从考古发掘来看，"瀍水西"地区发现的西周遗存少得可怜，这里也不可能有一座独立的王城。

综上所述，笔者认为，"王城"应是东周时期的一处都邑，在西周时期，洛阳一带似乎并没有"王城"，只有一座城即成周洛邑。

第五节　本章小结

综合本章分析，西周时期的多都并存制度是非常明确的，有成文的记载。岐周、宗周、成周三座都城依次向东，其都城功能和政治地位各有不同。从都城功能来看，在西周时期，岐周是宗教祭祀意味较为浓厚的都城，是圣都；宗周承担着主要都城的功能，是行政都城；成周主要承担前线都城的功能，军事意义较浓。从都城的政治地位来看，在整个西周时期，宗周一直是主都，而岐周和成周均处于陪都地位，只不过到西周中晚期岐周、宗周都城地位逐渐降低，成周的政治地位愈益重要。岐周、宗周、成周三座都城之间的关系变化，可参见表4—5。

表4—5　　　　　　　　西周三座都城的政治地位变化

建都顺序	都城地位变化
岐周	主都（单一为都时期）——圣都、陪都（西周时期）
丰、镐	前线都城、陪都（武王伐纣之前）——主都（西周时期）
成周洛邑	陪都（西周时期）

第五章
晋国的多都并存制度

春秋战国时期，各诸侯国的政治中心亦可名之为都。如秦国的雍和咸阳、齐国的"五都"、晋的曲沃（下国或下都）和绛以及后来的新田、燕国的蓟和下都武阳等。①

春秋战国时期政权较多，政权的变化也比较快，其都城体系纷繁复杂。从实证案例研究的角度来考虑，我们无法全面细致地复原这一时期众多政权的都城体系，因此，需要有选择地进行实证研究。

研究春秋战国时期都城体系发展变迁的实证案例，首先要考虑政权实力原则，一方面，国家的政治、军事实力要相对雄厚，疆域范围在较长时间内比较稳定或处于不断扩张状态，这样，都城规划和建设才能比较完善；另一方面，由于春秋战国时期是一个大动荡的时期，国家政治、军事实力往往随着一场战争的胜负而改变，因此，我们着重研究某一国家实力雄厚时期的多都并存现象，如对于秦国的都城体系发展，我们注重的是秦定都雍城之后的都城变迁和都城制度；对于晋国的都城体系，我们不考虑三家分晋之后晋公的都城；对于楚国的都城，我们主要关注的是楚都丹阳和都郢时期的主都和陪都。这样，从政治和军事实力来考虑，确定春秋战国时期实证研究案例。其次，要考虑资料（包括文献资料和考古资料）的充足与否。春秋战国时期的文献记载主要依据《春秋》《战国策》《史记》等，文字简练，有的记载甚至比较混

---

① 当然，也有人认为，西周时期，只有周天子之丰、镐和齐之营丘称都，而营丘之所以可称都，是因为周天子授予了齐侯征讨之权，因此，延至春秋时期，诸侯的政治中心仍不可称都。参见刘和惠《楚丹阳考辨》，《江汉论坛》1985 年第 1 期。

乱，这不利于廓清历史真相，复原当时的都城体系。因此，必须辅以相应的考古资料进行论证。在文献资料和考古资料均较为缺乏的情况下，只能存疑推测。

根据以上原则，笔者确定春秋战国时期的研究案例包括晋国、秦国、楚国、齐国、燕国的都城体系。

晋国是西周至春秋时期一个重要的诸侯国，它的都城体系受西周影响较大，同时影响春秋战国时期的其他政权的都城体系。晋都城体系发展史上，标志性事件主要是以下三个：叔虞封唐、晋昭侯封桓叔于曲沃及六十七年后曲沃武公列为晋侯、晋景公迁都新田。以这三个标志性事件为分界点，可以把晋都城体系的发展分为三个阶段：第一个阶段从叔虞封唐开始到晋昭侯封桓叔于曲沃，基本上相当于西周时期；第二个阶段从晋昭侯封桓叔于曲沃开始到晋景公迁都新田；第三个阶段从晋景公迁都新田开始至晋亡。

第一节　翼、绛与唐的关系——西周时期晋的都城设置

晋国是在古唐国的基础之上建立起来的，西周建立之后，古唐国因参与管叔、蔡叔发动的武装叛乱而被周公派兵消灭，为了加强对这一带的统治，周成王把其弟叔虞分封于唐，这就是《史记·晋世家》中"叔虞封唐"的记载。当然，叔虞封唐并不是一段儿童戏语，而是在特定形势下所采取的有计划、有目的的重大举措。因此，叔虞封唐时举行了隆重的授土、授民仪式，周成王赐给叔虞"怀姓九宗、职官五正"，帮助他组织了新的政权。叔虞死后，燮父袭位，把唐国改为晋国。见于记载的晋国都城名称有唐、翼、绛等。

一　文献中翼、绛与唐关系的梳理

《左传》《史记》《毛诗·唐谱》均有关于晋都翼、绛的记载。其中《史记》"晋世家""十二诸侯年表"及《左传》的相关记载较为详细，如表5—1。

表5—1　　　　　　　《左传》对于晋都的记载①

时间	都城	国君	记载
鲁隐公五年	翼	晋鄂侯	曲沃庄伯以郑人、邢人伐翼，王使尹氏、武氏助之。翼侯奔随。
鲁隐公五年	翼	晋哀侯	曲沃叛王。秋，王命虢公伐曲沃，而立哀侯于翼。
鲁隐公六年	翼	晋鄂侯	翼九宗、五正、顷父之子嘉父逆晋侯于随，纳诸鄂。晋人谓之鄂侯。
鲁桓公二年	翼	晋鄂侯、晋哀侯	（鲁）惠（公）之四十五年，曲沃庄伯伐翼，弑孝侯。翼人立其弟鄂侯。鄂侯生哀侯。哀侯侵陉庭之田。陉庭南鄙启曲沃伐翼。
鲁桓公三年	翼	晋哀侯	三年春，曲沃武公伐翼，次于陉庭……逐翼侯于汾隰……
鲁庄公二十六年	绛	晋献公	二十六年春，晋士蒍为大司空。夏，士蒍城绛。以深其宫。
鲁庄公二十八年	绛	晋献公	夏，使大子居曲沃，重耳居蒲城，夷吾居屈。群公子皆鄙，唯二姬之子在绛。
鲁僖公十三年	绛	晋惠公	秦于是输粟于晋，自雍及绛相继。命之曰"汎舟之役"。
鲁僖公三十二年	绛	晋文公	冬，晋文公卒。庚辰，将殡于曲沃，出绛，柩有声如牛。
鲁宣公八年	绛	晋成公	晋人获秦谍，杀诸绛市，六日而苏。
鲁成公五年	绛	晋景公	梁山崩，晋侯以传召伯宗……（伯宗）问其所，曰："绛人也。"问绛事焉，曰："梁山崩，将召伯宗谋。"
鲁成公六年	故绛、新田	晋景公	晋人谋去故绛，诸大夫皆曰："必居郇瑕氏之地，以沃饶近盐，国利君乐……"（韩献子）对曰："不可，郇瑕氏土薄水浅，其恶易觏……不如新田，土厚水深，居之不疾，有汾、浍以流其恶，且民从教，十世之利也……"公说，从之。夏四月丁丑，晋迁于新田。

----

① 用国号"晋"代表国都的记载不收入。

时间	都城	国君	记载
鲁成公十八年	翼	晋厉公	十八年春，王正月庚申，晋栾书、中行偃使程滑弑厉公。葬之于翼东门之外，以车一乘。
鲁襄公二十三年	绛（新田）	晋平公	四月，栾盈帅曲沃之甲，因魏献子以昼入绛。
鲁襄公三十年	绛	晋平公	二月癸未，晋悼夫人食舆人之城杞者。绛县人或年长矣，无子，而往与于食……以为绛县师。
鲁昭公元年	绛（新田）	晋平公	后子享晋侯，造舟于河，十里舍车，自雍及绛。
鲁昭公九年	绛（新田）	晋平公	晋荀盈如齐逆女，还，六月，卒于戏阳。殡于绛……
鲁昭公二十九年	绛（新田）	晋倾公	秋，龙见于绛郊，魏献子问于蔡墨曰："……"
鲁定公十三年	绛（新田）	晋定公	十三年春，齐侯、卫侯次于垂葭，实郹氏。使师伐晋，将济河……郑意兹曰："可。锐师伐河内，使必数日而后及绛。绛不三月，不能出河，则我既济水矣。"
鲁定公十三年	绛（新田）	晋定公	十二月辛未，赵鞅入于绛，盟于公宫。

表5—2　　　　　　　《史记》对于晋都的记载①

都城	晋君	记载	备注
唐	叔虞	封叔虞于唐。	"唐在河、汾之东"
翼	昭侯	昭侯元年，封文侯弟成师于曲沃。曲沃邑大于翼。翼，晋君都邑也。	索隐曰："翼本晋都也，自孝侯已（以）下一号翼侯。"孝侯时期曲沃已公开与翼对抗。
翼	孝侯	庄伯弑其君晋孝侯于翼。	

---

① 用国号"晋"代表国都的记载不收入。

续表

都城	晋君	记载	备注
绛	献公	八年，城聚都之，命曰绛，始都绛。	索隐："春秋庄公二十六年传'士蒍城绛'是也。"虽然此都已至春秋时期，但涉及翼、绛关系，故在此列出。
绛	悼公	智罃迎公子周来，至绛，刑鸡与大夫盟而立之，是为悼公，辛巳，朝武宫，二月乙酉，即位。	此绛为新绛，即新田。此时已为春秋中晚期，故本节不涉及此都。
绛	平公	八年，齐庄公微遣栾逞于曲沃，以兵随之……栾逞从曲沃中反，袭入绛。	同上。
绛	幽公	"幽公之时，晋畏，反朝韩、赵、魏之君，独有绛、曲沃，余皆入三晋。"	同上。

　　东汉郑玄在《毛诗·唐谱》中记载："成王封母弟叔虞于尧之故墟曰唐侯，南有晋水，至子燮父改为晋侯……至曾孙成侯，南徙居曲沃，晋平阳焉……其（釐侯）孙穆侯又徙于绛云。"[1] 在晋侯燮父之后，晋历经了武侯、成侯、厉侯、靖侯、釐侯、献侯、穆侯，其中，成侯、厉侯、靖侯、釐侯、献侯为曲沃五侯，曾都曲沃，至穆侯时迁都于绛。

　　班固《汉书·地理志》："闻喜，故曲沃。晋武公自晋阳徙此。"[2]

　　根据上述记载，我们可以看到晋国的都城，按时间先后来排列为：唐、晋阳、曲沃、翼、绛、新田（即新绛，因其出现时间已到春秋中晚期，故本节不论述）。若上述文献记载无误，且唐、翼、绛等都均为异地异名，则西周时期晋国都城的演变应是如下顺序：

　　①叔虞封于唐（《史记·晋世家》记载）；

　　②燮父迁至晋阳（《汉书·地理志》记载）；

　　③成侯迁至曲沃（《毛诗·唐谱》记载）；

　　④穆侯迁到绛（《毛诗·唐谱》记载）；

---

① 《十三经注疏之三·毛诗正义》，上海古籍出版社1990年版，第214页。

② 《汉书·地理志》。

⑤穆侯之后、昭侯之前，再迁回翼（史籍无载，《史记·晋世家》载昭侯时期已经都翼）；

⑥献公城绛（《左传·庄公二十六年》《史记·晋世家》等均有记载）。

这显然有许多说不通的地方。

考虑到同地异名的问题（当然还有异地同名的问题，不过这就使问题更加复杂化了），近代学者开始梳理这一团乱麻。首先，班固所谓的晋阳在太原一带，西周初年，此地有一个"古唐戎"，然而此"唐"非彼"唐"（叔虞所封之唐），这已为学者证实。① 从地望上来说，叔虞所封的古唐国包括今翼城、曲沃、绛县、侯马一带，上述其他都城如唐、翼、绛等，其地望也均在晋南一带，没有道理燮父远远离开古唐国的中心地带，而到古唐戎统治区建都。因此，《汉书·地理志》的这条记载大部分学者均不采用。

删去上述②之后，再看西周时期晋国都城演变的顺序。有学者认为翼即是唐，② 这样，从①到③的顺序可以解释了，④、⑤、⑥也可以说得通。但是也有解释不通的地方。若翼与绛不是一地，则晋献公"城绛"应为迁绛，但根据《史记》《左传》的相关记载，献公即位后并没有迁都的迹象；再则春秋后期厉公被栾书杀死，"葬之于翼东门之外，以车一乘"③，其时晋国已迁都新田（新绛），厉公显然是被葬在不久前才废弃的旧都"绛"，则上文所谓的"翼东门"是否就是绛的东门？在认为翼即是唐的前提之下，翼与绛的关系又是如何？

还有学者认为翼、绛同地异名，④ 这样，可以解释晋献公"城绛"而非迁移的说法，也可以说明晋厉公被葬于翼东门就是被葬于绛之东门。上述之①、③、④、⑤、⑥的顺序就是：叔虞封于唐——成侯迁至曲沃——穆侯迁到绛（即翼），其后，昭侯时期当然仍在绛（即翼），

---

① 刘泽民主编：《山西通史·先秦卷》，山西人民出版社2001年版，第158页。

② 李伯谦：《论晋国始封地》，《文物》1995年第7卷；刘泽民主编：《山西通史·先秦卷》，山西人民出版社2001年版，第161页。

③ 《左传·成公十八年》。

④ 顾炎武：《日知录》卷31；《左传杜解补正》卷3；李孟存、常金仓：《唐改国号一解》，《山西师院学报》1984年第2期。

献公时期进一步修筑了绛的城墙。如果翼、绛同地异名的说法成立，那么上述④、⑤、⑥三个阶段没有发生都城的迁徙现象。这一解释似乎比较合理。

在梳理晋都演变的过程中，我们发现《史记》《左传》的记载可以互相佐证，然而郑玄《毛诗·唐谱》的记载似乎无据可依，同《汉书·地理志》的记载一样，是一条孤证。

二　考古发掘中的晋国国都

20世纪70年代以来，山西省和北京大学的考古专家在山西翼城、曲沃、绛县和闻喜等地做了大量考古调查和发掘，找到了几处大型的西周时期的聚落遗址，为解决上述问题提供了较为可靠的考古资料。

以曲沃县曲村镇为中心的天马—曲村晋国遗址规模非常大，这是一处西周至春秋早期的晋文化遗址，总面积大致有16平方千米，是目前发现的全国最大的西周遗址之一。在这个遗址上发现了大量晋国器物以及商王康丁时的宗庙祭器——"嗇犛方鼎"。在遗址的中心部位，发现了西周时期八代晋侯和国君夫人的17座大墓。很显然，就这个遗址的规模而论，非晋国都城莫属。①

天马—曲村遗址不仅规模较大，而且延续的时间也较长。这个遗址在西周初期就已兴起，发展到繁盛时期是在西周晚期至春秋初期，而到春秋中晚期至战国早期，却又陡然衰歇下来。我们知道侯马晋国遗址（即新田遗址）开始兴起是在西周晚期至春秋初期，发展到繁盛时期是在春秋中晚期至战国早期，战国中晚期才衰歇下来。从这两处晋国遗址的衰歇交替情况，可以看出其前后相继的关系。如果说后者是晋国晚期都城"新田"即新绛，则天马—曲村遗址自然就为寻找晋国在西周时期、春秋初期的都城绛提供了重要的线索。同时，天马—曲村遗址出土有战国至秦的"降亭"陶文，可见，这里在当时曾名"降"。

然而，以天马—曲村遗址的八代晋君墓与史籍所记载的晋侯世系相对照，在一一推定的问题上，却存在不同的三种意见：一是主张最早的

---

①　北京大学考古专业商周组：《晋豫鄂三省考古调查简报》，《文物》1982年第7期。

晋侯墓始于唐叔虞止于晋文侯，而曲村一带是晋国的始封地及最早的都城——绛。① 这就产生一个疑问：叔虞封唐之"唐"与此"绛"是什么关系？二是认为17座墓中有5座墓已经进入春秋时期，② 其余的12座大墓中最早的一组是晋厉侯及其君夫人墓，最晚的一组是晋文侯及其君夫人墓。③ 三是认为17座大墓中最早的一组是晋武侯及其君夫人墓，最晚的一组是晋文侯及其君夫人墓。④ 其中，第三种意见似乎更为客观一些，晋武侯之前的晋开国人物叔虞及其子燮父是晋的较早期的君主，他们去世后可能要归葬岐周，因此，其墓葬可能不在这个墓地当中，但这不能说明二人不以此为都，正如齐太公也不葬在营丘⑤一样。因此，天马—曲村遗址很有可能是晋早期的一座大型都城。

另外，与天马—曲沃遗址相距不远的地方有一座苇沟—北寿城遗址，在今山西翼城县城西北约1千米处，发现了包括龙山、二里头、西周早期以及东周的文化遗存，面积约为200万平方米。⑥ 苇沟—北寿城的文化遗存在年代上似有中断迹象，西周中期到东周初期可能废弃过，这是很值得注意的。

三　关于西周时期晋都的探讨

自东汉以来，学者多认为晋都数迁，尤其是郑玄《毛诗·唐谱》言之凿凿，后世学者多从其说。然而，时至今日，恐怕不能再就文献而论文献，必须结合考古资料以检验其是非。郑玄称晋成侯曾迁都曲沃，可能是根据班固《汉书·地理志》立论，然而，晋成侯及其父武侯之墓均在天马—曲沃遗址中，可见，成侯不曾迁都。郑玄又认为晋穆侯曾迁都于绛，目前已不能明了其根据。但是，在天马—曲沃遗址中不仅发

---

① 邹衡：《论早期晋都》，《文物》1994年第1期。

② 即《史记·晋世家》记载的曲沃与翼对抗时期。

③ 卢连成：《天马—曲村晋侯墓地年代及墓主考订》，载《汾河湾》，山西高校联合出版社1996年版，转引自刘泽民等主编《山西通史·先秦卷》，山西人民出版社2001年版，第160页。

④ 北京大学考古学系、山西省考古研究所：《天马—曲村遗址北赵晋侯墓地第五次发掘》，《文物》1995年第7期。

⑤ 《礼记·檀弓上》。

⑥ 北京大学考古专业商周组：《晋豫鄂三省考古调查简报》，《文物》1982年第7期。

现了穆侯墓，还发现有穆侯以前的厉侯墓及厉侯之前的诸晋侯墓以及穆侯之后的文侯墓，可见，穆侯应无迁都之举。因此，郑玄《毛诗·唐谱》与现代考古发掘得出的结论不相符合，在关于晋都的探讨中，我们不再采用《毛诗·唐谱》的记载，同样，由于《汉书·地理志》的记载是一条孤证，在有其他记载的情况下，我们也尽量不采用《汉书·地理志》的说法。

因此，如果不考虑同地异名的问题，上述根据文献整理的西周时期晋国都城的演变顺序应删去②、③、④，则①、⑤、⑥的顺序为：叔虞封唐（《史记·晋世家》记载）——燮父至昭侯时期迁翼（《史记·晋世家》载昭侯时期已经都翼）——献公城绛（《左传·庄公二十六年》《史记·晋世家》等均有记载）。可是，唐、翼、绛三者相继为都的年代不符合考古发掘得出的年代。

因此，必须结合文献资料和考古资料，并充分考虑同地异名和都城同时并存的问题。

从考古发掘上来看，苇沟—北寿城遗址从龙山时期至西周中期是连续使用的，它位于现在的翼城县，是古唐国的中心区域，且距离苇沟不远处有以南唐、北唐、东唐命名的自然村落，因此，有学者认为"古唐国的都城可能就是'翼'"①。笔者认为，苇沟—北寿城遗址应为古唐国的都城，但是，其名称是否叫"翼"就需要进一步探讨了。

天马—曲村遗址是哪一座晋都？一种意见认为，此处是晋国始封的唐地，即"翼"②；另一种意见认为这是叔虞封唐之后，晋国的都城"绛"，是西周从叔虞开始11代晋侯的国都。③

从与晋国国都有关的早期文献记载可以看出，"唐"为古唐国的政治中心，其发展在叔虞封唐之前，而苇沟—北寿城遗址的时间比较符合，因此，笔者认为，这座遗址就是古唐国的政治中心，也是叔虞封唐之"唐"。天马—曲村遗址不是叔虞所封的唐地，而是叔虞封唐之后建造的晋都，名"翼"或"绛"，翼绛同地异名。其理由如下：

----

① 刘泽民主编：《山西通史·先秦卷》，山西人民出版社2001年版，第161页。
② 李伯谦：《论晋国始封地》，《文物》1995年第7期。
③ 邹衡：《论早期晋都》，《文物》1994年第1期。

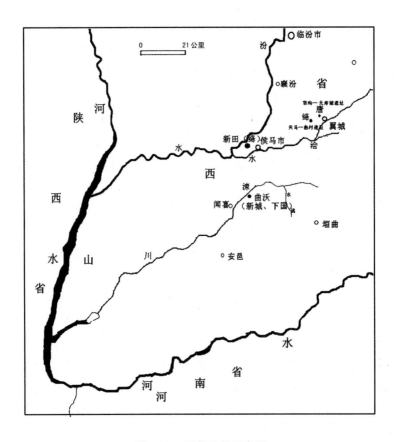

图 5—1　晋都位置示意图

第一，文献中没有晋从翼迁都于绛或从绛迁都于翼的明确记载，如，《史记》《左传》记载晋献公之前晋都名"翼"，献公城绛之后"都绛"，并未涉及迁都的记载，显然，"翼"可能在晋献公时期改名为绛；另外，春秋后期厉公被栾书杀死，"葬之于翼东门之外，以车一乘"①，其时晋国已迁都新田，厉公显然是被葬在不久前才废弃的旧都绛，若非"翼""绛"同地异名则无法解释。第二，杜预集解对《左传》所载之"翼"解释为："翼，晋旧都，在平阳绛邑县东。"而对"绛"解释为："绛，晋所都也，在今平阳绛邑县。"从这两条集

———————

① 《左传·成公十八年》。

解来看，至少杜预是认为翼、绛是同地异名的。第三，从考古发掘来看，天马—曲村遗址从西周初期就已兴起，说明这座都城从晋国初期就开始建造使用，这一时期文献记载多用"翼"；西周晚期至春秋初期是它的繁盛时期，这与献公命士蒍"城绛，以深其宫"① 的记载相吻合；天马—曲村遗址中间没有断层或政治中心迁移的迹象，则说明翼绛同地异名，可能早期称"翼"，中晚期称"绛"。第四，考古发现的苇沟—北寿城遗址规模比天马—曲村遗址要小得多，从龙山时期至西周中期连续使用，但是从西周中期至东周之间有突然中断的迹象。其中断层与天马—曲村遗址的繁荣期恰好吻合，暗示着二者之间相互衔接的关系。第五，上述第四点提到两个遗址之间的衔接关系，与河南偃师商城和郑州商城的关系（偃师商城是商人在夏的统治中心附近建立的，而郑州商城是商前期的主要都城）相对照，我们可以得出一个启示，叔虞封唐之后在"唐"逐步建立了自己的统治，可能同时着手修建更大规模的"绛"（亦名"翼"），当绛建成之后，政治中心就从唐迁至绛了，唐作为旧都可能仍存在了一段时期，到西周中期之后被废弃。叔虞与燮父死后可能归葬姬姓的族墓，至燮父之子武侯以后，已连续三代在晋，巩固了统治，则晋君公墓就设在绛都了。至于天马—曲村最晚的墓葬是晋文侯墓还是春秋时期的晋君墓葬，作者同意上述第一、第三种意见，因为从历史发展的角度来说，晋文侯之后不久就出现了曲沃与绛的对抗，晋昭侯、孝侯、哀侯、鄂侯、小子侯、晋侯缗等相继被杀，不可能隆重下葬，其墓地也不可能有如此规模，而曲沃代绛之后，曲沃一支的晋公要归葬曲沃（这一点下文详细论述），也不会葬于绛之公墓。

天马—曲村遗址（绛）位于浍水中下游，而苇沟—北寿城遗址（唐）位于太岳山下的高地上，是浍水上游，交通不便，随着晋国疆土的扩大，政治中心逐渐转移到平坦开阔的浍水中下游，是符合历史发展要求的。

---

① 《左传·庄公二十六年》，《史记·晋世家》。

表5—3 　　　　　　　苇沟—北寿城遗址与天马—曲村遗址的比较

遗址名称	都城	地址	遗址规模	繁荣时间	备注
苇沟—北寿城遗址	唐	浍水上游	2 平方千米	从龙山时期至西周中期连续使用，但是从西周中期至东周之间有突然中断的迹象	两个遗址从西周初期到西周中期有同时存在的关系
天马—曲村遗址	绛（又名翼）	浍水中下游	16 平方千米	在西周初期就已兴起，发展到繁盛时期是在西周晚期至春秋初期，而到春秋中晚期至战国早期，却又陡然衰歇下来	

通过以上分析，笔者认为，翼与绛是同地异名，唐与绛在一定时期内是同时并存的关系。

第二节　西周晚期至春秋中晚期曲沃与绛的关系

公元前745年晋昭侯封其叔父桓叔于曲沃，从曲沃桓叔、曲沃庄伯到曲沃武公，经过三代六十七年的经营，曲沃以小宗身份对抗晋之大宗晋昭侯、孝侯、哀侯、鄂侯、小子侯、晋侯缗，终于到曲沃武公时，诛杀晋侯缗并贿赂周王，成功列为诸侯，曲沃武公在曲沃即位成为晋武公，都绛[①]。在此之前晋君称"晋×侯"，在此之后，晋君称"晋×公"。此后晋的都城有两个：绛和曲沃，直到公元前585年晋景公弃绛迁新田。绛和曲沃的关系应该是俗都与圣都的关系，绛为晋的主要都城，是行政和军事中心，是晋的俗都；曲沃是晋的陪都，是宗教祭祀中心，是圣都。

一　曲沃是晋武公一支的发迹之地

西周晚期、春秋初期晋出现了两个相互对抗的政权，其中绛是晋中央政权的都城，曲沃是割据政权的政治中心。

晋昭侯于公元前745年封其叔成师于曲沃，号桓叔，成为晋之强

---

① 翼与绛是同地异名，为了便于阅读，下文专称"绛"。

宗。昭侯七年（前739），晋大夫潘父弑昭侯而立桓叔，晋人攻桓叔，桓叔败还曲沃，晋人立孝侯。从此，曲沃与绛公开决裂。经过曲沃桓叔、曲沃庄伯和曲沃武公三代六十七年的经营，相继杀掉了晋昭侯、孝侯、哀侯、鄂侯、小子侯、晋侯缗，终于列为晋侯。

表5—4　　　　　　　　　　　曲沃与绛的对立

时间	以曲沃为政治中心的割据政权	以绛为都城的晋国政权	双方行动
晋昭侯元年（前745）	曲沃桓叔	昭侯	昭侯元年，封文侯（即昭侯之父）弟成师于曲沃。
晋孝侯元年（前739）	曲沃桓叔	孝侯	七年，潘父杀昭侯预迎桓叔，国人立孝侯。
晋孝侯九年（前731）	曲沃桓叔、曲沃庄伯	孝侯	桓叔卒，曲沃庄伯立。
晋孝侯十六年（前724）	曲沃庄伯	孝侯、鄂侯	庄伯弑其君晋孝侯于绛。国人立鄂侯。
晋鄂侯六年（前718）	曲沃庄伯	鄂侯、哀侯	庄伯伐晋，鄂侯奔随城。周桓王使虢公伐庄伯，庄伯走保曲沃，晋人立哀侯。
晋哀侯二年（前716）	曲沃庄伯、曲沃武公	哀侯	曲沃庄伯卒。
晋哀侯八年（前710）	曲沃武公	哀侯、小子侯	陉廷与曲沃武公谋，九年，伐晋于汾旁，虏哀侯。晋人立小子侯。
晋小子四年（前705）	曲沃武公	小子侯、晋侯缗	曲沃武公诱召晋小子杀之。周桓王使虢公伐曲沃，周室立晋侯缗。
晋侯缗二十八年（前678）	曲沃武公	晋侯缗	曲沃武公又伐晋侯缗而灭之，尽以其宝器赂周厘王，厘王使虢公命曲沃武公以一军（侯爵军衔），为晋侯，更命为晋武公，尽并晋地而为晋君，并列为诸侯矣。

　　曲沃三代六十七年志在夺取晋政权，几次三番有活动，但均被阻。前几次是因为"国人"的阻碍，后则由于周桓王的干涉。曲沃政权屡败屡战，每次侵绛不成便退保曲沃。因此，可以说，曲沃是这个割据政权不可或缺的政治中心，更是晋国新政权的发迹之地。这种情形也导致后来晋的新政权对曲沃的重视。

　　曲沃与绛的关系，和《左传》记载的鲁隐公元年（前722）时郑国都城与京邑的关系相似，《左传》隐公元年载："都城过百雉，国之害也。"只不过郑的京邑小于郑都，而晋之曲沃大于晋都①。曲沃本是晋之小宗的封地，因为"桓叔……好德，晋国之众皆附焉"②，成为晋境内的一个割据政权。由于曲沃的城邑规模较大，对于晋的新政权来说也比较重要，有鉴于此，晋武公去世之后，晋献公首先着力消灭"桓庄之族（即指曲沃桓公和曲沃庄伯的庶子）"，清除小宗对大宗的潜在威胁，在灭掉"桓庄之族"的第二年，就任命士蒍为大司空，大肆扩建绛都，增益宫室，以压曲沃。同时在曲沃建造宗庙，不再将曲沃封赐亲属和臣下。

二　曲沃是重要的祭祀场所

　　经过六十七年的刻意经营，曲沃的"先祖宗庙"数目迅速增加，至少曲沃桓叔和曲沃庄伯应是葬在曲沃的，因为在当时曲沃小宗与晋大宗对立的情况下，二人不可能葬在绛的晋公墓之中或是其他地方。晋武公（曲沃武公）之庙武宫是否也在曲沃呢？近代学人对此争执不休。笔者认为武宫的地望应在曲沃，理由有三：第一，《左传·僖公二十四年》记载：晋献公之子重耳"丙午入于曲沃，丁未朝于武宫"，明确显示武宫的地望就在曲沃。第二，曲沃是晋武公的根据地。从桓叔、庄伯、武公三代几次击绛不成即退守曲沃来看，曲沃是割据政权不可或缺的根据地，是最后的退路，因此，曲沃在武公及献公父子心目当中，其受重视程度是不言而喻的。武公至绛后次年即卒，绛的反曲沃势力不可能迅速被清除一空，在这种情况下，武公卒后不会

---

　　① 《史记·晋世家》云："曲沃邑大于翼（绛）。"
　　② 《史记·晋世家》。

安葬在绛，只能归葬曲沃。而庙是与墓连在一起的。武公之子献公时期有"曲沃，吾先祖宗庙所在"的记载，以武宫的被重视程度理当包括在"先祖宗庙"之中。第三，文献记载晋文公卒后，殡于曲沃①。而文献又没有各代晋公殡于绛的记载，因此，晋武公及其以后晋之诸公，可能皆归葬于曲沃。

曲沃既是曲沃桓叔和曲沃庄伯的宗庙所在，又是武宫所在，成为晋的新政权重要的祭祀之地，是必然的。这也凸显曲沃的宗教祭祀功能。首先，晋君或太子每年至少要到曲沃一次，举行"烝"礼。如《国语》记载晋献公晚年在将到武宫举行烝礼时，"称病不与，使奚齐莅事"②。按，周代制度，每年冬祭宗庙谓之"烝"，国君在则亲往，不在则太子代行。也就是说，如果献公病重，应由当时的太子申生代替国君主持烝礼，而奚齐竟以献公庶子的身份代行烝礼，献公这种违反礼制的做法毫无疑问会引起朝臣及太子申生的猜疑。其次，从表5—5"晋武公至晋景公时期到曲沃的政治人物及其行为"来看，非正常顺序即位的国君，均要到曲沃进行拜祭活动。如晋文公重耳被秦师送回晋国要首先"朝于武宫"；公元前607年，赵穿袭杀晋灵公，执政的赵盾从周迎回公子黑臀即位为成公，黑臀也要先"朝于武宫"；甚至晋国晚期以新田为都的悼公、平公——二君皆为前君被杀后以非正常顺序即位，也要到曲沃拜祭。最后，如上所述，晋武公及其以后的晋君，可能皆归葬曲沃，这也能显示曲沃重要的宗教地位。

三　曲沃是晋国除绛之外的重要政治舞台

晋武公终于实现代晋之志以后，在曲沃即位，"始都晋国"，同时武公的纪年仍是"与曲沃通年"。这说明两个问题，第一，晋武公虽然是以绛（上文中的"晋国"）为主要都城，但是曲沃仍居于非常重要的地位；第二，曲沃的政治地位低于绛。因此，晋国的政治核心在绛，曲沃是除绛之外的重要政治舞台。

---

① 《左传·僖公三十二年》："晋文公卒……将殡于曲沃。出绛，柩有声如牛。"
② 《国语》卷七"晋语一"，上海古籍出版社1978年版，第265页。

表5—5　　　　晋武公至晋景公时期到曲沃的政治人物及其活动

时间	到曲沃的政治人物及其行为	背景	见于记载的曲沃祭祀设施
曲沃武公三十八年（前678）	曲沃武公始都晋国，前即位曲沃。①	曲沃代绛	
晋献公十二年至献公二十一年（前665—前657）	献公十二年，以"曲沃，吾先祖宗庙所在"为由，"使太子申生居曲沃"。十六年"为太子城曲沃"。二十一年有"'君梦齐姜，必速祭之。'太子祭于曲沃，归胙于公"的记载。同年"太子奔城外……十二月戊申，缢于新城（曲沃）"。②	晋献公之骊姬为自己的儿子奚齐谋太子之位，因此，想法让太子申生守曲沃，离开绛都。	申生之母齐姜庙
晋惠公元年（前650）	狐突之下国（集解：一曰曲沃有宗庙，故谓之下国；在绛下，故曰下国也）。③	献公去世后，经过一番动荡，其子夷吾即位为惠公，惠公派大臣狐突至曲沃改葬故太子申生（申生为夷吾嫡兄）。	恭太子申生庙
晋文公元年（前636）	壬寅，重耳入于晋师，丙午，入于曲沃，丁未，朝于武宫。即位为晋君，是为文公。④ 襄王使宰文公及内史兴赐晋文公命，上卿逆于境，晋侯效劳，馆诸宗庙，馈九牢，设庭燎。及期，命于武宫，设桑主……⑤	惠公去世后，晋献公之子重耳在秦国的帮助之下重返晋国，是为文公。	晋武公之庙武宫
晋文公九年（前628）	晋文公卒……将殡于曲沃。出绛，柩有声如牛。⑥		文公墓及庙
晋成公元年（前606）	（成公）壬申，朝于武宫。⑦	赵穿袭杀灵公，赵盾迎居于周的公子黑臀，是为成公。	武宫

① 《史记·晋世家》。
② 《左传》庄公二十八年、闵公元年、僖公四年；《史记·晋世家》；《国语》卷七、卷八有类似记载。
③ 《左传》僖公十年；《史记·晋世家》。
④ 《左传》僖公二十四年；《史记·晋世家》。
⑤ 《国语·周语上》。
⑥ 《左传》僖公三十二年。
⑦ 《左传》宣公二年；《史记·晋世家》。

从表5—5可以看出，到曲沃的政治人物主要是晋君、太子、重臣，曲沃的都城地位主要表现为宗教祭祀上的崇高地位，除申生在曲沃经营的八年时间，从晋惠公开始，文献提及曲沃都是因为埋葬国君太子及朝拜武宫，这些都属于宗教祭祀的重要行为。

曲沃的政治地位还表现在对曲沃的称呼上。晋惠公元年（前605）曲沃有"下国"的说法，"下国"与"上国"相对，即位列第二的国都，也就是陪都。《左传·闵公元年》记载，晋献公以"曲沃，吾先祖宗庙所在"为由，"使太子申生居曲沃"。士蔿认为："大子不得立矣。分之都城，而位以卿，先为之极，又焉得立？"其中，"都城"是指曲沃。士蔿的意思是，晋献公让太子申生守在陪都曲沃，可能就无法再回主都绛了，晋献公的行为就等于昭告"晋国以此知太子不立也"①。这就说明曲沃不是晋的政治中心，虽然是陪都，但政治地位不如主都绛重要，申生居于曲沃，只能表明他已远离晋的政治核心。

曲沃是晋武公一支的发迹之地，同时又是曲沃桓叔、曲沃庄伯等宗庙、陵墓所在，晋武公去世后其宗庙武宫也建在曲沃，晋君及一些高级臣僚常到曲沃进行政治和宗教活动，曲沃成为晋的圣都。但曲沃并不是政治和行政中心，而是晋的陪都。

第三节　新田与绛、曲沃的关系

晋景公十五年（前585），"晋人谋去故绛"②，迁于新田③。晋都于此，直至灭亡。1957年在山西侯马西北牛村附近发现了春秋中晚期的古城遗址，它位于汾河和浍河汇合处的三角洲上，南望绛山，北眺吕

① 《史记·晋世家》。
② 《左传》成公六年。
③ 公元前585年，晋景公废掉私家势力盘踞的绛，迁都新田（今山西侯马），改新田为绛，又称新绛，在本书中，为表示区别，仍称新田。

梁，城南有大规模的青铜铸造作坊遗址①，附近北西庄有烧制陶器的遗址②，西南的虒祁村有大片古代建筑废毁后留下的瓦砾，根据遗址地层和出土器物形制，它显然是晋国都城新田。考古工作者经过努力，进一步弄清了晋都新田的基本布局，其宫城、外城、重要建筑、民居、手工业作坊及宗庙、祭祀遗址、墓地等都历历在目。

晋景公迁都新田完全是出于政治、经济、军事方面的需要。从政治方面来说，晋灵公（前 620—前 607 年在位）被赵穿杀死于桃园之后，晋国公室与世卿贵族之间以及世卿贵族之间的政治斗争就此起彼伏，统治者内部矛盾激化、将佐不和。绛的私家势力盘根错节，不易动摇，只有迁都才能摆脱私家势力的纠缠。从军事方面来说，晋迁新田时，正是晋国霸业处于低潮时期。公元前 597 年的晋楚邲之战，晋师败北，楚国开始号令诸候，齐也趁机摆脱了晋的控制，赤狄诸部蠢蠢欲动。因此，必须对内、对外采取一系列措施，才能重振霸业，而迁都新田就是一系列措施中的一个重要环节。迁都新田还有经济方面的考虑。春秋中期的经济方式主要是农业，土地是建立都城的首要条件，新田附近的土地条件很好，"土厚水深，居之不疾，有汾、浍流其恶"③。同时，良好的气候，使得新田在春秋中晚期成为适宜农业生产的区域④，迁都新田，可以进一步开发新土地，增强晋的经济实力。

晋迁都新田之后，其都城体系发生了深刻变化。新田成为晋的行政中心和军事中心，其主都地位是不容置疑的。而绛既是私家势力盘踞、景公亟欲离开的都城，则景公离开之后，不会再以此为都城，晋的国君也不可能再回到这里，因此，绛的政治地位一落千丈是毋庸置疑的。这一时期，文献中与绛有关的记载有二条：故都绛埋葬了被大夫所杀的晋

---

① 张守中：《1959 年侯马"牛村古城"南东周遗址发掘简报》，《文物》1960 年第 8、9 期；张万钟：《东周铸铜陶范的发现》，《人民画报》1962 年第 6 期；山西省考古研究所：《侯马铸铜遗址》，文物出版社 1994 年版。

② 山西文管会侯马工作站：《侯马东周时代烧陶窑址发掘纪要》，《文物》1959 年第 6 期。

③ 《左传·成公六年》。

④ 马保春：《晋汾隰考——兼说晋都新田之名义》，《考古与文物》2006 年第 3 期。

厉公①；晋悼公时期改为县②。除此之外文献上再无记载。因此，晋迁都新田之后，绛应该逐渐废弃了。

曲沃因为是宗庙所在，尤其是武宫所在，仍被朝拜（参见表5—6）。但可以看出，曲沃的圣都地位已明显下降：景公之后晋国有九公，到曲沃朝拜的只有悼公和平公两位。而在平公八年（前550），大夫栾逞在齐国的支持之下，控制曲沃之后企图攻击都城新田，晋国君臣在得知曲沃被控制之后并无惊慌失措的表现，栾逞的叛乱被迅速平息。这也说明曲沃的圣都地位在降低。

表5—6　　　　　晋景公之后到曲沃的政治人物及其行为

时间	到曲沃的政治人物及其行为	背景
晋悼公元年（前572）	智罃迎公子周来，至绛，刑鸡与大夫盟而立之，是为悼公，辛巳，朝武宫，二月乙酉，即位。③	栾书、中行偃杀厉公，智罃迎公子周，立为晋悼公。
晋平公三年（前555）	改服修官，烝于曲沃。④	晋悼公葬后，平公即位，晋政权人事有较大变动，出现新的气象。
晋平公八年（前550）	八年，齐庄公微遣栾逞于曲沃，以兵随之……栾逞从曲沃中反，袭入绛。⑤	栾逞获罪，出走于齐。齐庄公派栾逞到曲沃发动政变，控制曲沃后准备攻击新绛。
晋幽公时期（前437—前420）	"幽公之时，晋畏，反朝韩、赵、魏之君，独有绛、曲沃，余皆入三晋。"⑥	春秋末年，韩、赵、魏三公势大，晋君卑。

说明：上表中的绛是指新田。

在曲沃的祭祀地位逐渐降低的同时，新田的祭祀设施日益完善。

---

① 《左传·成公十八年》。
② 《左传·襄公三十年》。
③ 《史记·晋世家》；《左传·成公十八年》。
④ 《左传·襄公十六年》。
⑤ 《史记·晋世家》；《左传·襄公二十三年》有详细记载，作"栾盈"。
⑥ 《史记·晋世家》。

《左传·文公二年》有"祀,国之大事也"的记载,而都城的建设顺序,应是"君子将营宫室,宗庙为先,厩库为次,居室为后"①,因此,新田营建伊始,应该就包含了祭祀设施的规划和建造。从考古发掘来看,晋都新田侯马遗址已经发现 9 个地点的祭祀遗址群,其中位于牛村古城和太神古城南部的有 3 处,分别是 1962 年发掘的牛村古城南 250米处的祭祀建筑遗址、1991 年发掘的台神古城西南 6 千米处浍河南岸峨嵋岭北麓的西南张祭祀遗址和 1996 年发掘的台神古城西南 1500 米处的中条山冶炼厂祭祀遗址,其余 6 处分别是南西庄、山西省地质水文二队、山西省第一建筑公司机运站、侯马市煤灰制品厂、秦村西北方的侯马盟书遗址、呈王路宗庙建筑遗址,这些遗址呈弧线形分布于呈王路庙寝建筑遗址的东北、正东、东南、南、西南一带。从这些遗址的出土文物和盟誓内容可知,其时代为晋文化晚期,公元前 453 年前后。山西省的考古工作者认为,综合分析上述祭祀遗址的位置、时代、规模及晋都新田的城市布局情况,可以看出,"位于牛村古城和台神古城南部的 3处祭祀遗址与新田都城的设计祭祀活动有着直接的关系,而分布在呈王路庙寝建筑遗址周围的 6 处祭祀遗址,与文献中的宗庙相吻合,故为祭祀宗庙遗址当无大问题"②。而密布于遗址周围的祭祀坑、坑内祭祀内容的不同及多组的打破关系,都说明频繁的祭祀活动延续时间较长。

第四节　本章小结

综上所述,晋国都城体系的发展可分为三个阶段:从叔虞封唐开始到晋昭侯封桓叔于曲沃是晋国都城发展的第一个阶段,翼与绛为同地异名,晋有唐和绛(翼)两都,唐的设置略早于绛,在西周中期被废弃,唐在废弃之前可能与绛并存了一段时间。从晋昭侯封桓叔于曲沃开始到晋景公迁都新田是晋国都城设置的第二个阶段,曲沃从割据政权的政治中心演变为晋国新政权的圣都,绛为晋的主都和俗都。第三个阶段从晋景公迁都新田开始至晋国灭亡,新田为晋都,旧都绛和圣都曲沃地位明

---

① 《礼记·曲礼下》。
② 李永敏:《晋都新田的祭祀遗址》,《文物世界》2000 年第 5 期。

显下降，文献记载少有提及。

在第二、第三阶段，曲沃是晋国圣都。在我们的案例研究中，能确定圣都地位的有西周时期的岐周（参见第四章）、秦国的西垂与雍（参见第六章）。曲沃的发展轨迹与岐周类似，它们都是具有敌对关系的两个政权中相对弱小政权的都城，即西周相对于商、小宗曲沃相对于大宗晋国。随着政权实力的变化，以岐周和曲沃为都的政权打败了敌对政权，疆域迅速扩大至原来的数倍。为便于统治扩大了的疆域，政权的行政中心迁移了，西周迁至丰镐、晋迁至绛，原来的都城岐周和曲沃就成为政权的根据地。根据地埋葬有划时代的政治人物，岐周有文王、武王、周公等，曲沃有晋武公，因此，这样的根据地都城就成为重要的祭祀地点，成为圣都。岐周与曲沃独立为都的时间不长，同时由于当时的政权较为弱小，从营建规模上来讲，也不能与后来的俗都相提并论。

与岐周、曲沃相比，秦国的圣都西垂、雍发展轨迹略有不同，详见第六章。

表5—7　　　　　　　　　　晋国的都城设置概况

都城	为都时间与都城地位	都城之间的关系
唐	从叔虞封唐开始至西周中期为都。	1. 西周时期，在唐废弃之前，唐与绛为两都并存的关系； 2. 从春秋初年晋武公列为诸侯至晋景公迁都新田止，绛与曲沃二都同时并存，绛为俗都、主都，曲沃为圣都、陪都； 3. 从晋景公迁都新田至三家分晋，新田与曲沃同时并存，新田为主都，曲沃为圣都。
绛（翼）	其设置略晚于唐，西周时期绛的都城地位无法确认；从春秋初期晋武公开始至春秋后期晋景公迁都新田止，绛为晋国主都。	
曲沃	从春秋初年开始至三家分晋，曲沃为晋国圣都。	
新田	从春秋后期晋景公迁都开始至三家分晋，为晋国主都。	

第六章

秦的圣都和都城体系

关于秦国都城设置，学界讨论较多，如王国维曾作《秦都邑考》[1]，徐卫民有《秦都城研究》[2]，李自智有《秦九都八迁的路线问题》[3] 等，但主要是从都城迁徙的角度进行研究，或者着重研究秦都城形态问题。本章试图在整理相关资料的基础上，从多都并存的角度研究秦的圣都制度。

秦数次迁都，最后定都咸阳。学术界基本认定，秦有九个都城，即秦邑、西垂（西犬丘）、汧、汧渭之会、平阳、雍、泾阳[4]、栎阳、咸阳。其中，秦邑为秦未封诸侯时的居所，本书暂不讨论。

第一节　秦都城概述

秦的开国君主是秦庄公之子秦襄公，因护送周平王东迁有功，被东周政权封为诸侯。襄公的儿子文公击退犬戎，占有岐山以西之地。春秋时秦德公建都于雍城（今陕西凤翔东南），占有陕西中部和甘肃东南端。秦灵公时迁都泾阳（今陕西泾阳西北）。秦献公又迁都栎阳（今陕西临潼北）。秦孝公任用商鞅变法，国力强盛，再迁都咸阳（今陕西咸阳东北），成为战国七雄之一。秦惠王夺回被魏占领的河西，攻灭巴蜀，夺取楚的汉中。秦昭王时不断夺取魏、韩、赵、楚等国地方，至此，秦国的疆域，北有上郡（今陕西西北部），南有巴蜀，东有黄河与函

① 王国维：《秦都邑考》，《观堂集林》卷十二，中华书局 1959 年版。
② 徐卫民：《秦都城研究》，陕西人民出版社 2000 年版。
③ 李自智：《秦九都八迁的路线问题》，《中国历史地理论丛》2002 年第 2 期。
④ 徐卫民：《泾阳为秦都考》，《中国历史地理论丛》1998 年第 1 期。

谷关（在今河南灵宝境内），基本上等同于项羽所谓广义的"关中"之地的区域，这里地势险固，被称为天府雄国。其后，秦逐渐统一全国。

秦人同商人、周人一样，曾多次搬迁过自己的政治中心。这不是出于外族的威胁，不是遭受战争，也不是外部某些因素的干扰，而是随着内部经济发展和政治形势的变化而采取的积极的政治措施。

可以说，秦不断迁都，目的是便于争霸。秦国是西周末年逐渐发展起来的诸侯国，羽翼未丰，尚无力与东方其他国家相争，尤其春秋时期，受近邻强晋的阻碍，难以进入中原称霸，只好以雍城为中心暂且向西发展，于是有秦穆公称霸西戎的说法。到春秋末期与战国初期，秦逐渐强大，劲敌晋国已一分为三，势力有所削弱。此时，秦国的注意力转向东方，都城逐渐东移，先是由雍城迁往泾阳。泾阳地处关中平原中部，交通比较方便，但在此建都时间很短，献公又迁都栎阳。栎阳交通更方便，"北却戎翟，东通三晋"，但栎阳邻近较强大的魏，对秦有一定威胁；魏也感到秦是它的劲敌，便把都城迁往大梁。秦孝公时任用商鞅变法，国势渐强，为与魏争夺函谷关以东之地，又把都城迁到咸阳。咸阳近于渭水，通往六国比较方便。秦国之所以能完成统一全国的大任，都城的选择也起了一定的作用。

一　秦国在陇东的都城——西垂

大约在夏末、商末、先周和周初，秦人先后进入今甘肃东部地区，他们过着游牧的生活，散居在天水、甘谷一带，随后遍及西和、礼县、清水、秦安、张家川等地。后世流传的"秦州（今甘肃省天水市）""秦城""秦安""秦水""秦川"等地名，当与秦人早期生活有关。20世纪50年代和90年代初，考古工作者对甘肃东部进行的考古调查表明：在天水地区发现了数百处西周时期的秦文化遗址。通过对甘谷县毛家坪和天水市东家坪秦遗址的发掘，获得了西周早期延续到战国中期秦文化的物证。[1] 因此，秦人祖先在商代末期"在西戎，保西垂"[2] 的记

---

[1]　甘肃省博物馆：《甘肃西汉水流域考古调查》，《考古》1959 年第 3 期；甘肃省博物馆：《甘肃古文化遗存》，《考古学报》1960 年第 2 期；赵化成：《寻找秦文化渊源的新线索》，《文博》1987 年第 1 期。

[2]　《史记·秦本纪》。

载是可信的。

《史记·秦本纪》记载，非子时"居犬丘"，庄公时，"居其故西犬丘"，文公元年，"居西垂宫"。从上可以看出，非子、庄公、文公都曾在西垂（西犬丘）居住过或以之为都邑。

关于秦在天水的都邑所在众说纷纭，莫衷一是，王国维先生撰有《秦都邑考》，他提出：

> 庄公为西垂大夫，以语意观之，西垂，殆泛指西土，非一地之名。然《封禅书》言秦襄公既侯，居西垂。《本纪》亦云：文公元年居西垂宫。则又似特有西垂一地。《水经·漾水注》以汉陇西郡之西县当之，其地距秦亭不远。使西垂而系地名，则骊说无以易矣。唯犬丘一地，徐广曰今槐里也……此乃周地之犬丘，非秦大骆、非子所居之犬丘也。《本纪》云：非子居犬丘。又云：大骆地犬丘。夫槐里之犬丘，为懿王所都，而大骆与孝王同时，仅更一传，不容为大骆所有。此可疑者一也。又云：宣公子庄公，以其先大骆地犬丘为西垂大夫。若西垂泛指西界，则槐里尚在雍、岐之东，不得云西垂。若以西垂为汉之西县，别槐里与西县相距甚远。此可疑者二也。且秦自襄公后始有岐西之地，厥后文公居汧渭之会，宁公居平阳，德公居雍，皆在槐里以西，无缘大骆庄公之时，已居槐里。此可疑者三也。案《本纪》又云：庄公居其故西犬丘，此西犬立实对东犬丘之槐里言，《史记》之文本自明白，但其余犬丘字上，均略去西字。余疑犬丘、西垂本一地，自庄公居犬丘号西垂大夫，后人因名西犬丘为西垂耳。①

徐中舒先生认为位处今陕西兴平的犬丘与位处天水市西南境的犬丘，秦人都曾居住过（地名是随部族而迁的），而天水西南之犬丘称西犬丘，又称西垂，也即《史记集解》引徐广所说之秦亭。②

高亨先生认为非子所封之秦，即今天水市的故秦城，秦庄公所居之

---

① 王国维：《秦都邑考》，《观堂集林》卷十二，中华书局 1959 年版。
② 徐中舒：《先秦史论稿》，巴蜀书社 1992 年版。

犬丘，即今陕西兴平东南的槐里城。①

林剑鸣先生认为非子以前秦人所居之犬丘，即汉代的槐里（今陕西兴平），而西犬丘也就是非子所邑之秦，即汉代陇西县之秦亭，所谓"西垂"，乃泛指西部边陲，非具体城邑。②

段连勤先生则肯定中潏至非子之世皆在犬丘，也即西垂，地处今天水之西南方，而非子所邑之秦，地处今甘肃清水县境内。③

何清谷光生认为："西垂大大应是以今甘肃天水市一带为食邑，治所在西犬丘，所以西犬丘又名西垂。"④

徐卫民认为，秦在西迁过程中曾到陕西关中西部和甘肃东部一带，在这一带得到了发展，建立了秦早期的都邑西垂（西犬丘）。⑤

因此，西垂和西犬丘应该为同地异名，在秦代的西县。徐卫民通过对文献的分析证明，西垂在今甘肃省陇东地区礼县的永兴附近。⑥

春秋时东方也有一地名犬丘，可能昔日秦人西迁时将此地名带到了关陇地区。而且，东方的犬丘还有一个名字叫"垂"。《春秋·隐公八年》："春，宋公、卫侯遇于垂。"《左传》释曰："八年春，齐侯将平宋、卫，有会期。宋公以币请于卫，请先相见。卫侯许之，故遇于犬丘。"杜注："犬丘，垂也。地有两名。"《水经注·瓠子河》："瓠渎又东径垂亭北。《春秋·隐公八年》'宋公、卫侯遇于犬丘'，经书垂也。京相璠曰：今济阴句阳小城阳东五里，有故垂亭都也。"《后汉书·郡国志》济阴郡下云："句阳有垂亭。"《春秋·桓公元年》："三月，公会郑伯于垂。"顾栋高《春秋大事表》释曰："垂，《左传》作犬邱，一地两名。济阴句阳县东北有垂亭。今山东曹州府曹县北三十里句阳店，是其地。"《汉书·地理志》沛郡有敬丘县，应劭注曰："《春秋》'遇于犬丘'。明帝更名大丘。"后来又称"敬丘"。《左传·襄公元年》

① 高亨：《诗经今注》，上海古籍出版社1980年版。
② 林剑鸣：《秦史稿》，上海人民出版社1981年版。
③ 段连勤：《关于夷族的西迁和秦嬴的起源地、族属问题》，载《秦文化论丛》第一辑，西北大学出版社1993年版。
④ 何清谷：《嬴秦族西迁考》，载《秦文化论丛》第一辑，西北大学出版社1993年版。
⑤ 徐卫民：《秦都城研究》，陕西人民教育出版社2000年版，第35页。
⑥ 同上书，第46页。

也提到此地："郑子然侵宋，取犬丘。"以上这些文献，均提到这个地处东方而又叫作"垂"的犬丘。《中国历史地图集（一）》将此犬丘标在今山东省曹县境内，并以括号注一"垂"字。《左传》成书远在《史记》之前，犬丘与垂同地异名是早已存在的事实。段连勤先生认为秦族本是东方九夷中的畎夷，故其所居之垂地亦称犬丘。秦人西迁后，西方也便有了垂与犬丘同地异名的对应，而加"西"以示其方位，曰西垂，曰西犬丘。①

上述王国维先生提到的"槐里"，在今陕西兴平，亦曾称犬丘，《水经注·渭水》称槐里"古犬丘邑也"，"秦以为废丘"。《史记集解》引徐广认为非子所居之犬丘乃"今槐里也"，《史记正义》引《括地志》也说："犬丘故城一名槐里，亦曰废丘，在雍州始平县东南十里。"徐广及《括地志》依据的是《汉书·地理志》："槐里，周曰犬丘，懿王都之。秦更名废丘。高祖三年更名。"关中槐里之所以有犬丘之称，大概是当初秦人西迁时，曾在那里居住过。后来秦人继续西迁，越陇而至甘肃东部，天水周围成为秦人长期经营发展的地区，其中心城邑遂名秦邑、西垂、西犬丘。而关中之犬丘便被称为"废丘"。关中犬丘在丰镐附近，故周懿王曾一度迁都于其地，懿王所都，秦人何能居其地？新近出土的秦封泥中有"废丘"。因此，《史记·匈奴列传》只言"懿王迁都废丘"而不言犬丘。《今本竹书纪年》则直接言懿王迁槐里。《集古遗文》收有秦废丘鼎，《十钟山房印举》载有秦废丘左尉印，均是秦有废丘地名的确切证据。秦称关中槐里为废丘，此邑与"西"毫无牵连，绝非又名西垂的那个秦人祖地犬丘。

二　秦德公之前秦在关中的都邑

秦襄公被封为诸侯后，为得到周天子许诺的岐以西之地，便越过陇山，进入关中，经过近百年与戎狄不断的战争，步步为营，缓慢东进，先立足汧，后沿汧河向东南，建都汧渭之会，又沿渭河东进，建都平阳，最后夺得了关中西部的土地，并找到了理想的建都之地——雍城。

---

① 段连勤：《关于夷族的西迁和秦嬴的起源地、族属问题》，载《秦文化论丛》第一辑，西北大学出版社 1993 年版。

（一）汧

《括地志》引《帝王世纪》云："秦襄公二年，徙都汧。"对于这一点，有些学者持否定意见[①]。徐卫民认为襄公徙都汧是可信的[②]。

笔者认为，至少在襄公时期，犬丘已经不再是秦人的政治中心，文献记载"襄公二年，戎出犬丘，世父击之，为戎人所虏"[③]。从这一记载中可以看出秦襄公时期犬丘失去了政治中心的地位。那么此时秦人的政治中心在何处？从当时形势来看，应该在关中西部一带，这与《帝王世纪》记载的"徙都汧"是相吻合的。首先，秦襄公因护送周平王东迁有功，被封为诸侯，而被"赐以岐以西之地"，实际上当时的关中地区随着周的东迁，几乎被戎狄瓜分殆尽，周平王当时讲："戎无道，侵夺我岐丰之地，秦能攻逐戎，即有其地。"这对秦来说是一个绝好的机会，为了得到这一大片的土地，秦襄公及其以后秦之诸君进行了不懈的努力，而要完成这一任务，只有把政治中心迁至关中。其次，襄公能够护送周平王东迁，说明秦人的政治中心距离岐丰之地比较近，若是秦人仍在犬丘，则无法完成护送平王东迁的任务。最后，襄公十二年（前766），"伐戎而至岐"[④]，秦人能够伐戎至岐山一带，若其政治中心仍在陇山以西是无法想象的。

关于汧的地望，《史记正义》引《括地志》云："故汧城在陇州汧源县东南三里。"《帝王世纪》云："秦襄公二年徙都汧，即此城。"陇州汧源县即现在的陕西陇县，汧源县是隋代建置，其县治就是陇县县城所在地。

考古资料也证明秦人在汧建过都城。目前，考古工作者在陕西省陇县的边家庄村发掘很多春秋时期的秦国墓地，发现鼎、簋、盘、盂、壶等多件青铜礼器及若干其他文物。[⑤] 在30多座墓葬中，出五鼎四簋等

---

① 例如，祝忠熹强调《史记》没有襄公迁汧的记载（参见《秦人早期都邑考》，《陇右文博》1996年创刊号）。

② 徐卫民：《秦都城研究》，陕西人民教育出版社2000年版，第53页。

③ 《史记·秦本纪》。

④ 同上。

⑤ 尹盛平、张天恩：《陕西陇县边家庄一号春秋秦墓》，《考古与文物》1986年第6期；肖琦：《陕西陇县边家庄出土春秋铜器》，《文博》1989年第3期；陕西省考古研究所、宝鸡市考古队：《陕西陇县边家庄五号春秋墓发掘简报》，《文物》1988年第11期。

青铜礼器的大夫级墓葬就有 8 座，出三鼎二簋等青铜礼器的士级墓葬有 3 座，合计占已发掘墓葬总数的三分之一。在边家庄墓地东南约 1.5 千米的磨儿原村西，有一座古城址，被定为春秋城址，与边家庄墓地处于千河西岸的同一片台地上，东临千河，南临川口河，这座城址的东南部至今仍可见到部分夯土城墙。在该遗址上有相当于春秋时期的代表性器物盆、罐、鬲等陶器残片，还有战国时期的陶盆残片、素面半瓦当，还有内饰麻点、外饰绳纹的板、筒瓦、空心砖等建筑材料残片，说明这一城邑曾使用过较长时间。可以这样认为，这座城址和边家庄秦墓是有机联系在一起的，也就是说，边家庄墓地是这座城邑的墓葬。①

汧作为秦都城的时间很短，从秦襄公二年（前 776）到襄公十二年（前 766）襄公去世，总共 10 年。需要说明的是，建都汧城是秦国当时向东伐戎、扩张领土的需要，城址规模不会很大，因为作为都城的时间只有 10 年，可能无暇修建规模较大的城池。秦襄公"伐戎至岐"，卒于军前，一定会引起统治集团内部较大的恐慌，因此，继位的秦文公为了稳定局势，离开汧城，迁回宗庙所在地——西垂，直到三年后，秦文公才再进关中，建都于汧渭之会。

汧后来虽未再做都城，但由于其地理位置非常重要，所以，仍然发挥着重要的作用，这里是从陇东进入陇西的必经之地，由于秦先公宗庙、陵墓等还在陇西地区的西垂，因此汧的交通地位应该并未因迁都而受太大的影响。

（二）汧渭之会

《史记·秦本纪》记载："（文公）三年（前 763），文公以兵七百人东猎，四年，至汧渭之会，曰'昔周邑我先秦嬴于此，后卒获为诸侯'，乃卜居之，占曰吉，即营邑之。"从秦文公四年（前 762）营汧渭之会，直到秦宪（宁）公二年（前 714）徙居平阳，汧渭之会作为秦的都邑总共 48 年。

关于汧渭之会的地望，大体说来，有几种观点，有学者认为在今眉

---

① 张天恩：《边家庄春秋墓地与汧邑地望》，《文博》1990 年第 5 期。

县附近①，还有学者认为在今宝鸡市和宝鸡县的交界处，如：陈仓②、魏家崖③、今宝鸡市东卧龙寺西北④等，还有学者认为"汧渭之会"在今凤翔县长青乡孙家南头千河南岸⑤。

（三）平阳

《史记·秦本纪》云："宁公二年，公徙居平阳。"平阳是宁公新立的都邑，又叫"西新邑"。宁公，《史记·秦始皇本纪》后附《秦纪》作宪公，宝鸡太公庙出土的秦公钟、秦公镈也作宪公⑥。《史记·秦本纪》也有："秦武公元年，居平阳封宫。"至秦德公即位时，始居雍城大郑宫。由此可以看出，平阳从秦宪公二年（前714）到秦武公二十年（前678），作为秦的都城共有36年。

关于平阳的地望，文献中多有记载。《史记集解》引徐广云："眉之平阳亭。"《史记正义》云："平阳封宫在岐州平阳城内。"平阳故城秦时属雍县，《史记·秦始皇本纪》云：武公卒"葬雍平阳"。秦雍县辖境自今凤翔向南直到渭水之滨，西汉属郁夷县。《水经注·渭水》："汧水东南历慈山东南，经郁夷县，平阳故城南，《史记》秦宁（宪）公二年徙平阳，徐广曰：故郁之平阳亭也。"郁即郁夷县，西汉置。东汉废郁夷县，将今宝鸡县东渭河北岸并入眉县。《史记正义》引《括地志》云："平阳故城在岐州岐山县西四十六里，秦宁公徙都之处。"岐山县唐贞观间即移治今址，今岐山县城向西南距宝鸡县太公庙村约20千米，与《括地志》的记载差不多。

1987年1月，宝鸡县杨家沟乡太公庙村出土春秋秦早期铜镈三件、

①　林剑鸣：《秦史稿》，上海人民出版社1981年版。

②　高次若：《先秦都邑陈仓城及秦文公、宁公葬地刍论》，载《秦文化论丛》第三辑，西北大学出版社1994年版；王学理等：《秦物质文化史》，三秦出版社1994年版。

③　蒋五宝：《"千渭之会"遗址具体地点再探》，《宝鸡文理学院学报》1998年第2期；徐卫民：《秦都城研究》，陕西人民教育出版社2000年版，第59页。

④　李零：《"史记"中所见秦早期都邑葬地》，载《文史》第二十辑，中华书局1983年版。

⑤　韩伟：《远望集前言》，陕西省考古研究所四十周年纪念文集，陕西人民美术出版社1998年版。

⑥　卢连成、杨满仓：《陕西宝鸡县太公庙村发现秦公钟、秦公镈》，《文物》1978年第11期。

铜钟五件①。其中，铜镈器形硕大，全身饰 24 条飞龙勾连，纹饰线条流畅，布局疏密得当。一号镈重 125 斤，通高 75.1 厘米。铜镈、铜钟上都有铭文，是秦国国君在宗庙祭天告祖时使用的一套乐器。铜器上的铭文为研究秦国早期历史提供了难得的资料。钟、镈铭文中皆有："秦公曰，我先祖受天命赏宅受国。剌剌邵文公、静公，宪公不豸于上。"从铭文研究得知，钟、镈为平阳秦武公时期所铸，毫无疑问是宫廷重器。② 钟、镈出土地东距今阳平镇 7 里多，南临渭水，北倚凤翔原，为渭水北岸第一阶地。这片地西起今宝鸡县虢镇，东迄今宝鸡县宁王村一带，东西长约 30 里，南北宽约 2 里余，历年的考古调查和发掘表明，在这一台地范围内的阳平镇、秦家沟村、洪塬村、大王村、南阳村、窑底村、太公庙村、东高泉村、西高泉村、李家堡村、贾家崖村、虢镇等地均有堆积丰富的新石器时代遗存以及春秋、战国、秦代的遗存。太公庙村东北距古岐州县城（今岐山县城）约四十里，古雍城亦在其北三四十里处。文献记载与实际出土情况完全相符。因此，春秋时期秦的平阳故城应在今宝鸡县杨家沟乡、阳平乡一带，而秦武公所居平阳封宫，应当距离秦武公钟的出土地不远，可能就在太公庙附近。③

当秦的都城迁至平阳时，秦已比较强大，因而在都城的建设上比以前规模要大一些。《汉书·郊祀志》载汉成帝时，"雍大雨，坏平阳宫垣"，说明秦时的平阳可能有宫城，直到汉时，仍作为离宫使用。

三 雍城

雍城在秦人发展史上具有极其重要的地位。《史记·秦本纪》记载："德公元年（前 667），初居雍城大郑宫……卜居雍，后世子孙饮马于河。"从秦德公元年（前 667）开始，这里基本上都是春秋、战国时期秦国的政治、经济、文化、军事中心。

---

① 卢连成、杨满仓：《陕西宝鸡县太公庙村发现秦公钟、秦公镈》，《文物》1978 年第 11 期。
② 同上。
③ 卢连成：《平阳、雍城地望确定与秦先公徙都迹略》，《文史集林》（《人文杂志丛刊》）1985 年第 4 期。

雍城地理位置十分重要，是关中文化、巴蜀文化、氐羌文化的交汇处，有栈道通往陇南、汉中、四川、云南等地。雍城一带自然条件优越，平原广阔，土壤肥沃，物产非常丰富。秦德公定都雍城，雄心颇大，要以雍城为据点，占有关中，使子孙饮马黄河。后来秦统一全国，终于实现了秦德公的政治愿望。

雍城位于今陕西凤翔县城南，后世称之为南古城。

雍城的外部形态由城垣反映出来。由于要借势于周围的地形，所以雍城的形态并不规则。根据勘探得知，整个雍城城址平面呈不规则的方形，城墙东西长 3300 米（以南垣计算），南北宽 3200 米（以西垣计算），坐北向南，部分地段依自然地势蜿蜒而筑。其中，西城垣保存较好，从凤翔县城西南约 50 米处开始一直向南延伸，然后折向东南。城的西南角被汉代城垣南古城（南古城是在雍城城垣的基础上修筑的）所压。南墙沿雍水河修筑，蜿蜒曲折，西段一部分被村庄所压，一部分被农民取土破坏，东段由于修筑东风水库，大部分已消失，目前，仅发现三段，共长 1800 米，残宽 4—4.75 米，残高 2—7.35 米。东墙紧依纸坊河，由东南折向西北，破坏严重，仅发现三段，共长 420 米，残宽 8.25 米，残高 3.75 米。北墙为县城所压，钻探困难，在铁沟、凤翔师范西端各发现一段，共长 450 米，残宽 2.75—4.5 米，残高 1—1.85 米，在这条线上原有被称为"秦穆公冢"的高大土堆，很可能是北城垣的一个具有防御性质的高台建筑或门址。雍城的城垣一般宽 14 米左右，城墙基最宽处 15 米，最窄处 7.5 米，城墙系黄土夯筑而成，夯窝较小，夯土密实。[1] 雍都的西墙北段发现有人工构筑的城壕，现长 1000 米左右，宽 12.6—25 米，深约 5.2 米。[2]

徐卫民先生认为雍的城垣不是外郭城，而是宫城。[3] 但是，尚志儒、赵丛苍二位先生认为这座城垣就是外郭城，雍没有小城即宫城。[4] 根据"筑城以卫君，造郭以守民"的说法，城与郭的定义界限相当分

---

① 陕西省雍城考古队：《秦都雍城钻探试掘简报》，《考古与文物》1985 年第 2 期。

② 同上。

③ 徐卫民：《秦都城研究》，陕西人民教育出版社 2000 年版，第 83 页。

④ 尚志儒、赵丛苍：《秦都雍城布局与结构探讨》，《考古学研究》，三秦出版社 1993 年版，第 134 页。

明，"城"是"卫君"的，"郭"是"守民"的。落实到考古资料上，
"城"内要有"君"住的宫殿，郭内要有"民"住的居民区。然则，
雍城的城垣是城还是郭？这需要依照雍城宫殿区的城垣系统来加以辨
明。雍城的三座宫殿区遗址外都有独立的城垣包围，可以说，三座主要
宫殿是各自分开的，雍城的宫殿区没有统一的宫城。根据以上论述，
"城"是用来"卫君"的，包围宫殿的城垣就是"城"。虽然雍城内的
三座宫殿群没有统一的城墙包围，但各有独立的城垣系统。所以，笔者
认为，雍有三座独立的"宫城"。另外，在雍的考古发掘中，"城垣"
之内，宫殿、宗庙遗址只是其中一部分，除此之外，还有完善的通向城
门的道路系统以及居民区、手工业作坊和市场。而在"城垣"之外，
除秦君贵族及国人墓地、一些具有离宫别馆性质的宫殿外，发现的手工
业作坊和居民区较少。这样说来，雍的"城垣"是将宫殿、宗庙、居
民区、手工业区等统统包围在内，应该算作"郭"城。因此，笔者认
为雍的城垣应是外郭城，而不是宫城，雍城的都城轮廓是有郭城而无单
一的宫城，是由若干自成一体的宫殿区组成的。[①]

目前，雍都已发现三座城门遗址以及方格状布局的八条道路。城内
共有干道八条，东西、南北向各四条，呈棋盘状，八条干道均埋在地表
下 1.20—1.70 米，宽 8—10 米，路土厚 40—60 厘米。八条干道把城内
分成 25 个坊状结构。相邻干道之间的距离不等，一般在 650—800 米，
最宽的 1300 米，最窄的 400 多米，其走向不甚端直，相互之间亦不平
行。目前发现的三个城门，均位于西城垣，与城内东西向干道中的三条
相通，门宽 8—10 米，大体上由三道组成，中间一道较宽，路土较厚，
两边两道较窄，且路土较薄。

雍城虽已发现三座城门，但根据城内八条干道的走向看，两端均朝
城墙方向延伸，因此干道两端与城墙相接处，应该都有城门存在。所
以，推测雍城当有十六座城门。

雍城有多座宫殿建筑。据《史记·秦始皇本纪》所载："康公享国
十二年，居雍高寝""共公享国五年，居雍高寝""桓公享国二十七年，
居雍太寝""景公享国四十年，居雍高寝""躁公享国十四年，居受

---

① 潘明娟：《秦雍城都城形态与规划》，《宝鸡文理学院学报》2006 年第 2 期。

寝”，说明高寝、太寝、受寝等均是秦都雍城的主要宫殿建筑群。据史书记载，雍城的宫殿建筑应该是十分华丽的。秦穆公时，雍城这座城市尚处于发展时期，戎族的贤者由余出使秦国，当他看到还处于修建之中的雍城时，曾感叹道：“使鬼为之，则劳神矣；使人之为，亦苦民矣。”①

经过考古工作者的努力，这些遗址在雍城均已被发现。雍城遗址主要有三大宫殿区，包括姚家岗宫殿建筑区，马家庄宗庙宫殿建筑区，铁沟、高王寺宫殿建筑区。

姚家岗位于雍城中部偏西，距雍城西垣约 500 米。在这里清理发掘宫殿遗址一处、凌阴遗址一处。宫殿遗址东部已被破坏，北部未及清理，仅发现西南部分。西南部分残存夯土基东西长 8.9 米，南北宽 2.8 米，厚 1—1.2 米。夯土基西高东低，上有夯土墙两段。夯土基的西南侧各有河卵石铺就的散水一道，西散水残长 3.6 米，宽 1.2—1.4 米，南散水残长 3.6 米，最宽处达 1.6 米。散水铺设极密，多用直径为 0.04 米的白色河卵石。凌阴遗址位于宫殿遗址的西北，是一平面近方形的夯土台基。夯土基的四边夯筑有东西长 16.5 米、南北宽 17.1 米的土墙一周，台基的中部有一东西长 10 米、南北宽 11.4 米的长方形窖穴，根据这一窖穴的位置、形制，发掘者推测其为冰窖，体积达 190 立方米。姚家岗遗址的使用时代是春秋时期，根据《史记·秦本纪》的记载，估计姚家岗宫殿区可能就是秦康公、共公、景公居住过的雍高寝建筑群。②

马家庄位于雍城中部偏南，发现四处建筑遗址，其中马家庄三号建筑遗址是四处建筑遗址最西边的一处。遗址南北长 326.5 米、北端宽 86 米、南端宽 59.5 米，面积约 21849 平方米。平面布局严谨规整，四周有围墙。由南至北可分为五座院落，五个门庭。各院落的南门均比其他门宽大，应为其主要门道③。该建筑遗址的时代为春秋中晚期，这与秦桓公居“雍太寝”的时间相近，由此推断，这可能是“雍太寝”宫殿区的一

---

①　《世纪·秦本纪》。
②　韩伟、焦南峰：《秦都雍城考古发掘研究综述》，《考古与文物》1988 年第 5、6 期。
③　同上。

座建筑①。据李如圭《仪礼·释宫》："周礼建国之神位，右社稷，左宗庙，宫南乡而庙居左，庙在寝东也"，马家庄三号建筑遗址位于马家庄一号建筑宗庙遗址以东，且时代相近，规模较大，故考古人员推测这里可能是寝宫之所在。

铁沟、高王殿建筑群位于雍城北部，北起铁沟凤尾村，南至高王寺，西到棉织厂、翟家寺。其中，凤尾村遗址现存面积约1万平方米，在此采集到的板瓦、筒瓦等，从形制上看大多为战国早中期的遗物②。1977年9月，在高王寺发现一处铜器窖藏，估计为战国中期以前秦国宫室的遗物③。除此之外，还发现多处战国秦的建筑遗址。据推测，这里很可能就是"雍受寝"。

另外，在雍都城外，还发现了蕲年宫、橐泉宫、年宫、来穀宫等离宫遗址，在雍城以南的三畤原一带还发现规模宏大的秦公陵园及贵族墓地。在雍城附近也发现了不少的苑囿，应为秦公游猎之地，如北园、弦圃、中圃等。④

总的来说，雍城的宫殿没有一步到位的整体性规划，主要表现在以下两个方面，其一，根据考古发掘资料分析，雍城的宫殿并不是同时建成的，而是在不同时期建造的；其二，雍城宫殿群主要有三座，宫殿群的选址表现出一定的随意性。但是，分析各座宫殿群的建筑，我们发现这时已经开始出现了左右对称的建筑格局。

在雍城还发现了为数较多的宗庙建筑遗址（下详）。

在雍城内外发现各种手工业作坊多处，如青铜作坊分布在雍城南部的史家河、中部的马家庄村北，城外北部的今凤翔县城北街等地；炼铁作坊分布在史家河和南郊的东社、高庄一带；制陶作坊在城内东部的瓦窑头、城外杨家小村、八旗屯均有发现。

---

① 马振智、焦南峰：《蕲年·橐阳·年宫考》，载《陕西省考古学会第一届年会议文集》（《考古与文物丛刊》第三号）。

② 陕西省雍城考古队：《1982年凤翔雍城秦汉遗址调查简报》，《考古与文物》1984年第2期。

③ 韩伟、曹名檀：《陕西凤翔高王寺战国铜器窖藏》，《文物》1981年第1期。

④ 何清谷：《秦国雍都附近的苑囿》，《秦汉论集》，陕西人民出版社1992年版，第111—126页。

在雍城内还发现了"市"的遗址，市位于城的北部，在北城墙南面偏东 300 米处，经详细勘探，知其是一个近似长方形的全封闭空间，四周有夯墙，西墙长 166.5 米，南墙长 230.4 米，东墙长 156.6 米，北墙长 180 米，墙宽 1.8—2.4 米。钻探时于四周围墙中部都发现有"门塾"遗址，宽 21 米以上，进深 14 米左右。墙体两侧均有瓦片堆积，应是夯墙上的覆瓦。四周有厚 1.5—2 米的夯土围墙基址，围墙内为露天市场，面积达 3 万平方米左右，和四川汉画像砖上的市亭图基本一样。① 西墙的市门已经过发掘，南北长 21 米，东西宽 14 米，建筑呈"凹"字形，进入门口处有大型空心砖踏步，从门四周的柱洞及瓦片堆积情况推断，门上有四坡式大屋顶建筑，遗址内出土有秦半两钱、鹿纹等图案瓦当及一件钤有"咸□里□"的陶器残底。

从其布局来看，市显然是经过规划设计的。市周围有围墙，四边开门，市门上有市楼。市的交易限时限地，分门别类，集中管理。在西南市门外，还发现两道南北向车辙，可见这座市场处于南北向和东西向干道之间，这样，既便于货物流通，也有助于对"市"的规划设置和对其交易状况的了解。据出土文物的种类及纹饰推测，这座"市"建筑的使用时间颇长，是从战国早期至秦汉之际，几乎相当于雍城作为都城的全部时间。

雍城自德公元年（前 677）定都起，直到秦朝灭亡（前 207 年），在四百多年的时间里，其政治地位始终重要。秦穆公（前 659—前 621 年在位）时雍城已是西北最有名的城市，他以此为据点"广地益国，东服强晋，西霸戎夷"②。秦灵公之后，秦国的行政中心离开了雍城，但是，雍城仍然是秦人的都城之一，秦人凡有大事都要到雍城告知祖庙，例如，秦王嬴政的冠礼就是在雍城进行的。秦灵公之后的大部分秦公、秦王也都归葬雍城。这就显示了雍城失去行政中心地位后的圣都地位。

四　泾阳和栎阳

泾阳和栎阳这两座都城在秦的发展史上起了很大作用，使秦国实力

---

① 韩伟、焦南峰：《秦都雍城考古发掘研究综述》，《考古与文物》1988 年第 5、6 期。
② 《史记·秦本纪》。

由弱变强，疆域由小变大，在对东方的战争中由守势变为攻势。特别是在栎阳期间，秦国进行了"献公改革"和"商鞅变法"的前半部分，使秦的政治关系、经济关系都发生了深刻的变化，法家思想成为秦的主导思想，影响了秦国以后的发展。

（一）泾阳

《史记·秦始皇本纪》记载："肃灵公，昭子子也。居泾阳，享国十年。""献公元年，止从死，二年，城栎阳。"在秦灵公和献公之间，还有秦简公（享国15年）、惠公（享国13年）、出子（享国2年）、灵公（享国10年），公元前424—前383年，共计41年，秦以泾阳为都城。

关于秦以泾阳为都，王国维先生的《秦都邑考》说：

> 《史记》于《始皇本纪》论赞后复叙秦世系、都邑、陵墓所在，其言与《秦本纪》相出入。所记秦先公谥号及在位年数，亦与《本纪》及《六国表》不同，盖太史公别记所闻见之异辞，未必后人掺入也。其中云肃灵公（即秦本纪之灵公），居泾阳，为秦本纪及六国年表所未及。泾阳一地，注家无说，余曩作猃狁考，曾据此及泾阳君、高陵君之封，以证诗六月之泾阳，非汉安定郡之泾阳县。今更证之：考春秋之季，秦晋不交兵者垂百年，两国间地在北方者，颇为诸戎蚕食。至秦厉公十六年，始堑河旁，以兵二万伐大荔，取其王城，则今之陕西同州府大荔县也。二十一年，始县频阳，则今之蒲城、同官二县间地也。至灵公六年，晋城少梁，秦击之，十三年，城藉故，皆今之韩城县地。然则厉共公以后，秦方东略，灵公之时，又拓地于东北，与三晋争霸。故自雍东徙泾阳。泾阳者，当在泾水之委（今之泾阳县）。绝非汉安定郡之泾阳也。且此时，义渠方强，绵诸未灭，安定之泾阳，与秦中隔诸戎，势不得为秦有，即令秦于西北有斗入之地，而东略之世，决无反徙西北之理。[①]

从王国维先生的论述可以看出，他认为秦灵公是从雍城东徙泾阳

---

① 王国维：《秦都邑考》，《观堂集林》卷十二，中华书局1959年版。

的，以泾阳为都邑，并指明泾阳就在现在的泾阳县。

（二）栎阳

秦献公即位后将都城从泾阳迁于栎阳。

灵公迁都泾阳后，秦多次发动对东方的战争，但由于当时内政混乱，"秦以往者数易君，君臣乖乱，故晋复强，夺秦河西地"。"会往者厉、躁、简公、出子之不宁，国家内忧，未遑外事。"[①] 多次发生宫廷政变，使秦一蹶不振，要打破这种局面，迁都是必要的。迁都可以摆脱旧贵族乱政的不利局面。另外，栎阳的地理条件比泾阳好，这里是交通要道，"北却戎翟，东通三晋"[②]。

因此，秦献公时期"镇抚边境，徙治栎阳，且欲东伐，复穆公之故地，修穆公之政令"[③]。从秦献公二年（前383）开始建都到秦孝公十二年（前350）迁都咸阳，栎阳作为秦的临时都城34年。

都城栎阳，位于雍城东北。其遗址在今陕西临潼县栎阳镇东12.5千米的武家屯附近。据考古工作者的勘探试掘，探出3条街道、6个城门和500多米夯土城墙，发现了7处重点建筑。南北向大街，南端在西相村北，北端在古城屯南，全长2232米，宽10.7米。两端各有一门。南门门道路宽5.7米，门道西侧有长方形夯土面一个，南北长7米，东西宽4.5米。北门门道路宽6.8米，两侧有城墙断面，墙宽2.7米。其向东延伸340米，向西断续约200米。夯土下有少许扰土。东西向一街，东端在御宝屯西，西端在邢家村东，全长1801米，宽15.7米。两端各有一门，东端门道路宽5.8米，西端门道路宽6米。东西向二街，在一街之北，长度与之相同，宽17.7米。两端各有一门，东端门道路宽8.5米，西端门道路宽8.1米。据此，勘探者推测栎阳城是呈南北长、东西窄的长方形，东西长1801米，南北长2232米。栎阳城的重点建筑之一号、二号、三号位于东西向一街以南，四号、五号位于城内北部，六号位于城东，七号位于城南。[④]

1980—1981年中国社会科学院考古研究所对遗址进行了勘探和试

---

① 《史记·秦本纪》。

② 《史记·货殖列传》。

③ 《史记·秦本纪》。

④ 田醒农、雒忠如：《秦都栎阳遗址初步勘探记》，《文物》1966年第1期。

掘。勘探的结果是，发现了南、西城墙和 3 处门址，道路 13 条，建筑基址等 15 处，其东、北城墙可能被水冲毁。也有人认为本身不存在东和北城墙，而以石川河为天然屏障。此外，在城址东南 1500 米处探出战国秦汉墓葬 50 座，多为小型墓。①

栎阳在政治上的一件大事是献公改革，改革的主要内容有：其一，改变了秦历史上长期的奴隶制残余——人殉制度，规定"止从死"。其二，实行"五家为伍"的户籍制度。其三，推行县制，建立了四个县，特别是把栎阳改为县，更具有重大意义，因为在当时情况下，县的设置一般都是在军事要冲。其四，"初行为市"，发展商业。秦献公的改革起了重大作用，使秦的国力增强了，在向东发展中取得了重大胜利。献公死后，秦孝公即位，在栎阳进行了又一次彻底的变法革新运动。秦孝公元年（前361），宣布："宾客群臣有能出奇计强秦者，吾且尊官，与之分土。"他招贤纳士，变法图强。商鞅闻令到了秦国，劝说秦孝公"变法修刑，内务耕稼，外劝战死之赏罚"②，孝公采纳了他的变法主张。从此秦国日益富强，为以后统一六国奠定了坚实基础。

商鞅变法取得了重大成果，沉重打击了奴隶主旧贵族势力，壮大了新兴地主阶级力量，发展了封建经济，增强了秦国的军事力量，稳定了封建统治秩序。公元前 352 年，商鞅由左庶长升为大良造，他率军东渡黄河，几次打败魏国，直打到魏国的国都安邑。商鞅变法后，秦国"兵革大强，诸侯畏惧"③，"家给人足，勇于公战，怯于私斗，乡邑大治"④，秦国的综合国力大增。

栎阳的经济得以迅速发展。献公七年（前355），"初行为市"，对商品经济的发展起了重要作用，出现了"多大贾"的局面。考古发掘中多次出现陶文"栎市"也证实了史书的记载。栎阳也是秦代军工生产的主要产地，秦惠文王的相邦樛游戈铭和昭襄王十四年的相邦冉戈铭，有"栎阳工""栎阳丁师"，工师是制造器物的"工官之长"，关

---

① 中国社会科学院考古研究所栎阳工作队：《秦汉栎阳城遗址的勘探和试掘》，《考古学报》1985 年第 3 期。

② 《史记·秦本纪》。

③ 《战国策·秦策一》。

④ 《史记·商君列传》。

于工师的职责，《吕氏春秋·季春纪》以及《云梦秦简》的《均工》《秦律杂抄》等篇中均有记载。从铭文"栎阳工""栎阳工师"等来看，表明该兵器为栎阳的工官主管制造，发现此类铭文的还有雍城和咸阳等地。

五　咸阳

都城咸阳在今咸阳市东约 10 千米处，后世称渭城，因在北山及渭水之阳而得名。

公元前 350 年（即孝公十二年），商鞅进行了第二次变法，这次变法的一项重要内容就是将秦国的行政中心由栎阳迁往咸阳，而以后的改革便在咸阳宫中筹划了。

咸阳地理位置优越，交通方便，尤其是水路，沿渭水而下，出函谷关，可通东方六国，逆渭水、泾水而上，可得关中之利；向南逆灞水而上，越过秦岭再顺丹水而下，可到达南阳和楚国各地。关中农业发达，为秦国的发展提供了丰富的物产。因此，咸阳具备成为国都的天然条件。

咸阳是从秦孝公十二年（前 350）开始为都的，《史记·秦本纪》记载：秦孝公"十二年，作为咸阳，筑冀阙，秦徙都之"。咸阳的宫殿阙楼就是商鞅监修的。商鞅当时任大良造，掌握军政大权。据记载，为使人人皆知"商君之法"，商鞅曾在咸阳冀阙上公布法令。

秦都咸阳的规模随着秦国实力的增加和秦国疆域的扩大而不断扩大。咸阳一开始位于渭河以北，自惠文王以后，咸阳已不再局限于渭河以北，秦在渭河以南修建了兴乐宫、甘泉宫、信宫、诸庙、章台、上林苑等建筑，使之成为都城的组成部分。秦始皇称帝之后，对咸阳继续营建，据《三辅黄图》记载："北至九嵕甘泉，南至鄠、杜，东至河，西至汧、渭之交，东西八百里，南北四百里，离宫别馆，相望连属"，"始皇穷极奢侈，筑咸阳宫，因北陵营建，端门四边，以则紫宫，象帝居"。因此确切地说，秦咸阳的城市规模是横跨渭河，北至泾水，南达终南山。

宫殿主要分布在渭河南北两岸，即"渭水贯都以象天汉，横桥南渡以法牵牛"。渭水北塬上有咸阳宫、兰池宫，渭南有阿房宫；诸庙、章台、上林苑也都在渭南。除上述宫殿之外，秦都咸阳还有兰池宫①、望夷宫②、章台③、兴乐宫④、甘泉宫⑤、信宫⑥等。

咸阳当时是个大都会，人口有七八十万，除贵族官吏，还云集四方商旅、技艺工匠。居民分布是"仕者近宫，不仕与耕者近门，工贾近市"。近门者，即指一般居民住在城外。

咸阳的手工业有官营和民营，位于宫殿区附近的手工业是专为宫廷服务的。考古工作者在遗址区发现有遍地铁渣，其间杂有铁块和炉渣、红烧土、草灰等。还发现了南北156米、东西60米的冶铜作坊遗址，采集到了铸造铜器的陶范。铸铁、冶铜和制陶作坊遗址，均分布在宫殿建筑遗址附近，说明这类手工业是专为宫廷服务的。从宫殿遗址出土的砖瓦戳文来看，如戳"大匠""右司空尚""左宫""右宫"等，应是都司空、左右司空、将作大匠和其他秦中央官署直接管辖下的制陶作坊。这类官作坊专为修筑宫殿或陵园烧制砖瓦。陶器和瓦片上还戳有"咸阳于市""咸阳成申"等文，这是咸阳市府所属的作坊标记。这类地方官办作坊，一方面烧制日用陶器，作为商品，供应市场；另一方面制造供王宫和陵园使用的砖瓦等。官营手工作坊的技艺是很高的，如壮观豪华的宫殿、楼阁、苑囿、桥梁等。从宫殿遗址发现的云纹、葵纹瓦当和构思巧妙的蝉纹瓦当，以及制作精美的大型龙纹空心砖、壁画等来看，说明咸阳聚有一批技艺高超的工匠。

民营作坊在城外。咸阳西南部发现许多制陶窑地，以及大量制成品

---

① 《史记·秦始皇本纪》三十一年，"始皇为微行咸阳，与武士四人俱，夜出逢盗兰池，见窘，武士击杀盗"。

② 《三辅黄图》："在泾阳县界长平观道东，北临泾水，以望北夷，以为宫名。"

③ 《史记·廉颇蔺相如列传》："秦王坐章台，见相如。"《史记·楚世家》："楚王至，……朝章台，如蕃臣，不与亢礼。"《史记·苏秦列传》："苏秦说楚威王曰：今欲西面而事秦，则诸侯莫不西面而朝章台之下矣。"《史记·秦始皇本纪》："诸庙及章台、上林皆在渭南。"《史记·樗里子甘茂列传》："昭王七年，樗里子卒，葬于渭南章台之东。"

④ 《三辅黄图》："兴乐宫，秦始皇造，汉修饰之，周回二十余里，汉太后常居之。"《史记·孝文本纪·正义》："秦于渭南有兴乐宫，渭北有咸阳宫，秦昭王欲通二宫之间，造横桥，长三百八十步。"

⑤ 《史记·秦始皇本纪》："秦王乃迎太后于雍而入咸阳，复居甘泉宫。"

⑥ 《史记·秦始皇本纪》："二十七年，作信宫渭南，已而更名信宫为极庙，象天极，自极庙道通骊山。"

和半制成品，如盆缸等陶器。在日用陶器上戳有工匠名称和冠以里居字样，如"咸鄘里角""咸芮里喜"等。民间的器具是作为商品在市场上出售的，受到市府的稽查和管理，标记"咸"字即说明这类作坊经营的合法性。

第二节　秦的圣都及其地位

笔者认为，秦的都城体系是圣都俗都体系，根据我们第一章对圣都和俗都所下的定义，我们的讨论从秦封诸侯后第一个都城西垂开始。

一　西垂的圣都地位

《史记》中有记载秦先祖中潏"在西戎，保西垂"，到非子时"居犬丘"，秦庄公时"居其故西犬丘"，文公时"居西垂宫"。关于西垂、西犬丘、犬丘，王国维先生认为："余疑犬丘、西垂本一地，自庄公居犬丘号西垂大夫，后人因名西犬丘为西垂耳。"[1] 徐中舒先生认为："西犬丘又称西垂。"[2] 何清谷先生认为："西垂大夫应是以今甘肃天水市一带为食邑，治所在西犬丘，所以西犬丘又名西垂。"[3] 则三个名字作为秦的都城是指同一个地方。

西垂是秦人称"秦"之前就居住的地方，非子就是"居犬丘"，后因养马有功，周孝王"分土为附庸，邑之秦，使复续嬴氏祀，号曰秦嬴"[4]。但是，经过秦侯、公伯、秦仲，到庄公时，又"居其故西犬丘"。在西垂，庄公被封为西垂大夫，其子襄公以诸侯的身份建立西畤祭天。可以说，西垂是秦人跻身诸侯之列的开端，是秦人开始发迹的地方。襄公营建汧都，并没有完全放弃西垂，他在西垂设置了秦的第一座祭天建筑西畤[5]，开创了秦人祭天的传统。襄公死后，葬于西垂，其继承人文公"居西垂宫"，三年后才重新征战，"以兵七百人东猎"。这足

---

① 王国维：《秦都邑考》，《观堂集林》卷十二，中华书局 1959 年版，第 530 页。

② 徐中舒：《先秦史论稿》，巴蜀书社 1992 年版。

③ 何清谷：《嬴秦族西迁考》，载《秦文化论丛》第一辑，西北大学出版社 1993 年版。

④ 《史记·秦本纪》。

⑤ 《史记·秦始皇本纪》。

以说明西垂在秦人心目中的地位。西垂在秦人的祭祀活动中占有一定的地位。这里有秦襄公设置的祭天的西畤，有"先王宗庙"①，有"数十祠"②，还有秦几位先君的陵寝。同时，秦人离开西垂之后，并没有在汧、汧渭之会和平阳建设宗庙及祭天建筑，秦人的祭祀活动还是在西垂举行，西垂有着"祭仪上的崇高地位"，是秦的第一座圣都。

表6—1 秦早期都邑

都城	经历的国君	做政治中心（主要都城）的起止年代	建都时间	礼制建筑	都城地位
西垂	庄公、襄公、文公	庄公元年（前821年）—襄公二年（前770年）、文公元年（前765年）—文公三年（前763年）	55年	西畤、宗庙、陵墓	西垂是秦人开始发迹的地方，是张光直先生所谓"最早的都城"，是圣都。
汧	襄公	襄公二年（前770年）—襄公十二年（前766年）	11年	未见记载	俗都
汧渭之会	文公、宁公	文公四年（前762年）—宁（宪）公二年（前714年）	48年	未见记载	俗都
平阳	宁公、出公、武公	宁（宪）公二年（前714年）—武公二十年（前678年）	36年	未见记载	俗都

但是，由于秦早期国力弱小，都城规模也不大，仅有一两个宫殿或宗庙而已。秦在西垂（西犬丘）仅有西垂宫③，到平阳时也只有一个"平阳封宫"④ 而已。受到都城规模的限制，西垂的礼制建筑，规模并

---

① 《史记·秦始皇本纪》。
② 《史记·封禅书》。
③ 《史记·秦本纪》。
④ 同上。

不大，数量也不是很多。

二 雍城的礼制建筑

先秦时代是崇尚鬼神、祖先的时代，祭祀天地、鬼神与祖先在国家政治中占有重要地位。这种思想，反映到都城的营建上，就有了"凡帝王徙都立邑，皆先定天地社稷之位，敬恭以奉之。将营宫室，则宗庙为先，厩库次之，居室为后"的顺序[①]。

秦德公时迁都雍城，到秦灵公建都泾阳时，雍城作为秦都城已达254年，在秦都城发展史上具有里程碑的作用。可以说，雍城是秦人修建的第一座大规模的都城，以至于西戎人由余在观看了秦都城后不禁慨叹："使鬼为之，则劳神矣；使人为之，亦苦民矣。"[②] 这样大规模的都城，礼制建筑就比较庞杂了。因此，雍在秦人的礼制建筑中拥有独特而重要的地位。

姚家岗遗址的大郑宫是一座以宗庙为主的建筑。姚家岗遗址发现的牛羊祭祀坑及祭祀用玉器，说明了这一点。[③]

在雍城，还发现了独立的宗庙建筑——马家庄一号建筑群遗址。这座建筑遗址坐北朝南，平面为长方形，位于雍城中部偏北。南北残长约76米，东西宽87.6米，面积约为6660平方米。由大门、中庭、朝寝、亭台及东西厢等部分组成，整个建筑四周有围墙环绕，布局规矩整齐。大门由门道、东西塾、回廊、散水等部分组成。东西宽达18.8米，南北进深因南部残损已不可知。中庭位于大门北面，为一中间微凹下，四周稍高的空场，平面为长方形，南北长34.5米，东西宽30米。中庭南部有夯土路面三条，踩踏面一条，分别连接大门、东厢、西厢等。朝寝在中庭的北侧，由前朝、后寝、东西夹室、北三室、回廊、散水、东西阶等部分组成，东西宽20.8米，南北进深13.9米。亭台平面呈长方形，东西宽5.4米，南北长3.8米，四边无檐墙，四角各有角柱一对，外有石子散水环绕。东西厢分别位于中庭之东西侧，均由前堂、后室、

---

① 《三国志·魏书》卷二十五。
② 《史记·秦本纪》。
③ 陕西省雍城考古队：《凤翔马家庄一号建筑群遗址发掘简报》，《文物》1985 年第 2期。

南北夹室、东（西）三室及回廊、台阶组成，东厢南北面阔 24 米，东西进深 13.9 米，西厢残缺。在上述建筑的四周有夯土围墙，东围墙现存两段通长 55.9 米，南北各发现一个门址。西围墙现存通长 71.1 米，中段残缺，北段有一门址。南墙残损最甚，仅发现西侧一段，长 10 米。北墙保存完整，长 87.6 米。在马家庄一号建筑遗址内，出土有各种陶瓦、铜质建筑构件。在中庭、东西厢南侧及祖庙厢内，发现各类祭祀坑 181 个，牛羊有全牲、无头和切碎三种祭祀形式，坑与坑之间存在着复杂的打破关系，这是多次祭祀的结果。

根据遗址祭祀中出土的遗物、建筑的总体布局及有关史籍记载，初步认为马家庄一号建筑群的建筑年代应为春秋中期，废弃时间应在春秋晚期。[①] 可以说，一号建筑群是包括祖庙、昭庙、穆庙、祭祀坑等在内的一座较完整的大型宗庙遗址。马家庄一号宗庙遗址是迄今发现规模较大、保存较完整的先秦高级祭祀建筑。

雍城还有许多祭祀天地鬼神的建筑。"自古以雍州积高，神明之隩，故立畤郊上帝，诸神祠皆聚云。"[②] 秦人祭上帝，立有"四畤"，且这四畤都在雍都。雍四畤，已经有一些学者做过实地踏查与文献考证[③]。其中，有鄜畤，秦文公立，祠白帝；密畤，秦宣公立，祠青帝；吴阳上畤，秦灵公立，祠黄帝；吴阳下畤，秦灵公立，祠炎帝。除此之外，雍还有其他祠庙。"雍有日、月、参、辰、南北斗、荧惑、太白、岁星、填星、（辰星）、二十八宿、风伯、雨师、四海、九臣、十四庙、诸布、诸严、诸逑之属，百有余庙。"[④]

雍城还是自德公以后二十几位国君的陵寝所在地。

可以说，雍城的礼制建筑规模大、规格高。这足以说明雍在秦人心目中的崇高地位。根据前述张光直先生关于"圣都"的概括，"保持祭仪上的崇高地位的国都"可以称之为"圣都"。是否可以把雍看作秦的另一

---

① 陕西省雍城考古队：《凤翔马家庄一号建筑群遗址发掘简报》，《文物》1985 年第 2 期。

② 《史记·封禅书》。

③ 王学理：《咸阳帝都记》，三秦出版社 1999 年版，第 164、165—166、168、171 页；田亚岐：《秦汉畤研究》，《考古与文物》1993 年第 2 期。

④ 《史记·封禅书》。

个圣都呢？我们需要考察秦人离开雍之后，在泾阳、栎阳及咸阳各都城建造的礼制建筑的规格、规模以及雍在祭祀方面的重要性等问题。

三　雍在秦都泾阳、栎阳时期的圣都地位

一般认为，泾阳和栎阳是秦为了对付东方的魏国而修建的临时性都城，其建都的目的很明显是同魏国争夺河西之地。秦穆公时已拥有河西之地，但后来又被魏国夺走，一个重要的原因就是秦的都城雍距离河西地区太远，鞭长莫及。所以为了夺回河西之地，打开东进之路，必须把都城往东迁，因此灵公时"居泾阳"，献公、孝公时"徙治栎阳"，最终夺回了河西之地，完成了"复穆公之故地"的任务，而且迫使魏国把都城由安邑迁往东方的大梁。秦孝公牢固掌握河西之地后，栎阳完成了其使命，都城被迁到了咸阳。

泾阳、栎阳是临时性都城。由于建都的临时性目的及建都时间较短的现实，这两座都城在建设上较为简单，规模不大。据考古发掘，栎阳城东西长约 2500 米，南北宽约 1600 米，3 条东西向干道横贯全城，东西城墙各辟有 3 个城门，3 条南北向干道有 2 条通向城外，南北城墙相应各辟有 2 个城门。城内发现大型建筑基址 10 处，但宫殿所在难以判定[1]。据记载，泾阳没有礼制建筑，秦灵公在居泾阳时，在雍附近作吴阳上畤、吴阳下畤，这说明虽然泾阳为政治、军事中心，但雍仍保持着宗教祭祀上的优势；而栎阳也只是因为"栎阳雨金，秦献公自以为得金瑞，故作畦畤栎阳而祠白帝"[2]。因此，从礼制建筑的规模和规格来说，这两个都城在祭祀方面并不完备，可以说是设施不完全的都城。在这两座城附近并没有发现大型墓葬，说明这一时期的秦王死后并未埋葬于此。尚志儒《秦陵及其陵寝制度浅论》认为"雍城墓地……葬德公以下，献公前的 20 位国君（其中包括未享国的太子 1 人），历时近 300 年"[3]，可以看出，泾阳、栎阳时期，国君还是归葬雍城的。那么，在秦国国君的心目中，雍与泾阳、栎阳相比还是更有分量的。

---

[1]　中国社会科学院考古研究所栎阳发掘队：《秦汉栎阳遗址的勘探和试掘》，《考古学报》1985 年第 3 期。

[2]　《史记·封禅书》。

[3]　尚志儒：《秦陵及其陵寝制度浅论》，《文博》1994 年第 6 期。

既然泾阳、栎阳在祭祀、礼制方面没有履行其都城职能，我们可以推断，原来的都城雍可能一直保持着祭仪上的崇高地位，雍是泾阳、栎阳时期的圣都。

当然，雍的圣都地位在泾阳时期和栎阳时期的是不一样的。秦灵公居泾阳时，还在雍附近设立吴阳上畤、吴阳下畤，而且从雍城的马家庄一号建筑遗址的使用年代来看，它的下限延续至春秋晚期，即泾阳时期。这说明在泾阳时期雍的圣都地位比较牢固。到了栎阳时期，一方面，没有考古发现证明雍的宗庙建筑继续使用，另一方面，秦献公在栎阳设立畦畤这种礼制建筑，则昭示着雍的圣都地位有了下降的趋势。

四　西垂、雍与咸阳的关系

秦由栎阳迁都咸阳，有利于秦东出函谷关与六国争锋。咸阳位于渭河中游与下游分界处，是控制关中地区东西大道的咽喉。东西大道是关中地区交通的主干道。由于咸阳以东的渭河北岸有泾河、石川河、洛河等大川，横渡这些河流并非易事，故东出的道路必须在咸阳渡渭，沿渭南侧出函谷关；与此相反，咸阳以西的渭河南岸有涝河、黑河等大川，而渭北的咸阳原东西二三百里却没有一条河流，地形平坦，从咸阳西行，当然以走咸阳原最为理想。同时，咸阳附近的渭河河势顺畅，两岸土质坚硬，容易建立渡口或修建桥梁。在咸阳建都，能够更好地发挥水陆交通的优势。

在咸阳建都期间，咸阳礼制建筑得到了前所未有的发展。

秦人祭天，主要的地点有咸阳之郊、雍四畤、甘泉宫圜丘等。其中咸阳之郊在咸阳。秦人"三年一郊。秦以十月为岁首，故常以十月上宿郊见，通权火，拜于咸阳之旁，而衣上白，其用如经祠……西畤、鄜畤，祠如其故"[①]。这说明秦始皇在咸阳之旁郊天已成定制，但西垂之"西畤"、雍城之"鄜畤"等仍然发挥其作用。

宗庙祭祀在秦代备受重视。"秦始皇云：赖宗庙之灵，六王咸服其辜，天下大定。"[②] 秦之咸阳的宗庙，主要包括秦始皇及其以前所修的

①　《史记·封禅书》。
②　《史记·秦始皇本纪》。

"诸庙"和秦始皇时期新修、秦二世定名的"秦始皇极庙"。关于"诸庙"的位置，有记载："诸庙、章台、上林皆在渭南"①，其中，秦昭王庙的位置有较具体的记载：

> 樗里子卒，葬于渭南章台之东，曰："后百岁，是当有天子之宫夹我墓。"樗里子疾室在于昭王庙西、渭南阴乡樗里，故俗谓之樗里子。至汉兴，长乐宫在其东，未央宫在其西，武库正直其墓。②

梳理各建筑的位置，应当是樗里子墓在长乐宫、未央宫之间，压在武库遗址之下，樗里子疾室当在其东不远的地方，而秦昭王庙在其东侧。而长乐宫、未央宫、武库的位置今已勘察清楚③，所以，秦昭王庙大致位置在渭南汉长安城的东南部。秦代诸庙的位置大概也多在此地。

秦始皇极庙原名信宫，建于秦始皇二十七年（220），竣工后改名"极庙"，秦二世尊之为"始皇庙"，以礼进祠，为"帝者祖庙"④。其位置当在渭河南岸。

秦统一之后，有"立社稷"的举措⑤。汉兴，"除秦社稷，立汉社稷"⑥。据刘庆柱推测，"汉初之社可能是在秦咸阳城的秦社基础之上建成的"⑦，则秦社的位置应该在汉社稷所在的汉长安城南郊。

尽管咸阳的礼制地位不断上升，但是在秦定都咸阳期间，西垂和雍的地位仍不可小觑。秦代的宗庙，直到秦二世时期，仍是"先王庙或

---

① 《史记·秦始皇本纪》。
② 《史记·樗里子列传》。
③ 刘庆柱：《汉长安城的考古发现及相关问题研究——纪念汉长安城考古工作四十年》，载《古代都城与帝陵考古学研究》，科学出版社2000年版，第125—141页。
④ 《史记·秦始皇本纪》。
⑤ 《史记·李斯列传》。
⑥ 《三辅黄图校注》（陈直校注本），陕西人民出版社1980年版，第124页。
⑦ 刘庆柱：《汉长安城的考古发现及相关问题研究——纪念汉长安城考古工作四十年》，载《古代都城与帝陵考古学研究》，科学出版社2000年版，第135页。

在西、雍，或在咸阳"① 的格局。在秦人迁都咸阳后，雍的宗庙仍维持着高规格的奉祀制度。秦昭襄王"五十四年（前253），王郊见上帝于雍"②。秦王嬴政九年（前238）"四月，上宿雍。己酉，王冠带剑"③。这是秦王嬴政按照当时的礼制传统到雍都旧地的祖庙行"冠礼"。这些史实都反映了圣都在礼制上的重要地位。通过这些史实也可以看出，随着秦人经营咸阳的时间延长以及咸阳的礼制建筑增多，圣都的地位也在逐渐下降。对于西垂来说，秦人的政治中心离开这里已经近五百年了，其圣都地位下降得最厉害。雍城虽然还能保持"祭仪上的崇高地位"，但与泾阳时期、栎阳时期相比较，咸阳时期的秦王已经在咸阳附近祭天、建社稷，也不再归葬雍城，种种迹象表明雍城的圣都地位在咸阳时期已大大下降。

从西垂、汧、汧渭之会、平阳，到雍城以及后来的泾阳、栎阳、咸阳的迁都路线可以看出，秦数次迁徙俗都，其真正原因是为了开疆拓土，达到扩张的目的。

表6—2　　　　　　　　雍及以后都城的礼制建筑及地位

都城	作为主要都城经历的国君	都城起止年代	建都时间	礼制建筑	地位
雍	德公、宣公、成公、穆公、康公、共公、桓公、景公、哀公、惠公、悼公、厉共公、躁公、怀公	德公元年（前677）—秦亡（前207年）	471年	大郑宫以宗庙为主的建筑、马家庄一号独立的宗庙建筑、雍四畤、先王庙、陵寝等	圣都
泾阳	灵公、简公、惠公、出子	灵公元年（前424）—出子二年（前384）	41年		俗都

---

① 《史记·秦始皇本纪》。
② 《史记·秦本纪》。
③ 《史记·秦始皇本纪》。

续表

都城	作为主要都城经历的国君	都城起止年代	建都时间	礼制建筑	地位
栎阳	献公、孝公	献公元年（前384）—惠文王十三年（前349）	36 年	畤畤	俗都
咸阳	孝公、惠文王、武王、昭王、孝文王、庄襄王、秦王政、秦二世	惠文王十三年（前349）—秦亡（前207年）	143 年	咸阳之郊祭天建筑、诸庙、秦始皇极庙、社稷	俗都

　　说明：1. "经历的国君"和"都城起止年代"根据方诗铭编《中国历史纪年表》（上海辞书出版社1980年版）相关资料整理；"礼制建筑"根据相关考古资料和文献资料整理。

　　2. 计算雍的建都时间，从秦德公建雍（公元前677年）开始，但不应结束于秦灵公元年（前424）迁都泾阳时，而应计算后来雍作为"圣都"的时间。这样，雍作为都城的时间下限为秦灭亡（公元前207年），其建都时间为471年。雍独立为都的时间为254年。

第三节　秦圣都与俗都的关系

　　总结秦的圣都（西垂和雍城）与俗都的地域组合关系和功能互补关系，我们可以发现以下几条规律。

　　第一，在秦向东扩展的过程中，圣都充当秦的大后方，是永久性都城，而俗都是为军事目的而建的，是暂时性都城。

　　随着秦向东的逐步扩展，都城也由西向东逐步推进。在秦的大部分时期，东方是向前扩展的疆域，俗都是前线都城，圣都则是根据地，是永久性都城。前期的圣都西垂是汧、汧渭之会、平阳的根据地，后期的雍城是泾阳、栎阳、咸阳的根据地。

　　兹以雍以后的都城为例说明之。

　　雍以后的都城，无论是泾阳、栎阳还是咸阳，在开始时无疑都是作为军事性都城而暂时存在的。

　　泾阳和栎阳是秦为了对付东方的魏国而修建的临时性都城，其目的纯粹是为了对东方的战争。秦穆公时已拥有河西之地，但后来又被魏国夺走，一个重要的原因就是秦的都城雍距离河西之地太远，鞭长莫及。

所以要想夺回河西之地，打通东进之路，必须把都城往东迁，因此灵公时"居泾阳"，献公、孝公时"徙治栎阳"。秦在对魏战争中不断胜利，魏从对秦的战略攻势变为守势，除把国都迁到大梁之外，还修建长城以御秦。随着对魏战争的胜利，泾阳、栎阳也失去了都城的作用，秦遂迁都咸阳。这说明这两个都城都是临时的军事性质。

迁都咸阳的目的是便于东出函谷关与六国争锋。如前所述，咸阳的东西方向交通便利，虎距关中、俯视关东，它的区位要比雍或泾阳和栎阳有利得多。全国统一之后，都城的选址范围扩大了，但权衡下来，圣都雍太过偏西，而咸阳进可统治全国，退可保有秦人旧有之地，成为都城的首选。

圣都在军事性都城的后方，主要发挥着国家宗教祭祀功能。

同时，在春秋及战国初期，秦的国家政权机构较为简单，基层组织尚不健全。而秦基层组织的健全是在商鞅变法之后逐渐实现的。因此，不能仅仅在中心区域建立一座都城实施对全国的统治和治理，不然会存在鞭长莫及的现象。而秦又不停地开疆拓土，其中心区位在不断变化，这样，仅依靠一座都城，很难对国家进行有效治理，以保障国家在对外战争中的实力。设置几个政治中心，对原有统治区和新辟统治区分别进行管理，是一个行之有效的办法。

第二，秦的圣都经过精心经营，较之俗都规模宏大、规划整齐。

由于缺乏相关资料，西垂的都城规模和规划情况我们已无从知晓。但通过比较雍城及其以后的栎阳，我们仍可以看出圣都与俗都的诸多差别。

表6—3　　　　　　　　　　　雍城和栎阳规模的比较

都城	雍城	栎阳
规模大小	3300×3200 m^2	2500×1600 m^2
城门遗址	发现3座城门，推测有16座城门	发现3座城门，推测有10座城门
道路	8条道路纵横城内，通向城门	6条道路，其中有3条东西横贯全城

都城	雍城	栎阳
大型夯土遗址、手工业作坊及市的遗址	城内有 3 座宫殿群遗址和 1 座宗庙遗址及其他大型夯土遗址，手工业作坊多处，"市"的遗址等	有属于战国秦汉时代的遗址（包括夯土遗址，手工业作坊、居址）10 处
墓葬遗址	有秦公陵园及贵族墓地 40 余处	平民小型墓葬 50 多座

说明：1. 泾阳城尚未发掘，故不与雍城相比较。

2. 由于咸阳的礼制地位上升很快，加之咸阳后来成为统一帝国的都城，其规模不能与其他都城混为一谈，故上表不列咸阳。

资料来源：陕西省雍城考古队：《秦都雍城钻探试掘简报》，《考古与文物》1985 年第 2 期；中国社会科学院考古研究所栎阳发掘队：《秦汉栎阳遗址的勘探和试掘》，《考古学报》1985 年第 3 期。

从上表可以看出，无论从城圈规模、城门多少、道路多寡，还是从城内建筑规格及墓葬等级等方面相比，雍城的规模无疑比栎阳大得多。

第三，圣都独立为都的时间较长，而俗都建都时间相对较短。

根据表 6—1、表 6—2 的数据，我们可以清楚地看到这一点。西垂作为秦人的发迹之所，有 55 年为政治中心（主都），在西垂之后的都城，汧作政治中心的时间只有 11 年，汧渭之会 48 年，平阳 36 年。雍城独立为都的时间是 254 年，泾阳只有 41 年，栎阳 36 年，咸阳自建立到秦灭亡，也只有 143 年的时间。从公元前 821 年秦庄公"居其故西犬丘"开始，到公元前 207 年秦灭亡为止，共 600 多年的时间，西垂和雍城独立为都的时间加起来超过其半数。而作为祭祀性都城，这两座都城对秦王朝的影响是自始至终的。从经营都城的国君数量来看，有 3 位国君以西垂为政治中心，14 位国君以雍为政治活动的主要舞台。当然，国君的数量多少并不能完全说明都城的重要性，但国君的数量与都城的建都时间相结合，我们可以感受到一座都城对于一个王朝的重要与否。可以说，圣都是秦人经营时间比较长的都城，在秦人的都城史上占有重要的地位。

第四节　本章小结

秦封为诸侯之后有八座都城：西垂（西犬丘）、汧、汧渭之会、平阳、雍、泾阳、栎阳、咸阳。从都城的宗教地位来看，这些都城可以分为圣都与俗都两大类，西垂、雍为圣都，其他都城是不同时期的俗都；从都城的军事地位来看，可分为前线都城和根据地都城，一般来说，俗都都是前线都城，是为了开拓疆土而建立的，圣都则为根据地都城。在春秋中期之前，秦国以西垂为圣都，同时西垂也是秦人根据地，汧、汧渭之会、平阳是秦国进攻关中的前线都城，是俗都。春秋中期，秦人建都雍城，以雍城为根据地继续向东扩展，但并未放弃西垂，因此，在战国时期，秦人有两座圣都：西垂与雍。

与岐周和曲沃相比，秦国的都城制度发展了"圣都—俗都"体系。张光直论述的三代"圣都"是"最早的都城"，"保持着祭仪上的崇高地位"，这样的"永恒基地"只有一座，其他都是暂时性的俗都。从这个意义上讲，西垂是当之无愧的秦国圣都。但是，随着秦离开西垂时间的延长，西垂的圣都地位不断下降。这一点西垂与岐周、曲沃是相同的。

与岐周、曲沃、西垂相比，雍不是政权最早的都城。在雍为主都时期，秦人的都城体系中，西垂为圣都，雍为俗都。同时，秦人经营雍二百多年，雍的祭祀设施及都城规模都远远超过西垂，因此，在秦人的行政中心离开雍城，到了泾阳和栎阳之后，雍仍然是秦人的宗教祭祀中心，即圣都。只有在秦人的行政中心离开之后，雍才能确立其圣都地位。雍的圣都地位的确立，在很大程度上是因为经营时间长、都城规模大，堪为秦人的根据地和祭祀中心。这样，在秦的都城发展史上，就有两座圣都。

表6—4　　　　　　　　　　　秦国都城设置概况

都城	为都时期	都城地位	都城之间的关系
西垂	春秋早期至战国晚期	由主都转变为圣都	至战国晚期仍为祭祀重地
汧	春秋早期	俗都	与西垂并存
汧渭之会	春秋早期	俗都	与西垂并存
平阳	春秋早期	俗都	与西垂并存
雍	春秋中期至战国晚期	由主都转变为圣都	与西垂并存

都城	为都时期	都城地位	都城之间的关系
泾阳	战国早期	俗都	与雍、西垂并存
栎阳	战国早期	俗都	与雍、西垂并存
咸阳	战国中晚期	俗都	与雍、西垂并存，战国中晚期的主都

第七章
楚国的多都并存与都城体系

楚国是西周时期的封国，西周中后期直至秦始皇统一六国，始终是南方的一个大国。在长达七八百年的历史中，它的都城设置纷繁复杂，一方面有国都的迁徙现象，包括异地同名、异地异名等不同情形，另一方面还存在着多座都城同时并存的现象。

第一节　楚国都城概貌

关于楚国的都城迁徙及多都并存制度，前人研究颇多。

从都城数量来看，前人意见颇不一致。清人王鸣盛曰："楚都有五：一丹阳，二郢，三鄀，四陈城，五寿春。"① 周有恒以为楚除丹阳之外，"国都曾六迁，凡五都，皆曰'郢都'，为郢、鄀、陈、钜阳、寿春"②，其中，钜阳之为都似恐不确③。曲英杰认为楚都有丹阳、郢、鄀、鄢、成阳、钜阳、寿春，为七都，不包含陈郢④，然而陈城作为楚都史有明文⑤，曲英杰否定陈城似无依据。冯永轩则以为楚都有十：丹阳、漳沮、鄂、郢、鄀、鄢、西阳、陈、钜阳、寿春⑥，冯氏所加之漳

---

① （清）王鸣盛：《蛾术篇·说地》，上海古籍出版社 2003 年版。
② 周有恒：《千年遗址 南国完璧——楚郢都漫话》，《文史知识》1989 年第 1 期。
③ 《史记·六国年表》：楚考烈王十年（前 253 年）"徙于钜阳"，恐不确。详见陈伟《楚东国地理研究》，武汉大学出版社 1992 年版，第 157—158 页；徐少华《周代南土历史地理与文化》，武汉大学出版社 1994 年版，第 362—363 页。
④ 曲英杰：《先秦都城复原研究》，黑龙江人民出版社 1991 年版，第 377—403 页。
⑤ 《史记·楚世家》。
⑥ 冯永轩：《说楚都》，《江汉考古》1980 年第 2 期。

沮或即亦名"丹阳"（详见下文论述），鄂则为别都，西阳似无所据。因此，上述诸都城中，比较明确的楚都有：丹阳、郢、都、鄀、陈和寿春等。

从都城的政治地位来看，在所有楚都之中，有的是主要都城，有的是陪都，有的只是作为行都而存在。楚国的都城体系发展可以分为三个阶段。第一阶段，楚文王迁郢之前。学者大多认为楚文王以前封居丹阳，丹阳为文王之前的主要政治中心。第二阶段，楚文王至楚顷襄王二十一年（前278），楚国以郢为主都时期。文王时楚国始都纪郢①（又名南郢，今湖北江陵北纪南城），直至楚顷襄王二十一年（前278），秦将白起攻破郢都。在这三四百年之间，南郢是楚的主要都城。吴楚之战时期，楚曾迁都于鄀，鄀作为行都（临时都城）存在不到两年的时间。南郢时期是楚国都城体系发展的主要时期，除了主都南郢之外，大部分陪都亦在这时建立。近年来，在包山楚简中又出现了栽郢、蓝郢、㠭郢、郍郢等带郢字的地名，学者或以为楚之陪都。②此外，另有学者曾罗列先后作为楚别都的城邑包括：鄂、鄀、都、西阳、陈、蔡、东不羹、西不羹、穰、城阳（即成阳）、项城、钜阳等12处。③正如唐余知古在《渚宫旧事》中所云："是皆昭、惠后叶，莫不于焉（指南郢）根本，则知鄀、都之迁，权道也，非久都明矣。"第三阶段，白起破郢后至楚国灭亡。郢都破后，楚顷襄王仓皇逃于陈城，迁都于陈，故陈城又称郢陈或陈郢。《史记·楚世家》记载，楚考烈王二十二年（前241），"楚东徙都寿春，命曰郢"。楚王负刍五年（前223），"秦将王翦、蒙武遂破楚国，虏楚王负刍，灭楚名为郡"。寿春为楚国的最后一座都城，历时十九年。在楚国的都城发展史上，主要政治中心的迁移集中在第一阶段，多座都城同时存在的情形集中在第二个阶段。

从建都时间长短和对楚国历史的影响而言，有学者认为，楚国都城可分为三个不同的等级，丹阳、郢长期作为楚国主都存在，当为第一等级，陈、寿春在战国后期楚国失郢之后作为主都存在，应为第二等级，

---

① 《史记·楚世家》。

② 刘彬徽、何浩：《论包山楚简中的几处楚郢地名》，《包山楚墓·附录二四》，文物出版社1991年版，第564—568页。

③ 马世之：《关于楚之别都》，《江汉考古》1985年第1期。

都、鄀、城阳和其他陪都、行都可视为第三等级的都城。①

由上述分析可见楚都城体系之复杂。本章试图梳理楚国都城设置情况，以丹阳与郢的发展脉络为主，在廓清楚国都城设置的基础之上，研究西周至春秋战国时期楚国多都并存制度的实施状况。

第二节　楚国始都丹阳

楚国的始都为丹阳殆无疑义，但是何时建置丹阳，城址安在？一直是楚都领域的疑案。兹略举诸说，示其大意，并就丹阳都城相关问题作进一步的探索。

一　丹阳始都问题

关于丹阳建都的问题，有两种说法。

第一种观点认为鬻熊始"封于楚"居丹阳。

西汉刘向最先提出鬻熊始受周封。《史记·楚世家》中只说到"鬻熊子事文王蚤（早）卒"之事，而《别录》不然。《别录》云："《鬻子》二十二篇，名熊，封于楚"，并引《世本·居》篇所记："楚鬻熊居丹阳"，从而确立了鬻熊始受周封于楚、居丹阳之说。

据清人宋翔凤的解释，是因为西汉时刘向见到了《鬻子》一书的原作。宋说："《左传·桓二年》正义引《世本》云：'楚鬻熊居丹阳'……太史公或未见《鬻子》，故《世家》传早卒之说。《地理志》本伏无忌等原文，亦仅据汉初图籍，而附以相沿之说。惟刘向父子校中秘书，乃见《鬻子》书有文王、武王、成王之间，知熊至成王时尚存，定熊自封丹阳。向述《世本》，亦著鬻熊居丹阳之说，而不言熊绎。今传《鬻子》为唐人伪托，其原文则见贾子《新书·修政》语，有文王以下问粥（粥通鬻）子之事，当采自《鬻子》也。"因此，宋认定："战国丹阳……当丹水、淅水之汉处……鬻子所封正在此处。"②

今人孙重思认为：贾谊《新书·修政语下》保留了文王、武王、成王问鬻熊之篇，鬻熊并非"蚤卒"，以"熊"为氏，自鬻熊始。《世

---

① 晏昌贵、江霞：《楚国都城制度初探》，《江汉考古》2001年第4期。
② （清）宋翔凤：《过庭录》，中华书局1986年版。

本·居》篇记"楚鬻熊居丹阳",若无封国,何以"居丹阳"?且凡《居》篇所记之"居",莫不帝、侯所部,亦都是始封国之所"居",即都邑所在,如该篇记"召公居北燕……蔡叔居上蔡……唐叔虞居唐……郑厉公居栎"等。所以,"鬻熊居丹阳"就应当是楚始受封者鬻熊建都于丹阳。①

第二种观点认为熊绎居丹阳。

关于熊绎受周封、居丹阳的记载相对较多。

《世本》:"鬻熊为文王师,封其曾孙熊绎于楚","成王封熊绎于楚,子孙以熊氏"。

《史记·楚世家》:"熊绎当周成王之时,举文、武勤劳之后嗣,而封熊绎于楚蛮,封以子男之田,姓芈氏,居丹阳。"

《史记·三代世表》:"楚熊绎。绎父鬻熊,事文王。初封(熊绎)。"

《汉书·地理志》:"周成王时。封文、武先师鬻熊之曾孙熊绎于荆蛮,为楚子,居丹阳"。

《国语·郑语》:"夫黎为高辛氏火正。"杜预注云:"季连之后曰鬻熊,事周文王,其曾孙熊绎,当成王时,封为楚子。"

《左传·桓公二年》孔疏有云:"其后有鬻熊事周文王,早卒。成王封其曾孙熊绎于楚以子男之田,居丹阳。"

《说文解字》"楚"段玉裁注云:"楚,芈姓,楚熊绎始居丹阳。"

上述记载基本认可最初被周王室分封的是熊绎。记载鬻熊居丹阳的只有《鬻子》一书,现已证明是伪书。因此,"有些书中以鬻熊为楚之始封者,那是袭伪承谬,不足凭信的"②。而熊绎受周封丹阳之说,《世本》《史记》《汉书》皆有明确记载,《左传》《国语》虽少了受封的字眼,也说得很明白。同时,周原甲骨的发现也为熊绎受封作了印证。《国语·晋语》中记载成王岐阳会盟之事,在周原发现的第八十三号卜

---

① 孙重恩:《楚始受封者——鬻熊》,《江汉论坛》1981 年第 4 期。
② 冯永轩:《说楚都》,《江汉考古》1980 年第 2 期。

·199·

甲中得到印证："曰：今秋楚子来告□后□"①。经对卜甲出土基址木柱碳屑进行¹⁴C 测定，其绝对年代为公元前 1095±90 年。地点、时间、爵位皆与熊绎受封相契合。

上述记载中基本一致的还有周成王封楚子一事，可由此确定丹阳的始都年代。从周成王三年楚始受封迄于楚文王熊赀元年"始都郢"（前 1099—前 689），丹阳作为楚国的始都，历时四百多年。

当然，上述诸记载也有混乱的地方，就是熊绎与鬻熊的关系，只有《史记·三代世表》记载熊绎为鬻熊之子，其他记载均称熊绎为鬻熊曾孙。按，文王至武王，两代共计七十余年，若鬻熊为文王师，又早卒，则当在文王即位伊始去世，七十余年可传二至三代，则熊绎为鬻熊曾孙的记载比较可靠。

二　丹阳地望的动态探讨

关于丹阳的地望，历代史家多有记述，至今无一说为考古资料所证实，构成楚都城研究领域的一大公案，聚讼纷纭。甚至已经出版的历史地图，标记也不统一，兹列表 7—1。

表 7—1　各种历史地图中对楚始都丹阳和秦楚之战的丹阳（战场）的标注

图集名称	有关图页			备注
	西周时期	春秋时期	战国时期	
中国史稿地图集（上册）	无丹阳标志			郭沫若主编，地图出版社 1979 年版
中国历史地图集（第一册）	将楚始都丹阳标志于今秭归县		将丹阳（地区）标注于今丹、淅之会	谭其骧主编，地图出版社 1982 年版
中国历史地图集	将楚 1（丹阳）标注于今丹、淅之会			顾颉刚主编，在《中国历史地图集地名索引》中注明："楚 1（丹阳）（西周）（今河南淅川）"

---

① 顾铁符：《周原甲骨问"楚子来告"引证》，《考古与文物》1981 年第 1 期。

图集名称	有关图页			备注
	西周时期	春秋时期	战国时期	
春秋列国形势图		将楚始都丹阳标注于今秭归县		中华地图学社编制，1976 年
战国诸侯称雄形势图			将丹阳（地区）标注于今丹淅之会	

考虑到异地同名问题，关于丹阳地望的争论可以大致分为两种论点：一地论和多地论。

（一）一地论

一地论者不接受丹阳的异地同名可能，认为楚自周始封立国于丹阳至"始都郢"，丹阳只在一地。一地论的丹阳地望，前后有以下说法：秭归说①、宜昌说②、枝江说③、当阳说④、荆山说（南漳

---

① 北魏郦道元最先提出秭归说。《水经注·江水》："《经》：（江水）有东过秭归县之南。《注》：故《宜都记》曰：'秭归盖楚子熊绎之始国，而屈原之乡里也'"；"江水又东经一城北，其城凭岭作固，二百一十步，夹溪临谷，据山枕江，北对丹阳城，城据山跨阜，周八里二百八十步，东北两面悉临绝涧，西带亭下溪，南枕大江，阴峭壁立，信天固也，楚子熊绎始封丹阳之所都也……又楚之先王陵墓在其间。"此语出后，自唐以降，历代地理典籍多相沿用。如，《括地志（辑校）》卷四"归州"云："丹阳故城，归州巴东县也"；"归州巴东县东南四里归故城，楚子熊绎之始国也。有熊绎墓在归州秭归县"；"归州秭归县丹阳城，熊绎之始国。"《元和郡县志·阙倦意文》卷一"归州"云："秭归县，汉置秭归县……丹阳城，在县东七里，楚之旧都也。周武王（按：应为周成王）封熊绎于荆丹阳之地，即此也"；"夔子城，在县东二十里，西周成王封楚熊绎，初都丹阳，即此也。"《舆地志》云："秭归县东有丹阳城，周回八里，熊绎始封也。"其他还有《太平寰宇记·归州·夔子城》《读史方舆纪要·归州》《大清一统志·宜昌城·古迹》等均以为丹阳在秭归。

② 《中国历史》的作者夏曾佑先生提出"楚初封之丹阳在今宜昌境内"，但未说明城之所在，亦无论证，故缺乏继续讨论的基础。

③ 东汉颍容最早提出楚始都丹阳在今枝江说。唐张守节在《史记·楚世家》正义中因颍容《传例》云："楚居丹阳，今枝江县故城是也。"唐孔颖达在《左传·桓公十二年》疏中引《世本》注者三国时期宋仲子（宋衷）云："丹阳在南郡枝江县"。刘宋裴骃在《史记·楚世家》集解中引晋宋间人徐广曰："（丹阳）在南郡枝江县。"可见，枝江说早于秭归说。唐余知古在《渚宫旧事》中沿用此说："成王即位，封其孙熊绎于楚，以子男之田，居丹阳，实枝江。"清光绪《江陵县志》："鬻熊孙熊绎始封，居丹阳，今枝江也。"今人宗德生支持此说，见《楚熊绎所居丹阳应在枝江说》，《江汉考古》1980 年第 2 期。然对于枝江说，现代有许多否定的说法。

④ 1974 年在当阳境内发现一座规模甚大的故城遗址，高应勤、程耀庭著文《谈丹阳》（《江汉考古》1980 年第 2 期）认为这就是丹阳故址。此地在 1978 年前还属于枝江，故当阳说仍可视为"枝江说"的派生说法。但是，就目前所见到的考古资料难以判断这座古城可早至西周初期。

说)①、临沮说②、江汉间说③、丹淅说④、淅川龙城说⑤、小丹阳说⑥。其中，秭归说、宜昌说、枝江说、当阳说、临沮说、江汉间说、淅川龙城说、小丹阳说等看法目前已经基本被否定，学者的意见主要集中到丹淅二水之间的河南淅川说、新出现的湖北南漳说的论点上，此外还有一些学者将丹阳锁定在丹江上游的陕西商县⑦。

---

① 周成王时的铜器"矢令簋"有："惟王伐楚白（伯），才（在）炎。"段渝认为这段铭文应是记载周成王南征之事。楚人战败后，被周室迁往荆山，处于西六师的直接监视之下。荆山方位当在今南漳县西北。王光镐（《楚文化源流新证》，武汉大学出版社1988年版，第275—376页）、张正明、喻宗汉（《熊绎所居丹阳考》，《楚学论丛》，《江汉论坛》编辑部，1990年9月，第8—21页）均主此说。

② 临沮说认为丹阳当在今南漳县治东南6千米的临沮村。"临沮说"有四个前提，缺一不可：一，熊丽始封，居丹阳；二，汉临沮县城是今南漳县临沮村；三，鄀在宜城；四，古沮、漳河为今蛮河。汉临沮城在荆山东南，故址在今远安县西北17千米，南齐时在当阳西；隋改临沮为南漳，唐时临沮在当阳西北，清代临沮故城应在南漳西南60千米。因此，汉临沮故城无论如何也到不了现在的南漳县志西南6千米的临沮村。故此说不足信。

③ 刘和惠《楚丹阳考辨》（《江汉论坛》1985年第1期）认为："丹阳未曾称都"，"周初时楚尚不具备产生城的社会条件"，因此，"丹阳地望应在江汉间，而非他处"。此说没有指出丹阳具体的地望，因此，也无法进一步讨论。

④ 清人宋翔凤（《楚鬻熊居丹阳、武王徙郢考》，宋翔凤《过庭录》卷四）认定《世本》所云"鬻熊居丹阳"应是在"丹水、析水入淝之处"的"丹淅"。钱穆《屈原居汉北为三闾大夫考》（见《先秦诸子系年·上册》，中华书局1985年版，第387页）、童书业《春秋左传研究·春秋初楚都》（上海人民出版社1980年版）、童书业（《楚郢都辨疑》，载《中国古代地理考证论文集》，中华书局1962年版，第91—92页）、冯永轩《说楚都》（《江汉考古》1980年第2期）、顾颉刚（见《中国历史地图集》）、张西显《浅说楚都丹阳在淅川》（《中原文物》1983年特刊）、张正明（《豫西南与楚文化》，载《楚文化研究论集》第四集，河南人民出版社1994年版，第22—27页）、赵世纲（《从楚人初期活动看丹阳之所在》，载《楚文化研究论集》第四集，河南人民出版社1994年版，第37—50页）等均持此说。

⑤ 1979年在河南淅川县荆南部发现一座古城遗址，当地俗称龙城。丹阳在淅川龙城之说因而兴起。裴明相认为："楚丹阳自熊绎以来，并不在'丹淅之会'，而很可能在丹水下游的下寺龙城遗址。"（《楚都丹阳试探》，《文物》1980年第10期）裴明相《再论楚都丹阳》（见湖北省楚史研究会、武汉师范大学学版编辑部合编《楚史研究专辑》，1982）仍持此观点。刘彬徽在其论文《试论楚丹阳和郢都的地望与年代》（《建汉考古》1980年第1期）和《再论楚都丹阳的地望》（见湖北省楚史研究会编、武汉师范大学学版编辑部合编《楚史研究专辑》，1982年）中反驳了这个观点。

⑥ 此说以为丹阳在今安徽省当涂县东五十里之小丹阳镇。《汉书·地理志·丹扬郡》有："故鄣郡，属江都……县十七：……丹阳，楚之先熊绎所封。十八世，文王徙郢。"今人郭沫若（《大系》）、王玉哲（《楚族故地及其迁移路线》）均主此说。北魏郦道元已辨其非，《水经注·江水》："《地理志》以为吴之丹阳，论者云……是为非也。"

⑦ 石泉、徐德宽：《楚都丹阳地望新探》，《江汉论坛》1982年第3期；石泉：《再论早期楚都丹阳地望——与"南漳说"商榷》，载《楚文化研究论集》第四集，河南人民出版社1994年版，第10—21页；周光林、郭云进：《楚丹阳地望新探》，同前书，第64—79页；刘士莪、黄尚明：《荆山与丹阳》，同前书，第28—36页。

（二）多地论

认为楚自始封立国于丹阳至"始都郢"的漫长时间里，丹阳可能是异地同名，其间有都城的迁徙流动。

第一种见解：始都秭归，后徙枝江（见表7—2）。

表7—2　　　丹阳"始都秭归，后徙枝江"的相关记载

丹阳（秭归）	丹阳（枝江）	郢都	出处
熊绎始都	文王徙郢于此，亦曰丹阳		《通典》
熊绎始都	？移枝江	都郢	《元和郡县志》
鬻熊始都	文王徙郢于此，亦曰丹阳		《通释》
鬻熊居丹阳、熊绎始都	熊渠或其自熊翔都于此	文王熊赀都郢	今说

第二种见解：初封荆山，再徙龙城①。丹阳的迁徙路线是：熊绎初封在丹阳（今南漳县李庙区），康王徙都龙城（今淅川县南部下寺东"龙城遗址"），也称丹阳。

第三种见解：起源荆山，始都磨山，旋徙季家湖古城，后徙郢②。

第四种见解：始居荆山，次徙丹阳，再徙秭归，后又徙于当阳或枝江③。

第五种见解：始居商州之丹阳，次徙丹淅④。

第六种见解：始居丹淅，次居荆山⑤。

（三）丹阳地望的动态探讨

笔者认为，《左传·昭公二十三年》记载熊绎时期的楚国，"土不过同"，其中的"同"指百，也就是说，国土不过百里。在这种疆土狭

① 陈心忠：《楚国初期都城新探》，湖北省楚史研究会1985年年会论文。

② 高应勤：《再谈丹阳》，《楚史研究专辑》，1982年。

③ 安金槐：《试论商代楚文化遗存及其有关问题》，河南省楚文化研究会论文。

④ 石泉、徐德宽：《楚都丹阳地望新探》，《江汉论坛》1982年第3期；石泉：《齐、梁以前古沮、漳源流新探——附荆山、景山、临沮、漳乡、当阳、麦城、校江故址考辨》，《武汉大学学报》（社会科学版）1982年第1、2期。

⑤ 张正明：《楚都辨》，《江汉论坛》1982年第4期；张证明、喻宗汉：《熊绎所居丹阳在睢山、荆山之间考——简论南漳县的改治》，湖北楚史研究会1984年年会论文；顾铁符：《楚邑考》，载《楚史研究专辑》，湖北省楚史研究会、武汉师范学院学报编辑部会编，1984年。

小的情形之下，国都似乎并没有太多的选择，但是，随着疆域的扩展，政治中心的迁移开始出现。因此，在楚国早期阶段，"丹阳"似乎并不专指一地，有可能是异地同名。

西周初期，丹阳似应在丹江流域。一方面，鬻熊事周文王、熊绎受封于周成王的事迹，都是与周天子直接相关的。周与楚国关系既然如此密切，两者在地域上就不会离得太远。另一方面，《史记·鲁周公世家》也有记载："及成王用事，人或谮周公，周公奔楚。"西周时期，周公如果出镐京、过武关，奔楚至丹江流域是比较容易的。因此，鬻熊和熊绎时期的楚国政治中心"丹阳"应在丹江流域无疑。

丹江流域疑似丹阳的地望有陕西商州和河南淅川两处。其中，陕西商州的丹阳与"丹水之阳"地望相符，《史记·楚世家》记载："十七年春，与秦战丹阳。"《索隐》曰："此丹阳在汉中"，而且，这里有丹江的支流"楚水"及其发源地"楚山"可为佐证。河南淅川在春秋早期为都国，都与楚同为芈姓，应该是楚的衍生小国或附属国。河南淅川一带，战国时有确凿地名"丹阳"。而且淅川下寺春秋楚墓的发掘，也是对河南淅川"丹阳"说的一个有力支持。

陕西商州和河南淅川两处都有可能是"丹阳"，这两地均与中原地区相近，而且有商洛古道可以同西周政治中心丰镐联系。两地的区分似乎只在时间早晚。可能商州的丹阳稍早一些，比较适于做鬻熊时代的政治中心；淅川的丹阳略晚，比较适于做熊绎时代的政治中心。当然，从山地迁徙到平原，从河川的上游迁徙到河川的下游，这是人类文明发生、发展的一般规律，可能也是楚国早期政治中心"丹阳"迁移的路线。

《楚世家》记载"当夷王之时，王室微，诸侯或不朝，相伐。（楚君）熊渠甚得江汉间民和，乃兴兵伐庸、扬粤，至于鄂……"那么，至迟到周夷王时代，楚人的政治中心已在汉水下游以南、长江以北的三角形地区，并据此以向西、南、东三方继续发展，因此，西周晚期楚国的政治中心应当已经离开丹江流域来到地处南漳、保康一带的荆山。而且，春秋早中期都国在原淅川丹阳的存在，也排除了楚国政治中心仍在淅川的可能性。

荆山的当阳赵家湖楚墓和淅川下寺楚墓相比，地理环境方面有相似之处：两者所濒临的河流沮漳河、丹江，其实际流向都是由北而南；当阳赵家湖墓地与沮河、漳河汇合处相距不远，淅川下寺墓地则与丹、淅两水汇合处相距不远。河川形势的相似之处，使得楚人完全有可能在新都沿用老都的地名丹阳。《读史方舆纪要》卷七十八"楚自秭归之丹阳迁此，仍曰丹阳"的记载，虽然前半句"秭归丹阳"说已经被证明不妥，但后半句仍是颇有见地的。从种种迹象来看，西周晚期以降，楚国的政治中心"丹阳"又有了迁徙，由丹江流域迁徙到沮漳河流域。

因此，笔者认为"丹阳"是随着楚人迁徙的轨迹而移动的，是一种典型的异地同名现象，其迁徙过程应该是由丹江上游的今陕西商州迁至丹江下游的今河南淅川，再迁至今湖北沮漳河流域。

第三节　楚国都郢时期的多都并存

公元前770年，周王室东迁，周王朝对诸侯国的控制能力一落千丈。为了适应王室东迁后政治格局的大变动，楚国在春秋前期将国都从丹阳迁到了郢。

关于楚国这次迁都，文献有不同记载。《左传·桓公二年》唐孔颖达《正义》引《世本》："楚鬻熊居丹阳，武王迁郢。"《史记·楚世家》却记："文王熊赀立，始都郢。"楚武王年代在前740—前690年，文王元年则在前689年，二者年代前后衔接。然则楚自丹阳迁都郢的具体时间到底是武王时期还是文王时期？学界意见不一。清人宋翔凤从楚武王向外开拓疆土的历史背景来考察，推测是在楚武王二十五年（前706年）[1]；石泉等则基于童书业春秋时期巴国在陕西东南部汉水上游的意见，根据《左传·桓公九年》所记的巴、楚、邓三国的位置关系，认为楚迁都郢"盖不出楚武王二十八年至四十二年初（公元前703—699年初）之间"[2]。《左传·庄公四年》载，楚武王伐随，"卒于樠木之下"。樠木，山名，在钟祥，现有楚武王墓。楚武王死在军中后，楚军将帅继续"除道，梁溠，营军临随"，终于迫使随人求和，才撤军回楚[3]，"济汉

---

① （清）宋翔凤：《楚鬻熊居丹阳、武王徙郢考》，《过庭录》卷四。
② 石泉：《楚都何时迁郢》，《江汉考古》1984年第4期。
③ 石泉：《古代曾国——随国地望初探》，《武汉大学学版》（社会科学版）1979年第1期。

而后发丧"①。国君丧事一定是在都城营办，从上述"济汉"可以看出楚军回都城的路线，如果政治中心仍在丹淅之会的丹阳，只要傍汉水北岸，经由穰县（今河南邓州）一带，就可回到都城，根本无须"济汉"。这段事实足以说明楚武王死时都城已经在郢。因此，笔者认为石泉先生的观点比较周全。

文献对郢的都城地位记载非常明确，如：

> 《世本·居》："楚鬻熊居丹阳，武王徙郢。"
> 《左传·昭公二十三年》记载，楚平王时期，楚令尹囊瓦城郢，当时楚沈尹戌曾表示异议："国焉用城？"
> 《史记·楚世家》："文王熊赀立，始都郢。"
> 《史记·货殖列传》："江陵故郢都，西通巴蜀，东有云梦之饶。"
> 《汉书·地理志》："江陵，故楚郢都，楚文王自丹阳徙此，后九世平王城之，后十世秦拔我郢，徙陈。"

上述文献完全可以确定郢的主要都城地位。

郢的地望也可根据文献确定。《左传·僖公十二年》："黄人……曰：'自郢及我九百里，焉能害我？'"这里，郢与黄有九百里的距离，而黄的地望是比较清楚的。《史记·楚世家·正义》载："《括地志》：黄国故城，汉弋阳县也，秦时黄都，嬴姓，在光州定城县四十里也。"即今河南潢川县。根据地图并按比例计算，今自潢川县至江陵纪南城近700里，古一里较今里为短，据长沙出土的楚国铜尺长23.00厘米，这样可计算楚900里今则为630里，同潢川至江陵距离比较接近。另外，《左传》杜注："楚都于郢，今江陵纪南城是。"《说文解字》："郢，楚故都，在南郡江陵北十里。"《水经注·江水》："江水又东经江陵县故城南，谓楚都也。"《括地志》："楚平王更城郢，今江陵东北八里郢城是。"因此，可以确定郢的地望在今湖北江陵县北。

在与文献记载相对应的地点，目前发现了纪南城，从考古资料来

---

① 《左传·庄公四年》。

看，纪南城具有明显的都城要素。① 随着考古工作的推进，还有可能发现一些楚国城址，只要它的地理条件和城市规模不超过纪南城，也就难以说明是郢。

一　郢与鄢、都的都城关系

文献中关于鄢的记载较少，大多数情况下"鄢"是与"郢"连在一起的。

（一）关于"鄢郢"的不同观点

战国、秦汉的史书中，常用"鄢郢"作为楚国的国都名称。例如《战国策·齐策三》："鄢郢者，楚之柱国也。"所谓"柱国"就是国都的意思。又如《史记·楚世家》中也提到楚鄢郢。其后的史书中也有许多类似的记载。很清楚，"鄢郢"是指当时楚国的都城。但"鄢郢"是一个地名还是两个？如果是两个地名，"鄢"的地望在何处？"鄢""郢"二者关系如何？对此，历来的史家有不同的说法，归纳起来主要有以下四种。

第一种观点，认为"鄢郢"是一个地名，就是今湖北宜城东南的郢城。《水经注·沔水》云："城故鄢郢之旧都，秦以为县"，就是把鄢郢看作一座城。唐代余知古明确提出鄢曾是楚都："楚昭王避敌迁都，惠王因乱迁鄢"②，鄚即鄢。其后南宋鲍彪注《战国策·秦策一》曰："昭王徙郢，所谓故郢。又自郢徙都与鄢。"清代顾栋高的《春秋大事表》③ 卷七"列国都邑表"之四也记载"楚又尝自都徙鄢，逾年而复"。这些记载都认为"鄢"曾做过楚国的国都。根据惯例，楚文王之后，楚都皆称"郢"，故"鄢郢"即指鄢都。王仁湘持这种观点，他说"楚王为避吴难，曾一度迁都于鄢，故又有'鄢郢'之称"④，认为吴伐楚时，楚昭王或惠王曾自都迁鄢，鄢城曾一度作过楚国的国都。可是此事缺乏较古的史料依据。根据《左传》《史记》等的记载，楚昭王十二年

---

① 参见湖北省博物馆《楚都纪南城的勘查与发掘》，《考古学报》1982 年第 3、4 期；郭德维《楚都纪南城复原研究》，文物出版社 1998 年版；等等。

② （唐）余知古：《渚宫旧事》卷一，《渚宫旧事译注》，湖北人民出版社 1999 年版。

③ （清）顾栋高：《春秋大事表》，中华书局 1993 年版。

④ 王仁湘：《楚鄢故都访古》，《江汉论坛》1979 年第 2 期。

（前504）"迁郢于鄀，而改纪其政，以定楚国"，楚昭王迁都于鄀。其后楚国基本没有发生什么内乱，不见从鄀迁郢的记载，这一时期，楚国国力大增，灭顿、灭胡、侵蔡，进兵北方，都取得巨大成功。可见，楚昭王曾迁都于鄀，这一点当无可疑。而后，《汉书·地理志》说若（鄀）"楚昭王畏吴自郢徙此，后复还郢"。我们虽然不能确定何时由鄀迁归南郢，但可以肯定楚昭王在鄀时间不长，不久即迁还南郢，中间并无徙都鄢城之事。楚昭王本人因救陈而卒于城父（今安徽亳州东南），其子惠王，还迁郢都。楚惠王时期，没有迁都的记载。由此可见，说昭王或惠王曾建都于鄢，似乎不太可靠。因此，《水经注·沔水》把鄢城称为"鄢郢之旧都"，钱林书先生认为"旧都"或是"别都"之误。①

第二种观点，认为鄢郢是指今宜城东南的鄀都。鄀是楚昭王时的国都，故亦可称"郢"，而鄢城在鄀的西北，二地相距甚近，既说"鄢郢"，则可能指"鄀"。例如顾栋高在《春秋大事表》卷七之四中说："昭王徙郢于鄀，兼称鄢郢，以鄢与鄀俱在宜城县地相近，故称鄢以别于江陵之纪郢也"。近人钱穆亦认为："鄢郢者，在鄀，不在江陵……江陵之郢，公谷定公四年皆称南郢，盖自吴师入郢，而楚即去之不复都矣。楚都鄢若，至荀子时犹然。然则白起之入楚都，乃汉域之鄢郢，非江域之纪郢也……楚昭王尝自若徙鄢，逾年而复，鄢若相近，而非一地（《方舆纪要》鄢城在宜城县西南九里，若城在宜城县东南九十里）。楚既都鄀，鄀亦称郢，以其近鄢，故名鄢郢，以别于旧郢也。"②

这种说法的理由好像也不太充分。楚文王之后，楚都皆可称郢，这无疑问。因此，后人的记载为了不致混淆，往往使"郢"跟原来城邑名连称，如纪郢、郢陈（或陈郢）等。鄀都完全可以称为"郢都"或"鄀郢"，而无须称"鄢郢"，因为鄢只是鄀附近的城邑而已。另外，根据先秦文献记载看来，"鄢郢"不可能只指鄀。如《战国策·齐策六》记载："鄢郢大夫，不欲为秦，而在城南下者百数，王收而与之百万之师，使收楚故地，即武关可以入矣。"又如《史记·苏秦列传》记载：

----

① 钱林书：《"鄢郢"解》，《江汉论坛》1981年第1期。
② 钱穆：《再论楚辞地名答方君》，《古史地理论丛》，台北大图书公司印行，1982年，第182—183页。

"大王不从，秦必起两军，一军出武关，一军下黔中，则鄢郢动矣"。这里所说"鄢郢"明显是指楚国长期的政治中心，可以指代楚国。所以"鄢郢即都"的说法不能令人信服。

第三种观点，认为鄢郢包括鄢和郢二城。例如童书业先生认为"'鄢郢'盖包鄢、郢二邑而言"①，理由是郢和鄢都曾是楚都，"昭王迁郢，惠王又迁鄢"，故才有"鄢郢"之名。笔者认为，不把"鄢郢"看作一地，这种思路是正确的，可是，鄢郢是不是包括鄢和郢，则有待商榷。如前所述，"惠王迁鄢"既不可信，以此为前提的"鄢郢即鄢、若二地"的结论似乎也就无从谈起了。另外，从上文提及的《战国策·齐策六》《史记·苏秦列传》的记载来看，"鄢郢"似包含南郢在内。因此，鄢郢似不可能指鄢和郢。

第四种观点，认为鄢郢包括楚国的国都南郢和别都鄢城两个地方。钱林书先生认为："史书记载的战国鄢郢，不能指郢，也不能单指鄢城，更不能指郢和鄢二城，而是应指江陵北的楚都郢城及别都鄢城，故可以把鄢郢联称作为楚国当时国都的通名。"② 笔者试证明之。

（二）鄢的地望与政治地位

鄢，又作"郾"，为西周初年的封国，原在今河南鄢陵县西北，因被郑武公吞并，遗民南徙于今湖北宜城，后入于楚。也有人认为，鄢是今宜城境内的郾姓小国，其国名并非由郑武公所灭鄢国南迁而来③，很可能得名于鄢水④。

关于鄢的政治地位，文献记载比较明确。《路史·国名纪丙》："鄢，郾姓，今襄之宜城，楚之鄢都。"这句记载正式点明了鄢的都城地位。另外，《战国策·齐策三》："鄢郢者，楚之柱国也。"《史记·楚世家》："秦为大鸟，负海内而处，东面而立，左臂据赵之西南，右臂

----

① 童书业：《楚王酓章钟铭"西巿"解》，《中国古代地理考证论文集》，中华书局2004年版。

② 钱林书：《"鄢郢"解》，《江汉论坛》1981年第1期。

③ 高介华：《楚国城市与建筑》，湖北教育出版社1996年版，第157页。

④ 《左传·桓公十三年》："十三年春，楚屈瑕伐罗，斗伯比送之……及鄢，乱次以济。""鄢"，杜预云："鄢水，在襄阳宜城县，入汉。"《水经注·夷水》："夷水出房陵（今保康、南漳交界处的司空山），其水东南流，历宜城西谓之夷溪，又东南径罗川城，又谓之鄢水。"由此可见，鄢水即夷水即今宜城境内的蛮河。

搏楚鄢郢。"上述两则记载与《战国策·齐策六》《史记·苏秦列传》中的记载都是鄢与郢并称，也说明了鄢的政治地位。

《左传·昭公十二年》记载了楚国公子比、肱黑、弃疾三人趁楚灵王在前线时，在楚都发动政变。楚灵王从征吴前线乾谿（今安徽涡阳、蒙城一带）回国讨伐：

> 师及訾梁（今河南信阳市北）而溃……右尹子革曰："请待于郊，以听国人。"王曰："众怒不可犯也。"曰："若入于大都而乞师于诸侯。"王曰："皆叛矣。"曰："若亡于诸侯，以听大国之图君也。"王曰："大福不再，只取辱矣。"然丹（子革）乃归于楚。王沿夏（杜预注：夏，汉之别名），将欲入鄢。

这则记载非常重要。楚灵王从东北方向的乾谿回到楚境，在众叛亲离的情况下，沿汉水上行"将欲入鄢"，这说明鄢与当时的"国"即郢不是一地，同时，也说明鄢的地理位置在汉水流域。楚灵王没有积极争取复国，而是"将欲入鄢"，这也确认了鄢在楚国具有较高的政治地位。

后世学者大都认可鄢、郢为两座都城，同时指出鄢的陪都地位。如：

> 《史记·楚世家》集解引东汉服虔所说："鄢，楚别都也。"
>
> 唐颜师古在《汉书·地理志》南郡条下注解："江陵，故楚郢都，楚文王自丹阳徙此……宜城，故鄢，惠帝三年更名。"
>
> 南宋王应麟《通鉴地理通释》卷十解释鄢郢："江陵，郢也；襄阳，鄢也。"[1]
>
> 清张琦《战国策释地》卷二释鄢郢："故鄢城在今襄阳府宜城县西南（东南之误）九里，郢城今荆州府北十里，纪南城即故郢也。"[2]
>
> 清顾祖禹《读史方舆纪要》卷七十五："鄢城在宜城县西南九里，古鄢子国，楚为鄢县……楚之别都。"[3]

---

① （宋）王应麟：《通鉴地理通释》，光绪十年成都志古堂精刊本。
② （清）张琦：《战国策释地》，广雅书局丛书本。
③ （清）顾祖禹：《读史方舆纪要》，中华书局2005年版。

清顾栋高《春秋大事表·春秋列国疆域表》："鄀不知何年灭于楚。今襄阳府宜城县西有古鄀国，后入楚为鄀县。昭十三年，楚灵王沿夏将欲入鄀。杜注：顺汉水入鄀也。是时鄀已为楚别都，与郢相近，故通谓之鄀郢。"①

从以上学者论述来看，认为"鄀郢"是一个地名的观点站不住脚。

从考古发掘来看，鄀城具有都城的因素。鄀城在今湖北宜城东南，地处汉水之滨，东距汉水约 6 千米，南距蛮河约 8 千米，城址建在地势较高的岗地上。城东北部高地上有一个被称为紫金城的内城，可能是宫殿区，紫金城南有一坡地，称为散金坡，出土了上有"郢爰"和"鄀爰"字样的金屑和金块。城西南挖掘到不少陶胚和烧坏的陶器，推测这里当时应该是制陶作坊区。②

笔者把宜城楚皇城遗址的数据与纪南城遗址（楚都南郢）的数据做一比较，如表 7—3。与主都南郢相比，鄀的城池规模无疑较小，面积是纪南城遗址面积的 16%，总周长是纪南城周长的 40%，都城规模的比较表明鄀作为都城的政治地位完全不如郢。只是其墙垣厚度相差不多，这应该是鄀军事地位比较突出的一个表现。③

---

① （清）顾栋高：《春秋大事表》，中华书局 1993 年版。

② 湖北省文物管理委员会：《湖北宜城楚皇城遗址调查》，《考古》1965 年第 8 期；楚皇城考古发掘队：《湖北宜城楚皇城勘察简报》，《考古》1980 年第 2 期；孙家炳：《楚都遥感考古》，《地图》2003 年第 5 期。

③ 按，李玉洁（《楚国史》，河南大学出版社 2002 年版，第 103 页）认为："春秋战国以前，江陵地区还未开发，在江陵的战国故城——纪南城中出土的几乎全是战国遗物和战国墓葬即可证明，因而可以断定，春秋时期，楚国的郢都肯定不在今之江陵。楚鬻熊曾建都丹阳，以后楚在西周的威迫下逐渐南迁到荆山地区，汉水流域。因此，楚在春秋时期政治经济的重心在汉水流域是十分合于情理的，因此极有可能春秋时期楚国的郢都就是今之宜城的楚皇城。不仅如此，楚随着向北推进，其政治经济的中心始终向北转移，如河南淅川县（即楚丹阳旧址）出土了许多大型的春秋墓葬，令尹子庚墓，淅川下寺的二、三号墓葬等，说明楚的政治活动的中心在北方。春秋晚期至战国时期，楚国无力再向北进攻，楚的注意力逐渐转向了长江流域，楚人才把江陵作为楚国政治经济军事的中心。考古出土的纪南城内大部分遗物属战国器即可说明这个问题。楚在春秋时期的政治重心仍在汉水流域。因此郢都也在汉水流域，极有可能是宜城楚皇。而至春秋晚期以后，楚的政治中心南迁到长江流域。今之江陵是楚在战国时期的郢都。"这种观点是从都城迁徙的角度看待政治中心的变迁，如果从都城并存的角度看问题，就会发现汉水流域的军事地位虽然较为重要，但不论从文献记载方面还是从考古发掘方面来看，汉水流域从未做过主要政治中心，它一直是以陪都的身份出现。

表 7—3　　　　　　　　纪南城遗址与宜城楚皇城遗址的比较

遗址名称	遗址面积	城墙长度	城垣断面尺度	内城位置与面积	都城地位
纪南城遗址	16 平方千米	东垣：3706 米；西垣：3751 米；南垣：4502 米；北垣：3547 米；总周长：15506 米	底部宽 30—40 米，上部宽 10—20 米，残高 3.9—8 米	外城东北角，东垣长 750 米，北垣长 690 米	主都
宜城楚皇城遗址	2.6 平方千米	东垣：2000 米；西垣：1840 米；南垣：1500 米；北垣：1080 米；总周长：6040 米	城垣宽 34 米，现存城墙高 2—4 米	城东北部高地上，东西长 400 米，南北长 700 米	陪都

资料来源：孙家炳：《楚都遥感考古》，《地图》2003 年第 5 期；湖北省文物管理委员会：《湖北宜城楚皇城遗址调查》，《考古》1965 年第 8 期；楚皇城考古发掘队：《湖北宜城楚皇城勘察简报》，《考古》1980 年第 2 期；湖北省博物馆：《楚都纪南城的勘查与发掘》，《考古学报》1982 年第 3、4 期。

宜城附近还有另一座重要的城邑——都。都在今宜城西南，与鄢相近（鄢在今宜城东南 7.5 千米处），《世本》有"都，允姓国，古都子之国，自商密迁以为楚附庸，楚后灭之以为邑"的记载。楚昭王十年（前 506），吴军占领郢都，楚昭王十二年（前 504），吴军再次进攻楚国，昭王被迫迁都都。可以设想，除了吴国对都城的军事威胁之外，吴楚两国还围绕郢进行拉锯战，这一时期郢的都城地位是无法显示出来的。而郢毕竟是两百年来楚国的根本，从楚昭王二十五年（前 491）"吴将溯江入郢，将奔命焉"①的记载来看，至迟这年之前，楚昭王已经由都返郢。因此，都应该是楚昭王时期的暂时性都城，或称行都。都之遗址迄今尚未发现，其规模形制皆无从考察。

宜城地区有鄢、都这样两座重要的城邑，可见其军事和政治地位。

---

① 《左传·哀公四年》。

鄢、都虽为两城，但由于距离较近，在以下论述中，除了有明确指称的地名之外，我们将以"宜城地区"称之。

宜城地区具有重要的军事地位。早在熊渠时期，他就把大儿子熊康封为句亶王。句亶，"今江陵也"①。但是从丹阳到句亶，不仅距离十分遥远，而且中间隔着汉阳诸姬及许多异姓小国，这些小国之中，随最为强大，不灭随，南北连不起来，就不能首尾相应。因此，若敖时期楚开始在宜城地区着意经营，就是为了灭随及汉阳诸姬，以便得志于汉东。为了结好当地，包围随国，若敖娶于郧②。如果郧是指国，则在今湖北安陆县内，在随的南边。如果郧是指姓，即在宜城县内（明《宜城县志·秩官志》："《路史》：偽，郧姓。"《春秋传统汇纂》："今宜城县南有宜城古城，即古鄢国也。"），在随的西边。③郧与若敖氏的姻亲关系很密切。例如，若敖的后人斗伯比与郧的表妹私通，生下子文，弃于湖中，郧子——子文的外公又把子文抱回家抚养。子文后来成为楚武王时期的令尹，可能武王也要借助子文与郧的关系来拓展楚在宜城地区的政治势力。也正是由于这个原因，都成为长期掌握军权、担任令尹的若敖氏之城。④楚庄王时期，若敖氏越椒（子越）发动叛乱时，陈兵于都附近的新野。这也说明都与若敖氏关系之密切。因此，楚武王之前的楚国丹阳是主都，宜城地区的都是前线的政治、军事新中心。

到楚武王后期，主要政治中心从丹阳迁到南郢，宜城地区仍为军事重地，为楚王所重视，如楚武王就死在伐随途中。可能由于宜城西南的都已为若敖氏所有，因此，宜城东南出现了鄢城，又称"郢"，如《左传·庄公十九年》记载楚文王大败于津（今湖北沙市以西），返回郢城，大阍（守城之官）鬻拳不纳，之后，"文王遂伐黄，败黄师于踖林（杨伯峻注《春秋左氏传》，为'在钟祥县此'）还及湫（《宜城县志·杂类志》有'南郡都县东南有湫城'），有疾……"也就是说，楚文王在入"郢"不被接纳后，在踖林消灭了附近的敌对力量黄。按，楚文王大败之后归"郢"而未入，他的军力、粮饷等不可能支撑他打击较

①　《史记·楚世家·集解》。
②　《左传》宣四年。
③　刘正民：《"郢"探》，《荆州师专学报》（哲学社会科学版）1989年第3期。
④　同上。

远地方的敌对势力，而且楚文王似乎也没有太多谋划的时间。因此，这里记载的"黄"应该是距"郢"较近的势力。又，蜡林在宜城附近，则此"郢"为鄢无疑。

鄢在一定时期之内应该是楚王长居的陪都，至少在成王初期如此。《史记·楚世家》载："庄敖（即堵敖）五年，欲杀其弟熊恽，恽奔随，与随袭杀庄敖代立，是为成王。成王恽元年，初即位，布德施惠，结旧好于诸侯。使人献天子，天子赐胙……"随要袭杀楚这样一个大国的国君，不仅要有强大的军队，而且要在行军途中不被对方察觉，这需要一个前提条件，就是随必须距离楚王居住的都城不远，那么这个都城只有楚皇城鄢了，在长江边的纪南城南郢则不符合条件。楚成王熊恽违背周礼弑兄自立，而即位当年"布德施惠，结旧好于诸侯"，周天子赐胙，这是楚武王、文王几乎穷一生精力都没有得到的殊遇。如果说楚成王仅仅因为"布德施惠"而得此殊荣是不可能的，这里提到"结旧好于诸侯"，此"诸侯"应该是指与周王室有特殊关系的姬姓之"随"。随帮楚成王弑兄称王，同时又帮楚成王向周天子谋取更高的政治地位。然则，随为何如此卖力地为楚谋取利益呢？可能是楚的迅速崛起对随的生存构成极大的威胁，密切随楚关系，可以减小楚对随的压力；甚则可以挟楚王以令江汉诸侯。由于随与鄢、都地区较近，楚成王"结旧好于诸侯"并受周天子赐胙的元年（前671）仍应居于鄢城。

到楚昭王时期，在孙武与伍子胥破郢之后，郢都破碎，楚昭王又移都于宜城地区的"都"。

楚之所以在宜城地区建鄢为陪都、选都为行都，可能是因为其军事地位非常重要。文王以后，楚国的都城主要在今江陵的南郢，活动区域主要也在汉水下游及今宜昌以东、鄂城以西地区。楚国国力强盛之后，必然要向经济文化发达的中原发展，而当时北通中原的主要道路是顺汉水北上，至今襄阳市再溯白河北行到南阳，而后东北经缯关出方城进入中原，当时称为"夏路"。《史记·越王勾践世家》索隐引刘氏云："楚适诸夏，路出方城。"同时中原各国，尤其是齐晋等国及西方的秦如果进攻楚国，主要也是走这条道路。《史记·张仪列传》载，张仪为秦破纵连横时威胁楚王曰："秦举甲出武关，南面而伐，则北地绝。"顾祖禹《读史方舆纪要》卷七十九引高诱语谓"秦兵出武关，则临鄢"，可见方城、武关是楚国北方的大门。但是入方城或入武关之后，如顺汉水南下去南郢，鄢城是必经之路，因此，鄢城实际上是楚国郢都北边的屏障。

《史记·楚世家》记载公元前283年秦昭王与楚襄王在鄢地会晤，秦楚联军攻三晋。之后秦即攻楚（前280）。攻楚秦军兵分两路：一路由司马错率领，从陇西出发经蜀郡占领楚国黔中地区；另一路由白起率领，挥师南下（前279），在攻克楚国北部重镇邓城（在今襄阳西北）之后，直逼鄢都，在鄢，白起久攻不下。后来，白起将鄢城的出水口堵死，修筑百里长渠，引蛮河水从西墙（今宜城郑集镇）古河道入口灌水入城，近十万楚国军民被淹死。① 白起克鄢的第二年（前278），率军数万直捣郢都。② 白起克鄢之后，南郢即无力抵抗，可见鄢作为南郢的北方门户，其军事作用是非常突出的。

正因为鄢城是楚的陪都，又是南郢的北方门户，故而文献记载以鄢郢联称作为楚国国都的通名。有学者统计，《史记》《战国策》中关于鄢郢的记载共有27处之多。而其中13处讲的是白起攻鄢郢，如：

> 《战国策·秦策三》"蔡泽见逐于赵"条云："白起率数万之众，以与楚战，一战举鄢郢，再战烧夷崖。"
>
> 《战国策·秦策三》"谓应侯"条云："武安君所认为秦战胜攻取六十余城，南亡鄢郢、汉中，禽马服之军，不亡一甲……"
>
> 《战国策·秦策四》"顷襄王二十年"条云："秦白起拔楚西陵，或拔鄢郢、夷陵，烧先王之墓。"
>
> 《战国策·魏策四》云："秦果南攻蓝田、鄢郢。"
>
> 《战国策·中山策》云："王乃使应侯往见武安君，任之曰：'楚方五千里，持戟百万，君前率数万之师，入楚，拔鄢郢，焚其庙，东至竟陵。'"
>
> 《战国策·楚策四》云："庄辛去郢，之赵，留五月，秦果拔

---

① 《水经注·沔水中》。

② 《史记·白起王翦列传》载："白起攻楚拔鄢、邓五城。其明年，攻楚，拔郢，烧夷陵（楚先王陵墓），遂东至竟陵，楚王亡去郢，东徙陈。"《史记·秦本纪》也有：次年"大良造白起攻楚取郢为南郡"。

鄢郢、巫、上蔡、陈之地。"

以上记载涉及当时秦、楚、魏、中山各国的各种人物，均提到楚国"鄢郢"，这是指当时陪都鄢城及国都南郢是很清楚的。

而另外十余处"鄢郢"也都可作楚国都解释。如：

> 《战国策·齐策六》云："鄢郢大夫不欲为秦，而在城南下者百数，王收而与之百万之师，使收楚故地，即武关可入矣。"
> 《战国策·楚策一》云："大王不从亲，秦必起两军，一军出武关，一军下黔中，若此，则鄢郢动矣。"
> 《战国策·楚策一》又云："张仪曰：'为仪谓楚王逐昭雎、陈轸，请复鄢郢、汉中……'……有人谓昭雎曰：'……仪闻之，其效鄢郢、汉中必缓矣……'"

由以上分析可以看出，鄢作为楚的陪都，其政治地位不容忽视。

宜城地区的都、鄢与南郢的功能是互换的。在初出丹阳、开发江汉时，都在后方，郢为前线。当江汉底定、南方的大国已经形成时，郢为全楚政治中心，鄢为防御中原诸侯南下的军事中心。

二 楚的其他陪都

根据历史文献和有关学者的考证，春秋时期楚国陪都之多，在春秋战国时期可以说是首屈一指的。

（一）陈、蔡、不羹

《国语·楚语上》："灵王城陈、蔡、不羹，使仆夫子晰问于范无宇，曰：'吾不服诸夏而独事晋何，唯晋近我远也。今吾城三国，赋皆千乘，亦当晋矣。又加之以楚，诸侯其来乎？'"韦昭注："三国，楚别都也。"这里的三国，指的是陈、蔡、东西不羹的国都。楚灵王时期重新修筑了这几座城市，以之为陪都。

1. 陈城

陈是西周初年分封的妫姓诸侯国。《左传》记载楚庄王、楚灵王和楚惠王时，先后三度灭陈。《左传·宣公十一年》载："冬，楚子为陈夏氏乱故,伐陈。谓陈人无动,将讨于少西氏。遂入陈,杀夏征舒,轘诸栗门,因县陈。"《左传·昭公八年》:"九月,楚公子弃疾帅师奉孙吴围陈,宋戴恶会之。冬十一月(应作十月)壬午,灭陈。"《左传·哀公十七年》载:"楚白公之乱,陈人恃其聚而侵楚。楚既宁,将取陈麦……秋七月己卯,楚公孙朝帅师灭陈。"楚灭陈之后,对陈的国都进行过修缮。

陈故城在今河南淮阳县城关一带,县志载其城垣周长九里十三步,与实地勘查结果相符。此城建于春秋时代,并经过多次修复。第一次是外附加,附加的宽度为 1.5 米—2 米,高度比原来的城墙增高 1.5 米,夯层厚 0.10 米—0.15 米,出土陶片以板瓦、筒瓦居多,筒瓦的榫口棱角明显,易于衔接,还有鬲口、豆盘、陶网坠、铜蚁鼻钱、铁器等。楚币铜蚁鼻钱可能是筑城役人失落到夯土中的。从出土的楚币看,这次修复当是在楚灭陈以后,为楚国所修。陈城的第二次修复仍然是外附加,这次附加的宽度是 4.4 米。从附加的工程量及出土的文物来看,第二次大规模修复的时代应是战国晚期楚以陈为主都时所为。其后,陈城在西汉前期、宋代、明代有多次修复。

陈城位于淮北颍水中游,地当楚夏之交,为楚出兵中原的军事要冲之地。

从考古发掘及其军事地位来看,陈城作为楚国军事性陪都,应无疑问。但文献记载较少,只有韦昭记载陈为楚国别都。同时,主都郢与陈之间的互动关系也无法判断。

公元前 278 年,秦将白起攻破楚之郢都,楚顷襄王"东北保于陈城",陈遂成为楚的首都,史称"郢陈"。

2. 蔡城

蔡是西周初年分封的姬姓诸侯国。顾栋高《春秋大事表·春秋时楚始终以蔡为门户论》云:"楚在春秋北向以争中夏,首灭吕、灭申、灭息,其未灭而服属于楚者曰蔡……蔡自中叶以后,于楚无役不从,如虎之有伥,而中国欲攘楚,必先有事于蔡。盖蔡居淮汝之间,在楚之北,为楚屏。"点明了楚蔡的关系和蔡对楚的军事价值。

公元前 531 年和前 447 年,蔡国先后两度被楚所灭。第一次灭亡三年之后,蔡平侯复国,迁都于吕亭,取名新蔡。蔡昭侯时将国都东迁到吴国境内的州来，取名下蔡。《左传·昭公十一年》："冬十一月，楚子灭蔡。"同年，楚灵王扩建上蔡城，史称"国有大城"，韦昭称之为"楚别都"。

上蔡故城在河南上蔡县城关一带。城址平面略呈长方形，城垣周长10490米，东南西北分别长2490米、2700米、3187米、2113米，城墙残高4—11米，夯层厚约8—14厘米。城外有护城河遗迹。已发现城门遗迹四处，南面三处，西面一处。城门附近城墙厚度明显加宽，城内右侧凹成U字形深龛，应是守门士兵的住地。城内西南部的二郎台，东西长1200米，南北长1000米，高出周围地面6—7米，应为宫殿区所在。二郎台西面的翟村附近，出土过郢爰、蚁鼻钱、铜鼎、铜戈、铜壶、铜剑及车马器等物。[1]

上蔡位居汝水中游，地当方城之外，是楚在伏牛山脉以北建立的新的军事基地。

从考古发掘及其军事地位来看，上蔡城作为楚国军事性陪都，应无疑问。但与陈城一样，文献记载较少，只有韦昭记载上蔡城为楚国别都，其与主都南郢之间的互动关系也无法判断。

3. 不羹

不羹有东西之分：西不羹在今河南襄城县东南，情况不甚清楚。东不羹在今河南舞阳县东北，距县城约25千米，城北平面很不规则，略呈凸字形，城垣周长5500米。《舞阳县志·古迹》云："古城在城北五十里北舞镇西。《左传》：楚筑二不羹城，屯兵以拒中夏。此东城也。"东不羹城内东北部有较高的基址，推测可能是宫殿遗址。[2] 城垣内外出土铜镞、带钩、车饰、郢爰、楚式剑等文物。

《左传·昭公十一年》：楚灵王十年（前531）"楚子城陈、蔡、不羹，使弃疾为蔡公"。由此推测，楚国以东西不羹为陪都始于此年。

《左传·昭公十二年》记载，楚灵王炫耀陈、蔡、东西不羹四座陪都，对右尹子革说："昔诸侯远我而畏晋，今我大城陈、蔡、不羹，赋皆千乘，子与有劳焉。诸侯其畏我乎？"子革对曰："畏君王哉，是四

---

① 尚景熙：《蔡国故城调查记》，《河南文博通讯》1980年第2期。
② 朱帜：《河南舞阳北舞渡古城调查》，《考古通讯》1958年第2期。

国者，专足畏也。又加之以楚，敢不畏君王哉！"楚国为了北图中原，在楚夏交界处设立了这几个重要的军事据点，屯以重兵。可见陈、蔡、东西不羹"四国"的军事地位之重要；也可能正是由于其重要的军事地位，才使之具有"陪都"的政治地位。但文献记载较少，无法具体指出这几座陪都与主都郢之间的互动关系。

（二）鄂

鄂城应该在郢都的东面，是东通吴越的门户。

鄂作为楚陪都的记载较少，但它的政治地位应该是比较高的。

西周时期，《史记·楚世家》记载熊渠伐东鄂后，封中子红为鄂王。正义引刘伯庄云："地名，在楚之西，后徙楚，今东鄂州是也。"王国维《观堂集林》卷十八《夜雨楚公钟跋》认为：

> 盖熊渠之卒，熊挚红虽嗣父位，仍居所封之鄂，不居丹阳，越六世至熊咢犹居于此，故有其遗器（夜雨楚公钟）。楚之中叶曾居武昌，于史无闻，惟赖是器所出地知之耳。

有学者以王说为据认为楚之中叶曾经建都于鄂[①]。许多学者已论其非，王国维仅凭楚王熊咢器出于故鄂地，从而断言楚自熊挚红继位以后直至熊咢时均以故鄂地为楚都，有点牵强，令人难以置信。迁都为国之大事，楚国若定都鄂地达六世之久，文献不可能没有记载。其次，西周时期，楚国并没有获得重大发展，史载"若敖、蚡冒至于武、文，土不过同"，虽然熊渠曾一度征服东鄂，封其中子红为鄂王，但是迫于周厉王的压力，不久便去掉了所封三子的王号，即《史记·楚世家》所谓"熊渠乃畏其（周厉王）伐楚，亦去其王"。这时楚国刚刚征服东鄂，连对故鄂地实行严密的统治尚且为难，不可能贸然把都城迁往风俗不同、语言殊异、统治不稳的鄂地。

但是鄂城的政治地位应该是比较高的。《史记·楚世家》有熊渠"至于鄂"，立其"中子红为鄂王"的记载，顾栋高《春秋大事表·春秋列国疆域表》就此指出："熊渠封中子红为鄂王，（鄂）后为楚别都。

---

① 殷崇浩：《楚都鄂补》，《江汉考古》1984年第1期。

今武昌府治之武昌县，即楚之鄂都也。"尽管顾栋高没能说出鄂为楚陪都的文献依据，目前从文献记载中也无法找到鄂为楚陪都的记载，但是如果考虑经济和军事地位，鄂作为陪都应该容易被人们所接受。

从经济方面看，鄂地有铜绿山铜矿，楚国需要的铜主要来源于此，而青铜是当时的头等战略物资，礼器、兵器都需要大量青铜。楚国在鄂设置陪都，可以保障铜矿的顺利开采和铜的北运。

从军事方面看，鄂位于长江以南的水陆交通要冲，溯江水而上可进攻汉阳诸姬，沿长江而下能直捣吴越诸国，由此向南可席卷扬越故地，北又可径达楚都南郢。凭着长江天堑，鄂城进可攻退可守，是郢之东部门户。

楚以鄂为陪都可能在春秋中期楚成王以后至战国中期之前。迄今在鄂东南一带发现的新石器时代至两周时期的古遗址达数十处之多，而这些遗址中，春秋中期以前的遗物大抵属于古越族文化范畴，楚文化因素在此后才逐渐显示出来。可以认为，楚国真正占领鄂东南一带是在春秋中期，这与《史记·楚世家》"楚成王初收荆蛮而有之"的记载大致符合。到战国中期楚封启为鄂君，鄂大概就由陪都变成鄂君的封邑了。从《鄂君启节》所载启拥有的巨大资产和经商特权来看，鄂君启完全可能以陪都为封邑。

关于鄂之地望，《武昌县志》《湖北通志》皆记武昌县西南一百二十里之马迹乡有鄂王城，"遗址关门石尚存，其为楚封无疑"。它与楚公䣱钟出土地点比较接近。

鄂王城位于湖北大冶西南约 58 千米的西畈乡胡彦贵村的岗陵上，以前属鄂州马迹乡。整个城址高出附近地面 5—10 米，平面极不规则，大体上近似长方形。除南垣西段向外突出外，其余三面城垣较直。西北、东北、东南城垣拐角处均为高台。城址东西长约 500 米，南北宽约 400 米，城垣周长为 1533 米，面积约为 112500 平方米。城址的地面至今可见土筑城垣，夯层厚约 10 厘米，城垣两侧面的夯层内包含有许多东周时期的陶片。城垣现存缺口七处，确定为城门的有两处：一处为大东门，一处为北门。城垣外面似有护城河遗迹。城内南部有一处大型建筑遗存，残存面积约 2000 平方米。此外还发现两处窑址。在城西 0.5—2 千米的岗陵地带，有成群的封土堆，是墓葬区所在。城址内外出土有筒瓦、板瓦、瓦当、铜戈、铜镞等东周时期的遗物。① 从考古内涵来看，有城墙和护城河，城墙上有高台建筑，城内有大型建筑遗址，则此"鄂王城"应为一军事地位、政治地位较高的遗址。

总之，楚的陪都应该在政治地位上稍逊于主都南郢而高于一般城邑，它们或是郢的门户，或是楚的军事重镇，在楚国发展经济、开拓疆土方面起过重要作用，是其称霸诸侯、抗拒中夏的战略要地。从楚陪都的分布情况来看，主要布设在南郢以北，蔡、东不羹、西不羹、陈四陪都自南而北，随着楚夏交界的推移而向北推移，表明楚国进取中原的宏图雄心；鄂王城设在郢都的东面，是东通吴越的门户。从考古发掘来看，楚国陪都的形制、规模和分布情况均具有明显的军事性质，属于军事性陪都。

第四节　楚弃郢之后的国都

从公元前 279 年至公元前 223 年，是楚国失去南郢至最终灭亡的一段时间。在这段时期，楚国的疆域已大大缩小，同时军事实力也下降很多，在战国末期的政治背景和军事背景下已无力经营新的完善的都城体系，有的都城也无法发挥其功能。这一时期楚的都城存在迁徙和并存现象。

一　城阳

城阳是白起攻克南郢之后，楚国的一座暂时性都城。

公元前 279 年，秦将白起攻取楚郢都的外围安陆（今湖北云梦、安陆一带），并很快攻破了郢都，放火烧了楚先王的坟墓夷陵，又东攻楚之竟陵。然后，秦以郢为中心，建立一个新郡——南郡。

《战国策·楚策四》："庄辛去之赵，留五月，秦果举鄢、郢、巫、上蔡、陈之地，襄王流揜于城阳。""流揜"即流寓，在鄢、郢、巫、上蔡、陈等地均被占领的情形下，楚顷襄王立即夺取陈城并以之为都是不可能的，只好把城阳作为临时国都，图谋反攻。顷襄王派人把庄辛请

---

① 大冶县博物馆：《鄂王城遗址调查简报》，《江汉考古》1983 年第 3 期。

回，封为阳陵君，赐以淮北之地。在庄辛的带领下，顷襄王二十三年（前276）"复取江南十五邑"，楚才有能力迁都于陈。因此，顷襄王都城阳应在前279年至前276年之间。

城阳的地望，主要有两说，一说在河南息县西。清人张琦《战国策释地》卷二认为："成（即城）阳故城在今光州息县西界，北距陈三百余里，盖自城阳而至陈，非城阳即陈也。"[1] 一说在河南信阳县西北，今人欧潭生根据《水经注·淮水》《魏书·地形志》《隋书·地理志》《资治通鉴》等典籍记载分析，认为今信阳"楚王城"乃楚顷襄王的临时国都城阳。[2] 楚王城位于今河南信阳长台乡苏楼村，分内城和外城，内城位于外城西南隅，平面呈梯形，东、南、西、北垣的长度分别为500米、524米、325米、530米。内城西半部是一片高台基，可能是当时的宫殿区。外城系后来扩建而成，东垣长640米，北垣长770米，西垣是内城西垣向北延长422米，南垣是内城南垣向东延长406米。城区总面积约680000平方米。城南有一西周遗址，西南是长台关楚墓群。城内出土有战国青铜器、陶瓦当、陶片、蚁鼻钱和郢爰等文物。欧潭生认为，楚王城的内城很可能是春秋时期修筑的单独古城，外城则可能是楚顷襄王临时都城阳时扩建而成。

城阳只是楚国在失掉南郢、几乎灭亡情况下的一座暂时性都城。

二　陈郢与项城

陈郢是楚国后期经营时间较长的一座都城。

楚可能是在前276年之后迁都于陈郢。到前241年，楚积极操作合纵伐秦失败。《史记·楚世家》记载："（楚考烈王）二十二年（前241），与诸侯共伐秦，不利而去。楚东徙寿春，命曰郢。"则楚以陈郢为主都的时间当在前276—前241年。其间，楚国多方经营陈城。

楚之所以选陈为新都，其原因可能有四点。

其一，秦是楚的强敌，选陈为都，可以避免强秦袭楚。因为，秦若从南郡攻楚需越冥阨三关，险塞重重；从北面攻楚又需假道两周，

---

① （清）张琦：《战国策释地》，广雅书局丛书本。
② 欧潭生：《信阳楚王城是楚顷襄王的临时国都》，《中原文物》1983年特刊。

越韩、魏而攻楚，这是不太现实的。正如信陵君所言，秦"伐楚，道涉谷，行三千里，而攻冥阸之塞，所行甚远，所攻甚难，秦又不为也。若道河外，倍大梁，右上蔡、召陵，与楚兵决于陈郊，秦又不敢"①。因此，从当时的政治军事形势来看，选陈为新都，对楚国最为有利。

其二，陈城作为楚的陪都已经营二百余年，楚在陈有很好的统治基础。楚庄王曾灭陈以为县，被劝阻复陈。楚灵王又灭陈并以"今我大城陈、蔡、不羹，赋皆千乘"为炫耀。灵王死，平王立，复陈国，然而陈实际已是楚国附庸了。至公元前479年（楚惠王十年），"灭陈而县之"。楚在灭陈之后，以陈为陪都，向东为了对付吴、越，向北为了对付三晋和齐、鲁，加强了对陈的控制与建设。从惠王灭陈至前276年之后徙都陈，楚已在陈经营了二百余年，陈一直是楚的军事重镇，显然有较好的军事设施。从陈的地理位置看，东南是楚的大后方，而西北有韩、魏作屏障。其西南又有召陵、上蔡这些楚的重要军事据点，加上汝水迂回其间，构成了一条较牢固的防线，既可阻止韩、魏袭击，也能抗拒秦兵进攻。因此，选陈做新都较为有利。

其三，楚虽丢失西南大部分地区，但时时都在想收复，若离得太远，就不便去组织力量扰秦。

其四，陈交通便利，物产丰富。司马迁《史记·货殖列传》说："陈在楚夏之交，通鱼盐之货"，"陈夏千亩漆"。淮河流域是楚国的一大粮仓，楚灵王时已"赋皆千乘"，经过春秋晚期到战国早中期的发展，更大大向前推进了一步，"无饥馑之患"，"无冻饿之人"。选陈做楚都，就有经济上的充分保证。

楚顷襄王以陈城为主都之后，很可能筑陪都项城。《水经注·颍水》："谷水又东径项城中，楚襄王所郭以为别都，都内西南小城，项县故城也。旧颍州治。"《元和郡县图志·陈州》有记载："项城县，江项县，古项子国。《春秋》：'齐师灭项。'至楚襄王徙都陈，以项为别都。按，此城即楚筑。"据此记载，项城应该是楚国以陈城为主都时期的陪都。项城故址应在今河南省沈丘县，只是迄今未能获

---

① 《史记·魏世家》。

得考古发现的证实。项城作为楚陪都的下限约在楚徙都寿春时，即公元前 241 年。

楚在都陈郢和都寿郢之间，似乎曾以钜阳做过临时陪都。《史记·六国年表》："（楚考烈王十年，前 253 年）徙于钜阳……（楚考烈王二十二年，前 241 年）王东徙寿春，命曰郢。"《资治通鉴·秦纪》："楚迁于钜阳。"胡三省注："赧王二十七年（前 278），楚自郢东北徙于陈，今自陈徙钜阳。至始皇六年（前 241），春申君以朱英之言，自陈徙寿春；则此时虽徙钜阳，未离陈地也。"若这些文献记载为实，钜阳应只有都名，而未实迁。

三 寿郢

寿郢为楚末期都城，为都时间为前 241 年至前 223 年。

《史记·楚世家》："（楚考烈王）二十二年（前 241），与诸侯共伐秦，不利而去。楚东徙都寿春，命曰郢……王负刍……五年（前 223），秦将王翦、蒙武遂破楚国，虏楚王负刍，灭楚名为郡云。"寿郢作为楚都，凡十九年。楚考烈王二十二年，当魏景湣王二年，此时秦已拔魏二十城为东郡。魏国危亡，楚国主都陈郢和陪都钜阳都将失去屏障，楚与诸侯联军伐秦又遭失败。因此，为避秦锋芒，楚不得已东徙寿春。

寿春在今安徽寿县。《史记·楚世家》："楚东徙都寿春"，《正义》："寿春在南寿州，寿春县是也。"

楚国在强盛时期有设置多座陪都的传统。但是，从公元前 279 年楚弃南郢之后，到公元前 223 年楚国灭亡，五十多年间，楚相继在陈郢、寿郢建立政权，由于疆域已大大缩小，同时军事实力也降低很多，在战国末期的政治背景下已无力设置众多都城，经营复杂的都城体系。

第五节 本章小结

从本章对楚国都城的分析来看，楚国的都城设置分为三个阶段。

第一阶段，西周时期。楚国的始都丹阳为异地同名，其具体地望随着楚国疆域的增加而不断变化，由丹江上游的今陕西商州迁至丹江下游的河南淅川，再迁至湖北沮漳河流域。

第二阶段，春秋战国时期。楚国的主要都城为南郢，楚国在南郢以北建立了多座军事性陪都，包括宜城地区的鄢都、陈、蔡、东西不羹等，是其称霸诸侯、抗拒中夏的战略要地；同时，鄂城是南郢的东部门户，也是春秋时期楚国的陪都之一。

第三阶段，战国晚期。秦国灭郢之后，楚国疆域骤减，军事实力大不如前，虽然相继在陈郢、寿郢建立新都，在陈郢之前，有城阳行都，陈郢之后，有项城陪都，但这时的楚国已无力设置众多都城，经营复杂的都城体系。

因此，楚国实施多都并存制度的主要时期是春秋战国以南郢为主都的阶段。

随着都城区位的不断选择，楚国的都城有迁徙，也有并存。在都城区位选择的过程中，出现了主都丹阳在西周至春秋初期的不断迁徙，以及由丹阳至南郢、由南郢而陈郢而寿郢的迁徙，这种政治中心随着疆域变化而不断变迁的情形，与秦国的主都迁徙（由西垂至汧、汧渭之会、平阳、雍、泾阳、栎阳、咸阳依次迁徙）比较相似。但是楚国没有实行圣都俗都制度，没有出现祭祀地位较高的圣都。在以南郢为主都的阶段，楚国的多都并存主要表现为多座军事性陪都的建立，这又与齐国、燕国的都城制度比较接近。

表7—4 楚国都城概况

都城	地望	都城地位	与其他都城的关系
丹阳	丹阳为异地同名，由丹江上游的今陕西商县迁至丹江下游的河南淅川，再迁至沮漳河流域	西周时期楚国主都	
南郢	湖北江陵	春秋战国时期楚国主都	与丹阳为前后承继关系
鄢、都	湖北宜城附近	春秋战国时期楚国陪都，是楚国北方军事重镇	与南郢为同时并存的关系

都城	地望	都城地位	与其他都城的关系
陈、蔡、东西不羹	陈在今河南淮阳县城关一带；蔡在今河南上蔡县城关一带；东不羹在今河南舞阳县东北；西不羹在今河南襄城县东南	春秋后期至战国时期楚国陪都，是楚国北方军事重镇	春秋后期至战国时期与南郢为同时并存关系
鄂	湖北大冶县城关西南	春秋时期的陪都，郢东部门户	在一段时期内，与南郢同时并存
城阳	河南信阳西北	楚弃郢之后、都陈之前的行都	楚弃郢之后的行都
陈郢	上表之"陈"，今河南淮阳县城关一带	战国晚期（秦灭郢之后）的楚国主都	楚顷襄王徙陈，都陈二十余年
项城	河南省沈丘县	战国晚期（秦灭郢之后）的楚国陪都	与陈郢同时并存
寿郢	安徽寿县	楚弃陈郢之后的主都	楚考烈王由陈郢徙寿郢，为楚最后一座主都

第八章

齐国的五都制

从春秋后期开始，齐在都城临淄之外陆续设置了四座陪都，与临淄合称五都。齐的五都制是多座都城同时并存的都城制度。这个问题已有学者证明。

第一节　营丘—薄姑—临淄

齐是西周时期姜尚的封地①，姜尚最早把政治中心建在营丘。《礼

---

① 学界对姜太公封齐有四种说法：

第一，武王说。《史记·齐太公世家》："武王已平商而王天下，封师尚父于营丘。"《史记·周本纪》亦载："封功臣谋士，而师尚父为首封。封尚父于营丘，曰齐。"

第二，成王说。《汉书·地理志》："少昊之世，有爽鸠氏，虞、夏时有季萴，汤时有逄公伯陵，殷末有薄姑氏……至周成王时，薄姑氏与四国共作乱，成王灭之，以封师尚父。"

第三，二次分封增益说。《汉书》颜师古注曰："武王封太公与齐，初未得爽鸠之地，成王以益之也。"

第四，二次分封迁徙说。今人沈刚伯先生认为："《齐世家》所谓'太公先祖尝封于吕，其子孙或为庶人，尚，其后苗裔也……盖尝穷困年老矣，以鱼钓奸周西伯……载与具归，立为师'，这一段话是可信的。果如此，岂不是极合情理之举吗？所以太公父子乃有'吕尚'、'吕伋'之称，像这样以吕为氏，正是以表示彼时太公尚与齐无关；其得齐乃后所徙封耳。试想当薄姑氏与四国叛周之时，若太公早已坐镇营丘，自应就近讨伐，岂有袖手旁观，让周公远道东征，独自作战之理？揆情度理，一定是周公在诛管、蔡，平东方，还师成周之后，始将商奄和薄姑的故土分为二国，而以成王之命分别封伯禽、太公于曲阜、营丘两地。盖除寄重任于其元子外，更借重那位鹰扬老将的威望来镇抚东方……因此太公赶到住所，立即设法抚绥流亡，尽快地使人民归附，而与五月后便返周报政，好让中央放心……若他受封于武王，则既已出京之国，不奉王命，何得于五月以内即返京师？纵有述职之必要，也应报政于武王，绝无向周公面陈一切之理。于此更可证明齐之建国乃始于周公摄政之时。"（宣兆琦、李金海：《齐文化通论》，新华出版社 2000 年版，第 107 页）。傅斯年先生也有类似的说法。（傅斯年：《与顾颉刚论古史书》，载《中国现代学术经典·傅斯年卷》，河北教育出版社 1996 年版，第 127 页）

对于上述姜太公封齐诸说并存的局面，恐怕在相当长的一个时期内不会得到根本性转变。在讨论起都城体系这一问题时，固然应对此给予密切的关注，然而尤为关注的是齐都营丘的地望及以后的都城变迁。

记·檀弓上》有："太公封于营丘，比及五十，皆返葬于周。"说明姜太公时期，齐的国都在营丘。"丘"是高台、高地的意思。"营丘"按其字面意思，似乎应是人们营建的高地。

近年来，考古材料发现，山东临淄故城的大城东北角，地势高，遗物丰富，从遗存来看，时代早至西周时期。郦道元在《水经注·淄水》中说临淄城中有丘，在小城之内。因此，齐之始都营丘应在今山东省临淄境内。[①]

营丘之后的都城为薄姑。太公之后五世为哀公，哀公被周夷王烹死后，其异母弟吕静即位为胡公。哀公刚死，齐国公室内部矛盾重重，争权夺利的斗争必定异常激烈，保守和反对势力也非常强大，营丘作为齐国政治斗争的中心和漩涡地区，新旧势力斗争激烈，给胡公统治带来极大的威胁。同时，纪国乘齐国内乱，占领了齐国东部许多领土，直逼齐都营丘。胡公受到了极大的军事压力。在内忧外患的双重压力之下，胡公把都城迁到薄姑，《史记·齐太公世家》记载："哀公时，纪侯谗之周，周烹哀公而立其弟静，是为胡公。胡公徙都薄姑，而当周夷王之时。"薄姑在何处？《正义》引《括地志》云："薄姑在青州博昌县东北六十里。"即今山东博兴县境内。胡公迁都薄姑并没有逃脱政治灾难。哀公同母少弟吕山认为胡公抢夺了本该属于自己的君位，经过充分准备后，带领营丘的政治势力发动军事政变，夺取政权，自立为君。《史记·齐太公世家》："哀公之同母弟山怨胡公，乃与其党率营丘人袭攻杀胡公而自立，是为献公。"这一事件透露了与齐国都城有关的两个信息：其一，从新都薄姑的角度来说，以薄姑为都的只有胡公一世，而且胡公是为了摆脱营丘纠缠的政治势力而迁都的，因此，薄姑虽然是胡公政治势力的中心，但只是齐国的暂时性都城；其二，从旧都营丘的角度来说，虽然齐的政治中心迁至薄姑，但营丘仍存在足以抗衡的政治地位。也正因如此，哀公之弟吕山也就是后来的献公才能"与其党率营丘人袭攻杀胡公而自立"，旧都营丘的政治势力在这次政变当中起了决

---

① 关于营丘的地望，学术界未取得一致意见。本文从王恩田、曲英杰等诸位先生的意见。参见王恩田《关于齐国建国史的几个问题》，《东岳论丛》1981 年第 4 期；曲英杰《齐都临淄城复原研究》，《中国历史地理论丛》1991 年第 1 期。

定性的作用。因此，虽然胡公迁都薄姑，营丘暂时失去了政治中心的地位，但是两地政治势力抗衡的结果显示，营丘再一次成为齐国的政治中心。

献公即位当年就把都城从薄姑迁至"临淄"。徙都临淄其实是把都城仍迁回营丘一带，可能由于新城规模比原来的"丘"大得多，叫"营丘"已不适合，因其东临淄河，故改名临淄。但是，都城既是一个政治实体，则其名称的改变可能并不单纯，至少，从城市规模和城市位置来看，营丘与临淄有着相当大的差异。

营丘在临淄小城之内的一座小丘之上。与营丘相比，临淄的规模要大得多。

考古发现临淄故城具有明显的都城要素，是山东地区目前发现的最大的东周时期城址，可以说是齐国的首位城市。临淄大城和小城周长21千米多，总面积达15.5平方千米。①

为了抵御外敌的入侵，临淄城建有城墙，城墙外有护城河。据考古探测，齐都临淄的城墙是依自然地势而修筑的，南北面多取直线，东西面则沿河岸的蜿蜒而曲折，有城墙拐角24处。城墙地基深厚坚牢。城墙残垣部分，有的地方高达5米。大城的建筑年代是春秋时期，南北近4.5千米，东西约3.5千米，周长约14千米；小城衔接在大城的西南方，其东北部伸进大城的西南隅，南北2千米多，东西近1.5千米，周长约7千米。齐都临淄，东西分别以淄河、系水作为天然屏障和护城河，又在大、小城南北墙外，挖了很深的护城壕沟，与淄水、系水相通。

临淄城有国君大臣居住的宫城，即小城，有许多精美的宫殿，如"梧宫"。小城北部偏西有一座夯土台，名叫"桓公台"。台高14米，南北86米。台的南部呈缓坡，东、西、北三面呈陡壁，这可能是一座下临深池的宫殿。桓公台周围还分布着许多夯土台基。"小城的时代最早不过战国。"②

临淄城内分布着许多手工业作坊遗址。冶铁遗址集中于小城西部和

---

①　临淄文物志编辑组：《临淄文物志》，中国友谊出版公司出版1990年版，第37页。
②　山东省文物管理处：《山东临淄齐故城试掘简报》，《考古》1961年第6期。

东部及大城西部、中部偏西、东北部和南部六处，基本上为东周时期。炼铜遗址位于小城南部和大城东北部，时代为东周时期。铸钱遗址发现于小城南部，制骨作坊有四处，集中于大城东北部和北部。

临淄周围分布着大量墓葬群，临淄故城东南 8 千米的临淄齐陵镇和青州东高镇一带是田齐王陵区①，大城东北部河崖头村发现一处姜齐贵族墓地，大城东北部发现了大量从商末周初一直延续到战国中晚期的中小型墓葬。②

虽然我们现在无法分清临淄故城中属于西周的遗址有哪些，但临淄规模比营丘大是肯定的。

临淄由于规模大，自然成为齐国的首位城市，可以对以薄姑为代表的区域反对势力造成较大的威胁。

从营丘到薄姑到临淄，齐国都城有一个小小的变动，薄姑只是胡公一君的都城，随着胡公被杀，薄姑作为国都的政治使命也告终结，齐国的政治中心仍在淄水之旁的营丘（即临淄）一带。

第二节　春秋末年战国时期齐国的五都制

临淄为齐都的时间很长，自太公就封于齐，至齐康公十九年（前386）田和列为诸侯，"迁康公海滨"，其间除胡公徙都薄姑（前862—前859）的 4 年之外，临淄作为姜齐国都，历 19 世 30 君，建都时间约600 年以上。从田和列为诸侯算起，至齐王建四十四年（前 221），历 7世 7 君，建都时间 166 年。可以说，都城临淄是齐国最重要的政治舞台，有春秋时期齐桓公成就的霸业，还有春秋战国之交的田氏代齐，以及战国时期的齐威王、齐宣王时期的强盛。在此期间，临淄是齐国无可替代的主要都城。

到春秋中后期及战国时期，齐在临淄之外，还陆续设置了四座次要

---

①　山东省文物考古研究所：《山东淄博市临淄区淄河店二号战国墓》，《考古》2000 年第 10 期；山东省考古研究所：《山东省文物考古工作五十年》，载《新中国考古五十年》，文物出版社 1999 年版，第 241 页。

②　山东省文物考古研究所、齐城遗址博物馆：《临淄东古墓地发掘简报》，载《海岱考古》第一辑，山东大学出版社 1989 年版。

的都城即陪都，与临淄一起称为"五都"。《战国策·齐策一》及《史记·燕世家》都有记载：齐湣王"因令章子（章邯）将五都之兵，以因北地之众以伐燕"。《左传·庄公二十八年》："凡邑，有宗庙先君之主曰都，无曰邑。"杜预注引《周礼》曰："四县为都，四周为邑，然宗庙所在，则虽邑曰都，尊之也。"因为宗庙内安置有代表祖先的神主，统治者除了经常祭祀祖先以尽孝道之外，还须时时向祖先请示报告，以求福佑，因此，许多重要政治决策、重大典礼、重要政治事件等均需在宗庙举行、宣布，于是有宗庙的城邑就成为一个政治中心即都城。如果某个城邑有宗庙又不是主都，也可以认为这个城邑是陪都。

关于齐的五都制度，学界有不同的看法，有学者认为临淄、高唐、平陆、博、邺殿就是齐国的五座都城①，但也有人持不同意见，如韩连琪认为齐国的五都不包括临淄，有"西北方临近燕赵的高唐、平陆，南方临近楚国的南城，西南方临近赵魏的阿和东方与夷族接壤的即墨"②，杨宽认为："齐国到战国时期还设有五都的制度，除国都临淄以外，四境设有别都，平陆、高唐、即墨、莒，都是别都。"③ 临淄为齐国主都应无疑义，除临淄之外，上述学者认可的齐国都城为：高唐、平陆、博、邺殿、南城、阿、即墨、莒等，下面笔者对这些地点一一订正。

一　高唐

钱林书、韩连琪、杨宽诸位先生一致认可高唐应为齐国五都之一。

高唐是齐国的宗邑，设置有宗庙建筑。《左传·襄公二十五年》：齐庄公死，"祝佗父设祭于高唐"。杜预注谓："高唐有齐别庙也。"顾栋高《春秋大事年表》卷七之一认为高唐"齐之宗邑也"，所以，高唐应该在春秋时就已是齐国的陪都了。

后来田齐的先祖在高唐逐渐发展起来。《左传·昭公十年》有记载："公（齐景公）与桓子莒之旁邑，辞。穆孟姬（齐景公母）为之请

---

①　钱林书：《战国齐五都考》，载《历史地理》第五辑，上海人民出版社1987年版，第115—118页。

②　韩连琪：《先秦两汉史论丛》，齐鲁书社1986年版，第220页。

③　杨宽：《战国史》，上海人民出版社2003年版，第39页。

高唐，陈（田）氏始大。"田氏夺取齐国政权列为诸侯后，高唐作为"陈（田）氏始大"的重要封邑，当然仍为齐国的陪都。

高唐，在汉为高唐县，《左传·襄公十九年》杜预注："高唐在祝柯县西北。"祝柯为春秋时期城邑名，汉时设置祝柯县，其地在今山东长清东北界，即禹城及齐河东南，清《嘉庆重修一统志》谓高唐故城在禹城西南四十里，恰与杜预的记载一致。

高唐地理位置重要，位于古黄河之东，济水、漯水之西。春秋战国时期，高唐以北有平原邑，以南有博陵、博望两邑，向东有大道可直达都城临淄，向西可通晋、秦等国。

高唐在齐国的西界，是西方各国进攻齐国的门户。春秋时期，晋若侵齐必伐高唐，如《史记·齐世家》记载庄公元年（前553）"晋闻齐乱，伐齐，至高唐"。《史记·晋世家》记载平公十年（前548）"晋因齐乱，伐败齐于高唐去，报太行之役也"。《左传·哀公十年》（前485）晋赵鞅帅师伐齐，"取犁及辕，毁高唐之郭，侵及赖而还"。到了战国时期，三家分晋，赵与齐接壤，赵国想进攻齐国必经高唐，《史记·赵世家》记载赵肃侯六年（前344），"攻齐，拔高唐"。《史记·田齐世家》齐威王二十四年（前333）记载齐威王与魏惠王比宝时曰："吾臣有盼子者，使守高唐，则赵人不敢东渔于河。"燕昭王二十八年（前284）燕将乐毅率燕、秦、韩、魏及赵五国之兵伐齐，就是从高唐附近攻入齐国，大败集结在济西一带的齐军，并很快攻下齐都临淄，齐国几乎灭亡。《史记·赵世家》记载赵惠文王二十五年（前274）"燕周将，攻昌城、高唐取之"。其后高唐一度属赵。至赵孝成王元年（前256）高唐才重归齐国，《战国策·赵策四》记载："燕封宋人荣蚠为高阳君，使将而攻赵。赵王因割济东三城令卢、高唐、平原陵地城邑市五十七，命以与齐，而以求安平君而将之。"

由上述多次征战的记载可以看出，高唐是齐国西部边境上的军事重镇，齐与西部、北部国家在高唐多次进行激烈的争夺。

战国时齐国的五都均设置有都大夫。都大夫既是都的行政长官，又是"五都之兵"的主将。高唐当时就设有都大夫。1972年山东银雀山汉墓出土的竹简《孙膑兵法·擒庞涓》记载：

忌子招孙子而问曰："事将何为？"

孙子曰："都大夫孰为不识事？"

曰："齐城、高唐。"

这里的齐城无疑应为齐都临淄，高唐与临淄一样，都设有都大夫，可见高唐地位应是较高的。在后来的齐、魏桂陵之战中，齐城临淄和高唐的两位都大夫在行军路上大败，应是上述记载中"不识事"的一个后果。

二　博

关于博的别都地位，《国语·齐语》韦昭注中有所记载："博，齐别都。"

博在齐国的南部，地处泰山山脉及鲁山山脉之间。博即汉代的博县，亦曰博阳。《汉书·异姓诸侯王表》汉元年谓：田安为济北王，都博阳。应该就是战国时期的博。《水经注·汶水》及清《嘉庆重修一统志·泰安府》等记载均表明博在今山东泰安东南旧县镇。

博是春秋战国时期齐都临淄通向西南方的阳关的必经之路。阳关是齐国、鲁国之间的重要关隘，向北可通齐国，向南可通鲁、吴等国。《春秋》《左传》常载"齐师伐我（鲁）北鄙"，应该是齐从此路南攻鲁国。阳关在春秋时为鲁所控制，《史记·鲁世家》记载定公八年（前502）"三桓共攻阳虎，阳虎居阳关"。《集解》引服虔曰："阳关，鲁邑。"后来，阳关属齐，《资治通鉴》记载周威王三年（前423）"鲁伐齐，入阳关"。《七国考》卷三引《博物志》云："齐南有长城巨防、阳关之险，北有河、济，足以为固。"博在阳关以北10千米，若阳关失守，可退保博邑，如果博邑不保，则齐都临淄将面临直接威胁。如《左传·哀公十一年》云："公会吴子伐齐，五月克博，壬申至于赢（齐地名）。"《国语·吴语》云：吴王"夫差……尊汶伐博，篕笠相望于艾陵"。吴、齐发生了著名的艾陵之战，吴军大败齐军，齐举国震动。上述两战都是因为破阳关之后，齐未能守住博，而使敌军北上，矛头直指国都临淄。因此，博的军事地位非常重要，它可以防止吴、鲁等南方国家对齐的进攻，也可以作为齐威慑这些国家的军事据点。

战国以后，齐国在南方的势力有所发展，疆土也向外扩展了，博仍为许多国家争夺的军事要地。《战国策·魏策四》记载魏王对穰侯魏冉说："君攻楚得宛、穰以广陶，攻齐得刚、博以广陶。"

三 平陆

平陆为齐国的陪都之一。

《孟子·公孙丑下》有：

> 孟子至平陆，谓其都大夫（孔距心）曰："子之持戟之士，一日而三失伍，则去之否乎？"……他日见王曰："王之为都者，臣知五人焉，知其罪者，惟孔距心，为王诵之。"

平陆与临淄、高唐一样有都大夫，可见平陆是战国时期的齐五都之一。上述钱、韩、杨三位均如此认定。

平陆即汉之东平陆县，据《水经注·汶水》《读史方舆纪要》等记载，故城应在今山东汶上县北。其城位于古汶水南岸，沿汶水向东数十里就到刚邑（在今宁阳县东北古刚城），转而北至阳关。春秋时期，平陆尚不见记载，当为宿国（今山东东平县东南）或鄣国（今山东东平县东鄣城）之地。后来齐灭宿、鄣两国，平陆遂为齐国领土。

战国时期的平陆，是齐国大邑，齐国西南边境上的军事重镇，南可防鲁，西可御魏。《史记·田齐世家》记载齐康公十六年（前389）"鲁败齐平陆"。这是齐与鲁在平陆的争战。齐与魏在平陆也有争夺，《战国策·齐策六》记载鲁仲连与燕将书曰："楚攻南阳（今山东泰山以南、汶河以北一带地区），魏攻平陆，齐无南面之心。"鲁仲连后来又说："且弃南阳，断右壤，存济北，计必为之。"其中的"右壤"，鲍标注曰："谓平陆。"说明平陆在魏、齐之间的重要性。《战国策·齐策四》亦有记载：齐国"有阴（今山东定陶西北）、平陆，则梁门不启"。梁指的是魏都大梁，可见平陆如果属齐，则可以直接威胁魏国国都的安全。

四 郱殿

钱林书认为郱殿为五都之一。郱殿为齐国陪都，事见《左传·襄公二十八年》杜预注。

邶殿又作都昌，《读史方舆纪要》及《春秋大事表·卷七之一》认为邶殿在今山东昌邑县西。

邶殿地理位置十分重要。春秋时邶殿为齐东部边境的战略要地，其邑向西有道路直通临淄，向南顺潍水可达杞国都城淳于（今山东安丘东北）及其邑无娄（山东诸城西）。邶殿以东，为莱夷活动之地，齐曾与莱夷发生过多次战争。《春秋》载宣公九年（前600）"齐侯伐莱"。《左传·襄公二年》云："齐侯伐莱，莱人使正舆子赂夙沙卫以索牛马，皆百匹，齐师乃还。"莱夷是当时山东半岛上的土著居民，活动范围颇广，但其中据《黄县志稿》"考东阳在临朐东境，莱都当与相近，并去棠不远，则当古即墨（今山东平度东南）附近"的记载，莱都应该在今平度以西、胶莱河一带，而此地恰好距邶殿甚近。所以，邶殿是当时齐东方的边防重地，是进攻或防御莱夷的军事据点。

邶殿一带也十分富饶，《左传·襄公二十八年》记载：齐王"与晏子邶殿，其鄙六十，弗受"，晏子解释自己"弗受"的原因："不受邶殿，非恶富也，恐失富也。"

到战国时期，关于邶殿的记载就很少了。主要原因可能是春秋以后，齐的东疆又向今山东半岛中部、东部发展，莱夷也基本被齐制服，邶殿原来作为战略要地的作用大为减弱，这一带基本无事，所以邶殿在史书中的记载也就少了。但邶殿仍是临淄通往东部沿海各地的中转站，仍是齐国在东方地区的大邑。所以，战国时期，邶殿应该仍继承其在春秋时期的陪都称号，是齐的五都之一。

五　即墨与阿

杨宽认为即墨应为五都之一，韩连琪认为阿应为五都之一。

但是，文献中并没有二者为都的记载，也没有二者建有宗庙或类似的记载，无法确认其都城地位。笔者以为，杨、韩二位先生确认即墨与阿为五都之一的依据可能是即墨与阿的长官均称"大夫"，与"都大夫"相似。

《史记·田敬仲完世家》记载：

（齐）威王召即墨大夫而语之曰："自子之居即墨也，毁言日至，然吾使人视即墨，田野辟，民人给，官无留事，东方以宁。是子不事吾左右以求誉也。"封之万家。召阿大夫语曰："自子之守阿，誉言日至。然吾使使视阿，田野不辟，民贫苦。昔日赵攻甄，子弗能救。卫取薛陵，子弗知。是子以币厚吾左右以求誉也。"是日，烹阿大夫。

但"大夫"并不是"都大夫"。按照齐制度，称大夫者不仅有都大夫，还有县令、县长等，《史记·滑稽列传》记载："（齐威王）朝诸县令、长七十二人，赏一人，诛一人，奋兵而出，诸侯振惊，皆还齐侵地。"这和上文《史记·田敬仲完世家》记载的是同一件事，"赏一人"是封即墨大夫，"诛一人"是烹阿大夫。这可以说是"大夫"与"县令、（县）长"互称的明证。《田敬仲完世家》记载春秋后期，田常曾广选宫女以百数，因此"有七十余男"，后来其子田襄子"使其兄弟宗人均为齐都邑大夫"，以控制齐国地方政权。这里的"都邑大夫"包括"都大夫"和"邑大夫"，《左传》有"邑有先君宗庙之主曰都，无曰邑"，说明了都与邑的区别。即墨与阿的长官虽称大夫，但不是"都大夫"，因此，即墨与阿不是五都之一。

六　南城

韩连琪认为南城应为五都之一。

关于南城，《史记·田敬仲完世家》有记载，齐威王与魏王比宝，齐威王认为人才是宝：

吾臣有檀子者，使守南城，则楚人不敢为寇东取，泗上十二诸侯皆来朝。吾臣有盼子者，使守高唐，则赵人不敢东渔于河。吾吏有黔夫者，使守徐州，则燕人祭北门，赵人祭西门，徙而从者七千余家。

在这里，南城、高唐、徐州三地并列。但三地地位并不相同，高唐如上所述，为齐五都之一；南城和徐州并不是都。从上述记载中，我们至多可以认识到南城、高唐、徐州三地，均为齐国边境地带相当重要的军事要塞。但是，不能从这段记载判定南城为五都之一。

七　莒

杨宽先生认为莒为五都之一。

关于莒的记载，《史记》有以下几条：

《史记·齐太公世家》记载齐桓公二年（前684）"伐灭郯，郯子奔莒"。说明桓公时期莒尚不属于齐国疆土。

《史记·田敬仲完世家》记载齐景公末年发生荼与阳生争立的事件，田乞支持阳生，高昭子与国惠子支持荼，田乞率兵攻打高昭子与国惠子，结果，"惠子奔莒"，高昭子被杀。由此显示，春秋末年的莒应该仍是一个独立的诸侯国。

战国后期，齐湣王时期，莒仍独立于齐国之外。齐湣王十七年（前284），燕、秦、楚、三晋合谋伐齐，大破齐军，燕将乐毅攻入临淄，湣王出逃。关于湣王出逃的路线，《史记·田敬仲完世家》有详细记载：

> （湣王）之卫，卫君辟宫舍之，称臣而共具。湣王不逊，卫人侵之。湣王去，走邹、鲁，有骄色，邹、鲁君弗纳，遂走莒。

上述湣王出逃的路线是：卫——邹、鲁——莒，卫、邹、鲁当时均为邻近齐国的小诸侯国，因为国力较弱，对齐敬重有加，而齐湣王出逃都无法纠正自己"不逊""有骄色"的态度。可知，此时的莒与湣王之前所到的卫、邹、鲁地一样，应该也是独立于齐国之外的小诸侯国。

随后，楚派淖齿将兵救齐，淖齿相湣王，后又杀掉湣王，与燕共分齐地。湣王之子法章流落在莒，后于前283年在莒即位为襄王。襄王在莒五年，田单以即墨为根据地攻破燕军，襄王回到临淄。这一时期，莒的地位发生了变化，可能在淖齿相湣王的时候，顺便灭掉了莒，湣王之后，莒成为齐国国君襄王的居所，但由于这一时期的齐国已经名存实亡，仅有田单独守即墨，莒充其量只能算是一座行都。

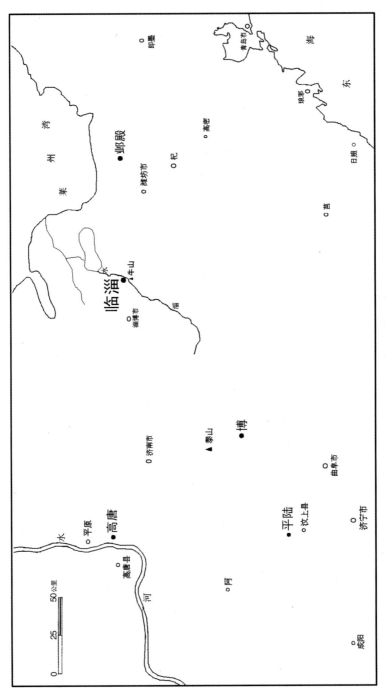

图8—1　齐五都分布图

因此，笔者认为莒不可能是五都之一。

通过以上分析，笔者遵从钱林书先生的见解，认为齐国的五都应为临淄、高唐、平陆、博、邺殿。

纵观齐国五都的分布，主都临淄居中，高唐在齐国西面，博与平陆在齐西南面，邺殿在齐东面。齐国的北面临海，不需要设置军事重镇。高唐、平陆、博、邺殿四都均在交通方便之地、军事冲要之所，具有边防重镇的性质。

第三节　齐设五都的原因思考

有学者认为齐的五都制度不是都城制度，而是齐国中央对地方的统治制度[①]。笔者认为，都城制度与中央对地方的统治制度并不矛盾，五都制既是多座都城同时存在的政治制度，又是齐国对边疆地区军事要塞的控制手段。

马大正认为边疆是一个政治概念，国家政权在这一区域的统治形式往往呈现两种状况，一种是高度的中央集权统治，甚至是军事管制；另一种则是高度的地方自治。而且，边疆有军事方面的含义，边疆地区是国家的国防前沿，即边防地区，因此在军事方面的战略地位自然十分重要，在国家面临外部军事威胁或武装侵略时就更为突出。[②] 在春秋战国时期，从政治角度来看，中央集权制度逐渐成熟，加之战争形势的需要，各国的边疆大部分都处于军事管制之下，边疆地区的军事重镇就更加重要。如何实施边疆控制成为当务之急。

从战国时期的政治情况来看，这一时期大部分诸侯国都存在着分封与郡县并存的局面。在中央对地方的行政控制中，一方面，国君通过封君来控制大量的疆域。各诸侯国有大量的封君及封邑，国君对有功之臣或宠信之臣要赐予一定数量的封邑。七国都建有封君制度，有的国家封君相当普遍，例如楚国就有三十多个封君，是七国中封君较多的国家。

---

① 钟林书认为：齐"建有五都制度可以代替郡的职能"。见《春秋战国时期齐国的疆域及政区》，《复旦学报》（社会科学版）1996 年第 6 期。

② 马大正：《中国古代的边疆政策与边疆治理》，《西域研究》2002 年第 4 期。

齐国也有封君，但封君人数较少，其中有封号的有五人：靖郭君田婴①、孟尝君田文②、安平君田单③、无盐君钟离春④、成侯邹忌⑤。另一方面，各国国君有自己直接控制的大量土地，而且，为了适应当时的战争局面，国君直接控制的土地有迅速增加的趋势。在这种形势下，国君直接控制疆域的管理手段主要有两种，一种是实行郡县制，大部分诸侯国都是这么做的；另一种则是在重要地区建立宗庙，建成陪都，提高这些地区的政治地位，以示国君直接控制绝不分封。这些有宗庙的"都"均可称为"别都"或"陪都"。战国时楚的别都陈、蔡、东西不羹等就是这种类型。齐国的五都制也是这种情形，在边疆地区的军事要塞设置陪都，由国君直接控制，都大夫统兵御敌，对国家边疆的安宁及国家的长治久安非常重要。这种"一座主都 + 多座陪都"的统治网络，既是都城制度，又是边疆控制手段。

齐国五都，主都临淄居中，边疆地区分设四个别都，即西面的高唐、西南面的博与平陆、东面的邺殿。四都均在交通方便、军事冲要之地，是边防重镇。这样的一个统治网络，无疑是有效的边疆控制手段。

第四节　本章小结

齐国经历了姜齐和田齐两个阶段，不论是姜齐还是田齐，在西周、东周时期一直以临淄为都，共计六百多年，期间虽有胡公迁往薄姑的暂

---

① 《史记·孟尝君列传》："（田）婴卒，谥为靖郭君。"《战国策·齐策一》有："靖郭君将城薛。"据钱林书先生考证，田婴在齐威王时被封于靖郭，因邑名封为靖郭君，后封于薛，又称薛公，后又改封彭城。钱林书：《战国时期齐国的封君与封邑》，《复旦学报》（社会科学版）1999 年第 2 期。

② 《史记·孟尝君列传》记载：孟尝君田文为靖郭君田婴之子，代父袭封于薛，也称薛公。"齐襄王立，而孟尝君中立于诸侯，无所属。齐襄王新立，畏孟尝君，复亲薛公，文卒，谥为孟尝君。"

③ 《史记·田单列传》记载齐湣王时，燕将乐毅破齐，田单走安平，后安全退守即墨，率众坚守。齐襄王复国后封田单为安平君。《战国策·齐策六》："（齐）襄王立，田单相之"，后又"益封安平君以夜邑万户"。

④ 刘向：《列女传》卷六。

⑤ 《史记·田敬仲完世家》：齐威王"封（邹忌）以下邳，号曰成侯。"《张国策·齐策一》有"成侯邹忌为齐相"章，高诱注曰："成，邑也。侯，爵也。邹忌封也。"

时性迁徙，但时间较短，只有四年，因此薄姑对齐国的政治、军事影响并不大。可以说，临淄长期作为主要都城，在齐国政治、军事等各方面发挥了重要作用。从春秋后期开始，齐国陆续在边疆的军事重镇设置了四座陪都，与临淄合称"五都"。由于资料欠缺，学界对于四座陪都的具体名称和地望还有争议，笔者认为齐国五都应为临淄、高唐、博、平陆、邾殿，其中，临淄无疑是齐国主都，而其他四都则是军事性陪都。这种多都设置方式，是一种有效的边疆控制手段。

在齐国的五都体系中，主都和陪都的政治地位差异明显，其中主都临淄的政治地位明显高于其他四都高唐、博、平陆、邾殿，目前甚至找不到文献记载证明高唐、博、平陆、邾殿四座陪都在齐国的政治生活中发挥过重大作用，也不见齐王临幸四都的记载。因此，高唐、博、平陆、邾殿四都只是军事地位比较重要而已，其政治影响比较薄弱。齐国都城制度的这个特点与楚国南郢时期的都城制度（参见第七章）以及燕国在战国后期的都城制度（参见第九章）比较相似。在楚国，与主都南郢并存的都城包括鄢都、陈、蔡、东西不羹等，都是楚国的军事重镇，南郢的主都地位明显；在燕国，易与下都武阳等陪都也是军事性质较强的陪都，蓟城作为燕国的主都，其政治影响远远大于其他陪都。

表 8—1　　　　　　　　　　　　　齐国都城概况

都城	都城地位	与其他都城的关系
临淄	齐国主都	春秋后期以后，与高唐、博、平陆、邾殿为同时并存关系
薄姑	暂时性行都（西周中期偏后）	
高唐	齐国陪都，边防重镇	位于齐国西部，与临淄为同时并存的关系
博	齐国陪都，边防重镇	位于齐国西南，与临淄为同时并存的关系
平陆	齐国陪都，边防重镇	位于齐国西南，与临淄为同时并存的关系
邾殿	齐国陪都，边防重镇	位于齐国东方，与临淄为同时并存的关系

第九章
燕国的多都并存制度

在燕国发展史上，先后有过五座都城，分别为燕的初都、蓟城、临易、易都、下都武阳，这些都城有相互迁徙现象，也有同时并存的现象。本章旨在梳理相关资料，在分析政治、军事各方面背景的情况下，复原燕国的多都并存制度。

第一节　西周时期的燕都

周初分封召公于燕地。

燕本为商代的方国，《史记·燕召公世家》记载："周武王之灭纣，封召公于北燕。""北燕"即北方燕地，是因燕山得名的北方方国，在甲骨文中称作"晏"。甲骨文中常见的"晏来"及"妇晏"卜辞不仅是早在商代"晏"国即存在的实证材料，而且说明了"晏"是与殷商王朝关系非常密切的殷商北方属国，比同时期的蓟国与殷商的关系更为密切。按照郭沫若先生的意见，燕国乃是"自然生长的国家，与周或通婚姻，或通盟会而已"①。侯仁之先生也认为"北京最初居民点的发展，早在周初以前就已经开始了，这是和燕的兴起分不开的。燕乃是随着地方生产的发展而自然生长的一个奴隶制国家，并不是从周朝的分封所开始的"②，并指出"如果认为燕是始于周初所封，那是错误的。古

---

① 郭沫若：《中国古代社会研究》，河北教育出版社 2004 年版。
② 侯仁之：《论北京建城之始》，载陈光汇编《燕文化研究论文集》，中国社会科学出版社 1995 年版，第 156—158 页。

代有此传说，正是因为先已有个燕国的缘故"①。郭、侯二位先生的意见是一致的，都认为在周灭商以前，燕国就已存在。王国维在考古上的发现，也证明早在殷商之世，燕国就已存在，他在《北伯鼎跋》中指出："彝器中多北伯北子器，不知出于何所，光绪庚寅，宣隶涞水县张家洼，又出北伯器数件，余所见拓本，有鼎一，卣一，鼎文云'北伯作鼎'，卣文云'北伯炊作宝尊彝'。北盖古之邶国也。自来说邶国者，虽以为在殷之北，然皆于朝歌左右求之。今则殷之故虚得于洹水，大且、大父、大兄三戈出于易州，则邶之故地，自不得不更于其北求之。余谓邶即燕……抑之为燕，可以北伯诸器出土之地证之。"② 吴泽先生在《中国历史大系·古代史》一书中也指出"卜辞中有'妟来'语，妟为国名，似为殷之属国"。金景芳先生对照燕的历史，更有新的见解，认为"邶即燕为殷商之发祥地"，并考证出"亳、蒲、番三字古音同，可以通假"，从而得出结论"契居番就是契居亳了，契居的亳和燕亳的亳，当是一地"。③

　　综合各家所述，可以看出，在周武王灭商以前，燕国就已存在，因而有"及武王克商……肃慎、燕、亳，吾北土也"④ 的说法。燕与肃慎等均是武王灭商后拓展的疆土，到西周仍然受到褒封。这里的燕亦即甲骨文及金文中的"妟"，又作"偃"或"匽"。在北京房山琉璃河西周遗址出土的铜器铭文中燕与匽通假，更证明商代燕的存在。⑤燕的由来，并非出自周初始封，这是毋庸置疑的。然而《史记·周本纪》又记载："燕、蓟二国俱武王立，因燕山、蓟丘为名。"周初召公被封至燕⑥，可能原来的燕国因为与商朝关系亲密，在武王灭商过程中被灭掉了，召公到这里进行新的统治。燕之名被保留下来，但是更换了统治者，这样遂有了燕为西周所始封的记载。

---

① 侯仁之：《关于古代北京的几个问题》，《文物》1959 年第 9 期。

② 王国维：《北伯鼎跋》，《观堂集林》卷十八。

③ 金景芳：《商文化起源于我国北方说》，载《中华文史论丛》第七辑。

④ 《左传·昭公九年》。

⑤ 余念慈：《幽燕都会》，北京出版社 2000 年版，第 10—11 页。

⑥ 许倬云《西周史》引用傅斯年（《大东小东说》，《历史语言研究所集刊》第二本，第一分册，1930 年）、顾颉刚（《燕国曾迁汾水流域考》，《责善半月刊》1940 年 5 月）等人的观点，认为燕国的初封地在河南。

学术界一般把燕国受西周封国立都之初的都城称为燕国的初都。几千年来，人们对此几乎是一无所知。20世纪60年代以来，考古学家发现并发掘了今北京市房山区琉璃河镇董家林村的周初燕都古城和黄土坡燕国墓地以后，人们才确认这座古城就是燕国的初都①。

遗址位于房山境内的琉璃河附近，范围包括琉璃河北部的洄城、刘李店、董家林、黄土坡、立教、庄头等村。整个遗址面积东西长3.5千米，南北宽约1.5千米，面积5.25平方千米。遗址可分为居住址、墓葬区和古城址三部分。

房山琉璃河遗址具有明显的都城要素，具体分析如下：

房山琉璃河西周遗址中部董家林村发现古城址，有城墙、护城河等军事防御设施。北城墙长约829米，东、西城墙北半段犹存300多米，南段已被洪水（大石河）冲毁，但从其残存部分来看，这是一东西长约3.5千米的大城，总面积达3.5平方千米。城墙结构分主墙和内、外护城坡，主墙基宽3米，用模板夯筑，护城坡夯打较差。城外有深2—3米、宽25米左右的护城河，距外护城坡3.5米左右。②从城墙和护城河来看，这是一座建筑规格较高、防御设施齐全的古城。

房山琉璃河西周遗址有宫殿区遗存。在董家林古城中偏北处发现大型夯土台基，应是宫殿区遗存。宫殿区西南有祭祀遗迹，有的祭祀坑中葬有整头牛或整匹马，出土有不少甲骨，其中一片甲骨上刻有"成周"二字，这一方面说明此城年代不早于周成王时期，另一方面也说明此城的政治地位较高，应为诸侯国都所在。

房山琉璃河西周遗址有居民区和居民墓地。1995年，对琉璃河的居住遗址进行了发掘③，发现的遗迹包括80多座灰坑和居住遗址，主要堆积在董家林古城及其以西部分地段。城外东侧的黄土坡村，是城内

---

① 北京市文物研究所：《琉璃河西周燕国墓地》，文物出版社1995年版，第250页；郭仁、田敬东：《琉璃河商周遗址为周初燕都说》，载《北京史论文集》第一辑。
② 《北京考古四十年》第三章第一节（燕国城址），北京市文物研究所编，北京燕山出版社1990年版。
③ 北京市文物研究所、北京大学考古学系：《1995年琉璃河遗址周代居址发掘简报》，《文物》1996年第6期。

居民的墓地所在，目前已发现西周墓葬 200 余座。[①] 以上考古资料说明西周时期在此城址内有大量普通居民居住。

房山琉璃河西周遗址有贵族墓地。1986 年冬，在房山琉璃河西周遗址发掘的四角带四个墓道的 M1193 号大墓，出土有青铜器克罍、克盉。这是一座较高规格的贵族大墓，说明在此附近应该就是政治统治的中心。当然，目前学界对这座大墓的墓主身份有不同意见，有学者认为是召公奭的大墓[②]，也有学者认为不可能是召公奭的墓，而是其元子燕侯克的墓[③]，召公奭大墓不发现则已，若发现则必在陕西岐邑周原[④]。但是，所有观点都倾向于认为这座墓是西周时期燕国初封诸侯的墓地，这也证明在此附近就有燕国的初都。

房山琉璃河西周遗址出土的青铜罍与青铜盉内有内容完全相同的铭文，均记录了周王褒扬太保召公、册封燕侯及授民封疆的内容："王曰：'大保……余大对乃享，命克侯于燕……'"其中，"令克侯于燕"，不仅证实了《史记》有关召公受封于燕的记载，而且说明了商属燕国存在并于周初已被灭亡的事实。周初封召公于北燕就是封于旧燕地，故仍称作燕。铭文的内容还有两点值得注意：其一，召公封燕，其属民与封域除商代燕人士众外，还有附近羌、马、微、克等其他九个国族，因周初燕的封域远较商代燕国大，为镇抚一方的方伯大国，即《尚书》所说的"孟侯"之国。其二，实封或就封的第一代燕侯又称匽侯，不是召公，而是召公元子克。可进一步证明这一史实的最有力的证据则是琉璃河遗址出土的"堇鼎"所铸 26 个字的铭文："匽侯命堇饎太保于宗周，庚申，太保赏堇贝，用作太子癸宝隩鸎𣪘。"这里的匽侯就是代召公就封于燕的第一代燕国国君克，宗周即西周都城镐京。太子癸当是匽侯克的元子。以上铭文也说明这座遗址就是燕国的始封地，是燕国初都。

分析地层关系及"成周"卜甲，我们可以明确房山琉璃河遗址的

---

① 琉璃河遗址考古队：《北京琉璃河遗址发掘又获重大成果》，《中国文物报》1997 年 1 月 12 日；刘绪、赵福生：《琉璃河遗址西周燕文化的新认识》，《文物》1997 年第 4 期。

② 殷玮璋：《新出的太保铜器及其相关问题》，《考古》1990 年第 1 期。

③ 陈平：《燕国风云八百年》，北京出版社 2000 年版，第 21 页。

④ 陈平：《燕史纪事编年会按》上册，北京大学出版社 1995 年版，第 142—143 页。

上下时限。该城建于西周早期（但不早于成王时期），这一点学术界已有定论①。目前学界对于该城的废弃时间争论较大，有学者认为废弃于西周末期②，有学者认为"其废止年代当在西周早中期之交或稍晚"③。1995—1996 年，考古工作者通过对琉璃河董家林周初燕都古城址的发掘发现，城墙内护坡部分地段被西周晚期层位打破，护城河也被含有西周晚期陶片的淤泥层所覆盖④。这一重要现象表明，该城的废弃年代大约开始于西周中期末，而不晚于西周晚期。说明这座城址在西周中期之后逐渐地被废弃。这个时限对我们研究燕国初期的都城关系有重要意义。

因此，根据房山琉璃河西周遗址出土器物的铭文及其反映的文化面貌演化过程判断，该地就是召公元子克受封至燕惠侯时期迁蓟之前的燕国都城。

第二节　燕都蓟城

蓟城在燕的历史上数次为都，且为都时间最长。

一　蓟城地望

对于蓟城的具体位置，有学者根据文献资料提出了自己的看法，如侯仁之先生认为："细读《水经注》并参考有关的文献记录，可以肯定郦道元所记的蓟城，约当今北京外城之西北部，现在白云观所在，差不多正处于蓟城的西北隅附近，根据这一线索，可以推想：现在白云观以西

---

① 李伯谦：《北京房山董家林古城址的年代及相关问题》，载《北京建城 3040 年暨燕文明国际学术研讨会会议专辑》，北京燕山出版社 1997 年版；韩嘉谷：《燕史源流的考古学观察》，载《北京文物与考古》第二辑，北京燕山出版社 1991 年版；刘旭、赵福生：《琉璃河遗址西周燕文化的新认识》，《文物》1997 年第 4 期；琉璃河考古队：《琉璃河遗址 1996 年度发掘简报》，《文物》1997 年第 6 期；北京市文物研究所、北京大学考古学系：《1995 年琉璃河遗址周代居址发掘简报》，《文物》1996 年第 6 期。

② 北京市文物研究所、北京大学考古学系：《1995 年琉璃河遗址周代居址发掘简报》，《文物》1996 年第 6 期。

③ 刘绪、赵福生：《琉璃河遗址西周燕文化的新认识》，《文物》1997 年第 4 期。

④ 琉璃河遗址考古队：《北京琉璃河遗址发掘又获重大成果》，《中国文物报》1997 年 1 月 12 日；赵福生：《琉璃河遗址访谈录》，《北京文博》1997 年第 1 期。

的高丘，有可能即是古代蓟丘的遗址。"①20 世纪 70 年代，在白云观以西发现西晋蓟城，引起学术界的广泛注意。赵其昌发表《蓟城的探索》一文②，提出西晋蓟城并不是战国以来曾做过燕国都城的蓟城。战国蓟城的位置大致应在北京的西南方，有三个地点：其一，京西八宝山以西略北地区；其二，北京以南，外城以西地区；其三，在后期蓟城南。在北京的西南方，自 20 世纪 50 年代以来，多次发现战国、秦汉时期的古瓦井，最密集之处可能是古蓟城所在地。"蓟城的位置当在发现瓦井最密集的宣武门至和平门一带。"③其具体位置，大约在明清北京内城的西南边沿和北京外城的西北部，东墙大约在今正阳门西侧里许向南一线；西墙大约在明北京外城西墙外里许向南一线；北墙走向大体与辽南京城北墙重合，应在明北京内城南墙以北里许的东西线上；南墙走向大体与辽南京城的南墙重合，大致在明北京外城南墙以北里许的东西线上。④

蓟原为西周时期燕国北方的一个小国，其政治中心在今北京城区。到了西周中晚期，燕国不仅扫平了燕山附近的割据势力，吞并了东部的孤竹等国，还攻下了北部的蓟国，并将燕国的首都迁到了蓟国的地盘上。从那以后便有了"燕都蓟城"的说法。

燕国迁都于蓟，自然会直接沿用蓟都，在此基础之上拓展重建。考古学提供的证据也证明了这一点。首先，在广安门外桥南约 700 米处，护城河西岸的考古遗址中发现了战国与战国以前的文化遗迹，包括饕餮纹残半瓦当等，这被公认为是燕国宫殿常用构件，其为战国时燕国遗物似无可疑。其他古陶残片，年代最早的接近西周时代。⑤ 还在宣武区笤帚胡同地表以下 7 米处发现了战国文化层。其次，在北京城区南部陆续发现了为数不少的春秋战国至西汉时期的陶井。1956 年发现 151 座，其中战国 36 座，汉代 115 座，以宣武门到和平门一带最为密集，有

---

① 侯仁之：《关于古代中国的几个问题》，《文物》1959 年第 9 期。

② 赵其昌：《蓟城的探索》，载《北京史研究（一）》，北京燕山出版社 1986 年版。

③ 北京市文物局考古队：《建国以来北京市考古和文物保护工作》，载《文物考古工作三十年》，文物出版社 1979 年版。

④ 陈平：《燕亳与蓟城的再探讨》，《北京文博》1997 年第 2 期。

⑤ 赵正之：《北京广安门外发现战国和战国前的遗址》，《文物考古资料》，1957 年 7 月。

130 座。1965 年发现 65 座，仅内城西南角经宣武门至和平门一线就发现 55 座。这些陶井在空间分布上虽明显带有局限性，但仍然可以透视出陶井分布的范围大约就是春秋战国至秦汉时期蓟城城址所在。最后，在宣武门至和平门以南，在永定门火车站、天坛、陶然亭、蒲黄榆、宝华里、安定里一带，发现数量甚多的战国至汉代的小型墓葬，其中 1973 年在法源寺附近、1974 年在白纸坊发现了两处战国墓群，墓群与上述陶井及建筑构件等一起为探索春秋战国蓟城城址提供了可靠的线索。

二 燕惠侯自燕初都迁至蓟城

关于燕惠侯时期都城的变迁，《史记·燕召公世家·正义》记载："周封以五等之爵，蓟燕二国俱武王立，因燕山、蓟丘为名，其地足自立二国。蓟微燕盛，乃并蓟居之，蓟名遂绝焉"，《舆地广记》也有："武王封尧之后于蓟，又封召公于北燕，其后燕国都蓟。"从这些记载可以看出，应该是燕国势力大增，灭掉蓟国，燕惠侯迁都至今位于北京城区以内的蓟城①。

《史记·燕召公世家》："自召公已下九世至惠侯。燕惠侯当周厉王奔彘、共和之时。"从这条记载中我们可以看出，史书对燕召公至九世燕君惠侯之间的燕君已失载。共和元年为公元前 841 年，据《史记·十二诸侯年表》推算，这一年正是燕惠侯二十四年，则燕惠侯即位之年为公元前 865 年，其卒年为公元前 827 年，其时已当西周晚期偏后。根据房山琉璃河燕都的废弃年代在"西周中期末，但不晚于西周晚期"②的说法，燕惠侯时应该已经离开了琉璃河燕都，因此，"在西周晚期琉璃河城址的性质已发生了变化，它已由燕国的都城变为一般的居民点"③。琉璃河燕都失去了作为都城的性质和作用。

蓟城为都的时间从燕惠侯开始，历釐侯、顷侯、哀侯、郑侯、缪侯、宣侯至桓侯，《史记·燕召公世家·集解》记载："《世本》曰：

① 陈平：《燕亳与蓟城的再探讨》，《北京文博》1997 年第 2 期；陈平：《燕史纪事编年会按》下册，北京大学出版社 1995 年版，第 218 页。

② 琉璃河考古队：《琉璃河遗址 1996 年度发掘简报》，《文物》1997 年第 6 期。

③ 同上。

'桓侯徙临易。'"桓侯初立为公元前698年，是春秋早期偏晚阶段。目前我们无法从文献记载和考古资料中分析桓侯到临易之后，蓟城是否仍继续承担某些都城功能。

三 燕襄公自临易迁回蓟城

桓侯徙临易（具体分析见下文）之后二三十年的燕襄公时期，燕国都城又迁回蓟城。由此可以看出，临易是暂时性的行都。

燕庄公三十三年（前658）死，子襄公立。襄公在位四十年，燕国国力有所增强。《韩非子·有度》："燕襄王（当为襄公）以河为境，以蓟为国。"可知当时燕国都城已在蓟城，"以河为境"，是指当时黄河下游分为二支，其中一支流经今河北沧州，齐桓公在公元前663年，率领各国助燕攻打山戎之后，因燕庄公送齐桓公至"河"，齐桓公遂割让齐地给燕国，由此，燕国疆域南部到达流经今河北沧州的黄河北岸，并维持到战国时期。也可能由于齐桓公北伐的胜利，使得燕国摆脱北部山戎的威胁，能够迁回旧都蓟城。既然燕襄公时期就已经"以蓟为国"，我们可以推测，最早在齐桓公北伐后，燕庄公时期燕国就迁都蓟城了。此后，一直到燕灭于强秦，蓟城作为燕都长达四百余年。因此，蓟城又有燕都之称，足见其影响之深。

春秋后期到战国时期，燕国有过临易、易、下都武阳等行都或陪都，而蓟城一直是燕国的主要都城，又称上都。

至战国时期，燕国凭借"东有朝鲜、辽东，北有林胡、楼烦，西有云中、九原，南有呼陀（滹沱河）、易水"[1] 的优越地理区位，在争雄兼并战争中，斡旋于强国之中，最终成为七雄之一。当时燕虽弱，但"有所附而无不重"，"南附楚则楚重，西附秦则秦重，中附韩、魏则韩、魏重"[2]，赢得了举足轻重的大国地位。后来的燕君称王、燕王哙将君位禅让国相子之的事件、齐占领燕都蓟城、燕昭王励精图治派上将军乐毅率军伐齐、以秦开为将北伐东胡开疆拓土均发生或策划于蓟城，极大地提高了蓟城的社会影响和政治地位。

---

① 《战国策·燕策》。
② 同上。

因此，蓟城为春秋中后期至战国时期燕国的主要都城，这是毫无疑问的。

第三节　燕桓侯时迁都临易

燕宣侯十三年卒，子桓侯立，时为公元前698年，春秋早期偏晚。《史记·燕召公世家·集解》记载："《世本》曰：'桓侯徙临易。'宋忠曰：'今河间易县是也。'"宋忠为汉时人，则燕桓侯所迁的燕都临易就是汉代河间府的易县。清儒王先谦在给《后汉书·地理志》中的河间国易县作注时引《大清一统志》"（临易）故城，今保定府雄县西北"，即今河北雄县西北。这个说法，清代以前没有疑义，现代有学者提出反对意见，陈梦家先生撰文认为，燕桓侯徙都的临易不应当在今河北雄县西北的汉代河间易县，而应当在今河北易县的燕下都，因为汉河间易县故地还未发现春秋战国时期的古城。① 但在20世纪末，在河北雄县西北的河北容城县晾马台乡发现大型春秋战国古城遗址，近年来这里曾出土刻有"西宫""右征尹""左征"等表示燕国公宫、官署的铭文，出土过带有"燕侯载之萃锯""燕王职戈"等铭文的青铜兵器，特别还出土了肩部印有"易市"陶文的陶罐。考古学家认为这里可能就是春秋时期燕国的都城。②

燕桓侯徙都临易，至燕襄公时期（襄公初立是在公元前657年）"以蓟为国"，史书并没有交代原因。不过根据当时的社会背景分析，徙都的主要原因应该是"山戎病燕"，燕国迫于来自北方的军事压力而向南迁徙。

按，《史记·燕召公世家》："燕外迫蛮貊，内错齐晋，崎岖强国之间，最为弱小，几灭者数矣。"西周与春秋时期，燕国北边生活着北戎、山戎等少数民族，战国时还有东胡。这些民族以游牧渔猎为主要生产方式，兼营些粗放的农业。在收获不足时，往往南下到农耕经济文化

---

① 陈梦家：《西周铜器断代（二）》，《考古学报》第十册，1955年12月；《西周之燕的考察》，载陈光会编《燕文化研究论文集》，中国社会科学出版社1995年版，第1—9页。

② 孙继安、徐明甫：《河北省容城县出土战国铜器》，《文物》1982年第3期；孙继安：《河北容城县南阳遗址调查》，《考古》1993年第3期。

区进行掳掠烧杀，因而对燕国构成较大的威胁。"燕北迫蛮貉"，春秋时期，燕国的主要威胁是山戎的不断南下。从在滦平、延庆等地考古发现的春秋时期山戎墓葬文化内涵来看，春秋初期山戎已进入奴隶社会，广泛使用了青铜器，生产力有了明显提高；尤其是直刃匕首式青铜短剑的较多发现表明，山戎是一个长骑射、善攻掠、拥有一定军事实力的部落。燕国"几灭者数"显然与山戎南进有关。召公以下九世至惠侯，燕之世系失载，由此也可看出春秋时期燕国在林立诸侯中政局不稳的事实。在燕桓侯即位以前，北戎就已多次南下中原地区，对晋、燕、郑、齐等进行过掳掠，并因此而发生过多起华夏诸方国与北戎间的战争。《竹书纪年》说："周宣王四十年（前788），晋人败北戎于汾隰"；《左传·隐公九年》载："北戎侵郑"，"郑人大败戎师"；《左传·桓公六年》载："北戎伐齐，齐侯乞师于郑，郑太子忽帅师救齐……大败戎师"。《史记·匈奴列传》同样记载鲁桓公六年（前706）北戎伐齐，多了"山戎越燕而伐齐"的细节记载。既说越燕伐齐，可见在伐齐之前北戎或山戎就已先打败了燕国。正是因为燕国没能有效挡住北戎，北戎才得以继续南下伐齐国。

由于"山戎病燕"，旧都蓟城过于偏北的弱点显露。离山戎太近，缺少中间缓冲地带，蓟城受到威胁的可能性也就较大。而临易在蓟城之南，距离蓟城二百余里，中间还有河流阻隔。南徙临易就为燕国的政治中心多出了二百余里的缓冲地带，多出了易水等河流的防御功能，有助于燕国对付山戎。

关于这一时期蓟城与临易的都城关系，由于文献记载的缺失和考古资料的不完善，我们无法分析蓟城是否继续执行某些都城功能，但既然是受到山戎的军事威胁而从蓟城迁至临易，则旧都蓟城可能不再保留任何都城功能，极有可能被暂时废弃，因此，临易与蓟城可能不是并存的关系，而是前后相继。临易是行都，而不是陪都。

徙都临易之后，燕国继续遭到山戎的攻击。据《史记·齐太公世家》，齐桓公二十三年（燕庄公二十八年，前663），山戎再次伐燕，庄公告急于齐。[①]"齐桓公救燕，遂伐山戎，至于孤竹而还"。齐桓公的北

---

① 《史记·燕召公世家》记山戎伐燕事在燕庄公二十七年。

伐，极大削弱了山戎的实力，甚至直到战国时期，燕北山戎"各分散居溪谷，自有君长，往往而聚者百有余戎，然莫能相一"①，仍处于分裂散居状态，从而解除了长达数百年的山戎不断南下侵掠的武力威胁。齐桓公北伐山戎对燕国意义重大，也为燕国迁都于蓟城并北向拓展疆域廓清了道路。

第四节　燕文公时建都易

《水经注·易水》记载："易水又东径易县故城南，昔燕文公徙易，即此城也。"北魏郦道元在《水经注》中说的北魏易县，也就是汉代的河间国易县。汉代宋忠认为，汉河间易县就是《世本》所说"燕桓侯徙临易"的燕都临易。燕桓侯所徙之临易，前已提到，应该在出有战国初燕成侯载铜戈的今河北容城县晾马台春秋战国燕都遗址；燕文公所徙之易，大约是在河北雄县西北古贤村战国燕都遗址。河北雄县西北8千米的古贤村发现的这两座战国古城紧紧相邻，大城在北，南北宽约1000米，东西长约1200米，小城在南，略小。这种布局与河北易县燕下都分为东西二城比较相似，考古学家认为这可能是《水经注·易水》中所说的燕文公所迁徙的易都。②

燕国史上以文公为谥号的国君有三位：一是，继武公而立的文公（前554—前549年在位）；二是，继成公而立的文公（前438—前415年在位）；三是，继桓公而立的文公（前361—前333年在位）。《水经注·易水》所说"徙易"的文公是其中的哪一位呢？笔者认为，应为继桓公而立的文公。从继桓公而立的文公之太子号称易王看，他必是徙易之后，称燕王，故史书才以"易"为其号。由此看来，"徙易"的文公必是战国中期继桓公而立的燕易王之父燕文公。清儒张澍在为《世本》"燕桓侯徙临易"作注时，先引《水经注·易水》"燕文公徙易"之注文，然后说："是徙易者非桓侯矣，桓侯父宣侯，子庄公"。其言下之意是，《水经注·易水》既有"燕文公徙易"之说，而此说与《世

---

① 《史记·匈奴列传》。
② 孙继安：《河北容城县南阳遗址调查》，《考古》1993年第3期。

本》所言"燕桓侯徙临易"其实是一回事，不是上徙而连及下，便是下徙而连及上；故而徙易之文公其父必是桓侯（公），而徙临易之桓侯（公）其子必是文公；春秋早期之桓侯，其子为庄公，而非文公，故而他不是徙临易的桓侯；战国中期之桓公，其子恰是文公，故而只有他才是徙临易的桓侯（公）。张澍设想的这套因果关系，其间并没有必然的联系，"桓侯徙临易"与"文公徙易"也并无必为上下两代相承的关系，故而其结论并不可靠。《世本》所说"徙临易"的"燕桓侯"，应当是春秋早期作为宣侯子而庄公父的那位"燕桓侯"；《水经注·易水》所言徙易的"燕文公"，则是战国中期燕桓公之后而燕易王之父的"燕文公"。《世本》与《水经注》各言其一，且二者虽时代悬殊，地点却相近，都在汉河间易县，两种说法都不能算错。

笔者认为，根据上文对燕襄公时期迁都蓟城直到战国末期的论述，到战国中期，所谓的燕文公徙易，应该是建陪都于易。然则，为何燕文公把政治重心由北南迁至临易附近（临易是春秋时期燕桓侯至燕悼公所居的都城），再筑易都呢？实际的原因应该有很多，其中比较重要的可能有两点。

其一，是燕釐公与燕文公之世，燕国与其南边强邻齐国交兵，接连取得两次极为难得的胜利。《史记·燕召公世家》说："釐公三十年（前373），伐败齐于林营"，《史记·六国年表·燕表》也有记载："釐公三十年（前373），败齐林孤"。两处文献说的应该都是第一次燕伐齐取胜之事。林营与林孤地名相近，或为一地。《古本竹书记年》也说："梁惠成王十六年（燕文公七年，前355年），齐师及燕师战于洵水（即流经今北京市平谷区境的洵河），齐师遁。"这是燕伐齐第二次取胜之事。两次燕齐战争，均以燕胜告终，前后仅相距十八年。春秋末年至战国初期，一直是燕弱而齐强，至战国中期，燕国却战胜齐国，这似乎为燕人谋求向南发展提供了很好的契机。

其二，战国时期东胡取代山戎在燕国北方崛起。《史记·匈奴列传》说："燕北有东胡、山戎。"结合其他文献记载分析，大体西周至春秋在燕北的是山戎。齐桓公曾伐山戎，将山戎西逐至晋北，因此，春秋晚期至战国早期的燕北一度戎狄部族稀少。到战国早中期，原在东北地区活动的东胡，逐渐南下西移，占据了燕北的山地高原，对燕国构成了较大的威胁。

对燕文公来说，北有强大的东胡边患，南有发展的良好契机，因此，政治中心南迁似乎成为必然之举。这种情形与西周中后期宗周与成周的情况类似，一方面，宗周遭遇强大的猃狁军事威胁，宗周南部骊山之上需要设置烽火时时警戒；另一方面，以成周为中心的东土之地捷报频传，对南夷、淮夷的战争节节胜利。在这种情况之下，西周中后期政治重心逐渐东移。同样，对于战国中期的燕国来说，类似的情形也使得燕的军事中心和政治重心南移。

如果上文推论正确，则文公徙易的具体时间，似当在文公七年（前355）再次胜齐以后。既然是向南主动出击的政治行为，则文公居易都之后，燕之故都蓟城与窦店村西的中都城，当仍存而未废。它们一直作为燕国的都城存在，大约到燕昭王时又被正式命名为燕国的上都和中都。从当时的政治军事背景来看，易都与蓟城的关系，当是前线都城与根据地都城的关系。但是由于资料的缺乏，我们无法详细说明易都与蓟城的互动关系。

然则易与临易相隔不远，为何燕文公放弃原来的行都临易，新建易都？笔者认为可能有两个理由：其一，临易是春秋早期的行都，为都不过三十多年，都城建设较为简单，至燕文公所在的战国中期，可能已经极为破败，与其在临易旧址重新修建都城，不如另选易都新址。其二，燕文公建易是在胜齐之后，乘胜利余威，在齐燕交界处建新都，对齐造成压力，有利于燕国继续向南出击。

第五节　上都蓟城与下都武阳的都城关系

一　燕昭王建下都

战国中后期，燕国一度出现混乱，燕王哙将君位禅让于国相子之，导致燕国大乱，齐国乘虚而入，占领燕都。

公元前312年齐师从燕境退兵以后，燕昭王在赵、魏等诸侯国军的护送下回到了破败的燕国。面对蓟都的满目焦土、一片废墟，燕昭王决定在西依劲赵、南面强齐的原燕国军事重镇武阳城营建下都。《水经注·易水》记载："易水又东径武阳城南……故燕之下都，擅武阳之名。"《元和郡县志》卷十八易州易县条云："武阳故城，县东南七里，故燕之下都。"分析以上资料，可以肯定的是武阳故城被称为燕下都，既称"下"都，则明确了武阳的陪都地位。

燕下都的营建年代，据明朝弘治年间（1488—1505）《保定郡志》记载，是"燕昭创之于前，子丹踵之于后"，考古工作者认为此说较为可信。对燕下都文化遗存的考察表明，燕下都的营建时间与此记载也基本相符。

燕下都具有明显的都城要素①。整个遗址总面积32平方千米，是我国现存一处较完整、文化遗存极为丰富的大型战国都城遗址。

燕下都有城墙等防御设施。武阳故城略呈长方形，东西长约8千米，南北宽约4千米，中部有条纵贯南北的古河道。河东岸有一道与河道平行的城墙，把燕下都分成东西两城。东城是燕下都的主体，东西两侧有河道及城壕与中易水和北易水相通，四周河水环绕，自成一个完整的城堡，周长18.5千米。东城城垣大多埋于地下，墙基宽度为40米，隔墙宽度为20米。西城是东城的附属建筑，一般认为可能是为军事防御需要而增建的城，城址内遗存较少。但保存在地上的城垣颇多，城垣残高有达6.8米的，宽度和东城相同，也是40米。夯筑，夯层8—12厘米，最厚的23厘米，夯窝排列甚密，用穿棍、穿绳和夹板夯筑的痕迹非常明显。

燕下都有规模较大的宫殿区。在燕下都的东城，城址的东北部是宫殿区，以内城（东城）北垣正中的武阳台为中心，遗存大量的夯土建筑基址，分主体建筑和宫殿建筑群。在武阳台北面，东城北垣外，有老姆台，它和武阳台之间有张公台、望景台等若干建筑群基址。武阳台东南和西南有两个东西对峙的建筑群。几座大型的建筑基址，构成一个层次分明、布局完整、规模庞大的宫殿建筑体系。在老姆台东出土了青铜

---

① 下文资料来源：河北省文化局工作队：《河北易县燕下都古城勘查和试掘》，《考古学报》1965年第1期；中国历史博物馆考古组《燕下都城址调查报告》，《考古》1962年第3期；河北省文物研究所：《河北易县燕下都第13号遗址第一次发掘》，《考古》1987年第5期；许宏：《燕下都营建过程的考古学考察》，《考古》1999年第4期；瓯燕：《试论燕下都城址的年代》，《考古》1988年第7期；河北省文物管理处：《河北易县燕下都44号墓发掘报告》，《考古》1975年第4期。

立凤蟠龙纹铺首（宫门上的装饰品），高74.5厘米，重22千克，上面刻有龙、凤、蛇等禽兽图案，为考古文物所罕见。由此也可推测出宫殿规模之宏伟。

燕下都有手工业作坊区。围绕宫殿区的东、南、西三面，呈弧形，为手工业作坊区，包括冶铁、烧陶、铸钱、兵器、骨器等作坊。

燕下都有明显的居民住宅区。燕下都的居民区分散于东城的东北、东部、中部和西南，西城的东南角亦居住一部分，居民区的文化内涵比较复杂，当有等级区别。

燕下都有贵族墓葬区。墓葬区在东城西北角，分"虚粮冢"和"九女台"两大部分。虚粮冢墓区有墓葬13座，都有高大封土，现存最高的达15米，其排列井然有序。九女台墓区有墓葬10座，亦有封土，高出地面均有7米左右。1964年春，发掘了九女台墓区的第16号墓，此墓平面呈"中"字形，前后有两个墓道。墓室全长10.4米，宽7.7米，深7.6米。主要的出土物是成组的大型陶器，器形仿春秋以来的铜器，如成组的编钟、列鼎、豆、壶、簋等。燕国贵族墓葬的发掘，在我国考古史上还是首次，这座墓葬的年代初步推断为战国早期。

由于战国时期燕国的主都蓟城至今未能全面发掘，我们无法将蓟城与燕下都规模进行比较。但是单就燕下都的考古资料来分析，东城是防御的主体，有城墙与护城河环绕，有专为军事防御需要而增建的西城，因此，燕下都无疑是军事性质较为浓厚的都城。

然而，如上所述，文公时期，在河北雄县古黄河西岸建有陪都易，这也是一座军事重镇，为何燕昭王要在河北易县建立新的军事性陪都武阳？笔者认为，这是与当时的政治军事形势分不开的。燕昭王是在燕国大乱、齐乘机破燕之后，在赵国的支持下回国即位的。在这种政治背景下，蓟城离赵、齐等国都比较远，不利于交好诸侯、图齐报仇，但蓟城为原来的政治中心，又不能放弃，因此，燕昭王只能以蓟城为主都，同时，在蓟城以南建军事性新都。既建新都，需要选择西依劲赵、南面强齐的军事重镇，易都虽然原为军事性陪都，但离赵较远，距齐又太近，且只有河水作为屏障，对于依赵图齐的燕昭王来说，易都位置并不适合。而武阳在赵、齐之间，南有易水为屏障，进可攻退可守。因此，在当时的政治军事背景下，燕昭王选择武阳作为励精图治的新都，是非常合适的。

二　上都蓟城与下都武阳的都城关系

从燕昭王时期开始至燕王喜迁都辽东，这一阶段燕国至少设有两个都城，上都为蓟城，下都为武阳。[①]

上都蓟城与下都武阳的关系非常明确，下都是战国晚期的陪都，是出于加强燕国南方政治、军事力量的需要而设置的，虽然下都武阳是战国晚期燕国的重要政治舞台，但是蓟城仍居主都之名。

如《战国策·燕策一》记载："苏秦将为从，北说燕文侯曰：……今赵之攻燕也，发兴号令，不至十日，而数十万之众，军于东垣矣。度呼沱，涉易水，不至四五日，距国都矣。"这里讲的是赵国攻燕行军所需的时间。"东垣"在《史记·苏秦列传》中也出现了，其中《正义》注云："赵之东邑，在恒州真定县南八里，古常山城是也。"按照其方向和里程来计算，"度呼沱，涉易水，不至四五日"应该可以到达今北京西南一带，即苏秦所谓的"国都"。因此，这里的国都指的当然是蓟城。《战国策·燕策二》记载乐毅使人献书报燕昭王："珠玉财宝，车甲珍器，尽收入燕。大吕陈于元英，故鼎反于历室，齐器设于宁台，蓟丘之植，植于汶篁。"其中的"元英、历室"，据《正义》引《括地志》云："元英、历室，燕二宫名，在幽州蓟县西四里宁台下"。可见昭王二十八年（前284）派遣乐毅伐齐，掳回的珍宝重器放置于蓟城宫殿之中。这说明在燕昭王时期，虽然是以下都武阳为根据地伐齐，但蓟城并未失去国都的地位。《史记·燕召公世家》记载燕王喜"二十

---

① 按，关于战国时期燕国的都城体系，还有一种说法：燕国在战国晚期设有三个都城，除上都、下都外，还有中都。燕国的中都，在宋代官修的地理书籍《太平寰宇记》中有明确的记载。书中的"幽州良乡县"条说："在燕为中都，汉为良乡县，属涿郡。"中都是什么时代的燕都呢？对此，明代永乐年间编纂的《顺天府志》引《图经志书》作了明确的回答。《图经志书》说："良乡县，春秋战国时，在燕为中都，西汉置良乡县城。"看起来，春秋战国时期的燕中都，就是西汉的良乡县城。这座古城，据历史学家的考证和考古学家的田野发掘证实，应当就是今北京市房山区窦店镇西的"窦店古城"，考古学家提出："窦店古城的试掘成果印证了古文献记载的史实。战国早期，燕国为抵御齐赵，建造了这样一座城池，就其时代、规模、夯筑方法、地理位置推测，都有可能是燕中都，战国晚（期）又经大规模地整修加筑。"（北京市文物研究所拒马河考古队：《北京市窦店古城调查与试掘报告》，《考古》1992年第8期）但是由于中都文献资料较少，我们无法讨论。

九年（前 226），秦攻拔我蓟，燕王亡，徙居辽东”，则说明在燕王喜保辽东之前，仍是以蓟城为根据地抗击强秦的。《史记·秦始皇本纪》："秦军破燕易水之西……遂破燕太子军，取燕蓟城。"这也说明燕在战国晚期仍以蓟城为国都。从上述《史记》的两则记载可以看出，秦国在最后发兵灭燕时，是以蓟城为主要目标的，因此，在秦国夺取蓟城之后，燕国便失去了抵御秦国的主要阵地与指挥中心。在这种情况之下，燕王只好逃亡了。

当然，下都武阳的政治地位也是不容忽视的，昭王即位后，由于联合强赵对付齐国的需要，把政治重心移至下都，在下都有所营建，以致燕国末年一些重要政治事件都发生在下都。如燕太子丹在下都蓄养宾客，他遣荆轲刺秦就发生在下都。燕下都在今河北易县县城东南，位于北易水和中易水之间。在河北平原的西北角上，西北经紫荆关可抵涞源，北通浑源、大同，西趋代州，南可往曲阳、邯郸等地。燕下都西倚太行山，南临易水，东部就是河北平原，地势险要，居高临下，便于防守。从燕下都的地理形势和所处的地理位置看，它是燕上都通向齐、赵等国的咽喉要地，为燕国南部的政治、经济和军事重镇。

燕昭王修建下都的原因可能有以下几个：第一，燕下都的地理位置使其具有重要的军事意义。燕下都在燕国南部，距离燕国都城蓟城几百里，其目的显然不是防御北方，而是为了对付南方。北方山戎的势力对燕国的威胁已经基本解除，而中原各国已经强盛起来，称雄战争日趋激烈，齐、秦、赵等国对燕国很有威胁，因此，燕国营建下都，以便于对付中原各国，与当时的政治形势相吻合。燕下都具有重要的军事意义。这也从考古发掘中得到证实。在燕下都遗址中，发现不少军事装备，如铜戈、铜剑、弩机、铜镞、铁矛、铁戟、铁剑、铁胄、铁甲等，城内还发现有制铜、制铁等手工业作坊遗址，而且武器出土的数量比较集中，如在 23 号遗址中，一次就出土铜戈 108 件。[1] 1965 年，在燕下都武阳台附近发掘了一个丛葬坑，墓中出土文物 1480 件，其中铁制兵器，如剑、矛、戟以及铁盔、铁甲散片占绝大多数。对其中剑、矛、戟等 7 种、9 件兵器进行分析发现，6 件为纯铁或钢制品，3 件为经过柔化处

---

① 河北省文物管理处：《燕下都第 23 号遗址出土一批铜戈》，《文物》1982 年第 8 期。

理或未经处理的生铁制品。

第二，为了接待各国投奔燕国的贤士。《水经注·易水》记载："昭
王礼宾，广延方士……不欲令诸侯之客，伺隟燕邦，故修建下都，馆之
南垂。"关于燕昭王时期各国宾客投奔燕国的事迹，史籍有详细记载，如
《战国策·燕策一》《史记·燕召公世家》《说苑·尊贤》《新序·杂事
三》等。据此看来，燕昭王营建下都是与他恢复燕国，使燕国富强起来
的总目标相联系的。燕昭王礼贤下士，"吊死问孤，与百姓同甘苦"，在
当时的社会上产生一定影响，各国贤士争相投奔燕国，形成"乐毅自魏
往，邹衍自齐往，剧辛自赵往"的"士争趋燕"① 的局面。在这种局面
下，燕昭王营建下都以接待各国贤士是有政治意义的。

可以说，春秋战国时期，蓟作为方伯大国的都城，是更大地域范围
的中心城市，而燕下都仅为战国后期燕国的陪都，其地位显然无法与蓟
城相比。

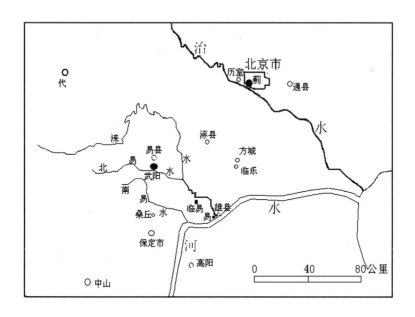

图 9—1 燕都位置示意图

① 《史记·燕召公世家》。

第六节　本章小结

从本章对燕国都城的分析来看，燕国初都为房山琉璃河西周遗址，这是西周前期及中期的燕国主都。到西周晚期偏后的时候，燕惠侯将燕都从房山琉璃河董家林城址迁至蓟城，此后直到燕被秦所灭，蓟城在大部分时间里一直是燕国主要都城。其间，由于山戎病燕，在春秋早期偏晚阶段，燕桓侯由蓟城徙都临易，二三十年后，燕襄公又迁回蓟城，因此，临易是燕国都城发展史上的一座行都。战国时期，由于燕国要南向中原与其他六国争雄，因此，在南部军事重镇相继建立了易与下都武阳两座陪都。

燕国的都城体系与齐国、楚国的都城体系比较相似，主都的政治地位比较固定，陪都设置在军事前线。这与秦国的都城制度不一样，秦国的主都为军事性都城，在战争的前沿，行政中心可以随着政治军事形势的变化而不断迁徙，但根据地都城则作为陪都守护后方。

表 9—1　　　　　　　　　　　燕国都城概况

都城	都城的政治地位	与其他都城的关系
燕国初都（房山琉璃河遗址）	燕国主都（西周前、中期）	
蓟城	燕国主都（西周晚期、春秋战国时期）	与燕国初都为前后承继的关系；与易可能为同时并存的关系；与下都武阳同时并存
临易	燕国行都（春秋早期偏晚阶段）	由于山戎病燕，燕桓侯由蓟城徙都临易，至燕襄公时期，又迁回蓟城
易	燕国陪都（战国中期）	可能与蓟城同时并存
下都武阳	燕国陪都（战国晚期）	与蓟城同时并存

第十章

战国时期都城制度的异变

——以赵的一都独大现象为例

在战国七雄当中，赵国与魏国、韩国的都城体系较为特殊，从建都时间上看，各都城并非同时并存，而是前后相继的迁徙关系。与战国时期秦、齐、楚、燕各国继承夏、商、西周的都城制度，形成多座都城同时存在的现象相比，赵、魏、韩三国出现了都城前后相继的迁徙现象，这是战国时期都城制度的异变，笔者称之为"一都独大"的都城现象。魏氏在悼子时，治霍邑（今山西霍县），到魏绛时，治安邑（今山西省运城市安邑镇附近）。直到三家分晋，魏一直以安邑为都，有二百年左右。魏惠王九年（前362），魏国徙都大梁，直至魏国灭亡。韩开国君主为韩景侯，公元前403年被周威烈王承认为诸侯。韩国位于今山西东南、河南中部一带，介于魏、秦、楚三国之间，是兵家必争之地。韩原都平阳（今山西临汾西北），该地因地处平水之阳而得名。韩武子时迁都宜阳（今河南宜阳西），南临洛水。韩正式立国后，先后有阳翟和新郑两座都城。

本章以赵国的一都独大现象为例，分析战国时期都城制度异变的原因。

第一节　赵的一都独大现象

关于战国时期赵国的都城，论著涉及较少，赵树文、燕宇的《赵都考古探索》①从考古角度对赵国都城的位置及布局进行了探讨，沈长

---

① 赵树文、燕宇：《赵都考古探索》，当代中国出版社1993年版。

云的《赵国史稿》①也只是在第九章"赵国的经济与经济制度"第四部分"赵国的交通、城市与人口"中叙述了作为经济城市的赵国都城，张午时、冯志刚的《赵国史》②介绍了邯郸发展情况，惜篇幅较少。涉及赵都晋阳、中牟、邯郸三座都城的论文较多，其中不乏创新之见。从都城体系的角度来看，战国时期赵国的三座都城是前后相继的迁徙关系，这是学界普遍认可的。

赵国都城主要有三座：晋阳、中牟、邯郸③。三座都城依次作为赵国政治中心存在，没有出现同时为都的现象。其中，晋阳经历赵襄子、赵献侯两君，为都时间五十余年；中牟经历献侯、烈侯、武公，为都时间三十余年；赵敬侯继赵武公之后即位，始都邯郸，此后，直到赵国灭亡，赵一直以邯郸为都。

一 晋阳

晋阳为赵氏封邑，杨光亮认为，晋阳建于公元前479年，赵襄子父赵简子在位时期④。公元前475年，赵襄子在晋阳即位。公元前455年，晋国智氏联合韩、魏攻打赵氏，赵襄子不退守城郭完备坚实的长子与粮食充足的邯郸，而选择了"民必和"的晋阳⑤。襄子之后，献侯即位（前423），迁都中牟。晋阳为赵都的时间并不长。

晋阳地望，在今太原市，其遗址就在今太原市晋源区古城营村西面的古城旧址⑥。

二 中牟

《史记·赵世家》称赵"襄子立三十三年卒，浣立，是为献侯。献侯少即位，治中牟"。关于赵都中牟地望，《水经注·濇水》称其"解

---

① 沈长云：《赵国史稿》，中华书局2000年版。
② 张午时、冯志刚：《赵国史》，河北人民出版社1996年版。
③ 孙继民（《赵桓子都代考》，《河北学刊》1999年第1期）认为赵襄子之弟赵桓子驱逐献侯，以代为都，献侯复位后，立都中牟。赵桓子为赵初割据政权，不为赵人认可。因此，本书不以代为赵都。
④ 杨光亮：《论晋阳城的创建与毁灭》，《城市改革理论研究》1987年第4期。
⑤ 《国语·晋语》。
⑥ 谢元璐、张颌：《晋阳古城勘察记》，《文物》1962年第4、5期。

说纷歧"。有学者从古代文献考察，认为战国时漳河以南尽属魏地，自然也包括今河南汤阴西在内。同时，今鹤壁老市区以南发现的战国中晚期古城应是魏谷邑，而非赵中牟。从出土遗物和战国地名变更情况分析，中牟故城可能即今河北磁县讲武城。[①]

中牟作为赵国都城的时间并不长，据《史记·赵世家》记载，赵献侯"治中牟"后，"襄子弟桓子逐献侯，自立于代，一年卒。国人曰桓子立非襄子意，乃攻杀其子而复迎立献侯"，重新即位的献侯可能仍以中牟为都。《汉书·地理志》赵国邯郸条记载"赵敬侯自中牟徙此"，说明在赵献侯之后、敬侯迁都邯郸之前，一直是以中牟为都的。

赵敬侯（前386年即位）迁都邯郸之后，中牟地位大降。战国中期，赵国曾以中牟与魏国的魏邑交换，《水经注·浊水》载"自魏徙大梁，赵以中牟易魏"。既然可以作为交换的对象，说明中牟已不是政治中心，对赵国来说已经无关紧要。到战国后期，中牟又回归赵国，《史记·赵世家》记悼襄王元年（前244），"大备魏。欲通平邑、中牟之道，不成"。此后，直到赵亡，中牟之名不见于史籍。

三　邯郸

赵敬侯时期赵国迁都邯郸，此后直至赵国灭亡，赵一直以邯郸为都。

邯郸为赵国都城得到史学界公认，它具有都城所必备的要素，有宫殿、祭祀场所、大量居民区等。赵都邯郸位于今邯郸市西南的赵王城遗址，规模宏大，其布局可分为两大部分，即宫城和郭城。宫城由东、西、北三个小城组成，平面呈品字形，总面积达505万平方米。郭城是居民区，位于宫城东北方向，平面为不规则长方形，东西最宽处3240米，南北最长达4880米，总面积近1400万平方米。

赵都邯郸时期，仍是实行一都独大的都城制度，没有设立陪都。孙继民认为这一时期赵国设立信宫为陪都[②]。信宫所在，《正义》记载"在洺州临洺县"，即今邯郸北部永年县。《史记·赵世家》记载赵武灵王元年（前325）"梁襄王与太子嗣，韩宣王与太子仓来朝信宫"，赵武灵王十九年（前307）"大朝信宫，召肥义与议天下，五日而毕"。文献有以信宫为都的记载，《太平寰宇记》卷五十九："赵孝成王造檀台，有宫，为赵别都，以朝诸侯，故曰信都。"笔者认为，此信宫当为赵王行宫，间或朝会诸侯、处理政务，但是信宫不是赵国陪都。

目前没有文献记载和考古资料证明信宫有大量城市居民，根据第一章第三节对都城与离宫概念的界定，笔者认为信宫是赵王离宫，赵都邯郸时期，可能没有设置陪都。

第二节　一都独大出现的原因

在这里，需要说明的一点是，三晋之中，不仅赵国的都城是一都独大，魏国、韩国也是如此。这就为我们研究战国时期的都城体系提出了一个问题：赵魏韩同为晋国六卿，在一定程度上继承了春秋时期晋国的诸多政治制度及文化传统，为何没有继承晋国的多都并存制度（参见第五章），反而出现了一都独大的都城现象？这当然可以解释为三国对晋国都城制度（晋国都城是以主都绛和陪都曲沃同时并存为主要特点的，然而曲沃作为陪都并未对晋国政局产生较大影响和推动作用）反思后产生的结果，然而，战国时期赵魏韩三国一都独大都城现象的出现还应该有更深刻的政治、经济和社会基础。鉴于魏韩两国资料较少，不足以说明问题，因此，这里选择赵国相关资料，说明赵国的一都独大现象，分析一都独大在赵国出现的原因。关于赵国一都独大现象出现的原因，少有论文从都城体系的角度做出解释，仅李久昌《论战国赵都中牟的历史地位》[①] 涉及对迁都中牟的原因的思考。

都城的设置、发展、变化与废置，关系到许多方面，有自然方面的因素，也有社会方面的因素，政治基础、经济基础、社会基础、文化基础的不均衡都有可能导致多座都城的同时并存或多座都城的前后相继。

有学者提出，国都定位属于区域空间现象，是区域空间权衡的结果，也就是说中国历史上国都的选址需要同时考虑"对内安全指向"

---

① 李久昌：《论战国赵都中牟的历史地位》，《史学月刊》2005 年第 4 期。

和"对外发展指向"①。值得注意的是，在国都选址问题上，区域空间权衡实际上表现为两种方式，一是多都制的实施，二是首都位置的迁移，后者以赵国"一都独大"都城现象为代表。

一　有利的空间权衡是一都独大现象出现的地理基础

都城所在地区既要便于制内，即镇压国境以内的叛乱，又要利于御外，即抗拒境外敌人的入侵。这样都城的地理位置最好是地理上的几何中心，至少应位于王朝全境的中心地区，或有便捷的交通，便于同全国各地进行联系，便于统治。

赵氏立国初期，其政治中心在晋阳，这是与春秋战国之际赵氏的统治疆域相适应的。在赵简子之前，赵氏虽常主晋国政，但始终未有太大的施政空间，其政治中心也没有固定的地域。到赵简子、赵襄子时代，赵氏势力迅速膨胀，赵氏与晋公室及其他贵族的争斗，主要在今山西境内进行。赵简子、赵襄子认识到了太原盆地在政治地理上的重要性，假借天神意志，编造以太原盆地为依托，北征群狄、内灭诸卿的谶言②，实际上反映了赵氏以太原盆地为中心，争取局部统一乃至向西北发展的愿望和战略部署。为适应这一发展战略的需要，赵氏势必要加强在盆地内的经营，其中一项重要措施，便是在盆地北缘营造这一地区的中心城邑晋阳，并以此作为赵氏新的大本营。

到赵氏迁都中牟前，其领地已从太行山以西发展到太行山以东，拥有今鹤壁到邢台之间的千里沃野，地跨今晋、豫、冀三省。自此赵国的疆域开始和魏、韩、齐、燕、中山等国接壤。面对扩大后的赵氏疆域，晋阳明显偏于西北一隅，继续将晋阳作为赵的政治中心，显然既不利于其加强对新扩张领土的控制，也不利于从整体上控制赵国全国的形势。更为重要的是，进入战国以后，国际形势发生了巨大变化，各国对于土地人口的争夺已转移到中原一带，争夺的重点在黄河中下游的赵、魏、卫、齐、楚等国接壤的中间地带。面对列强兼并土地、逐鹿中原的新形势，各国纷纷进行战略调整，将政治中心迁移便是其中的重要举措之

---

① 侯甬坚：《区域历史地理的空间发展过程》，陕西人民教育出版社 1995 年版。

② 《史记·赵世家》。

一。出于发展战略的考虑，赵国需要选择一个靠近中原，便于东向发展，方便赵北部广大领土与"河内"乃至晋东南地区的联络，同时又拥有一定经济文化基础和优越地理位置的城邑作为新的都城。这样，迁都中牟就成为赵国实施向中原发展战略的必然选择，也是赵国实现其战略转变的必然结果。

赵敬侯迁都邯郸，虽然有其直接原因①，但从当时赵国疆域与邯郸之间的空间权衡来看，也是必然的。班固《汉书·地理志》记载："赵分晋，得赵国。北有信都、真定、常山、中山，又得涿郡之高阳、鄚、州乡；东有广平、巨鹿、清河、河间，又得渤海郡之东平舒、中邑、文安、束州、成平、章武，河以北也；南至浮水、繁阳、内黄、斥丘；西有太原郡、定襄、云中、五原、上党。上党，本韩之别郡也，远韩近赵，后卒降赵，皆赵分也。"（按：班固在这里所举的都是汉代的郡县名）陈昌远认为班固所谓赵国疆域不是赵初为诸侯时期的疆域，而是赵迁都邯郸之时的疆域②。以现在地理来说，班固所记赵国疆域，东至渤海湾，南边越过洹水，北边到易水，西边到内蒙古西部阴山以南，邯郸在其中心偏南，便于对四方进行有效控制，同时可以向南逐鹿中原。

邯郸是兵家必争的战略要地。《史记·货殖列传》记载邯郸"北通燕涿，南有郑卫"，处在太行山东的南北要道之上，同时，邯郸滏口陉是从西向东穿越太行山的天然峡谷之一，与南北大道交汇，对社会经济军事起着至关重要的作用。公元前403年，韩、赵、魏三家分晋，标志着赵国正式加入了诸侯之间的兼并战争，这就要求赵国必须制定以参与兼并战争、逐鹿中原为主要内容的新的战略方针与政策。要实现赵国东进的战略方针转变，必须选择一个地近中原、物质基础丰富的城市为都城。邯郸进可威逼齐、魏，退可凭险而居，积蓄力量，具有重要的军事意义和战略地位。从战国形势来看，"赵氏，中央之国也"③，它处在南魏、北燕、东齐、西秦逐鹿中原的关键地带，一直是各国觊觎的目标，

---

① 促使赵敬侯迁都邯郸的直接事件是武公子朝反叛未遂，逃至魏国。中牟距离魏国较近，而魏国在战国初期经过改革后，逐渐强大起来，若支持武公子朝，会对赵敬侯的地位构成重大威胁。

② 陈昌远：《赵国的疆域与地理特征》，《河北学刊》1989年第5期。

③ 《战国策·秦策一》。

但邯郸重要的战略地位保证了赵国的安全。战国时一些重要的战役多发生在邯郸周围①，这一史实也间接表明了邯郸的重要战略意义。

二　中央集权是一都独大现象出现的政治基础

夏商西周时期是贵族君主制时期，君权受到宗法贵族的制约。春秋战国时期，贵族君主制逐渐瓦解，"邦无定土，士无定主"②，专制君主制逐渐形成。战国末期，社会经济、文化的发展，密切了各诸侯国之间的关系，客观上提出了打破各国相互分割壁垒，加强其政治联系，逐渐走向地区性乃至全国统一的要求，尤其是这一时期频繁的战争促进了专制君主制度的形成，在中央建立的新行政体制已逐步打破了贵族世袭制度。在对地方的管理上，各诸侯国开始停止或限制分封，在地方确立郡县制度以加强集权，郡县制度意味着中央对地方的直接控制。权力向中央的集中，势必导致次要政治中心即陪都的消失，因此造成一都独大的局面。战国时期，赵国作为一个后起的诸侯国，在中央和地方进行了积极的政治改革，建立了加强君主专制的制度，较早地实现了权力向中央的集中，从而为一都独大提供了坚实的政治基础。

赵烈侯时期，赵国在中央建立了由国君任免而非世袭的以相邦和大将军为首的文武百官系统。赵国官僚机构中出现代君主处理日常事务的"相邦"，这是战国七雄中较早设置这一职位的③。相邦的职责是"论列百官之长，要百事之听，以饰朝廷臣下百吏之分，度其功劳，论其庆赏。岁终奉成功以效于君，当则可，不当则废"④。这说明赵国的官僚机构已比较复杂，同时粗具规模。以"相邦"为首的官僚机构是实施封建统治的工具，它表明赵国在一定程度上已改革旧的政治体制，冲击了贵族世袭的行政体制，在中央建立了君主专制的制度。

赵国是实行郡县制较早的诸侯国之一。《史记·赵世家》记载晋顷

---

① 如公元前 354 年魏国的"邯郸之难"，公元前 278 年秦赵之战，战国晚期的秦对赵的"邯郸之围"。

② 《战国策·赵策三》。

③ 史建群：《略论赵国政治的两面性》，载《赵国历史文化论丛》，湖北人民出版社 1989 年版。

④ 《荀子·王霸篇》。

公十二年（前514）包括赵简子在内的"六卿以法诛公族祁氏、羊舌氏，分其邑为十县，六卿各令其族为之大夫"①。《左传·哀公二年》记有赵简子语："克敌者，上大夫受县，下大夫受郡。"此二事均在赵氏立国之前，可以反映赵国初期郡县制实施的状况。到了战国后期，赵国甚至在少数民族活动频繁的西北地区代地普遍实行了郡县制，《战国策·赵策三》载："齐人李伯见孝成王，成王说之，以为代郡守。"《韩非子·初见秦篇》更详细记载了赵国代郡有四十六县②。郡守县令由国君派遣，并对国君负责，治理黎民百姓。

这样，中央和地方构成一个纵横交错的统治机构，能够有效地控制整个国家，从而不需要辅助性政治中心即陪都的存在，因此造成一都独大的局面。

三　首都控制力的增强是一都独大现象出现的社会基础

都城控制能力建立在便利的交通和繁盛的经济两个基础之上。

战国时期，交通网络的形成为一都独大提供了便利条件。这样，在较大疆域范围内也能保证政治信息及各种政令及时下达，不再需要修建次于都城的政治据点和军事据点即陪都。从交通位置来看，邯郸是黄河北岸太行山脚下的冲要之地。《史记·货殖列传》记载邯郸"北通燕涿，南有郑卫"，可见邯郸位于太行山东麓纵贯南北的交通大道上。加之，邯郸拥有漳水、滏水、沁水等河道的舟楫之利。以此为基础形成遍布全国的交通网络，使邯郸可依恃便利的交通条件保证赵国中央对地方的有效控制。

封建地主经济的确立，为支撑一都独大提供了经济基础。社会经济和文化的发展，使各地经济往来、联系增强，导致较大经济发达区域的出现，为支撑一座超大型都城（全国首位城市）提供了经济基础。赵国一直比较重视农业经济的发展，《史记·赵世家》记载赵肃侯时曾游大陵，相国大戊午扣马进谏："耕事方急，一日不作，百日不食。"《战

---

①　《史记》中"晋世家""十二诸侯年表""魏世家""韩世家"所记略同。

②　《战国策·秦策一》张仪说秦王条所叙与《韩非子·初见秦篇》略同，但"代四十六县"作"代三十六县"。

国策·齐策四》也有赵威后问齐国使者："苟无岁，何以有民？苟无民，何以有君？"可见赵国有重视农事发展的传统。晋阳、中牟、邯郸等各座都城均为经济发展的中心城市。如春秋以来邯郸得到了长足的发展，晋平公与赵武有一段对话："中牟无令，晋平公问赵武曰：'中牟，晋国之股肱，邯郸之肩髀。'"这段对话意在说明中牟地位的重要，但也反映了邯郸的重要性。公元前453年，智氏攻赵，赵襄子出走晋阳前有一段话："邯郸之仓库实。"说明邯郸的经济实力已经相当强盛了。详尽反映邯郸经济状况的史籍当属《史记·货殖列传》："邯郸为漳、河之间一都会也"，邯郸不仅以冶铁业著称于世，而且与当时的中山国、郑国同样以商业繁荣一时，这都从不同角度说明邯郸在赵国的经济首位城市的地位。战国时期地主封建经济的确立更是为邯郸的发展提供了良好的契机，同时，为支撑庞大的都城提供了物质基础。

便利的交通和繁盛的经济保证了都城对地方的强大控制力，也保证了都城体系中的一都独大。

四　宗教意识、宗法观念逐渐淡薄是出现一都独大现象的思想基础

当然，除了以上有利的地理基础、政治基础和都城社会控制力增大的原因之外，赵国一都独大现象还有其他原因，如宗教意识、宗法观念逐渐淡薄是出现一都独大现象的思想基础。

夏商西周时期，宗教意识相当强烈，宗教活动在国家政治中具有重要的意义，它渗透于国家各项政治活动中。从春秋时期开始，宗教活动对国家政治的影响逐渐减弱，求神问卜在政治决策中的作用形同敷衍，"卜以决疑，不疑何卜"的声音理直气壮，宗教的神秘色彩逐渐褪去。在国家组织中，宗教活动的地位愈益减弱。宗法等级观念（大宗、小宗的差异）也越来越淡薄。战国时期立国的赵国，就是以列卿的身份与韩、魏二国分割原来的宗主国晋国，被认可为诸侯的。因此，在赵国君臣的思想上，宗法观念较为淡薄。这就导致政权对其先祖宗庙所在及政权发迹之地的关注减弱。而战国之前，先祖宗庙所在及其政权发迹之地一般为祭祀性、辅助性政治中心——圣都[①]。赵国君臣对圣都关注的

---

①　潘明娟、吴宏岐：《秦的圣都制度和都城体系》，《考古与文物》2008年第1期。

减弱，就导致都城地位的改变，都城体系中的圣都越来越没有存在的思想基础，其政治地位随着宗教意识、宗法观念的淡薄而下降甚至消失，从而造成行政性都城一都独大的现象。

赵魏韩都城均为前后相继，在一定时期内形成一都独大的格局，既有其独特的地理、政治、社会因素，又是战国时期都城体系发展的必然趋势，对秦汉以后实际上的一都独大的都城发展模式有深远的影响。

第十一章
先秦多都并存制度的确立与发展

先秦时期存在着广泛而普遍的多都并存现象。根据第一章对制度定义的分析，我们发现，制度有两种表现形式：第一，制度可以是成文的，如西周时期对营建洛邑的成文记载，春秋时期晋国对曲沃"下国"的说法，战国时期燕国下都、上都的鲜明对照以及齐国"五都"的记载等；第二，制度也可以是不成文而约定俗成的，表现为由众多习以为常的"现象"而抽象出来的不同政权共同认可的政治行为，包括夏商政权的多都并存以及春秋战国时期大部分政权没有明确记载而实际施行的多座都城同时存在的制度。因此，笔者认为，先秦时期多都并存已经形成一个制度"体系"，由历史表象行为上升至制度层面的规则。另外，通过对制度内涵的分析，我们还发现，制度是一个动态的体系，而不是静态的，它有产生、变革、完善、消亡的发展过程，随着相关制度或现象的不断变化而不断变革，不断完善。

第二章到第九章，笔者对先秦多都并存现象的八个实证案例进行了复原研究，而且在复原研究的基础上，对特定时期、特定政权的多都并存制度作了探讨。通过以上研究，我们发现，从多都并存制度的表现形式来看，先秦时期的多都并存制度可以分为滥觞、确立和发展三个阶段，正如钱穆先生所说，制度是有其时代性特点的①。

---

① 钱穆：《中国历代政治得失·前言》，生活·读书·新知三联书店 2001 年版，第 6 页。

第一节　多都并存制度的滥觞时期——夏商

"国家的本质特征，是和人民大众分离的公共权力。"① 从父系氏族社会到国家的出现，这是一个公共权力和人民逐步分离的过程，"当部落结为联盟，逐渐成为凌驾于社会之上的权力时，国家就从原始社会中脱胎而出了"②。

夏商时期由部族过渡到国家发展的初期阶段，诸多政治制度还未完善，都城的设置、营建、规划等问题都没有解决，主要表现为随机性较强，根据政权对内对外政治军事斗争的需要或者是都邑周边自然环境的变化而随意设置。因此，都城较多，多都并存现象比较普遍，多都并存制度处于形成时期。也就是说，虽然这一时期没有多都并存的文献记载，但是多都并存这一都城设置现象广泛而普遍地存在着，相关的制度逐渐形成。

夏代的都城设置情况由于记载比较模糊，无法理清头绪，但夏代多座都城同时存在是毫无疑问的。商代的都城设置更加复杂。根据对考古资料和文献资料的分析，笔者认为，偃师商城是商代前期的陪都，以军事功能为主，郑州商城则是商代前期的主都，以行政功能为主。到商代中期，都城还出现了圣都与俗都的差别，许多学者认为商的圣都在商丘③，俗都迁徙频繁，但圣都不移，这一时期的都城体系可能是比较明显的圣都与俗都体系。商代后期，安阳殷墟与成汤之故居并存了一段时间，安阳殷墟为主都，成汤之故居为陪都。这样，较之夏代的都城体系，商代都城体系明显复杂了许多，不仅出现了都城政治地位的差别，形成主都与陪都的不同，还可以根据都城功能的区别，分辨出行政性都城俗都和祭祀性都城圣都，行政性都城主都和军事性都城陪都。可以看出，商代都城等级明显、主次分明、体系健全，大部分都城经过统治者有意识地设置和规划，主都和陪都的都城规模不同，行政性都城、祭祀

① 《马克思恩格斯选集》第四卷，第114页。
② 郭沫若：《中国史稿》第一册，人民出版社1976年版，第138页。
③ ［美］张光直：《考古学专题六讲》，文物出版社1986年版，第110—126页。

性都城、军事性都城等都城功能也各有侧重，而且从商代前期到中期、后期，均有多都并存的现象，并且不曾中断。

关于多座都城设置的问题，虽然目前没有发现夏商时期有较为明确的文献记载，但是根据第一章对"制度"概念的界定，"制度是指在一定历史条件下形成的政治、经济、文化等方面的体系"，对照第二章、第三章的研究，我们认为，夏商时期的多座都城已经形成了一个"体系"，可以把这一时期的多都并存看作一种不成文的政府行为，即都城制度。

夏商时期就是多都并存制度的滥觞时期。

第二节　多都并存制度的确定时期——西周

与夏商时期相比，多都并存这一制度在西周时期有了长足的进步。

一　西周时期多都并存的表现

西周时期多都并存长足进步的表现主要有两点：

第一，西周时期的多都并存制度在文献记载中明显确定下来。

从文献来看，西周时期正式记载了多都并存制度。首先，从青铜铭文来看，在第四章表4—1和表4—2中，笔者抄录了士上盉（西周前期铜器）、小克鼎（西周中后期铜器）、史颂鼎（西周中后期铜器）三器铭文，在这些铭文中，均同时提到宗周与成周，而根据笔者的分析，宗周是西周时期的主都，成周为西周时期的陪都，二者具有不同的政治地位，由此可以看到，金文中"宗周""成周"的同时出现及其不同的含义，说明西周时期已经明确记录了多都并存的制度。其次，从文献记载来看，《尚书》等文献中称呼洛邑为"新都""东都"，其中，"新都"和与之相对的"旧都"是以营建时间的晚与早来区分的，"东都"和与之相对的"西（或南、北）都"是以都城方位来区分的，这也昭示着西周时期多个都城同时存在制度的确立。

第二，这一时期同时存在的多座都城均是根据国家政治、军事、统治的需要而有意识地设置的，有了明显的规划性。

周人在营建岐周之后，向东发展，文王后期营建了丰京，接着

"文王使世子发营镐"，这是周王朝有意识营建与旧都并存的新都的第一条文献记载。周成王时期，周王朝更加周详谨慎地进行了成周洛邑的营建工作，新都洛邑的营建工作由当时的最高领导者周公（文献记载周公营建洛邑之后才归政成王）主持规划，经过仔细勘察地形，划出地图，进呈成王，由成王决策，然后举行盛大祭祀仪式才开始营建，营建成功后，成王亲至洛邑举行盛大仪式。① 这些都说明了西周政权对新都的设置有明确的规划，新都的营建有明确的目的性，这样建设起来的都城体系也是完善的，多都并存制度迅速确定。

西周的三座都城，依次向东为岐周、宗周、成周，其中岐周为周人的圣都，是他们的根据地都城，宗周是西周王朝的行政性都城，是主都，成周是周向东向南继续发展的军事性都城，是陪都。

二 把西周时期定为多都并存制度确立时期的原因

笔者把西周时期定为多都并存制度的确立时期，其主要原因除了这一时期有了多都并存的明确记载之外，还包括：

第一，西周时期，与多都并存的都城制度相关联的政治制度发生了变化。商周之间，政治制度发生很大变化。由于许多重要制度的大变革，政治领域的都城制度也出现了较夏商不同的情况。比如，从宗法角度来讲，周人确立的嫡庶等级制度，反映到都城体系上，会出现不同等级不同政治地位的都城。因此，从统治伦理来看，周代的都城体系中不仅要区分圣都和俗都，还要区分根据地都城和前线都城。

第二，与夏商相比，周人的疆域更加广阔，这就需要建立更多的"点"来控制疆域的"面"。这是夏商时期不能比拟的。因此，从政治统治的角度来讲，多都并存制度更有其存在的必要性。

第三，从渊源方面考虑，夏商时期多都并存的传统，也为周人正式确立多都并存制度创造了条件。

第四，从择都观念考虑，西周时期明确出现了对"择中定都"观念的记载，岐周、宗周、成周就是西周政权不断进行区位选择、要求都

---

① 相关记载见《尚书·洛诰》《尚书·召诰》《史记·周本纪》《史记·鲁周公世家》等。

城居于天下之中的结果。疆域的扩大造成都城设置的变动，都城的变动造成政治重心的转移，这也导致多都并存现象的出现。

第三节　多都并存制度的发展时期——春秋战国

钱穆先生认为制度必有其渊源，必有其流变①。如果说，夏商时期是多都并存制度的滥觞时期，西周是多都并存制度的确定时期，则春秋战国是多都并存制度的发展流变时期。

一　春秋战国时期多都并存的表现

春秋战国时期是多都并存制度的发展流变时期，与西周时期相比，春秋战国的多都并存表现出更多的选择性。

第一，圣都地位逐渐下降。

春秋战国时期，与西周时期相比，宗教观念、宗法观念逐渐淡薄，导致都城体系中祭祀地位较高的圣都的政治地位逐渐下降。宗教观念、宗法观念在春秋战国时期已经世俗化了，这种观念对都城体系有很大影响，使得祭祀中心即圣都的地位明显下降。

西周时期的圣都岐周是周人的根据地，有周王长期居住，有高规格的祭祀设施及周王主持的大型祭祀活动，有大批贵族居住。

春秋时期的圣都地位远远不如西周，本书研究认定，春秋时期的圣都主要有两座，晋国的曲沃和秦国的西垂。晋国的曲沃从一开始就不是全国的行政性主都，而秦的西垂做行政中心只有五十多年的时间，其后就不再是主都。春秋时期的曲沃和西垂没有国君长期居住，也没有大批有影响的贵族居住，西垂甚至在整个春秋时期未见有秦君朝拜祭祀的记载。当然，春秋时期西垂没有秦君朝拜祭祀的记载，也有可能是由于相关文献记载失传，但西垂在春秋时期文献中的缺失也从另一个角度说明其圣都地位不被重视。

到了战国时期，宗法观念进一步淡薄，凸显祭祀地位的圣都政治地

---

① 钱穆：《中国历代政治得失·前言》，生活·读书·新知三联书店 2001 年版，第 6 页。

位更加下降。战国时期的圣都有两座,秦国的西垂和秦国的雍城。对于秦国圣都西垂来说,秦人的政治中心离开这里已经近五百年了,相关文献记载中只出现了一次西畤①和一次在西垂的祭祀②。雍城虽然是战国时期秦国新出现的圣都,保持着"祭仪上的崇高地位",但其圣都地位在泾阳时期、栎阳时期、咸阳时期是在不断下降的。秦灵公居泾阳时,还在雍城附近设立吴阳上畤、吴阳下畤,而且从雍城的马家庄一号建筑遗址的使用年代来看,它的下限延续至春秋晚期,即泾阳时期。这说明在泾阳时期雍城的圣都地位比较牢固。到了栎阳时期,一方面,没有考古发现证明雍城的宗庙建筑继续使用;另一方面,秦献公在栎阳设立畦畤这种礼制建筑,显示雍城的圣都地位有了下降的趋势。咸阳时期的秦王已经在咸阳附近祭天、建社稷,也不再归葬雍城,种种迹象表面雍城的圣都地位在咸阳时期更是大大下降。战国时期,只有秦国沿用春秋时期的传统,继续采用圣都制度,在雍城的主都地位丧失后,保留其祭祀规格和宫殿、陵墓、祭祀等建筑,使之成为一座新的圣都。相较于秦国,其他实施多都并存制度的政权如楚、齐、燕等,均未出现圣都,表示这些政权不采用圣都俗都制度,这也显示出该制度的没落。

第二,军事性都城地位降低。

西周时期,丰镐的建立就是为了集中精力对付商人在关中中部和东部的势力,因此,丰镐在建立伊始是军事性陪都,是周政权的前线都城,在武王伐纣之后,丰镐迅速成为全国的行政中心,成为主要都城,其都城地位随着周政权对商王朝策略的成功而迅速升高;灭商后修建的洛邑是为了对付殷顽民,是周向东向南扩展的前线都城,成为周政权在东方的政治据点及经济中心。可以看出,西周时期的军事性都城均为独当一面的前线都城,虽为陪都,但政治地位较高。

春秋时期,晋国没有出现军事性都城,秦国的汧、汧渭之会、平阳以及迁泾阳之前的雍城等军事性都城,往往上升为主都。到战国时期,各诸侯国的军事性都城地位普遍较低。如齐国的五都,除临淄之外都是位于边疆地带的军事性都城,文献记载较少,从记载来看,发

---

① 《史记·封禅书》。
② 《史记·秦始皇本纪》。

生在主都临淄的政治变动几乎没有影响其他四都，甚至在齐国几乎被燕国所灭的危急时刻，才有记载齐湣王"因令章子（章邯）将五都之兵，因北地之众以伐燕"。反过来说，除临淄之外的四都对齐国的政治局势也似乎没有影响，四都可能只是由于其边疆重镇的地位而强称都名。楚国的军事性陪都如鄢、陈、蔡、东西不羹等也是如此，只是作为军事重镇守护一方，并没有对中央的政治局势及对外策略产生影响。当然，军事性都城若有国君长期居住，其行政地位会比较高，有可能在一定时期成为行政中心。如燕国的下都武阳，在战国后期有燕昭王长期居住，成为燕国向南攻守的重要据点，可是由于时间较短，并未上升至行政主都地位。

比较来看，西周和春秋时期的军事性都城往往成为主都，如西周的丰镐，秦国的汧、汧渭之会、平阳以及迁泾阳之前的雍城等都城，而到了战国时期，军事性都城仅仅作为陪都存在，甚至有的军事重镇没有"都"的名号。这可能主要是由于西周和春秋时期战争相对较少，政权能够集中精力对付一个敌对政权，而战国时期战争较多，各国之间争端不断，政权在边疆地带四面受敌或向四面发展，而不能集中于一个方向。从军事性都城的数量来看，西周和春秋时期各政权的军事性都城在一段时期内一般只有一座，而到了战国时期，军事重镇的设置越来越多，军事性陪都也越设越多，齐国的军事性陪都有四座，楚国有鄢、陈、蔡、东西不羹等，数量较多。因此，军事性都城的政治地位下降是必然的。同时，由于社会经济的发展，主要都城对边疆地区的控制能力逐渐增强，不必再通过设置陪都去统治一片疆域，这也会影响军事性陪都的地位。

第三，出现多元的空间分异特征。

钱穆先生说："我们讨论一项制度，固然应该重视其时代性，同时又该重视其地域性。推扩而言，我们应重视其国别性。在这一国家，这一地区，该项制度获得成立而推行有利，但在另一国家与另一地区，则未必尽然。"[①]

---

　① 钱穆：《中国历代政治得失·前言》，生活·读书·新知三联书店 2001 年版，第 7 页。

春秋战国时期，多都并存制度在各国施行过程中，出现较为细微的差异。我们可以通过比较分析春秋战国时期的晋、秦、燕、齐、楚五个多都并存案例，来研究这一时期多都并存制度多元的空间分异特征。

1. 实行圣都俗都制度的晋国与秦国

晋国与秦国实行圣都俗都制度。但是，二者的都城制度也有细微的差异。

晋国实行圣都俗都制度，在都城设置上，有作为祭祀中心的圣都曲沃，有作为行政管理中心的俗都绛，后来俗都迁至新田。

晋在春秋初期出现小宗取代大宗成为诸侯的重大政治事件，这是晋国都城体系变更的一个分水岭。在此之前，可能是翼、唐并存的都城体系，在此之后，晋国的都城体系中包括圣都曲沃和俗都绛。曲沃原本是小宗割据政权的政治中心，与大宗都城绛是政治对立关系，在小宗取代大宗成为诸侯之后，曲沃并未取代绛成为全国的行政中心即主都，而是由原来的割据政权政治中心上升为晋国新政权的圣都。把曲沃设置为圣都的原因可能有两个，一方面曲沃为晋公①发迹之地及曲沃桓叔、曲沃庄伯、曲沃武公（后称晋武公）三代先祖宗庙所在；另一方面曲沃是小宗取代大宗的根据地，曲沃桓叔、曲沃庄伯、曲沃武公在曲沃辛苦经营五十多年，对原来的大宗政权形成较大威胁。因此，在曲沃武公打败晋国大宗，称"晋武公"之后，曲沃成为晋国的祭祀中心，有重要祭祀建筑武宫（晋武公之庙），文献记载中，非正常情况即位的晋公都要到曲沃祭拜，甚至晋公死后也要归葬曲沃（文献明确记载晋文公死后归葬曲沃）。但圣都只能行使宗教祭祀职能，从绛和曲沃的都城主次地位来看，曲沃自始至终都未能成为全国的行政中心，它只是陪都。这种情况与秦国的圣都西垂和雍城不同，西垂和雍城都曾长期担任秦国的行政管理中心，行政设施和祭祀设施相对齐全，在外部形势发生变化，秦的行政中心迁到新都之后，西垂和雍城作为旧都并未被放弃，而是被继续使用，成为秦国的圣都。因此，与秦国的西垂和雍城相比，曲沃的发

---

① 在小宗取代大宗成为诸侯之前，晋国君主称"晋侯"。在小宗取代大宗成为诸侯之后，晋国君主始称"晋公"。

展历程不同，其都城职能并不健全。

与晋国一样，秦国也实行圣都俗都制度，但是秦国圣都的数量、圣都的设置、圣都的地位与晋国有明显不同。从数量来看，秦国的圣都有两座，西垂是秦政权的第一座都城，也是秦成为诸侯、能够继续发展的都城，雍城是秦迅速强大起来的都城。从都城设置来看，不论是西垂还是雍城，均是由主都转化而来的，而不是像晋曲沃一样由割据政权根据地转变而来。从都城政治地位来看，在秦国政治发展过程中，西垂与雍城由于作为主都的时间较长，祭祀设施较为齐全，因此，在原来的行政管理功能逐渐淡化之后，祭祀功能还一直存在并且相对明显，从而成为圣都。

秦国在疆域扩展的过程中，都城区位不断选择，不断迁移，先后放弃军事性都城如汧、汧渭之会、平阳以及战国初期的泾阳和栎阳；但始终不放弃有宗教意义的圣都即西垂和雍城。秦国在都城迁移过程中出现圣都与军事性主都并存的局面，圣都担负着宗教祭祀任务，军事性都城泾阳、栎阳则由国君长期居住，是暂时的行政管理中心，是前线都城。

秦国的圣都俗都制度表现出处于迅速扩张时期政权的都城体系特点。

表 11—1　　　　　晋国、秦国圣都俗都制度的比较

		圣都			俗都	
	设置	设置原因	地位及影响	设置	设置原因	地位及影响
晋	曲沃	割据政权根据地转化	祭祀中心，较小	绛、新田		行政中心
秦	西垂	第一座主都转化	祭祀中心，较小	汧、汧渭之会、平阳、雍、泾阳、栎阳、咸阳	都城区位不断选择，不断迁移	行政中心、军事前线
	雍	长期主都转化	祭祀中心，较大。做主都时期，相对于西垂而言为俗都			

2. 军事性陪都的都城体系

楚国、齐国和燕国是实行军事性陪都都城体系的政权，三者均在军事要地设置有一定数量的军事性陪都，但是，三者的主都设置有所不同，楚国的主都存在前后相继的迁徙过程，齐国和燕国的主都则基本未曾移动。

楚国的都城制度表现为：随着都城区位不断的选择，主要都城有前后相继的迁移现象，同时，存在主都与军事性都城的并存现象。随着楚国疆域的不断扩大，在都城区位选择的过程中，楚国的都城体系非常复杂，一方面包括主要都城的前后迁徙，如主都丹阳在西周至春秋初期的动态迁移，由丹江上游的今陕西商州迁至丹江下游的河南淅川，再迁至湖北沮漳河流域，出现异地同名现象。又如，春秋战国时期，楚国主要都城由沮漳河流域的丹阳迁于南郢，战国末期楚国主都由南郢迁至陈郢，再由陈郢迁至寿郢。另一方面，楚国的都城体系还包括特定时期的多都并存，主要表现在南郢时期多座军事性陪都鄢（郢）、陈、蔡、东西不羹等的设置。

需要说明的是，楚国的军事性都城均属陪都性质，没有国君长期居住，与秦国的军事性都城汧、汧渭之会、平阳及迁泾阳之前的雍城和雍城以后的泾阳、栎阳、咸阳相比，楚国军事性都城的政治地位不如后者高。而且，与秦国都城体系不同，楚国并未实行圣都俗都制度，没有祭祀地位较高的圣都。

齐、燕的都城体系有一些相似之处，都是主要都城基本未曾迁移（这里强调的是"基本"二字，因为，齐、燕的主都都有过较短时间的都城迁移，如齐胡公迁薄姑，燕桓侯徙都临易，但均在二三十年后又迁回原都。由此也可以看出，齐、燕的临淄和蓟城的区位选择较好，都城控制力较强）。主都做都城时间较长，政治地位较高，而陪都都设置在边疆地带，是军事性都城，对政局影响不大，政治地位较低。也因为军事性陪都的政治地位较低，在齐、燕两国的都城体系中，主都、陪都政治地位差别较大，能够明确区分其主次关系。在齐国，主都临淄的政治地位自始至终不变，同时，在军事要塞设置军事性陪都的目的是确保中央政权对边疆的有效控制，但未见国君亲到陪都或陪都发生重大政治事件的相关记载。在燕国，蓟城为行政中心的时间很长，只是在北部山戎或南方各诸侯国对燕国造成威胁时，会在边疆重镇设置军事性陪都，或者在战国后期，燕国希望向南扩张时，才会设置军事性陪都下都武阳，因此，虽然燕昭王时期长居武阳，使武阳一度成为行政管理的中心地带，但"下都"之称还是限制了武阳的都城地位，蓟城仍是与"下都"相对的主要都城。

相对而言，在齐国、燕国的多都体系中，主都、陪都的政治地位差异是比较明显的。

表 11—2　　　　　　楚国与齐国、燕国军事性陪都制度的比较

	主都	军事性陪都
楚	丹江上游的今陕西商县——丹江下游的河南淅川——沮漳河流域——南郢——陈郢——寿郢表现为主要都城的前后迁徙	鄢（郢）、陈、蔡、东西不羹、鄂等
齐、燕	齐国临淄，主都基本未曾移动	其余四都
	燕国蓟城，主都基本未曾移动	下都武阳等

二　战国时期"一都独大"现象的出现

战国时期，一些诸侯国不再实行多都并存制度。

在都城设置方面，多都并存并不是唯一的选择。这一现象，在春秋时期某些疆域较小的政权中就已存在，由于统治地域较小，一座都城完全可以对全境进行有效的控制和管理，而且，多座都城的建立，对于实力较弱的诸侯国来说负担也相对较大。所以，一都制度是疆域较小、实力较弱的政权的较好选择。

到了战国时期，虽然还存在着广泛而普遍的多都并存现象，但在政权较为稳定、实力较强的诸侯国也出现了一都独大的现象。如赵、魏、韩等国虽然均有多座都城，但各城作为都城的时间是前后相继的，政治中心的转移是随着都城的迁徙和都城名号的前后相继而完成的，政治中心迁至新都之后，随即放弃旧都的都城地位，不做保留，没有多座都城同时存在的现象。

赵国都城主要有三座：晋阳、中牟、邯郸。其中，晋阳为都经历了赵襄子、赵献侯两君，共计五十余年；中牟经历献侯、烈侯、武公，共计三十余年；赵敬侯继赵武公之后即位，始都邯郸，此后直到赵国灭亡，邯郸一直为赵国都城。

魏国政治中心也有三座：魏悼子治霍邑，魏绛治安邑。直到三家分晋，魏一直以安邑为都，大约二百年。魏惠王九年（前362），魏国徙都大梁，直至魏国灭亡。

韩的开国君主为韩景侯，公元前403年被周威烈王承认为诸侯。韩国位于今山西东南角及河南中部，介于魏、秦、楚三国之间，是兵家必争之地。韩最初都平阳，因地处平水之阳而得名。韩武子时迁都宜阳，南临洛水。韩正式立国后，先后有阳翟和新郑两座都城。

因此，赵、魏、韩等政权的都城是前后相继的形式，没有多座都城同时存在的现象，属于一都独大的都城设置形式。

一都制的实施，在春秋时期主要是统治地域的狭小和国家实力的弱小造成的，而在战国时期，在赵、魏、韩这样疆域较大、实力较强、政权较稳定的诸侯国出现，表明了都城制度出现了多都并存与一都独大的不同发展途径。不管是多都并存还是一都独大，都是以政权在都城能够有效控制全国为基础而实施的，一都独大现象的出现，说明随着社会生产力的进步以及政权机构的逐步完善，都城的社会控制力在逐渐增强。

三　春秋战国时期多都并存制度发展流变的原因

春秋战国时期多都并存制度在都城设置、都城政治地位、都城数量等方面都有了很大的变化。

一方面，是传承的因素造成的。由于夏商西周多都并存传统的影响，大部分诸侯国也采用多都并存制度进行有效的政治统治和军事占领。

另一方面，社会经济的迅速发展、宗教观念的逐渐淡薄及其他政治制度与经济制度的变化，导致春秋战国时期的都城制度出现了发展与变化。

表 11—3

春秋战国时期各国都城概况①

国名	都城	为都时期	都城地位	备注
晋国	唐	西周时期	主都	西周时期，二都并存
	翼（绛）	西周时期至战国中期	圣都	春秋时期与绛并存
	曲沃	春秋时期至战国中晚期	主都	晋迁都新田后与新田并存
	新田	战国中晚期	圣都	至战国晚期仍为祭祀重地
秦国	西垂	春秋早期至战国晚期	圣都	
	汧	春秋早期	俗都	与西垂并存
	汧渭之会	春秋早期	俗都	与西垂并存
	平阳	春秋早期	俗都	与西垂并存
	雍	春秋中期至战国晚期	圣都	与西垂并存
	泾阳	战国早期	俗都	与西垂、雍并存
	栎阳	战国早期	俗都	与西垂、雍并存
	咸阳	战国中晚期	俗都	与西垂、雍并存，战国中晚期的主都

① 有些诸侯国政权的都城从西周时期被封为诸侯开始。

续表

国名	都城	为都时期	都城地位	备注
楚国	丹阳	西周至春秋初期	主都	有异地同名现象，其迁徙过程是由丹江上游的今陕西商洛迁至丹江下游的河南淅川，再迁至沮漳河流域
	南郢	春秋最初期至战国晚期	主都	
	鄂、郊（宜城地区）	西周晚期至战国晚期	军事性陪都	与丹阳、南郢并存
	陈、蔡、东西不羹	春秋晚期至战国晚期	陪都	秦拔郢后，陈为主都
	鄂	春秋中期至战国中期	陪都	与南郢并存
	城阳	战国晚期，秦拔郢后	行都	
	陈	战国晚期，秦拔郢后	主都	为主都二十余年
	项城	战国晚期，秦拔郢后	陪都	陈郢之陪都
	寿郢	战国晚期，秦拔郢后	主都	楚最后一座都城，为都十九年
燕国	燕初都	西周		
	蓟城	西周晚期至春秋早期春秋早期至战国晚期	主都	
	临易	春秋早期	行都	
	易	战国中期	陪都	与蓟并存
	中都	战国中晚期	陪都	与蓟并存
	下都武阳	战国中晚期	陪都	与蓟并存

续表

国名	都城	为都时期	都城地位	备注
齐国	临淄	西周至战国末期	主都	
	高唐	春秋后期至战国时期	陪都	与临淄并存
	博阳	春秋后期至战国时期	陪都	与临淄并存
	平陆	春秋后期至战国时期	陪都	与临淄并存
	鄩殷	春秋后期至战国时期	陪都	与临淄并存

第十二章
先秦多都并存制度形成的原因

多都并存制度形成的原因是多方面的。具体到每一个政权的多座都城的设置、建设、废立等问题，都关系到当时政治、军事、经济等各方面的背景，既是特定形势发展的结果，也与具体决策者的素质、水平及对形势的判断有很大关系。从共性的角度来看，都城的设置、发展、变化与废置，关系到许多方面，有自然方面的因素，也有社会方面的因素，政治基础、经济基础、社会基础、文化基础的不均衡发展都会影响都城体系的建设，可能导致多个都城并存的现象。

第一节　都城功能分散导致多都并存

城市承担着诸多功能，如政治统治功能或行政中心功能、经济功能、交通流通功能、军事防御功能、社会文化功能等。都城作为特殊的城市，是一个国家最主要的城市之一，有其独特的都城功能。划定一个区域作为都城，并从法律制度上赋予它特定的性质、地位和功能，是一个重大的政治问题。

一　先秦时期都城的功能

可以说，都城功能与其所依托的都城之间的矛盾运动，是中国古代都城发展史上的一条重要规律。为了有效发挥都城的功能，都城需要良好的物质设施作为载体。

先秦时期，都城作为政权的象征，是国家的首位城市，是进行统治的核心，为了完善、维护政权的统治，都城突出了其核心功能和叠加功能。关于这一时期都城的文献记载较少，而且记载粗略，因此，要想了解这一时期都城功能的载体表现，我们既要分析文献资料，还要分析考古发掘资料。

先秦时期的都城主要体现以下功能。

（一）行政管理功能

从行政管理方面看，国家的建立需要政权机构中枢，以便管理其境内事务或公共事务，同时代表国家及人民履行对外职责。都城的选择与发展，尽管存在一些历史的偶然性，但一般总是同一个国家的政治制度和政治理想紧密联系在一起的，总是同有利于国家的整体政治经济利益和国家发展需要联系在一起的，总是同当时的政治发展水平所赋予的政治家们的政治指挥联系在一起的，总是旨在体现民族国家构建和整合的政治理念。因此，作为国家的政治中心，都城必须通过颁布国家法令与政策的调控来体现其政治中心性。另一方面，都城必须聚集大多数的国家首脑，布设大量的政权机关，同时通过举行各种重要会议和活动来强化其"中心性"象征意义，正如《释名》所言："都者，国君所居，人所都会也。"因此，都城的政治功能主要体现在都城是国家的行政管理中心这个方面。先秦的文献多次记载诸侯的朝觐以及大型宗教祭祀活动和军事检阅活动，如《左传·昭公四年》记载的"夏启有钧台之享，商汤有景亳之命，周武有孟津之誓，成有岐阳之蒐"等，均表现出都城强大的政治功能。从考古发掘上来看，大型宫殿基址、大型青铜礼器及玉器、国家机构遗址、国君贵族墓葬等，都是能够体现都城行政管理功能的物质载体。

执行行政管理功能的都城就成为一个政权的主要都城。

（二）祭祀功能

祭祀的政治功能相当强大。"祭者，志意思慕之情也。忠信爱敬之志矣，礼节文貌之盛矣，苟非圣人，莫之能知也。圣人明知之，士君子安行之。官人以为守，百姓以成俗。其在君子，以为人道也；其在百姓，以为鬼事也。"① 这就揭示了祭祀对于统治者（即上文所说的君子）是维持统治的法宝，对于下层群众是一种宗教欺骗（即"以为鬼事

① 《荀子·礼论》。

也"），国家的"守"与"俗"都要借助宗教的政治功能，因此，先秦国都不能没有宗教祭祀生活。

先秦时期人们的宗教意识相当强烈，宗教活动在国家政治中具有重要的意义，它渗透于国家各项政治活动中。"国家大事，在祀与戎"，祭祀诸神、祖先是先秦时期国家政权必不可少的活动之一。因此，每座都城都有较高规格的祭祀设施和祭祀活动，甚至重要祭祀场所、先祖宗庙所在会被赋予都城的名义，成为国家的祭祀中心。《左传·庄公二十八年》记载："凡邑，有宗庙先君之主曰都。"《说文解字》云："有先君之旧宗庙曰都。"这些说法是对都城祭祀功能的界定，均反映了春秋时期盛行的国都与宗教相结合的观念，诸侯国都城的宗庙祭祀功能成为其主要功能之一，同样，在夏商西周和战国时期，宗庙祭祀功能在都城政治功能中也占有核心地位。"国之大事，在祀与戎"，祭祀为国家"大事"，在"王即天下"的政治模式下，在有先王宗庙的"永恒基地"——祭祀性都城（即张光直先生所谓的圣都）祭拜诸神和祖先，则为国家或政权大事的重中之重。张光直先生曾经论证过中国古代都城应该有五条标准：第一，夯土城墙、战车、兵器；第二，宫殿、宗庙与陵寝；第三，祭祀法器与祭祀遗址；第四，手工业作坊；第五，聚落布局在定向与规划上的规则性。[①] 其中，第二点和第三点都涉及都城的祭祀功能。所以，从考古发掘来看，宗庙遗址、陵寝遗址、礼制建筑遗址、大型灰坑等都是能够体现都城祭祀功能的物质载体。

主要执行祭祀功能的单一功能型都城有可能成为政权的圣都，与圣都相对的都城均为俗都。

（三）军事功能

无论是外患还是内乱，攻击者均以占领都城为主要目标，此目标一旦达到，原有国家及其政权便算是被推翻，如曲沃代翼事件，在曲沃武公攻入晋国都城翼之后，原来晋侯的统治即告结束；又如武王伐纣，在武王攻入纣的离宫朝歌之后，殷商的统治也即崩溃；燕国的统治，在燕王喜放弃蓟城之后即告结束。因此，都城不仅要占据优越的

---

① ［美］张光直：《关于中国初期"城市"这个概念》，《文物》1985 年第 2 期。

军事地理位置，还是国家的军事指挥中心和国防总部，是维护国家统治的机器。一方面，都城内部或周围必须驻扎有一定数量的军队，用以抵御外寇、维持社会秩序，如果没有这项功能，不仅都城本身难保，随着都城的覆亡，国家也将灭亡。如西周时期丰镐周围有"宗周六师"的驻扎，洛邑附近有军队"成周八师"。另一方面，阶级社会的都城，其布局总是具有某种共同特征，如城墙（包括城门、城楼、护城河等）防御体系，其潜在作用至少包括军事防御功能。表现在考古发掘上，能够体现都城卫戍功能的物质载体包括：城墙、壕沟等防御设施基址（先秦大部分都城遗址发现有城墙、壕沟）、府库遗址（如偃师商城的两座府库）、制造武器的手工业作坊遗址、军事指挥中心遗址等。

需要说明的是，各政权的政治、军事背景不同，导致都城的军事地位不同，执行进攻型军事功能的都城有可能成为一个政权的前线都城，而执行防御型军事功能的都城则可能成为根据地都城。

二　都城功能分散对先秦多都并存制度的影响

都城功能对多都并存制度产生了深远的影响，都城功能的分散是多都制产生的一个重要原因。

都城有单一功能型和多功能型两种。所谓单一功能型都城，主要是指某一种功能特别突出，而其他功能相对较弱。多功能型都城的特点是都城集中了所有或大部分重要的都城功能，包括政治、经济、军事、文化等各方面。

都城的各种功能叠加在一起，会出现我们通常所看到的"聚集模式"——这是一种极易使都城发展成为"巨头首都"的模式；但如果在发展中将都城功能分散于两个或多个都城中，这就是所谓的"分散模式"，进而形成"双头都城"或"多头都城"模式，如"两京制""多都制""主都陪都制"等。中国古代都城功能主要包括行政管理功能、祭祀功能和军事功能，都城功能出现分散，就会导致都城功能的分离，出现单一功能都城。从理论上来讲，这种"分散模式"就是多都制的由来。

都城功能为什么会出现分散？笔者认为，都城功能分散可能是以下几个因素造成的。第一，宗教因素。对先祖居地、先祖宗庙所在地、政权发迹地的敬仰和尊重，会导致一个政权有意提高上述所在的政治地位，使之成为与行政管理中心分裂的祭祀中心。第二，军事因素。由于开疆拓土或守卫边疆的需要，国君长期亲临前线指挥作战，从而形成一个前线指挥中心。第三，传统因素。一个政权的都城设置会借鉴前朝或其他同期政权的经验教训。第四，政治统治因素。如果一个政权疆域较为广大而都城无法控制整个疆域，会出现次一级的政治中心协助主都进行统治。

先秦政权"不常厥邑"，都城多次迁移。设置都城是国家的大事，同时也是一个复杂的系统工程，涉及诸多方面，都城所承担的使命重大，需要大兴土木从事国都建设，并配以完善的交通通信设施、特殊的京畿制度等，才能使都城成为国家的神经中枢，因此，规划、建设一个首都需要大量人力、物力，而频繁设置新的都城，对国家实力是非常大的损耗。所以，即使产生了新的首都，也仍然要保存原有的都城。这样，都城的频繁设置就导致都城功能分散，出现前线都城、根据地都城、行政管理中心、祭祀中心等行使单一功能的都城，也就是多座都城并存。

商代就是在有先王宗庙的"永恒基地"——圣都祭拜诸神和祖先，而商王常居俗都，进行行政管理。商代前期的偃师商城和郑州商城就是执行不同的军事功能，导致两座同时存在的都城具有不同的军事地位，偃师商城在构造上体现出浓重的军事色彩，其选址就是从军事角度考虑的，偃师商城北面环山，东北、东南、南部傍水，只有西南部朝二里头遗址（即以前的夏都）敞开。这样，既可以避免四面受敌，又可以快速向二里头方面出击。郑州商城的军事色彩要比偃师商城淡一些。

西周的岐周、丰镐（宗周）、洛邑（成周）三座都城的功能也随着政治、军事背景的不同而不断分散、聚集。岐周在文王营丰、武王作镐之前是政权唯一的都城，是当然的多功能型都城，是先周的行政中心与祭祀中心。在武王灭商之后，随着行政中心转至丰镐，岐周的都城功能分散开来，都城逐渐转为单一功能型，行政管理功能淡化，祭祀功能仍存。因此，岐周在武王灭商之后作为祭祀性都城而存在，这里不仅有先王的大型宫殿以及大规模的祭祀场所①，还有诸多高规格的青铜礼器②，考古发掘和文献资料均证明不仅周王常驻此地，而且许多贵族也长居于此③，成王还在这里举行了大型活动"岐阳之蒐"。丰镐在武王灭商之前，由于是西周政权东向发展的指挥中心，成为进攻型都城即前线都城，在武王灭商之后，逐渐完成了都城功能的聚集，不仅成为西周政权的行政中心，还是军事防御中心，同时逐渐经营高规格祭祀设施，成为西周的主要都城。洛邑的营建就是为了有效地经营东方，因此，成周是一座前线都城，到西周中后期，随着其军事地位、经济地位的逐渐上升，祭祀设施的不断完善，其都城功能逐渐发生聚集，但其政治地位仍未超过宗周。

晋国的绛在晋武公列为诸侯之后也出现了都城功能的分散，由于曲沃是晋武公发迹之地和先祖宗庙所在，而绛原为晋武公敌对势力的都城，因此，绛的祭祀功能淡化，晋国祭祀中心转到曲沃，曲沃成为晋国圣都。

秦国都城设施比较复杂，雍城曾为都二百余年，期间由于都城功能逐渐聚集，雍城成为秦国主要都城。战国初期由于秦魏军事形势的变化，秦先后营建泾阳及栎阳两座军事前线型都城，战国中后期，随着秦对魏战争的胜利及军事战略的转移，秦弃栎阳，又营建前线都城咸阳。这一时期，雍城一直承担着秦国祭祀中心的功能，是秦国的圣都。秦定都咸阳后，国家实力大增，随着祭祀设施的不断完善和经济地位的不断上升，咸阳的都城功能也不断聚集，都城地位愈益增高。

齐国五都制是前线都城与根据地都城的模式，临淄是国家的根据地，其余四都分布在边境的军事重镇，是国家的军事前沿。燕国的上都蓟城与下都武阳以及楚国的南郢与其他陪都也是根据地都城与前线都城的关系。

---

① 陈全方：《周原与周文化》，上海人民出版社1998年版。

② 罗西章：《周原青铜器窖藏及有关问题探讨》，《考古与文物》1988年第2期。

③ 朱凤瀚：《从周原出土青铜器看西周贵族家族》，《南开学报》（哲学社会科学版）1988年第4期；刘士莪：《周原青铜器中所见的世官世族》，载《周秦文化研究》，陕西人民出版社1998年版。

第二节　空间权衡导致多都并存

侯甬坚认为都城的选建分两步走，"一个王朝的疆域范围有大有小，只要是择都，无论其版图大小，都有一定的选法。从选建都城的步骤来说，是分'两步走'：第一步是先在全国有效控制范围内选择最合适的区域；第二步是在选定的区域内再来确定都城位置（实际上是某一点）。第一步属于战略选择，体现的是国都定位的空间权衡能力；第二步为综合性的技术选择，体现的是因地制宜的判别技艺"①。国都定位属于区域空间现象，是区域空间权衡的结果。在静态的疆域范围内，能够筛选出最为有利的区域；一旦疆域不断变化，打乱原有的空间秩序，就会出现连续的空间权衡，导致多都并存。

一　"择中立都"表现的空间秩序

对于都城的区域选择，一般是"择中立都"。《禹贡》所提出的"五服说"以王都为中心，向外依次为甸服、侯服、绥服、要服、荒服，这就是一种理想化的择中立都思想。《周书·召诰》说："王来绍上帝，自服于土中。"《逸周书·作雒》说："作大邑成周于土中。""土中"即天下之中，是"天下之所合也，四时之所交也，风雨之所会也，阴阳之所和也；然者天下百物阜安，乃建王国焉"②的地方。先秦时期的都城大多遵循这个原则。

从大的范围来说，夏商王朝统治的中心在河洛地区，即今河南省境内。《史记·封禅书》云："昔三代之居，皆在河洛之间。"此处之"居"就是指都城所在。也就是说，夏、商、周三代的都城皆在黄河、洛水之间。尽管各王朝版图有所不同，且各王朝前期和后期统治区域也有所变化，导致三代都城的位置也相应有所变化，但一个不变的宗旨是：都城要位于统治版图的中心位置。

卢连成考察了商周都城设置的思想，认为当时的都城"以政治功

---

① 侯甬坚：《周秦汉隋唐之间：都城的选择与超越》，《唐都学刊》2007 年第 2 期。
② 《周礼·大司徒》，《十三经注疏》上册，上海古籍出版社 1997 年版。

能和军事功能为主，是商周王室获取政治权力的工具和实施政治、军事统治的堡垒。商周都城城址的选择基本上是遵循国都应设在天下之中的政治法则进行的"。"都城的兴建，必须要选择在天下的中央，天子要从天下的中央地区，来治理天下所有的民众。"因此，在商代"安阳殷墟基本上是殷商王室实际控制疆域的中心地区"。①

卢连成还认为，"周人早期都城岐周、丰、镐城址的选择也是居天下之中的政治法则确定的"②。在周人初起于西方之时，东方广大的地区为商人所有，那时，周人的疆域仅仅局限于渭水的中游一带，周人先由豳迁至周原。随着周人实力的向东发展，周的政治中心又由周原迁至丰镐。在当时周人控制的疆域里，丰镐也算是天下之中了。武王伐纣之后，面对迅速扩大的疆域，周人又一次寻找天下之中——成周洛邑。周幽王时期，郑国东迁时史伯解释过成周的位置："当成周者，南有荆蛮、申、吕、应、邓、陈、蔡、随、唐；北有卫、燕、狄、鲜虞、潞、洛、泉、徐、蒲；西有虞、虢、晋、隗、霍、杨、魏、芮；东有齐、鲁、曹、宋、滕、薛、邹、莒。"③春秋时期，周景王（前544—前520年在位）对成周的地理位置也有过解释："我自夏以后稷，魏、骀、芮、岐、毕，吾西土也；及武王克商，蒲姑、商奄，吾东土也；巴、濮、楚、邓，吾南土也；肃慎、燕、亳，吾北土也。"④其中，"西土"的"魏，河东河北县也。芮，冯翊临晋县芮乡是也。毕在京兆长安县西。邰在武功，岐在美阳"⑤。则"西土"指的是由今山西西南近黄河之处迄于今陕西渭水中下游一带。"东土"的"蒲姑、商奄，滨东海者也，蒲姑，齐也。商奄，鲁也"⑥。则所谓"东土"，指的是东方近海之地。"南土"的"巴，巴郡江州县也。楚，南郡江陵县也。邓，义阳邓

---

①　卢连成：《中国古代都城发展的早期阶段——商代、西周都城形态的考察》，载中国社会会科学院考古所编著《中国考古学论丛——中国社会科学院考古研究所建所40周年纪念》，科学出版社1993年版，第231—232页。

②　同上。

③　《国语·郑语》。

④　《左传·昭公九年》。

⑤　《春秋左传正义·昭公九年》引《释例土地名》。

⑥　《春秋左传正义·昭公九年》引服虔曰。

县也。建宁郡南有濮夷地"①。则所谓"南土",指的是今河南西南、湖北、四川及其以南地方。"北土"的"燕国,蓟县也。亳是小国,阙不知所在,盖与燕相近,亦是中国也。唯肃慎为夷"②。则所谓"北土",指的是今北京一带。根据周景王所列举的具体国名地名,可以看出,洛邑在当时疆域中是居于天下之中位置的。

"择天下之中而立国"作为一种建都原则,是政治秩序在空间上的表现。《吕氏春秋·申分览·慎势篇》:"古之王者,择天下之中而立国,择国之中而立宫。"这里的"国"即都城。"择中立都"意味着在全国范围内确立都城的中心位置,这不仅便于帝王在全国范围内行使权力,更重要的是,都城的空间位置代表了社会的空间秩序,即"中心"或"中央"的方位最受尊崇,被看成是一种最高统治权威的象征。因此,荀子的"王者必居天下之中,礼也"③,以及韩非的"事在四方,要在中央;圣人执要,四方来效"④,都是对"择中立都"的一种解释,他们把"择中立都"看作一种国家结构模式,强调的是地域中心原则,而地域中心在这里代表的是权力中心。《吕氏春秋》认为"择中立都"能够中和阴阳、阜安百物,能够"顺天地之和而同四方之统",《五经要义》说"择中立都"能够"总天地之和,居阴阳之正,均统四方,以制万国"。换句话说,天下之中是阴阳和谐的地方,是天时、地利、人和三者集于一体的地方,天子居此可以达到不偏不倚、均统天下的目的。所以,"择中立都"的作用用董仲舒《春秋繁露·三代改制质文篇》的话来说,就是"天始废始施,地必待中,是以三代必居中国,法天奉本,执端要以统天下,朝诸侯也";用班固《白虎通德论》卷三《京师》的话来说,就是"王者必即土中者何?所以均教道,平往来,使善易以闻,为恶易以闻,明当惧慎,损于善恶。《尚书》曰:'王来绍上帝,自服于土中,圣人承天而制作。'"因此,选取天下之中来确立都城,有助于建立合理的空间秩序,在政治上可以有效控制全国局势。

---

① 《春秋左传正义·昭公九年》引《释例土地名》。
② 同上。
③ 《荀子·大略篇》,《诸子集成》,浙江古籍出版社 1999 年版。
④ 《韩非子·扬权》,《诸子集成》,浙江古籍出版社 1999 年版。

从统治秩序的角度来说，中国历史上国都的选址需要同时考虑"对内安全指向"和"对外发展指向"[①]。都城所在地区既要便于制内，即镇压国境以内的叛乱，又要利于御外，即抗拒境外敌人的入侵。这样都城的地理位置最好是地理上的几何中心，至少应位于王朝全境的中心地区，或有便捷的交通，便于同全国各地联系。但是，各个方面条件都十分优越、符合理想的首都，在我国历史上并不存在。

以择中立都为原则的空间秩序也是一种空间选择，即都城必须处于统治区域的几何中心。这里有一个前提条件：这个空间必须是均质的理想空间，其"几何中心"才能同时为"重心"，才能达到"均教道、平往来"的目的。

但是，现实中的各个区域都不可能是均质的，择中立都只能是一条理想化原则。从地形方面来说，有高山、深谷、河流、平原等各种地貌；从经济方面来说，有经济发达和经济欠发达区域以及发展速度较快和发展迟缓区域的差别；从人口分布方面来说，有人口稠密区与人口稀少区等。区域的广域性和非均质性，导致区域必然存在多个中心可以供人们进行区域权衡，如空间的几何中心、区域内的经济中心、区域内的人口中心、区域内的军事控制中心等，出现各种不同条件的"中心"与"重心"。也就是说，一个区域内，可以有多个中心，任何一个中心都有可能布设都城。

根据不同时期的社会背景以及各社会因素诸如经济、军事、政治、人口等在不同时期的轻重缓急的考量，不同的中心会出现主次之分，其中的主要中心就是首都，次要中心就是陪都。国土越大，"择中立都"需要考量的因素就越多，其中心也会越多。一般来说，主要中心是政治、经济控制型的中心，是根据地；次要中心是开发型的，是前线堡垒。

二　疆域变化导致的空间权衡

都城的择中而立有一个很大的变量，就是统治区域的大小变化。在

---

① 侯甬坚：《区域历史地理的空间发展过程》，陕西人民教育出版社 1995 年版，第 161—171 页。

先秦时期，一个王朝或政权的疆域并不是完全固定的，因此，随着疆域的变化，以"择中立都"为原则而建都就要不断调整。调整的方式主要有两种，一种是在扩大了的疆域重新寻找国土之中，出现国都的迁移或多都并存的状态；另一种是不改变原来的都城，在扩大了的边疆地带建立新的陪都。

西周在武王克商之后疆域变化最为明显，由上述《左传·昭公九年》记载的周景王对西周疆域形成过程的追忆来看，周代的疆域扩展形势应该是：灭商前先有"西土"，灭商后据有"东土"，其后又开辟了"南土"和"北土"，因此有"我自夏以后稷、魏、骀、芮、岐、毕，吾西土也；及武王克商，蒲姑、商奄，吾东土也；巴、濮、楚、邓，吾南土也；肃慎、燕、亳，吾北土也"的记载。统治疆域的迅速扩大导致统治方式的变革，分封制迅速完善起来，都城制度也随之改变。丰镐一带原为周人旧都，作为武王克商之前周王朝的"天下之中"能够有效控制政治局势，但随着疆域向东不断扩展，丰镐已失去了"天下之中"的核心位置，于是周人在洛邑另建新都，以求新的"天下之中"的核心位置。成周洛邑的兴建是周人寻求"天下之中"进行空间权衡的结果。但是，位于商人统治故地的新都成周对周代统治者来说具有一定的风险，因此，西周初期以丰镐为主都，它是周人的根据地，以成周为陪都，它是周人统治东方疆域的前线都城，随着周人对东方统治的逐渐稳固，成周的政治地位愈益重要，周人的政治重心不断东移。

春秋战国时期齐国的疆域变化也非常明显。齐人伴随疆域变化调整国都的方式就是在边疆建陪都。

《孟子·告子下》中有："太公之封于齐也，亦为方百里也。"由于太公姜尚是周初开国功臣，其封地又远离宗周，处于戎夷之间，因此，周天子特赐齐侯对周围各国进行征讨的特权，《左传·僖公四年》记载管仲对楚国使节说：

> 昔召康公命我先君大公（太公）曰："五侯九伯，女实征之，以夹辅周室。"赐我先君履，东至于海，西至于河（古黄河），南至于穆陵（今山东临朐东南），北至于无棣（今河北盐山南宣惠河一带）。

　　上述四至应该是齐国可以征伐的范围，并不是西周初年齐国的疆界。

　　春秋初期，齐桓公任用管仲进行了全面的改革，齐国国力强盛，齐桓公成为春秋五霸之首。齐国的疆域也随之扩大。《国语》记载桓公在位多年，"东南多有淫乱者，莱、莒、徐夷、吴、越，一战帅服三十一国"。《荀子》《韩非子》也有类似的记载。①桓公时期的疆域根据《国语·齐语》的记载，"地南至于陶阴，西至于济，北至于海，东至于纪鄣"。《管子·小匡》也载齐"正其封疆，地南至于岱阴，西至于济，北至于海，东至于纪随"。陶阴不可考，可能就是岱阴，在今泰山以北；济，指古济水，齐境内的济水相当于今黄河；海，当指今渤海；河指古黄河，春秋时期齐国北境的黄河从今河北武强县东北流，在天津市南界入渤海；纪，其都城在今山东寿光市南纪台村；鄣为纪邑，在今青州市西北；随，其地已不可考，当离纪鄣不远。如此看来，"当时的齐国疆域，东不过今山东半岛西部的弥河，南不过泰山，西在今山东齐河县一带，北在今天津市南界以南"②。正如《管子·小匡》所谓：齐"地方三百六十里"。可见，桓公初期齐国的疆域比太公时期只"百里"增加了二倍多。后来，桓公"东救徐州，分吴半；存鲁祭陵，割越地，南据宋郑征伐楚"。齐之疆域进一步开拓，因此，《管子·轻重丁》记载至桓公末期，管仲问桓公："敢问齐方几何里？"桓公曰："方五百里。"

　　齐景公时，也是春秋时代齐国强盛的时期，其疆土更大了。晏子说当时的齐国："聊、摄以东，姑、尤以西。"聊在今山东聊城市西北，摄在今山东茌平西，姑即今山东半岛中部的大姑河，尤即今小姑河。因此，齐的疆域扩至今山东冠县、临清市以东，大姑河以西。

　　战国时期，田齐国力强盛，成为战国七雄之一。《战国策·齐策一》记载苏秦说齐宣王曰："齐南有太山，东有琅玡，西有清河，北有渤海，此所谓四塞之国也。齐地方二千里。"而《孟子·梁惠王上》却

――――――――

　　①　《荀子》记载齐桓公"诈邾袭莒，并国三十五"。《韩非子》："齐桓公并国三十，启地三千里。"

　　②　钟林书：《春秋战国时期齐国的疆域及政区》，《复旦大学学报》（社会科学版）1996年第6期。

记载："海内之地千里者九，齐集有其一。"战国时，各国互有征战，疆土时伸时缩，"地方千里"或"地方二千里"均为策士之言。但齐为东方大国已是不争的事实。战国时齐之疆土，北面大致在今河北中部的大城、任丘、徐水一线以南，与燕国南部长城接邻。西面在今河北南部晋州、威县及今河南南乐、范县一线以东，与赵、魏相邻。南面主要在今河南睢县及今江苏徐州、睢宁及宿迁一线以北，主要与魏、楚交界。东面占有整个山东半岛直至海。从东至西，从南至北各千里余，只是还有小国穿插其间。

可以看出，从太公初封于齐地"方百里"到战国末年"方二千里"或"方千里"，齐国疆域有很大的变化。除去胡公迁都薄姑的几年，齐的主要政治中心都在临淄。疆域变化导致以都城为主要标志的空间秩序需要重新调整。齐国都城的空间权衡与西周不同，临淄作为政治重心自始至终没有移动。在国土"方百里"之时，临淄作为国土的中心，能够有效地承担起统治中心的功能；随着疆域的变化，临淄不再是国土之中。齐国统治者没有效仿西周政权的做法一再迁都，而是选择在边境的军事要塞之地设置陪都，以确保疆域的安全。春秋末期至战国时期齐国在边境的主要军事重镇设置了几座都城，包括高唐、平陆、博、邺殿。五都的设置，有助于弥补主要都城临淄对边境的鞭长莫及之失，加强国家权力机构对边境的有效控制。

楚国也是随着疆域的变化而权衡都城位置，这种权衡包括都城的不断迁徙，也包括多个都城同时存在的现象。周成王"封（熊绎）以子男之田，姓芈氏，居丹阳"，《礼记·王制》称"子男五十里"，可见，周封子男是对楚国在中原地区占有土地的承认和限制，我们可以想象"丹阳"不过是个方圆五十里至百里左右的一个小地区。但是，《礼记》又有周成王"封熊绎于楚蛮"的记载，这应该是一项尚未实现的、占领楚蛮地区的授权。正如周初对齐太公授权可以在"东至于海，西至于河，南至于穆陵，北至于无棣"的区域范围内"五侯九伯，女实征之，以夹辅周室"一样，是一种虚封。楚人把握了周成王分封的历史机遇，随即将虚封付诸实施，开始了经营楚蛮的漫长历程。丹阳成为楚人的根据地，楚人由此向荆山一带进发。地处南漳、保康一带的荆山，是楚人避开汉阳诸姬、实现南下意图的必经之地，《左传·昭公十二年》记载楚令尹子革说："昔我先王熊绎，辟在荆山，筚路蓝缕，以处草莽。跋涉山林，以事天子"，这是楚人在原始森林中辟山开路、艰难挺进的真实写照。从《世纪·楚世家》"当夷王之时，王室微，诸侯或不朝，相伐。（楚君）熊渠甚得江汉间民和，乃兴兵伐庸、扬粤，至于鄂……"的记载来看，至迟到周夷王时代，楚人已在汉水下游以南、长江以北三角形地区建立起稳固的统治秩序，并据此以向西、南、东三个方向继续发展，其政治中心亦当离开丹江流域来到此处。自熊绎至楚武王的四百余年间，楚国的疆域扩展不多。《左传·昭公二十三年》记载"若敖、蚡冒至于武、文，土不过同"，杜预注："方百里为一同，言未满一圻"，又言"方千里为圻"，这就说明，西周晚期至春秋初年楚国的疆域并不太大。

《史记·楚世家》载："（楚文王）十一年（前679），齐桓公始霸，楚亦始大。"楚国的疆域伴随着其大肆兼并四周邻国而迅速扩大，西汉刘向在其《说苑·正谏》中记载："荆文王……务治乎荆，兼国三十。"《韩非子》云："荆庄王并国二十六，开地三千里。"关于楚灭国的情况，清人顾栋高认为："楚在春秋吞灭诸侯凡四十有二。"[①] 现代许多史学家也有类似的看法，如范文澜先生认为："楚在春秋前后吞并四十五国。"[②] 郭沫若先生认为："在春秋时代将近三百年内，楚灭了四、五十国。"[③] 苏仲湘先生认为："春秋三百年间，荆灭了大约四、五十国，为列国之首位。"[④] 何光岳先生认为，春秋战国时期，为楚所灭的国家和部族有六七十个之多。[⑤] 有学者具体考证了楚疆域扩展的过程，认为有明确文字记载的数字为：楚在春秋时期吞灭四十二国，战国时期吞灭八国，小国被灭情况大多已不可考。[⑥]

楚的疆域最大时，"地方五千余里，带甲千万，车千乘，骑万匹，

---

① （清）顾栋高：《春秋大事表·楚疆域·按语》。

② 范文澜：《中国通史简编》（修订本）第一编，人民出版社1949年版，第94页。

③ 郭沫若：《中国文稿》第一册，第302页，该书还所附有《东周列国存灭表》。

④ 苏仲湘：《论"支那"一词的起源与荆的历史》，《历史研究》1979年第4期。

⑤ 何光岳：《楚灭国考》，上海人民出版社1990年版，第1页。

⑥ 黄德馨：《楚疆域变迁考略》，《武汉师范学院学报》（哲学社会科学版）1980年第4期。

粟支十年"①，占有今湖北全省，陕西、四川、河南、湖南、江西、安徽、江苏、浙江、山东等省的大部分或一部分地区。楚由原来的"子男五十里"，发展至最盛时期的"方五千余里"，足见其疆域拓展幅度之大。楚国疆域的扩展，具有以下明显的特点：通过长期的军事扩张，几乎是不断地对四周邻国用兵，吞灭了一大批大大小小的商代古国、周初分封的诸侯国、其他诸侯国的附庸国以及少数民族建立的奴隶制政权等，从而极大地扩大了自己的领土。

随着领土的变化，楚国都城也在进行疆域内空间的不断权衡。西周时期楚国随着疆域逐渐地扩展，政治中心"丹阳"不断地转移。到春秋战国时期，随着疆域的开拓，楚国开始推行别都制度，在主都郢之外，还设有多座陪都。楚国"日夕以向外发展，北定中原，统一中国成为战略目标。终春秋之世三百年，整个中国的局势，实际上是环绕着荆人北征和中原诸国阻遏荆人北上的斗争枢轴而发展。中原国家所艳称的桓文霸业，只不过是抵挡或挫败荆人北进的事业。这种局势，迄少中变"②。基于楚人北征的局势，其别都大都设在北部边境地带，而且具有十分明显的军事性质。

秦、燕等国的都城体系也是随着疆域的演变而不断完善的，兹不赘述。

三　都城功能的空间权衡

在国都选址问题上，区域空间权衡实际上表现为两种方式，一是首都位置的迁移，二是多都制的实施。都城所在地区既要便于制内，即镇压国境以内的叛乱，又要利于御外，即抗拒境外敌人的入侵。这样都城的地理位置最好是地理上的几何中心，至少应位于王朝全境的中心地区，或有便捷的交通，便于同全国各地联系。但是，各个方面条件都十分优越、符合理想的首都并不存在。所以每个王朝首都的选择，总是根据当时的各种具体情况，选择比较有利的地点，由于任何一个区位都有其局限性，所以首都无论选址在何处，都无法将都城功能体系中的所有

---

① 《史记·苏秦列传》。

② 苏仲湘：《论"支那"一词的起派与荆的历史和文化》，《历史研究》1979 年第 4 期。

功能完全发挥出来，这就要求多选择几个有利地点。几个有利地点的同时利用，就形成多元政治中心。另外，都城的选址一般都反映了某一特定时期的总形势。如果形势发生了变化，有利地点可能就无法发挥其"利"，这就会出现都城的迁移或政治中心的转移现象。首都的迁移是国家的大事，同时也是一个复杂的系统工程，涉及诸多方面，都城所承担的使命重大，需要大兴土木从事国都建设，并配以完善的交通通讯设施、特殊的京畿制度等，才能使首都成为国家的神经中枢，规划、建设一个首都需要大量人力、物力。频繁的迁移都城，对国家实力是非常大的损耗，因此，一般在都城迁移之后，产生了新的都城，但仍然要保存原有的都城，这样不仅可以将旧都作为后方根据地，还可以节省建都开支。不管是有利地点多元化还是政治中心的转移，都会导致多都制的产生。

从地理分布来看，凡是设置为陪都的地方，在当时都是重要的城市。一个疆域较大的王朝或政权，仅靠一个首都，在交通、通信很不发达的古代，要有效地控制和治理全国是十分困难的。陪都的设置是解决这种困难的有效方法，在强化统治方面有重要的作用。

第三节　文化、制度的传承导致多都并存

王国维先生在其《殷周制度论》中开宗明义地指出："中国政治与文化之变革，莫剧于殷周之际"，而"都邑者，政治与文化之标征也"。[①]当然，"除了巨大的变动之外，在夏商西周时期的历史运转中还存在着许多方面的承继和发展的内容，并且从某种角度来看，甚至可以说承继多于变动"[②]。因此，先秦时期的多都并存制度一方面表现为不断的完善与变化，另一方面，文化、制度的传承也在发挥着非常重要的影响。

一　政治制度的变化对都城体系的影响

先秦时期政治制度主要有两次大的变革，一次是在商周之际，另一

---

① 王国维：《殷周制度论》，《观堂集林》卷十，中华书局 1959 年版。
② 晁福林：《夏商西周的社会变迁》，北京师范大学出版社 1996 年版。

次是在春秋战国时期。

商周之际，政治制度发生很大变化，礼仪等级制度、宗法制度、分封制度、婚制等都发生了很大变化。① 晁福林认为西周时期的政治格局与夏商时期相比，有了很大的不同，"如果说夏商王朝的政治格局是内聚型的话，那么，周王朝则是开放性的。在融汇了宗法精神的分封制度下，周王朝并不太看重对于方国部落凝聚力量的增强，并不像夏商王朝那样极力将尽量多的方国部落容纳于自己王朝的旗帜之下，而是将尽量多的王室成员分封出去，遍布于周王朝势力所能够达到的最广大的区域。如果把夏商时期的方国部落联盟比喻为一堆相互间没有太多联系的马铃薯的话，那么周代的封邦建国则是一只装满马铃薯的大口袋，它使松散的马铃薯有了较多的接触和联系"②。

在西周王朝之前的相当长的历史时期里，方国部落联盟是社会发展的核心。而到了周代，周王由原来的诸侯之长成为诸侯之君。"在周文王和周武王的时期，周人对于社会结构的构想，依然是传统的方国部落联盟……可见，周武王试图走夏商时代方国部落联盟的老路，让过去依附于商王朝的诸侯改为依附周王朝。周武王所追求的只是成为诸侯之长，并没有想到要成为诸侯之君的问题。"③ "诸侯之长"与"诸侯之君"的概念是完全不同的，"诸侯之长"是从诸侯联盟的角度来考虑的，"诸侯之君"则是君臣上下等级关系的确定。作为诸侯之长，夏王与商王直接控制的地域并不大；到了西周时期，周王作为诸侯之君出现，直接控制的地域迅速增长，如周文王时"肇国在西土"（《尚书·酒诰》），到周公东征以后牢固地拥有了"东土"（《尚书·康诰》），而昭王南征又占有了"南土"（《天问》）。《左传·昭公九年》记载了周大夫詹桓伯对西周疆域的描述："我自夏以后稷，魏、骀、芮、岐、毕，吾西土也。及武王克商，蒲姑、商奄，吾东土也。巴、濮、楚、邓，吾南土也。肃慎、燕亳，吾北土也。"随着控制地域的增长，周王对各地域的实际控制力也大大增强。在人们的心目中，"溥天之下，莫

---

① 王晖：《商周文化比较研究》，人民出版社 2000 年版，第 6 页。
② 晁福林：《夏商西周的社会变迁》，北京师范大学出版社 1996 年版，第 269 页。
③ 同上书，第 264 页。

非王土；率土之滨，莫非王臣"①。周王是最高土地所有者的观念深入人心。这就要求西周时期的都城政治控制力增强。

正是由于商周之际许多重要制度的大变革，在政治领域的都城制度也出现了较夏商不同的情况。②

当然，都城控制力的增强是与夏商时期相比而言的。政治控制力是随着经济实力与政治实力的增强而增强的，西周时期城市的经济实力与夏商时期相比并没有增强多少，显然，都城的政治控制力依赖于政治制度的调整，其中最主要的措施就是寻找国土的中心点建都和实行主陪都制度。西周的三个都城岐周、宗周、成周，依次向东，正是在疆域迅速扩大后重新寻找国土中心点的结果。

到春秋战国时期，政治制度和经济制度的再次变革导致都城体系发生新的巨大变化。春秋战国时期是我国历史上大动荡的时期之一，国家统治制度逐渐走向专制集权，经济制度逐渐变成地主经济，赋役制度也随之变化，"作为宗法封建制核心的井田制度在春秋时期趋于没落，这是明显的事实"③，"春秋时期各诸侯国土地赋役制度的变革是社会经济基础正在发生巨大运转的比较直接的表现"④。这一系列的变革不断影响着政治领域都城制度的演变与完善。

春秋战国时期，都城控制力随着城市经济实力的增强而增强，同时由于各诸侯国的国土疆域并不大，多都制度似乎不太合适，因此，许多国家（如郑、赵、魏、韩等）并未继承西周时期的多都并存的传统，均出现一都独大的现象，这是都城制度的一个重要变化，它预示着专制集权对都城体系的影响，多都并存不再完全适应当时的政治局势。

当然，多都并存制度并没有完全衰落，它还是比较适应当时的政治斗争局面，换句话说，由于春秋战国时期各国斗争比较激烈，国家疆域变化无常，这一时期的都城已不能再像商周时期那样坚持寻找国土的中

---

① 《诗经·北山》。

② 《白虎通》说："夏曰夏邑，殷曰商邑，周曰京师。""京师者何谓也？千里之邑号也。京，大也；师，众也。天子所居故以大，众言之，明什倍诸侯，法日月之径千里。《春秋传》曰：'京师，天子之居也'。"在此，《白虎通》虽无意却实在道出了殷周都城制度的不同。

③ 晁福林：《夏商西周的社会变迁》，北京师范大学出版社1996年版，第286页。

④ 同上书，第287页。

心点。由于国家疆域变迁较快，如果再坚持寻找国土的中心点，会出现非常频繁的"不常厥邑"的现象。因此，出现了不管疆域如何变化而都城不变的现象，如齐国的临淄，从太公建营丘开始到齐国被灭，一直是齐的国都，期间齐的疆域变化明显，临淄不再是国土中心。又如秦国的西垂，僻在陇东地区，是秦人早期的都邑，从秦襄公开始秦人就离开西垂进入关中，但是，直到秦统一六国，西垂虽然早就不是国土之中，还一直是秦的都城，因为，西垂拥有先王宗庙，大部分时间是秦的圣都之一，直到秦王政时期，还是"秦之宗庙，尽在西、雍"。国都已不再寻找国土之中，城址的固定，使得都城逐渐稳定下来，可以有时间和实力持续经营。

但是都城的稳定也暴露了一个问题：如何确保都城政治势力对战争局势的有效掌握，尤其是在春秋战国时期征战较多的情况之下，为了确保在战争中获得胜利，保护自己的统治疆域不受损失，一些诸侯国根据西周时期的传统建立了前线都城与根据地都城，或者在主要都城之外建立多个军事据点，并以"都"称之，形成了具有军事特色的都城体系。如秦国的雍城与泾阳、栎阳和咸阳的关系，雍城为秦人的根据地都城，在秦人与魏争夺河西之地的局势下，秦人另建前线都城泾阳、栎阳，但并未放弃雍城。秦有效地打击了魏国军事势力之后，将目光放到整个关东地区，于是放弃泾阳、栎阳，另建新的前线都城咸阳，雍城仍是其根据地。楚国在春秋战国的大部分时期，纪郢一直是其国都，随着楚国疆域的迅速扩展，纪郢无疑已不是国土中心，为了在战争中占得先机，楚在其北方边疆军事重镇建立了多个陪都。同样，春秋战国时期的燕国、齐国等也设置了前线都城和根据地都城。

社会的大变革大动荡导致都城体系发生了较大的变化。

二 历史传统对都城体系的影响

历史传统对制度的影响是惊人的。夏商的传统可以影响西周的都城建设策略，同样西周的传统也可以对春秋战国各诸侯国选建都城造成较大影响。

多都并存制度在我国具有悠久的历史，它的起源甚早，可以追溯到商代。杨宽先生认为郑州商城即阚或管，是商代前期的别都；牧即沫，是商代晚期的别都。① 至于郑州商城究竟是亳、嚣，还是前期的别都，学术界的看法并不一致，但是商代已有别都的说法却是很有见地的。商代的这种多都并存制度对后世有深远的影响。

商灭夏初期，在夏原来的政治中心建立了监管夏遗民的偃师商城作为陪都，周灭商之后，也在商地建立了成周洛邑，由此可见商的都城制度对西周的影响。

另外，分析商与楚文化的微妙关系，我们也可以看出楚的多都并存制度与商的都城制度之间的继承关系。楚乃商文化的嫡系，这种观点颇为盛行。郭沫若先生《两周金文辞大系图录考释》云："更综而言之，可得南北二系。江淮诸国南系也，黄河流域北系也。南文尚华藻，字多秀丽；北文重事实，字多浑厚，此其大较也。徐、楚乃南系之中心，而徐多古器，旧文献中每视荆、舒为蛮夷化外，足征乃出于周人之敌忾。徐、楚均商之同盟，自商之亡即与周为敌国，此于旧史有征。而于宗周彝铭，凡周室与'南夷'用兵之事，尤几于累代不绝。故徐、楚实商文化之嫡系，南北二流实商、周之派演。"此外，胡厚宣先生也有类似的说法，他在《楚民族源于东方考》中认为，"楚国在文化方面犹有殷之遗风"。根据近年来的考古发现，商与楚文化的关系是十分密切的，如陶器风格上的承袭关系，人祭人殉习俗的沿袭等。② 这些特征很值得我们重视。③

从上述各种情况推测，商、楚之间在文化上确实存在千丝万缕的联系，认为楚在文化方面犹有商的遗风不是没有根据的。文化的传统也影响到都城体系的建立。楚国的多都并存制度并非楚人的发明创造，应该

---

① 杨宽：《中国古代都城制度史研究》，上海人民出版社 1993 年版，第 32—39 页。

② 陈贤一：《江汉地区的商文化》，载《中国考古学会第二次年会论文集》（1980），文物出版社 1982 年版。

③ 1982 年初，江陵马山一号墓出土了楚国的许多丝织丝绣珍品，其中 N9 为一件绣罗禅衣，所绣的是凤斗龙虎的形象，有的学者据此论证楚人的图腾是凤（张正明等：《凤斗龙虎图象考释》，《江汉考古》1984 年第 1 期）。学术界关于楚人图腾的看法一般均以为是熊。但是，一个民族不一定只限于一种图腾，这种情况在古今中外历史上均不乏其例，故凤为楚人图腾说是有一定道理的。另据《诗·商颂·玄鸟》云："天命玄鸟，降而生商。"《史记·殷本纪》载："殷契母曰简狄，有戎氏女，为帝喾次妃。三人行浴，见玄鸟堕其卵，简狄取吞之，因孕生契。"玄鸟一般以为是燕子，或谓之"凤"，因而也可以说"原始殷人是以凤为图腾的"（闻一多：《龙凤》，载《神话与诗》，中华书局 1959 年版）。商、楚同一图腾信仰，绝非偶然巧合。

是继承商人传统的结果。马世之先生认为："典型的商城与楚城相比，二者在建筑手法及城市布局方面均极相似。如被认为是'西亳'的河南偃师商城，在建筑城垣时，先挖基槽，然后逐层填土夯实。城墙墙体内外两侧均有护坡。城址规模较大，平面略呈长方形，城内发现四面设有围墙的大型建筑群，可能是宫城与宫殿建筑遗存。楚人就是在承袭了这种建筑特征的基础上，加以发扬光大，从而把郢都及一些别都建成当时中国的重要城邑。"[①] 商代的多都设置不论在商前期还是在商晚期，均有军事性陪都的存在，而楚国的多都并存制度在实施过程中，在主都郢之外，也设置了为数不少的军事性陪都。

秦的都城体系与西周都城体系也有着明显的继承关系。从历史发展来看，秦人的发展轨迹与周人的发展轨迹有着惊人的相似，都是先占据关中西部，逐渐经营，发展到关中中部，由此进一步统一天下。从周、秦的都城区位来看，周的岐周在今周原一带，秦的雍城在岐周西南，均属关中西部；周的政治中心后来离开岐周，到了丰镐，在今关中中部，西安市西南一带，秦的政治中心离开雍城后，先试探至泾阳、栎阳（关中东部），秦孝公时又回到关中中部，在现在的咸阳一带建都。从都城地位来看，西周的岐周是周人势力强大的地方，同时也是周人重要的祭祀场所，因此，在周人离开之后，岐周作为圣都存在，是周人的根据地。秦的雍城与岐周地位一样，它是秦人发迹之地，是秦政权得以强大的地方，其祀神祀祖设施规格高、规模大，是秦政权的圣都；秦咸阳与西周丰镐一样，在建立之初，均为前线都城，统一天下之后，成为主要都城。

从上述西周与秦多都制度发展的情况来看，秦都城的布设无疑受了西周都城传统的影响。

三　社会观念对都城体系的影响

城市是一种文化概念。"城在中国历史上是一种文化的象征。"[②] 所以，城市不可避免地反映了人们的社会文化观念，都城更是某一时期典

---

① 马世之：《关于楚之别都》，《江汉论坛》1985 年第 1 期。
② 史念海：《中国古都与文化》"李得贤序"，中华书局 1998 年版，第 1 页。

型社会文化观念的汇聚之地。而典型的社会文化观念又反过来影响着都城的政治地位。

例如，宗教文化观念对都城政治地位的影响是巨大的。宗教信仰超自然的、虚幻的抑或真实的偶像。它是相当的社会物质生活条件的反映，以一种空想的、幻想的形式出现。[1] 宗教反映了当时的社会物质生活条件，也反映了当时社会制度的性质。宗教祭祀行为是先秦时期政权的主要活动之一，因此，举行宗教祭祀活动的建筑设施也是不可或缺的。都城的祭祀设施尤其完备。《春秋左传集解》庄公二十八年："凡邑，有宗庙先君之主者曰都，无曰邑。"[2] 宗教祭祀观念影响了宗庙设施的建设，又对"都"的称号产生一定的限制。杜预引《周礼》曰："四县为都，四周为邑，然宗庙所在，则虽邑曰都，尊之也。"就说明宗教祭祀观念对都城的影响。

夏商西周时期尊神重巫，将对神的祭祀放在十分重要的地位。"国之大事，在祀与戎"，祭祀被当作与军事同等重要的大事，是一个政权不可推卸的责任。因此，先秦时期的政权对于宗教祭祀均非常重视，宗教祭祀建筑设施处于都城的重要位置，这就导致都城祭祀功能的增强，甚至出现专司宗教祭祀职能的都城，其政治地位也相对较高。

但是，到了春秋战国时期，神的地位逐渐降低，已经有了"卜以决疑，不疑何卜"[3] 的说法，则卜筮只是在人们有疑惑的时候才进行，如果对所面临的事情没有疑惑，就用不着卜筮。因此，有学者认为：

> 春秋时，贵族并非为纯宗教精神生活而祭祀、而信仰，却将这精神信仰纳入了政治人事的轨道，让死去的祖宗、自然的神灵在无数宗教迷信活动中替其政治、经济、军事的行为服务，遂在人间的各项活动中常假以鬼神之名，这大概体现在一是从人事的角度唯心所欲地来解释宗教活动，一是将宗教精神信仰纳入其政治、经济、

① 陈梦家：《殷墟卜辞综述》，中华书局1988年版，第561页。
② 《春秋左传集解》，上海人民出版社1977年版，第201页。
③ 《左传·桓公十一年》："楚伐郧。莫敖曰：'盍请济师于王。'斗廉曰：'师克在和不在众，商周不敌，君之所闻也……'莫敖曰：'卜之。'对曰：'卜以决疑，不疑何卜？'遂败郧师于蒲骚。"

军事等活动的范围，这就使宗教精神活动世俗化的趋势加强。①

因此，出现了宗教世俗化的倾向。在对自然神灵的信仰上，春秋战国时期有"民之所欲，天必从之"②的观点，说明人们常用上天神祇的名义来为自己的判断及行为服务，如《左传·昭公十一年》记载楚围蔡，晋国出现了是否救蔡的争论，叔向认为楚定能克蔡："天将假手于楚以毙之，何故不克？"当时在郑国，也讨论是否救蔡，执政子产也认为："天将弃蔡以壅楚，盈而伐之。蔡必亡矣。"把战争是否胜利的结局认为是"天"的意图，说明借天命而为人事服务的事实。"天"的地位世俗化了。

在对鬼神的祭祀上，春秋战国时期祭与不祭、祭祀物品是否丰厚等问题，也要视政治因素为转移。如《左传·僖公五年》记载晋国欲伐虞，虞公认为"吾享祀丰洁，神必据我"而不对晋国有所提防，宫之奇却说："鬼神非人实亲，为德是依……神所冯依，将在德矣。"也就是说，宫之奇认为鬼神站在有道有德的一方，希望虞公能修德行善，提高军事实力，以保国家，而不是盲目依赖鬼神。

由于宗教的神圣地位在逐渐降低，反映到都城体系上，祭祀性都城的政治地位也在降低，而行政性都城和军事性都城的政治地位则不断上升。如春秋时期的晋国，曲沃是晋武公的先祖宗庙所在，又是晋武公发迹的地方，后世晋公（包括晋文公）大多在曲沃即位，薨后也葬在曲沃（包括晋文公），曲沃是晋国的圣都，但是，曲沃始终是晋国的陪都，没能成为晋国的主要都城。晋国曲沃的政治地位与西周时期岐周的政治地位相比就低了很多。岐周在成为西周圣都之前是西周的主要都城，在成为圣都之后，从宗教意义上讲，岐周的宗庙祭祀设施仍不断完善；从经济意义上讲，其经济地位不容忽视；从政治意义上讲，周王仍常驻岐周，十几家贵族也常驻岐周。与宗周相比，圣都岐周的政治地位不容小觑。

在先秦人们的社会文化观念中，宗法观念尤其重要，它影响着各项

---

① 蔡锋：《春秋时期贵族社会生活研究》，中国社会科学出版社2004年版，第254页。
② 《左传·襄公十一年》。

政治制度，当然也包括多都并存制度。

　　范文澜认为，这种宗法制度在统治阶级和被统治阶级那里都是存在的，它对贵族领主来说是一种加强统治的力量，对农夫来说也是一种组织力量。① 宗法制度的基本精神就是以宗子为中心，按血缘关系的远近来区别亲疏贵贱，从而规定出无可改变的等级制度。意大利学者安东尼奥·阿马萨里把宗法制度称为"中国的思维结构"②。这一制度也确实具有明显的中国特色。宗法制度早在原始氏族时期就有所萌芽，但作为一种维系贵族之间关系的完整制度而出现，则是周代的事情。周文王、周武王时期宗法制度尚未确立。但在周公时期，随着分封制度的普遍展开，形势有了很大变化，宗法制度此时应运而生，它是周公制礼③的一项重要内容。《左传·隐公八年》："天子建德，因生以赐姓，胙之土，而命之氏，诸侯以字为谥，因以为族。"④《礼记·丧服小记》："别子为祖，继别为宗，继祢者为小宗。有五世而迁之宗，其继高祖者也。是故祖迁于上，宗易于下。尊祖故敬宗。敬宗所以尊祖祢也。"宗法制度的主要特征是依据血缘关系之亲疏划定等级地位，有大宗与小宗之别。《诗经·板》："大宗为翰，怀德维宁，宗子维城。"郑玄笺："宗子，谓王之嫡子。"也就是说，大宗与宗子犹如主干和城垣一样是捍卫周王的力量。《诗经·公刘》："食之饮之，君之宗之。"毛传释曰："为之君，为之大宗也。"这与"大宗为翰"的说法完全一致。从宗法系统来看，周天子是地位最高的大宗。与大宗相对的是小宗。"大宗和小宗都是相

---

　　① 范文澜：《关于中国历史上的一些问题》，《中国通史简编》（修订本）第一编，人民出版社 1959 年版，"绪言"。

　　② ［意大利］安东尼奥·阿马萨里：《中国古代文明——从商朝甲骨刻辞看中国上古史》，刘儒庭、王天清等译，社会科学文献出版社 1997 年版。

　　③ 《左传·文公十八年》有"先君周公制周礼"之说。《逸周书·明堂》《尚书大传》、《礼记·明堂位》均谓周公"制礼作乐"。周公制礼的一些内容保存在战国秦汉间成书的《周礼》《仪礼》《礼记》中。

　　④ 关于"因生以赐姓"的意思，历来众说纷纭。从上下文来看，它应该是指封建诸侯而言的，也就是说要依照其族姓渊源而肯定其姓。如鲁国的伯禽为周公之子，姬姓；宋国的微子是商王帝乙之子，子姓。"命之氏"中的"氏"，为族名，但此族名应为周王朝所赐予的。如周封舜后于陈，既肯定其妫姓，又命"氏"为陈，其他如鲁氏、宋氏等。姓氏是血缘关系的一种标志。

对而言的。当然，天子的大宗，不相对地表现为小宗。"① 小宗对于大宗是很尊崇的，铭文中有很多这样的材料。

《陈逆簋》：铸兹宝簋以享于大宗皇祖、皇妣、皇考、皇母。
《兮熬壶》：其万年子子孙孙永用享孝于大宗。
《己伯钟》：作宝钟用追孝于己（杞）伯用享大宗。
《仪礼·丧服传》：大尊者，尊之统也。

大宗首先垄断了对祖先的祭祀权。《礼记·大传》："尊祖故敬宗，敬宗，尊祖之义也。"其他族人想尊祖，则只能通过"敬宗"。因此，《礼记·曲礼》认为"支子不祭，祭必告于宗子"。

宗法制度表现出的森严的等级，反应在社会政治的方方面面，表现在都城体系上，也出现了明确的等级，主都和陪都之间的功能与地位差别比较明显，而不是多都并重②。先秦时期的都城体系明确地表现出这一点，尤其是大宗居住的都城地位较高。

西周的都城宗周与成周的政治地位，表现了都城体系中不同都城的等级差别，"宗周"一词明确指出这一特定都城的宗法地位，它是大宗即周天子所居住的都城，这是成周所无法比拟的。因此，宗周在西周时期的主都地位也凸显无遗。虽然在西周中后期，西周政权对西北地区的犬戎作战失利导致主都宗周受到军事威胁，同时，成周由于经济中心的原因及对东、南方向军事胜利的因素，其都城地位越来越重要，但是，终西周一代，宗周一直是周人的主要都城，成周只是一个处于地位上升期的都城。这种政治地位一直持续到周平王被迫放弃宗周、迁至成周为止。

晋国的都城曲沃与绛也显示了这一特点。晋武公依赖曲沃终于夺得晋国政权，列为诸侯。由于其特殊的根据地地位及重要的祭祀功能，曲沃成为晋武公之后晋国的圣都，但绛一直是晋国大宗居住的都城，是晋

---

① 刘家和：《古代中国与世界》，武汉出版社1995年版，第246—247页。
② 多都并重是李久昌师兄提出的一个观点，他认为，在西周时期，宗周与成周的都城地位是相等的。参见李久昌《国家、空间与社会——古代洛阳都城空间演变研究》，三秦出版社2007年版。

国的主要都城。

大宗与小宗森严的等级关系表现在都城这一政治实体上，导致同一都城体系中不同都城之间等级有序、主次有别的情况。

第四节　社会控制能力对都城体系的影响

任何一个社会的存在和发展都需要一套社会控制系统。社会控制能力随着经济实力和政治实力的增强而增强。先秦时期是一个政治中心、意识观念中心、经济中心合一的社会，社会控制对都城体系的影响主要表现为都城对地方、对疆域的实际控制水平以及由此产生的控制思想。

一　先秦时期度地制邑以治其民的思想

先秦时期，人们已经意识到城邑对区域的控制能力，并从不同的认识层面上提出了关于地（区域）、邑（城市）、人（居民）三者关系的种种观点，逐渐发展成为度地制邑以治其民的思想。

《诗经·文王有声·疏》："书传云：古者百里之国，九里之城；七十里之国，五里之城；五十里之国，三里之城。"九里规模的城邑，能够影响或控制方圆百里之地；五里规模的城邑，可以控制方圆七十里的区域；三里规模的城邑，可以控制方圆五十里的区域。虽然由城邑规模来确定其控制区域的大小有些简单化，但这记载仍说明了城邑的建筑规模与其所控制、影响区域大小之间的关系。

《礼记·王制》："凡居民，量地以制邑，度地以居民，地邑民居，必参（三）相得也，无旷土，无游民，食节事实，民咸安其居。"其中，"量地以致邑"就是参照区域大小来建造城邑，城邑的规模与其所控制的区域大小必须适合，根据区域大小确定其可以养育人口的多少，这样才能够达到地、邑、民"参相得"的境界。

《尉缭子·兵谈》有"量土地肥硗而立邑，建城称地，以城称人"的记载，提出按照地域经济发展状况（主要是农业发展状况）来设城治理国民的思想。

关于度地制邑以治其民的思想，《管子》里也有许多相关的论述，对地、邑、人三者关系作了进一步的探讨。

《管子·乘马》："官成而立，五家为伍，十家而连，五连而暴，五暴而长，命之曰某乡，四乡命之曰都邑，制也。"这里的"都邑"没有具体指明名称与位置，但它应该是一个政治中心。管子认为"君子所慎者四"，其中之一就是对那些"不好本事，不务地利，而轻赋敛"的官员，"不可与都邑"①，这里的"都邑"应该也是指一个较大的政治中心，同时，由于"好本事，务地利，重赋敛"的官员才能够被赋予都邑，又说明都邑具有一定的经济功能。

首先，从行政体系方面来考虑经济中心与其控制区域的关系。《管子·乘马》记载："方六里，命之曰暴；五暴，命之曰部；五部，命之曰聚。聚者有市，无市则民乏；五聚，命之曰某乡；四乡，命之曰方：官制也。官成而立邑。"这是从行政体系方面来说的，方圆六里为一暴，五暴为一部，五部为一聚，五聚为一乡，四乡为一方，按照这样的体系建立不同规模的行政城邑。值得注意的是，这里有"聚者有市，无市则民乏"的说法，也就是说，在"聚"这一级行政组织中，一定要设立市场，市场的设立标志着区域经济中心的存在，这一区域经济中心的辐射规模就是"聚"的行政面积。根据上文的推算，"聚"的面积在方圆 150 里左右。换句话说，在方圆 150 里左右的面积内，一定要有一座设立市场的城邑，一方面通过这样一座城邑来协调"聚"的经济交流，另一方面用方圆 150 里左右的腹地来支撑这座行政性城邑。从行政角度来论述经济中心与其控制区域的关系，《管子·揆度》也有表述："百乘之国，中而立市，东西南北度五十里。"如果在一个小型国家（即百乘之国）的中间设立市场，建立区域性经济中心，则这个经济中心辐射的直径为百里左右。当然，《管子·乘马》与《管子·揆度》设想的经济中心对所控制区域大小的要求是不同的，可能是因为二者论述的国家背景不同，《管子·乘马》表述的是地方经济中心对控制区域大小的要求，能够形成这样一整套行政体系的国家齐国是一个霸主之国；《管子·揆度》表述的是小国的国家经济中心对其控制区域大小的要求。不管怎样，《管子》的相关记载体现了行政体系对城市控制区域的要求。

---

① 《管子·立政》。

其次，从地利方面来考虑城邑与其控制区域大小的关系。《管子·乘马》："上地方八十里，万室之国一，千室之都四；中地方百里，万室之国一，千室之都四；下地方百二十里，万室之国一，千室之都四。以上地方八十里，与下地方百二十里，通于中地方百里。"意思是：方圆八十里的上等土地，可以供应一座万户人口的城市和四座千户人口的小城镇的物资用品；方圆百里的中等土地，可以负担一座万户人口的大城市和四座千户人口的小城镇的应用之物；方圆一百二十里的下等土地，可以负担一座万户人口的大城市和四座千户人口的小城镇的应用之物。当然，这里的"上地""中地"与"下地"应该是根据土壤肥饶与否而划分的，不论在上地、中地还是下地之内，均是理想状态的土地。即在方圆八十里的上地（或方圆百里的中地、方圆百二十里的下地）之内，地形平坦，与水源的距离均等，土壤肥沃程度均等，交通状况均等，大城市位于腹地中心点，小城市平均分散于大城市四周。这表明了区域内的地利与城市发展的密切关系。

最后，从规模方面考虑城邑与其控制区域的关系。从规模大小来看，城市规模与控制区域的大小必须相互对应，上述《管子·乘马》"上地方八十里，万室之国一，千室之都四；中地方百里，万室之国一，千室之都四；下方百二十里，万室之国一，千室之都四。以上地方八十里，与下地方百二十里，通于中地方百里"的记载，撇开上中下三种土地的地利因素不谈，还反映了先秦时期城市与区域的规模关系及区域内大小城市的体系问题。区域的范围大小，一受自然条件（主要是自然区域大小）的影响，二受区域内社会经济发展因素影响。在自然区域可以无限延伸的情况下，对于城市的发展来说，城市规模与区域大小之间是一个动态调整的过程，随着城市经济实力的不断发展，城市的区域经济影响范围会不断地扩展，因此，城市所控制的区域一定会越来越大。但是，在城市规模变化不太明显的情况下，并不是其控制区域越大越好，区域大小与城市规模的关系一定要适中。《管子·八观》对这个问题有深刻的阐述："夫国城大而田野浅狭者，其野不足以养其民；城域大而人民寡者，其民不足以守其城……"城市大而区域小，会导致城市没有足够的回旋余地，也无法保证人民的正常所需，这就限制了城市的进一步发展；城市面积大而人口少，会导致人口资源严重缺乏，城市同样难以发展。

因此，城市要控制一定大小的区域，成为其政治中心与经济中心，反过来，城市也需要区域的农业经济和人口作支撑。《管子·权修》对地、邑、民、粟之间的关系有着非常明确的认识："地之守在城，城之守在兵，兵之守在人，人之守在粟。故地不辟则城不固。"这里的逻辑关系可以这样表述：有粟（即农业资源）才能有人，有人才能有兵，有兵才能守城，保住了中心城市才能有一定的地域。撇开其中的人与兵不谈，城邑与其所控制影响的区域成为一个共生共荣的共同体。

二 都城对疆域的控制——点与面的控制

政治辐射力是社会控制能力的重要部分。度地制邑其实就是以点带面，以"邑"所代表的政治中心"点"控制"地"所代表的疆域之"面"，以期达到都城对疆域的有效控制。

在疆域控制研究中，"点"与"面"的关系是王玉哲先生最早提出的，他认为商周国家仅能控制点，"就是以一大邑为都城，并以此为中心，远远近近的周围，散布着属于王朝的几个或十几个诸侯'据点'。'据点'与'据点'之间还散布着不属于王朝、或者还是敌对的许多方国。在这种情况下，商、周的人对每个王朝国家所控制的国土，只会有分散于各地的一些'点'的观念，还没有整个领土连成为'面'的观念"①。还有学者根据考古资料对上述"点"作了历史、地理方面的整理②，也有学者认为"这种点与面的区分同西周时的国、野之别是一致的"③。应该说，这些学者低估了点对面，也就是都邑对周围区域的控制能力。在先秦时期，对政治疆域的控制是以点带面的。

都城的政治任务就是通过各种手段完成对疆域的控制，如果把都城看作"点"，则疆域就是要控制的"面"。点对面的控制情形体现了都城控制能力的大小，也可以说是都城政治辐射力的大小。都城的政治辐射力表现为都城的政治辐射范围，在理论上都城应该控制全国疆域。

---

① 王玉哲：《殷商疆域史中一个重要问题》，《郑州大学学报》1982 年第 3 期。
② 叶文宪：《商代疆域新论》，载《历史地理》第八辑。
③ 赵世超：《周代国野制度研究》，载《瓦缶集》，人民出版社 2003 年版。

根据上述度地制邑以治其民的思想，都城规模与所控制的疆域范围有直接关系，按照《诗经·文王有声·疏》记载的"百里之国，九里之城"的关系来粗略计算，千里之国可能需要九十里之城，"千里之国"在先秦时期并不少见，而"九十里之城"的规模就太少见了。因此，如何以规模较小的都城之"点"来控制区域较大的疆域之"面"，就成为先秦国家面临的重要问题。一个区域较大的王朝或政权，仅靠一个规模相对较小的首都，在交通、通信很不发达的时代，要有效地控制和治理全国是十分困难的。尤其是，先秦时期国家的统治力量非常有限，没有能力在全国建立起中央集权的政治统治，实现依托都城的中央权力对"天下"政治疆域直接有效的控制。

这样，在一座都城不能有效地对日益辽阔的政治疆域实行控制的情况之下，不得不依赖数座都邑，使之成为次于主要都城的陪都，赋予其一定的政治权力，进而建立统治据点，依靠陪都的政治辐射力掌控一定的区域范围，以点带面，面面相连，以实现对天下的有效控制。

这种多都并存制度是与当时的政治历史条件相适应的，受社会发展水平的制约。先秦时期尤其是夏商时期，社会的发展刚刚进入"文明"阶段，国家也刚刚形成，当时的国家政权机构简单，基础薄弱，在国家统治的范围内，山川阻隔、地旷人疏，而且在王朝统治区域周围，散布着许多"方国"或氏族部落，有的"方国"或氏族部落甚至没有远离王朝的中心区域，面对这种复杂的形势，若只是在王朝的中心地区建立一座都城，以应付对"全国"的统治，那是远远不够的。统治者为了实现对名义上所有的"天下"疆域的控制，而在各要地营建具有政治军事性质的"点"——都城（或陪都），通过这些"点"来实现对周围"面"的控制。这符合先秦时期的实际，由于地理环境在政治军事中的重要作用，一座都城是不能控制广阔疆域的，所以在最重要的地点，建立几个统治据点，统治者轮换居住在这些都城中，可以强化对四方疆域的有效统治。这种以点（统治中心）带面（四方统治区域）的统治方式是夏商周政治疆域的重要特点。

粗略观察夏、商、西周的国家形态及其都城体系，我们已明显感到有一种点和面的区分。

夏代的点便是文献模糊记载的夏都。

商代初期的点是以文献中众多的"亳"为代表的，从考古资料来看，商代初期的点很明显有三个，"河南偃师尸乡沟和郑州及山西垣曲古城镇的三座古城皆始筑于二里冈下层，二里冈上层时期则更为繁盛……三座商城的筑城技术及城内涵的文化面貌几乎一致，可以认为是基本同时建造的。每座古城相距为100多公里，这种距离正暗示着每个城市所控制的周围区域的范围"①。郑州商城与偃师商城被认为是商代前期的主都与陪都，它们分别有效控制着一定的区域范围，加上山西垣曲古城的控制能力，几乎可以有效控制商代初期活动的中心区域。商代后期的点主要有安阳的大邑商、商丘的商以及离宫朝歌等。点和点之间便是特定的点所能够控制或影响的区域广大的面。

西周时期都城与疆域的点面关系也是如此。西周的点有岐周、丰镐、成周及各诸侯国所在的大邑等。谢维扬认为：西周时代的国家权力，具有"大尺度政治权力在较大范围内的控制"的特点②。大尺度政治权力对大地域的控制模式，反映在国土结构上，是"分封区"和"王朝直属区"并列存在。分封区的控制形式是以各诸侯国国都为点，进而影响和控制周围的面；对王朝直属区的具体控制，应该也是以点带面的形式，就是多建立一些政治和军事据点即陪都，每个政治和军事据点都能控制一定区域范围内的国土。《逸周书·大聚》记载周公的思想："闻之文考，来远宾，廉近者，道别其阴阳之利，相土地之宜、水土之便，营邑制，命之曰大聚。先诱之以四郊，王亲往之，宾大夫免列以选。"营大邑、称大聚以"来远宾"的思想在营建成周的过程中充分体现出来，建立强大的据点，以招徕四方人口、壮大中心地区的力量，并辐射周边的区域——面。因此，成周洛邑就是西周政权用以控制东土疆域这个"面"的不可或缺的"点"。

到了春秋战国时期，随着社会生产力的发展，"面"逐渐连在一起。但是，国与国之间紧张的政治局势和疆域不断变化的状况，都要求都城这个"点"对疆域"面"的控制力愈加强大，因此，在军事重镇

---

① 俞伟超：《中国考古学中夏、商、周文化的新认识》，《古史的考古学探索》，文物出版社2002年版。

② 谢维扬：《也谈卜辞中的邑与商周国家的国土结构问题》，《历史教学问题》1998年第1期。

建"点"（陪都）以便形成"一座主都—多座陪都"的统治网络，既保证了中央政治势力对边疆地区的控制，又能够满足国家不断扩大疆域的需求。

　　综上所述，都城功能、空间权衡、文化与制度的传承以及社会控制能力等均为多都并存制度形成的重要因素。除此之外，能够对都城制度造成较大影响的还有一些具体问题，如特定都城的设置、建设、废置关系到当时特定政权的政治、军事、经济等各方面的背景，也与具体决策者本身的素质、政治水平及对形势的判断有很大关系。

第十三章

先秦多都并存制度的影响

先秦时期同一王朝或政权的多都并存制度对后世的都城设置、都城制度存在着或大或小的影响，可以说，后世的多都并存制度是先秦多都并存制度的发展和延续。

第一节　秦汉以后多都并存制度的发展与演变
——实际上的一都独大与形式上的多都并存

先秦之后的多都并存制度仍然在继续发展，对应新的形势，出现了新的特点。

秦汉之后，随着中央集权程度的日益加深，都城制度也受到深刻影响，基本上采取一都独大的措施，以保证专制集权，但这并不排除多都并存制度对秦汉以后都城制度的影响，秦汉以后，多都并存制度还有许多残留。

一　一都独大现象出现的基础

中央集权是一都独大现象出现的政治基础。夏商西周时期是贵族君主制时期，君权受到宗法贵族的制约。春秋战国时期，贵族君主制逐渐瓦解，专制君主制逐渐形成。战国末期，社会、经济、文化的发展，密切了各诸侯国之间的联系，客观上产生了打破各国相互分割壁垒，加强不同地区政治联系，逐渐走向地区性乃至全国统一的要求，尤其是这一时期频繁不断的战争促进了专制君主制的形成。废封建、立郡县，导致王朝直属区的扩大；加强了中央集权，使得各级官吏不再单纯从血缘亲属中产生，而由君主直接任命，将政治关系与血缘关系分开；建立起君主专制政体。这些变化摧毁了作为夏商西周时期国家政权结构基础的贵族君主制，建立起君主专制体系。在中央建立的新行政体制已逐步打破了贵族世袭制度。在对地方的管理上，各诸侯国开始停止或限制分封，在地方确立郡县制度以加强集权，郡县制度意味着中央对地方的直接控制。权力向中央的集中，势必导致次要政治中心即陪都的消失，从而造成一都独大的局面。

宗教意识、宗法观念逐渐淡薄是出现一都独大现象的思想基础。夏商西周时期，宗教意识相当强烈，它渗透于国家各项政治活动中，宗教活动在国家政治中具有重要的意义。到春秋战国时期，宗教活动对国家政治的影响逐渐减弱，求神问卜在政治决策中的作用形同敷衍，"卜以决疑，不疑何卜"的声音理直气壮，宗教的神秘色彩逐渐褪去。宗法意识在西周初期确立，春秋前期宗法制度发展到顶点①，到春秋中后期至战国时期，宗法意识逐渐淡薄，宗法制度逐渐衰落，《左传》记载的"弱宗""贱宗""谗宗""欺宗""乱宗""代宗"等，实质上"是过去在传统家族中被掩盖、被扼杀的人格、人的价值不可抑制的自我表现"②。进入战国时代，"宗族不再成为公室（王室）的一个对手，不再作为政治实体，而是作为政权的一个基层组织而存在"③。秦汉以后，在国家组织中，宗教活动的地位愈益减弱，宗法等级观念（大宗、小宗的差异）也越来越淡薄。从都城体系上来说，政权对其先祖宗庙所在及政权发迹之地的关注力减弱。这样，就导致都城体系的改变，都城体系中圣都存在的思想基础越来越薄弱，其政治地位随着宗教意识、宗法观念的淡薄而下降甚至消失。

主要都城政治控制力的增强，是出现一都独大现象的前提。都城控制能力建立在便利的交通和繁盛的经济两个基础之上。秦代全国交通网络的确立和健全，为一都独大提供了便利条件。秦始皇在统一六国之后，在秦国原有道路的基础之上将战国零乱错杂的交通道路进行统一和改建，以咸阳为中心，"为驰道于天下，东穷燕齐，南极吴楚，江湖之

---

① 马卫东：《春秋时期宗法制度的延续及其瓦解》，《鲁东大学学报》（哲学社会科学版）2008年第4期。
② 朱凤瀚：《周家族形态》，天津古籍出版社2004年版，第482页。
③ 钱杭：《周代宗法制度史研究》，学林出版社1991年版，第249页。

上，濒海之观毕至"①，形成了广布全国的交通网，保证了政令的畅通，加强了对各地的控制。这样，在较大疆域范围内也能保证政治信息及各种政令及时下达，不再需要修建次于都城的政治据点和军事据点即陪都。封建地主经济的确立，为支撑一都独大提供了经济基础。社会经济和文化的发展，各地经济往来、联系增强，导致经济发达区域的出现，为支撑一座超大型都城（全国首位城市）提供了经济基础。

二　秦汉开始出现一都独大现象

秦都咸阳初建的时候，其主要功能是军事功能。因此，咸阳是前线都城，但是随着秦王居咸阳时间的延长，咸阳作为行政中心开始行使政治中心的职能。这一时期，雍城行使宗教祭祀功能。从战国末期开始，到秦统一六国之后，咸阳的都城功能逐渐完善起来，其宗教祭祀设施迅速增多，祭祀规格也越来越高。秦人已经开始在咸阳之郊祭天。秦人"三年一郊。秦以十月为岁首，故常以十月上宿郊见，通权火，拜于咸阳之旁，而衣上白，其用如经祠云。西畤、鄜畤，祠如其故"②。这说明秦始皇在咸阳之旁郊天已成定制，但西垂之"西畤"、雍城之"鄜畤"等仍然发挥其宗教祭祀作用。除此之外，秦在咸阳修建了宗庙，主要包括"诸庙"和"秦始皇极庙"，如秦昭王庙大致位置在渭水南岸汉长安城的东南部，秦始皇极庙在渭河之南，为"帝者祖庙"③。秦统一之后，有"立社稷"的举措④。建立昭庙、极庙、社稷等宗教祭祀设施，使咸阳迅速成为宗教祭祀功能完善的都城，此举也削弱了圣都西垂和雍城的地位。

西汉实行典型的"一都独大"都城制度。刘邦先"即皇帝之位汜水之阳"，都洛阳，后徙都关中，暂居栎阳，直至高祖九年（前198）定居长安。⑤ 之后，洛阳、栎阳并未有"都"名，宫殿、宗教设施也并未增设。西汉政权建立后，没有到先祖宗庙（刘邦老家沛县）进行大

① 《汉书·贾山传》。
② 《史记·封禅书》。
③ 《史记·秦始皇本纪》。
④ 《史记·李斯列传》。
⑤ 《史记·高祖本纪》。

型祭祀活动的记载①。汉中是支撑刘邦进行楚汉相争的根据地，是刘邦发迹之地，但文献中并没有汉王朝建立之后，在汉中举行大型政治活动或建立大型政治设施的记载。终西汉一代，未见有汉帝在长安之外的地方登基、去世的记载，汉帝的陵寝也全在长安附近。几次对外用兵，如攻匈奴、开发西南夷等，都没有设立前线都城。所以，西汉王朝的都城设置是长安一都独大的形式。

尽管秦汉时期大体上形成了一都独大现象，先秦的多都并存制度并没有完全消失。这是由于每一个重要事物，每一种制度，绝不会突然而生，又戛然而止，它的来去都有一个过程②，先秦的都城制度虽被一都独大所替代，但它的影响久久没有消失。事实说明，秦汉之后，各政权普遍在形式上采取多都并存制度。但是，越是往后，主都的都城功能越健全，陪都的作用越不重要，有的陪都甚至形同虚设。因此，笔者认为，秦汉以后实行的是实际上的一都独大和形式上的多都并存制度。

三 后世政权形式上的多都并存

秦汉之后，各政权普遍在形式上采用多都并存制度。

王莽建新，改长安为常安，以常安为主都，以洛阳为陪都，明确采用东西两都制度，"其以洛阳为新室东都，常安为新室西都。邦畿连体，各有采任"③。然史籍并未记载东都洛阳在新莽时期有何建树。

东汉光武帝建都洛阳，"建武元年（25）冬十月癸丑，车驾入洛阳，幸南宫却非殿，遂定都焉"④。同时，又称西汉旧都长安为西都，光武帝就曾遵循西汉故事，亲至长安，经营宫室，"凄然有怀祖之思"⑤，以后明帝、章帝、和帝、安帝、顺帝、桓帝等均于即位后赴长

---

① 《史记·高祖本纪》记载高祖十二年（前195），高祖亲征黥布，回程路上，过沛县曰："吾虽都关中……其以沛为朕汤沐邑……"说明沛并未被封以"都"名。

② 钱穆：《中国历代政治得失·前言》，生活·读书·新知三联书店2001年版，第5—7页。

③ 《汉书·王莽传中》。

④ 《后汉书·光武帝纪》。

⑤ 《后汉书·文苑列传》。

安谒高庙，祭祀西汉诸帝陵。此外，由于光武帝出身南阳，为表示不忘发迹之地，于东、西二京外，又定南阳为南都，张衡有《南都赋》为记，称南阳为"陪京"。因此，东汉都城，合称"三都"。这明显地继承了先秦多都并存的传统，但都城之间政治地位差别明显，长安、南阳没有行使任何都城职能，对东汉政局也没有影响。因此，东汉的都城体系，表面上实施多都并存制度，实际上仍是洛阳一都独大。

三国时期的曹魏政权于黄初二年（221），在首都洛阳外，设长安、谯、许昌、邺四陪都，其设置原因，史籍有载：谯为先人故土，许昌为汉献帝曾居住的地方，长安为西汉旧京，邺是魏武创立王业的基地①。但是，这四都只是名存而已。

此后，北魏、北周、隋、唐，五代时的后唐、后梁、后晋、后周以及北宋、辽、金、元、明、清及中华民国都曾采用多都并存制度。

北魏初都平城（今山西大同），孝文帝于太和十八年（494）迁都洛阳，更名洛京，以平城为北京，又称代京，是为二都②。北魏的行政中心是由平城迁到洛京的，平城失去主都地位后，仍有都名，成为北魏旧贵族居地及旧宗庙所在。

北周时，以长安为主都，以洛阳为陪都，称东京。③

隋时，以大兴城（今陕西西安）为主都，洛阳为陪都，合称两京。隋初开皇元年（581）设置东京尚书省，不久即废④。隋炀帝大业元年（605）正式营建东京，大业五年（609）改东京为东都⑤。《隋书·地理志》称当时的丹阳"市廛列肆，埒于二京"，二京即指大兴城与洛阳。隋炀帝在大兴城即位后，虽长期居住洛阳，但大兴城宗庙、规制如旧。

唐代也曾在较长时期里实行过多都并存制度，增设废省，因时而异。显庆二年（657）建东都洛阳，与西都长安合称"两都"。武则天

---

① 《水经注·浊漳水》："魏因汉祚，复都洛阳，以谯为先人本国，许昌为汉之所居，长安为西京之遗迹，邺为王业之本基，故号五都。"

② 《魏书·高祖纪》。

③ 《北周书·宣帝纪》。

④ 《隋书·地理志》。

⑤ 《隋书·炀帝纪》。

时，除改东都洛阳为神都外，还于长寿元年（692）以高祖李渊起兵的根据地并州为北都①，这样，就形成了长安、洛阳、并州三都鼎立的局面。开元九年（721），玄宗改蒲州为河中府，置中都，与西都长安、东都洛阳并称三都。半年后，中都即被撤除。开元十一年（723），玄宗又实行三都制，在西都长安、东都洛阳外，又以太原为北都。至德二年（757）十二月，唐肃宗设置五京，以京兆府为中京、凤翔府为西京、河南府为东京、太原府为北京、成都府为南京，合称五京。②但从都城政治地位来看，长安城主都地位明显，唐代大部分皇帝大部分时间均在长安居留。洛阳是唐代的重要陪都，唐高宗时期及后来的武则天时期最高统治者曾在洛阳长期居留，但始终未放弃长安，唐中宗第二次即位后再次凸显了长安的主都地位。

五代时的后梁以开封府为东都，河南府为西都，合称两都③。同光元年（923），后唐在首都洛阳和东都兴唐府外，又以太原为北都、京兆府为西都④，实行四都制。后晋⑤、后周⑥均以开封为主都，以洛阳为陪都，称为东京、西京，合称"两京"。

宋代则自大中祥符七年（1014）以应天府为南京⑦，庆历二年（1042）建大名府为北京⑧后，也与东京开封府一起形成三都鼎立的局面。然而，从政治影响和政治地位来看，东京开封府居主都地位，应天府与大名府仅有都名而已。

辽圣宗在统和二十五年（1007）也采用过四都制，即在上京、南京、北京外，又建立中京。这种四京并立的制度，直至辽兴宗改云州为西京后，才变为五京。辽五京为上京临潢府、东京辽阳府、南京幽都

---

① 《旧唐书·则天皇后传》。
② 见《旧唐书·肃宗纪》。另，《资治通鉴·唐纪三八》载，唐代宗宝应元年（762），以京兆府为上都，河南府为东都，凤翔府为西都，江陵府为南都，太原府为北都，合称五都。
③ 《旧五代史·梁书·太祖纪》。
④ 《旧五代史·唐书·庄宗纪》。
⑤ 《旧五代史·高祖纪》。
⑥ 《资治通鉴·后周纪二》。
⑦ 《宋史·地理志》。
⑧ 《宋史·吕简夷传》。

（析津）府、中京大定府、西京大同府。①

金代则自海陵王贞元元年（1153）定都中都大兴府外，又以东京辽阳府、北京大定府、西京大同府、南京开封府为陪都。大定十三年（1173），世宗在以上五都外，又恢复了海陵王贞元元年（1153）削去的上京会宁府名号，从而使当时的金朝形成了六都并立的局面②，成为中国历史上陪都设置最多的一个时期。

元代除以大都北平府为主都外，还有上都开平府为陪都。③

辽、金、元三个政权的多都制度主要是随其行政中心的迁徙而形成的，行政中心迁出后，原来的旧都仍保留都名，成为陪都。

明太祖于洪武元年（1368）诏建两京，"以金陵为南京，大梁为北京"，同时以帝乡临濠"前江后淮，以险可恃，以水可漕"，诏建中都，洪武八年（1375）"罢营中都"。永乐以后，则一直以北京顺天府和南京应天府为"两京"。《日下旧闻考》卷五载："盖天下财赋出于东南，而金陵为其会；戎马盛于西北，而金台为其枢。并建两京，用东南之财赋，会西北之戎马，无敌于天下矣。"嘉靖十八年（1539），明世宗以承天府钟祥县为兴都，依中都例置留守司，这样便与原来的北京、南京形成了三都并立的局面。然明代初期的南京及永乐之后的北京主都地位明显。

清未入关前，也实行三都制，尊赫图阿拉为兴京、辽阳为东京、沈阳为盛京，这便是"关外三京"。入关以后，移都北京（名京师），盛京因有清皇室之宫殿陵园，又是兴王之地，故以之为留都④，并于顺治十四年（1657）置奉天府⑤，位同陪都。"关外三京"的形成与清初政治中心的迁徙有关，京师成为主都之后，三京名列陪都。

由以上论述可以看出，先秦之后，都城设置在秦汉以后形式上是多

---

① 《辽史·地理志一》。

② 《金史·世宗纪中》。

③ 《元史·地理志》有："上都路，宪宗五年，命世祖居其地，为巨镇。"《元史·刘秉忠传》记载："初，帝命秉忠相地于桓州东滦水北，建城郭于龙冈，三年而毕，名曰开平，继升为上都。"

④ 嘉庆重修《大清一统志·盛京》。

⑤ 《清史稿·世祖二》，《清史稿·地理一》。

都并存，但实际上逐步走向集中化的一都独大，多数陪都仅有都城之名，而无都城之实，甚至没有帝王居留过，更无从行使其都城职能，无从实施其政治影响。因此，后世虽有多座都城同时存在的设置，实际上实行的还是一都独大制度。

第二节　先秦都城设置形式对后世都城设置的影响

秦汉之后，各政权在形式上普遍采用多都并存制度，说明先秦多都并存的都城设置形式对后世影响较大。

一　圣都俗都制度的影响

先秦的圣都—俗都体系，对后世留下较大的影响。圣都的设置，对积极开疆拓土的前线都城起了重要的辅助作用，是国都（主都）政治、经济、军事等功能的有力补充。圣都是祖先发迹的地方，是王朝强盛的起点，是祭祀性都城，始终保持"祀仪上的崇高地位"。如西周的周原与丰京就是西周的圣都。周原是周族的发迹之地，丰京是周人历史上的一座极其重要的都城，是周人由一方诸侯到全国统治者的转折点。这两座都城都有着规格较高、规模较大的礼制设施，每遇重大的政治事件，周人总是到周原和丰京举行祭仪活动。秦的圣都制度，可能借鉴自西周。秦的圣都俗都并存并重制度，发展和丰富了周人的制度，形成了自身复杂而独特的都城体系，而且对后世产生了深远的影响。

秦汉之后，宗教意识更加淡薄，对先祖宗庙所在、政权发迹之地并不关注，造成实际上行政都城一都独大，圣都徒有其名，都城的宗教功能逐渐减弱，对政局影响减弱。但是，祖先、社稷、上天等神鬼意识并未完全丧失，因此，后世王朝几乎都在主要都城负担起大部分都城职能的情况之下，在发迹之地或帝王家乡或前朝旧都设置名义上的陪都，这些都是有圣都意味的都城。

例如，东汉的长安与南阳。长安是西汉旧都，光武帝因为要昭示自己"绍承汉室"，在"起高庙，建社稷于洛阳，立郊兆于城南"之后，派遣大司徒邓禹到长安，将西汉的十一帝神主请回洛阳高庙。并在即位六年、十年、二十二年、三十二年的时候，亲至西京长安，"始谒高庙，遂有事十一陵"①，"凄然有怀祖之思"②。以后明帝③、章帝④、和帝⑤、安帝⑥、顺帝⑦、桓帝⑧等均于即位后亲赴长安。虽然东汉诸帝表现得似乎很重视故都长安，但他们在长安的活动都是"祠高庙，遂有事十一陵"。可以看出，东汉诸帝在长安的活动均属宗教祭祀性质。西京长安的先祖宗庙意味非常明显。此外，由于光武帝出身南阳，为表示不忘出身之地，于东、西二京外，又定南阳为南都⑨，光武帝及明帝都曾"幸南阳"。因此，东汉都城，合称"三都"，其中，洛阳为主都，是政治中心，长安与南阳属于宗教意义的陪都。

三国时曹魏于黄初二年（221），在首都洛阳外，又设有长安、谯、许昌、邺四都⑩，其中，谯为先人故土，许昌为汉献帝曾居住的地方，长安为西汉旧京，邺是曹操创立王业的基地⑪，都是具有圣都意义的陪都。

隋唐以降，大部分政权均设有名义上的圣都，辽代的上都、元代的上都、明代的中都、清代的盛京等也具有圣都的性质，应该说都不同程度地受到了先秦圣都制度的影响。

二 前线都城的影响

对于处在王朝开拓期的政权来说，根据地都城和前线都城这种都城体系影响甚大，进可攻，退可守。随着疆域的不断开拓，战争局势纷繁

① 《后汉书·光武帝纪》。
② 《后汉书·文苑列传》。
③ 《后汉书·显宗孝明帝纪》。
④ 《后汉书·肃宗孝章帝纪》。
⑤ 《后汉书·孝和孝殇帝纪》。
⑥ 《后汉书·孝安帝纪》。
⑦ 《后汉书·孝顺孝冲孝质帝纪》。
⑧ 《后汉书·孝桓帝纪》。
⑨ 《后汉书·光武帝纪》。
⑩ 《三国志·魏书·文帝纪·裴松之注》："魏略曰：改长安、谯、许昌、邺、洛阳为五都；立石表，西界宜阳，北循太行，东北界阳平，南循鲁阳，东界郯，为中之地。"
⑪ 《水经·浊漳水注》："魏因汉祚，复都洛阳，以谯为先人本国，许昌为汉之所居，长安为西京之遗迹，邺为王业之本基，故号五都。"

复杂，因此，需要有前线都城在战争前沿指挥全局，也需要有根据地都城在后方随时提供各种支援。如魏孝文帝的平城与洛阳，赫连勃勃的统万城与长安，元朝的上京与大都，清王朝的赫图阿拉（兴京）、辽阳（东京）、沈阳（盛京）与京师等。史念海先生认为少数民族政权会在农牧交错地带建都①，同时不放弃原来的游牧地区的都城，以之作为根据地和大后方。当少数民族政权在农耕地区建立统治，控制一部分或全部农耕地区时，为了能够有效控制疆域，大多会选择在农牧交错地带建都，以之作为前线都城；而原来在游牧地区建立的旧都就成为根据地都城。如辽、金、元、清等政权皆以北京为都，这里属农牧交错地带，距离游牧地区较近。

总结后世设置多座都城的原因，有以下几点。

第一，主要都城之外，在开国皇帝的出生地、前朝旧都设置陪都。

第二，迁入新都之后，不废弃旧都，尤其是使政权强盛的旧都。形成前线都城与根据地都城并存的局面。

第三，在经济发达地区或有较强政治势力的地区设置陪都，以之作为次一级行政管理中心，如隋唐时期陪都洛阳的设置。

第三节　先秦都城制度对城市形态和城市结构的影响

先秦都城的选址对后世城影响很大，如西汉初年，汉高祖希望建都洛阳，谋士娄敬有"陛下都洛阳，岂欲与周室比隆哉"②的说法，说明传统的城址对后世都城区位选择的重要影响。

甲骨文中的"作邑"卜辞与《诗经·绵》等文献资料都清楚地表明，古代城邑的建造是一个政权的重要政治行为，而不是聚落自然成长的结果。这种政治特性决定了聚落布局的前期规划性。《周礼·考工记》所记载的"匠人营国"这一套规矩是来源已久的，国都之中的主要政治宗教设施，如朝堂、祖庙、社稷等的布设有其深刻的政治含义，

---

① 史念海：《中国古都与文化》，中华书局1998年版，第210页。

② 《史记·刘敬叔孙通列传》。

需要先期的规划与布局，这些与先秦时期的都城制度有很大关系。

多都并存制度对城市形态和城市结构有很大影响，主要表现为以下两点。

一 择中立都制度对都城结构的影响

《吕氏春秋·审分览》："古之王者择天下之中而立都，择国之中而立宫，择宫之中而立庙"，显然是把"择中"作为大至都城选址、确定宫城，小至确立宗庙位置的基本原则。这种建立都城的择中原则可以用"择中立都"来概括。"择中立都"是在国家疆域范围内，为有效控制四方，选择中心区域设置都城。在疆域比较稳定的情况下，"择中立都"是较为有效的原则。但是，在疆域迅速扩张或不断收缩的情况下，依照"择中立都"原则会导致国家政治中心的不断移动，出现多都并存的现象。而对于范围确定的都城来说，择中立宫就是对都城形态加以规划。宫殿或官府矗立在城市的中心，这是我国古代城市的一大明显特点。

从各朝都城的宫城位置来看，基本上每座都城的宫殿区都尽量占据城市的中心位置。东汉洛阳城分为南北两宫，均处在洛阳城中心的位置，出现了中轴线雏形。隋唐长安城的宫城建在中轴线北端，由南向北形成大城（百姓居住）—皇城（百官办公）—宫城（皇帝居处）的递进层次。北宋东京形成三重方城的局面，宫城置身于皇城、廓城的环抱之中，城市由外向内，由四周向中心聚合，"择中立宫"达到一个高潮。元明清都城延续了"择中立宫"的思想，元大都的宫城位于中部偏南，明显受到《周礼·考工记》的影响。明代对元大都进行了调整，宫城位于全城中心，拆掉元故宫，重建紫禁城，同时，在宫城正北玄武门外，建成万岁山（景山）作为中轴线部署的最高峰。紫禁城名称源于天象中的紫微垣，位于北天极附近，群星环绕，俨然宇宙中心。因此，"明代紫禁城在空间位置、景观特征、文化理念诸多方面，使'择中论'达到顶峰"[1]。

---

① 李小波：《古都形制及其规划思想流变》，《城市问题》2002 年第 3 期。

二　圣都俗都制度与都城中的宫、庙分离

圣都与俗都的分置对都城形态和结构的影响在于导致都城的宫、庙分离，即国君的宫寝朝堂等日常设施与宗庙社稷等祭祀设施分离。随着圣都与俗都分离，圣都的政治地位逐渐降低，宫、庙也开始分离。

夏、商、西周时期宗教意识较为强烈，圣都地位较高，表现在结构和布局上，都城总是以宗庙为中心建筑，如夏代二里头遗址的一号宫殿，位于都城的中央，面积约 1 万平方米，有人认为这很可能是一座宗庙建筑的遗存；殷墟小屯宫殿建筑"有南北一线的磁针方向居于正中遥遥相应的建筑物，以此左右对称，东西分列，整齐严肃"①。这是最早的以宗庙为核心而形成的中轴线布局的古都②；西周时期的周原凤雏一号遗址，处于周原故址的中部，布局严谨规整，大体上合于周代宗庙的设计，发掘者认为这是一座宗庙建筑③。但是，夏、商、西周的宗庙建筑与宫室建筑融于一体，从总体上看仍是以宗庙为中心建造的。

到了春秋战国时期，随着宗教意识的淡薄和圣都地位的降低，在城市布局方面逐渐出现了宫、庙分离的趋势。秦国的雍城建筑已经出现宫、庙分离的雏形。秦雍都最初也是以宗庙为主，如姚家岗遗址的大郑宫就是一座以宗庙为主的建筑。其后经过一百多年，秦国社会逐渐走上了变革的道路，思想意识也由重祖宗向重君主的方向发展。这种思想变化表现在宫室规划上，便是"朝"与"庙"的分离。于是，在秦雍都马家庄宗庙宫殿建筑遗址中，宗庙和宫室已经分成两个独立的建筑，分别位于雍城中部南北中轴线的两侧。这是中国古代都城发展中的重要一步。它说明秦人已经把宫室看得和宗庙同样重要，宫室地位开始上升。

到了战国末期，随着宗教意识的淡薄，帝王寝宫、朝堂等象征政治权威的行政性建筑，出现在城市中心，而象征宗教权威的祭祀设施，分居城市各处。《考工记》所言"前朝后市，左祖右社"说明战国时期以朝堂为中心的城市布局。如秦咸阳，宗庙建筑已经降居次要地位，宫殿

---

① ［美］张光直：《商周青铜器上的动物纹样》，《考古与文物》1981 年第 2 期。

② 尚志儒、赵从苍：《秦都雍城布局与结构探讨》，《考古学研究》，三秦出版社 1993 年版。

③ 周原考古队：《陕西岐山凤雏村西周建筑遗址发掘简报》，《文物》1979 年第 10 期。

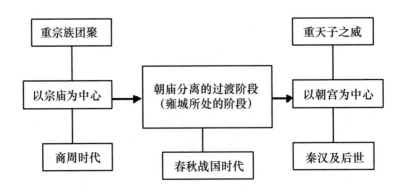

图 13—1 朝、庙地位的变化

建筑处于主要地位。

《墨子·明鬼》云："昔者虞、夏、商、周三代之圣王，其始建国营都，必择国之正坛，治以为宗庙。"《礼记·曲礼》亦云："君子将营宫室，宗庙为先，厩库次之，居室为后。"秦人可以说打破了这个传统。之所以会产生这个变化，与社会的变迁有关。宗庙是奴隶制社会都城布局的中心，因为奴隶制社会是以宗法制为核心的，宗主要巩固其统治地位，就必须加强本宗族的团结，宗庙正是维系这种团结的纽带，是族权和政权相结合的象征，自然就成为政治统治中心。而秦汉时期则突出人的作用，在都城规划中明确提出"重天子之威"的指导思想，城内建筑便以宫殿为中心。这一点在秦都城咸阳表现得更为突出。雍城马家庄遗址的宗庙与宫殿则是这两个时期的过渡形态。

参考文献

一 古籍类

《十三经注疏》，中华书局 1980 年版。

《诸子集成》，中华书局 1954 年版。

《古本竹书纪年辑证》，上海古籍出版社 1981 年版。

《战国策》，上海古籍出版社 1985 年版。

《史记》，中华书局 1982 年版。

《汉书》，中华书局 1962 年版。

《说文解字注》，上海古籍出版社 1988 年版。

《太平寰宇记》，中华书局 2007 年版。

《水经注》，中华书局 1984 年版。

《帝王世纪辑存》，中华书局 1964 年版。

《太平御览》，中华书局 1964 年版。

《书经》，上海古籍出版社 1987 年版。

《三辅黄图》（何清谷校注），三秦出版社 1995 年版。

（唐）李泰撰，贺次君辑校：《括地志辑校》，中华书局 2005 年版。

（唐）余知古撰，袁华忠译注：《渚宫旧事译注》，湖北人民出版社 1999 年版。

（宋）程大昌：《雍录》（黄永年点校本），中华书局 2002 年版。

（宋）王应麟：《通鉴地理通释》，光绪十年成都志古堂精刊本。

（明）董说：《七国考》，中华书局 1956 年版。

（清）孙星衍：《尚书今古文注疏》，中华书局 2004 年版。

（清）段玉裁：《说文解字注》，上海古籍出版社 1981 年版。

（清）顾炎武著，黄汝成集释：《日知录集释》（上下册），上海古籍出版社 1985 年版。

（清）顾炎武：《历代宅京记》，中华书局 1984 年版。

（清）皮锡瑞：《今文尚书考证》，中华书局 1989 年版。

（清）顾祖禹：《读史方舆纪要》，上海书店出版社 1998 年版。

（清）王鸣盛：《蛾术篇》，上海古籍出版社 2003 年版。

（清）宋翔凤：《过庭录》，中华书局 1986 年版。

（清）顾栋高：《春秋大事表》，中华书局 1993 年版。

（清）张琦：《战国策释地》，广雅书局丛书本。

二　古文字类

陈梦家：《西周铜器断代》，中华书局 2004 年版。

陈梦家：《殷虚卜辞综述》，中华书局 1988 年版。

董作宾：《甲骨文断代研究例》，《中央研究院历史语言研究所集刊》外编第一种，《庆祝蔡元培先生六十五岁论文集》，商务印书馆 1933 年版。

方濬益：《缀遗斋彝器款识考释》，1935 年涵芬楼影印本。

高明：《古文字类编》，中华书局 1980 年版。

郭宝钧：《商周铜器群综合研究》，文物出版社 1981 年版。

郭沫若：《卜辞通纂》，科学出版社 1978 年版。

郭沫若：《金文丛考》，《郭沫若全集·考古编第五卷》，科学出版社 2002 年版。

郭沫若：《两周金文辞大系考释》，科学出版社 1957 年版。

郭沫若：《殷周青铜器铭文研究》，科学出版社 1961 年版。

李学勤审订：《商周古文字读本》，语文出版社 1989 年版。

李学勤：《新出青铜器研究》，文物出版社 1990 年版。

罗振玉：《三代吉金文存》，中华书局 1983 年版。

罗振玉：《殷虚书契》（全三册），中国青年出版社 1999 年版。

容庚、张维持：《殷商青铜器通论》，科学出版社 1958 年版。

唐兰：《西周青铜器铭文分代史徵》，中华书局 1986 年版。

王国维：《殷卜辞中所见的先公先王考》、《续考》，《观堂集林》，中华书局 1959 年版。

王宇信：《西周甲骨探论》，中国社会科学出版社 1984 年版。

（宋）薛尚功：《历代钟鼎彝器款识法帖》，中华书局 1986 年影印本。

赵诚：《甲骨文与商代文化》，辽宁人民出版社 2000 年版。

郑慧生：《甲骨卜辞研究》，河南大学出版社 1998 年版。

三 今人论著与资料

白寿彝：《中国通史纲要》，上海人民出版社 1980 年版。

北京大学历史系：《北京史》，北京出版社 1985 年版。

北京文物研究所：《北京考古四十年》，北京燕山出版社 1990 年版。

蔡锋：《春秋时期贵族社会生活研究》，中国社会科学出版社 2004
年版。

曹子西主编：《北京通史》第 1、2 卷，中国书店 1994 年版。

晁福林：《夏商西周的社会变迁》，北京师范大学出版社 1996 年版。

陈光汇编：《燕文化研究论文集》，中国社会科学出版社 1995 年版。

陈光汇编：《燕文化研究论文集》，中国社会科学出版社 1995 年版。

陈平：《燕国风云八百年》，北京出版社 2000 年版。

陈桥驿主编：《中国都城辞典》，江西教育出版社 1999 年版。

陈全方：《周原与周文化》，上海人民出版社 1998 年版。

陈旭：《夏商考古》，文物出版社 2001 年版。

陈正祥：《中国文化地理》，生活·读书·新知三联书店 1983 年版。

陈直：《三辅黄图校证》，陕西出版社 1980 年版。

程平山：《夏商周历史与考古》，人民出版社 2005 年版。

程遂营：《唐宋开封生态环境研究》，中国社会科学出版社 2002 年版。

丁山：《商周史料考证》，龙门联合书局 1960 年版。

杜金鹏、王学荣：《偃师商城遗址研究》，科学出版社 2004 年版。

杜金鹏：《偃师商城初探》，中国社会科学出版社 2003 年版。

杜勇、沈长云：《金文断代方法探微》，人民出版社 2002 年版。

段振美：《殷墟考古史》，中州古籍出版社 1981 年版。

傅崇兰：《中国运河城市发展史》，四川人民出版社 1985 年版。

傅熹年：《中国古代建筑史》第二卷，中国建筑工业出版社 2001 年版。

高介华、刘玉堂：《楚国城市与建筑》，湖北教育出版社 1995 年版。

勾承益：《先秦礼学》，巴蜀书社 2002 年版。

顾朝林等：《中国城市地理》，商务印书馆 1999 年版。

顾德融、宋顺龙：《春秋史》，上海人民出版社 2003 年版。

郭宝钧：《中国青铜器时代》，生活·读书·新知三联书店 1963 年版。

郭黛姮：《中国古代建筑史》第三卷，中国建筑工业出版社 2003 年版。

郭德维：《楚都纪南城复原研究》，文物出版社 1998 年版。

郭鸿懋等：《城市空间经济学》，经济科学出版社 2002 年版。

郭沫若：《中国古代社会研究》，河北教育出版社 2004 年版。

郭沫若主编：《中国史稿》第一册，人民出版社 1962 年版。

韩连琪：《先秦两汉史论丛》，齐鲁书社 1986 年版。

何光岳：《楚灭国考》，上海人民出版社 1990 年版。

河南省文物考古研究所：《郑州商城》（全三册），文物出版社 2001
　　年版。

河南省文物考古研究所：《郑州商城——一九五三年——一九八五年考古
　　发掘报告》，文物出版社 2001 年版。

河南省文物研究所：《登封王城岗与阳城》，文物出版社 1992 年版。

河南省文物研究所：《郑州商城考古新发现与研究（1985—1992）》，中
　　州古籍出版社 1993 年版。

侯仁之：《历史地理学四论》，中国科学技术出版社 1994 年版。

侯仁之主编：《北京历史地图集》，北京出版社 1988 年版。

侯甬坚：《区域历史地理的空间发展过程》，陕西人民教育出版社 1995
　　年版。

胡厚宣：《甲骨学商史论丛初集》（上下册），河北教育出版社 2002
　　年版。

胡厚宣：《殷墟发掘》，上海学习生活出版社 1955 年版。

胡兆量、陈宗兴、张乐育编：《地理环境概述》，科学出版社 1994
　　年版。

黄建军：《中国古都选址与规划布局的本土思想研究》，厦门大学出版
　　社 2005 年版。

黄中业：《三代纪事本末》，辽宁人民出版社 1999 年版。

翦伯赞：《中国史纲要》，人民出版社1962年版。

江林昌：《夏商周文明新探》，浙江人民出版社2001年版。

江应澄：《城市地理》，地质出版社1989年版。

姜波：《汉唐都城礼制建筑研究》，文物出版社2003年版。

李发林：《战国秦汉考古》，山东大学出版社1991年版。

李衡眉：《昭穆制度研究》，齐鲁出版社1996年版。

李济：《安阳》，河北教育出版社2000年版。

李洁萍：《中国历代都城》，黑龙江人民出版社1994年版。

李孟存、常金仓：《晋国史纲要》，山西人民出版社1988年版。

李民：《夏商史探索》，河南人民出版社1985年版。

李学勤：《东周与秦代文明》，文物出版社1984年版。

李学勤：《中国古代文明与国家形成研究》，云南人民出版社1997
　　年版。

李雪山：《商代分封制度研究》，中国社会科学出版社2004年版。

李玉洁：《楚史稿》，河南大学出版社1988年版。

临淄文物志编辑组：《临淄文物志》，中国友谊出版公司1990年版。

刘沛林：《风水——中国人的环境观》，上海三联书店1995年版。

刘庆柱：《古代都城与帝陵考古学研究》，科学出版社2000年版。

刘叙杰：《中国古代建筑史》第一卷，中国建筑工业出版社2003年版。

刘玉堂：《楚国经济史》，湖北教育出版社1995年版。

刘源：《商周祭祖礼研究》，商务印书馆2004年版。

刘泽民主编：《山西通史·先秦卷》，山西人民出版社2001年版。

吕思勉：《中国制度史》，上海世纪出版集团、上海教育出版社2002
　　年版。

吕文郁：《周代的采邑制度》，社会科学文献出版社2006年版。

吕振羽：《史前期中国社会研究》（上下册），河北教育出版社2000
　　年版。

马承源：《中国青铜器》，上海古籍出版社2003年版。

马正林：《中国城市历史地理》，山东教育出版社1997年版。

美国国家研究员地学、环境与资源委员会地球科学与资源局重新发现地
　　理学委员会编：《重新发现地理学：与科学与社会的新关联》，学苑

出版社 2002 年版。

潘古西：《中国古代建筑史》第四卷，中国建筑工业出版社 2001 年版。

彭邦炯：《商史探微》，重庆出版社 1988 年版。

彭兴业：《首都城市功能研究》，北京大学出版社 2000 年版。

钱穆：《中国历代政治得失》，生活·读书·新知三联书店 2001 年版。

钱耀鹏：《中国史前城址与文明起源研究》，西北大学出版社 2001
　年版。

邱文山、张玉书、张杰、于孔宝：《齐文化与先秦地域文化》（上下
　册），齐鲁书社 2003 年版。

曲英杰：《长江古城址》，湖北教育出版社 2004 年版。

曲英杰：《古代城市》，文物出版社 2003 年版。

曲英杰：《齐国故都临淄》，山东文艺出版社 2004 年版。

曲英杰：《史记都城考》，商务印书馆 2007 年版。

曲英杰：《先秦都城复原研究》，黑龙江人民出版社 1981 年版。

任伟：《西周封国考疑》，社会科学文献出版社 2004 年版。

任重、陈仪：《魏晋南北朝城市管理研究》，中国社会科学出版社 2003
　年版。

日知主编：《古代城邦史研究》，人民出版社 1989 年版。

陕西省考古研究所：《镐京西周的宫室》，西北大学出版社 1995 年版。

沈长云等：《赵国史稿》，中华书局 2000 年版。

史念海：《中国古都与文化》，中华书局 1998 年版。

史念海主编：《西安历史地图集》，西安地图出版社 1996 年版。

宋公文：《楚国风俗志》，湖北教育出版社 1995 年版。

宋镇豪：《夏商社会生活史》，中国社会科学出版社 1994 年版。

孙淼：《夏商史稿》，文物出版社 1987 年版。

谭其骧主编：《中国历史地图集》，中国地图出版社 1998 年版。

唐嘉弘：《先秦史新探》，河南大学出版社 1989 年版。

滕铭予：《秦文化：从封国到帝国的考古学观察》，学苑出版社 2003
　年版。

田昌五、臧知非：《周秦社会结构研究》，西北大学出版社 1996 年版。

宛素春等编著：《城市空间形态解析》，科学出版社 2004 年版。

王彩梅：《燕国简史》，紫禁城出版社 2001 年版。

王恩涌：《政治地理学》，高等教育出版社 1999

王阁森、唐致卿：《齐国史》，山东人民出版社 1992 年版。

王光中等：《中国城市社会空间结构研究》，科学出版社 2000 年版。

王国维：《观堂集林》，中华书局 1959 年版。

王晖：《商周文化比较研究》，人民出版社 2000 年版。

王健：《西周政治地理结构研究》，中州古籍出版社 2004 年版。

王立新：《早商文化研究》，高等教育出版社 1998 年版。

王学理：《秦都咸阳》，陕西人民出版社 1985 年版。

王学理：《咸阳帝都记》，三秦出版社 1999 年版。

王玉哲：《中国上古史纲》，上海人民出版社 1959 年版。

王震中：《中国文明起源的比较研究》，陕西人民出版社 1994 年版。

文物编辑委员会：《文物考古工作三十年（1949—1979）》，文物出版社
　　1979 年版。

吴松弟：《中国古代都城》，中共中央党校出版社 1991 年版。

夏商周断代工程专家组编著：《夏商周断代工程 1996—2000 年阶段成果
　　报告》（简本），世界图书出版公司北京公司 2000 年版。

谢崇安：《商周艺术》，巴蜀书社 1997 年版。

谢敏聪：《北京的城垣与宫阙之再研究（1403—1911）》，台湾学生书局
　　1989 年版。

谢维扬：《中国早期国家》，浙江人民出版社 1995 年版。

徐卫民：《秦都城研究》，陕西人民教育出版社 2000 年版。

徐扬杰：《家族制度与前期封建社会》，湖北人民出版社 1999 年版。

徐中舒：《先秦史论稿》，巴蜀书社 1992 年版。

许宏：《先秦城市考古学研究》，北京燕山出版社 2000 年版。

许倬云：《西周史》，生活·读书·新知三联书店 1994 年版。

扬之水：《诗经名物新证》，北京古籍出版社 2000 年版。

杨宝成：《殷墟文化研究》，武汉大学出版社 2002 年版。

杨宽：《古史论文选集》，上海人民出版社 2003 年版。

杨宽：《西周史》，上海人民出版社 1999 年版。

杨宽：《战国史》，上海人民出版社 2003 年版。

杨宽：《中国古代都城制度史研究》，上海人民出版社 1993 年版。

杨权喜：《楚文化》，文物出版社 2000 年版。

杨育彬：《郑州商城初探》，河南人民出版社 1985 年版。

叶骁军：《都城论》，甘肃文化出版社 1994 年版。

叶骁军、温一慧：《控制与系统——城市系统控制新论》，东南大学出版社 2000 年版。

叶骁军：《中国都城发展史》，陕西人民出版社 1988 年版。

叶骁军：《中国都城历史图录》，兰州大学出版社，第一集出版于 1986 年 5 月，第二集出版于 1986 年 12 月，第三集出版于 1987 年 6 月。

叶骁军：《中国都城研究文献索引》，兰州大学出版社 1988 年版。

殷涤非：《商周考古简编》，黄山书社 1986 年版。

尹钧科：《北京历代建置沿革》，北京出版社 1994 年版。

尹盛平：《西周史征》，陕西师范大学出版社 2004 年版。

余念慈：《幽燕都会》，北京出版社 2000 年版。

袁珂：《山海经校译》，上海古籍出版社 1985 年版。

张光明等：《夏商周文明研究》，中国文联出版社 1999 年版。

张光直：《中国青铜时代》，生活·读书·新知三联书店 1999 年版。

张广志、李学功：《三代社会形态》，陕西师范大学出版社 2001 年版。

张国硕：《夏商时代都城制度研究》，河南人民出版社 2001 年版。

张继禹：《道法自然与环境保护》，华夏出版社 1998 年版。

张思吉主编：《城市功能研究》，武汉工业大学出版社 1988 年版。

张午时、冯志刚：《赵国史》，河北人民出版社 1996 年版。

张晓虹：《文化区域的分异与整合》，上海书店出版社 2004 年版。

张有智：《先秦三晋地区的社会及法家文化研究》，人民出版社 2002 年版。

张正明：《楚史》，湖北教育出版社 1995 年版。

张洲：《周原环境与文化》，三秦出版社 1998 年版。

赵丛苍、郭妍利：《两周考古》，文物出版社 2004 年版。

赵世瑜、周尚意：《中国文化地理概说》，山西教育出版社 1991 年版。

赵树文、燕宇：《赵都考古探索》，当代中国出版社 1993 年版。

赵锡元：《中国奴隶社会史述要》，上海人民出版社 1959 年版。

中国古都学会编：《中国古都研究》第 1—17 辑。

中国科学院考古研究所：《沣西发掘报告》，文物出版社 1962 年版。

中国历史博物馆考古部等：《垣曲商城 1985—1986 年度勘察报告》，科学出版社 1996 年版。

中国社会科学院考古研究所：《殷墟的发现与研究》，科学出版社 1994年版。

中国社会科学院考古研究所：《殷墟青铜器》，文物出版社 1985 年版。

中国社会科学院考古研究所：《张家坡西周墓地》，中国大百科全书出版社 1999 年版。

中国社会科学院考古研究所：《中国考古学·两周卷》，中国社会科学出版社 2004 年版。

中国社会科学院考古研究所：《中国考古学·夏商卷》，中国社会科学出版社 2003 年版。

中国文物报社：《大考古》，济南出版社 2004 年版。

《中华人民共和国地图集·专题图》，地图出版社 1984 年版。

周昆叔、宋豫秦：《环境考古研究》第二辑，科学出版社 2000 年版。

周书灿：《西周王朝经营四土研究》，中州古籍出版社 2000 年版。

周自强：《中国经济通史·先秦经济卷》（全三册），经济日报出版社 2000 年版。

朱彦民：《殷墟都城探论》，南开大学出版社 1999 年版。

邹衡：《夏商周考古学论文集》，科学出版社 2001 年版。

邹衡：《夏商周考古学论文集》（续集），科学出版社 1998 年版。

［美］阿摩斯·拉普卜特：《建成环境的意义》，黄兰谷译，中国建筑工业出版社 2003 年版。

［美］卡腾斯·哈里斯：《建筑的伦理功能》，申嘉、陈朝晖译，华夏出版社 2001 年版。

［美］凯文·林奇：《城市形态》，林庆怡、陈朝晖、邓华译，华夏出版社 2001 年版。

［美］凯文·林奇：《城市意象》，方益萍、何晓军译，华夏出版社 2001 年版。

［美］刘易斯·芒福德：《城市发展史——起源、演变和前景》，倪文冲

等译，中国建筑工业出版社 1989 年版。

［美］施坚雅主编：《中华帝国晚期的城市》，叶光庭等译，中华书局 2000 年版。

［美］张光直：《古代中国考古学》，辽宁教育出版社 2002 年版。

［美］张光直：《考古学专题六讲》，文物出版社 1986 年版。

［美］张光直：《商文明》，张良仁、岳红彬、丁晓雷译，辽宁教育出版社 2002 年版。

［日］平冈武夫：《长安与洛阳》，杨励三译，陕西人民出版社 1957 年版。

［意］安东尼奥·阿马萨里：《中国古代文明——从商朝甲骨刻辞看中国上古史》，刘儒庭、王天清等译，社会科学文献出版社 1997 年版。

［英］R.J. 约翰斯顿：《哲学与人文地理学》，蔡运龙、江涛译，商务印书馆 2001 年版。

四 论文类

曹玮：《也论金文中的"周"》，载《考古学研究》第五辑，科学出版社 2003 年版。

陈昌远：《商族起源的地望发微——兼论山西垣曲商城发现的意义》，《历史研究》1987 年第 1 期。

陈平：《燕亳与蓟城的再探讨》，《北京文博》1997 年第 2 期。

陈全方：《早周都城岐邑初探》，《文物》1979 年第 10 期。

陈旭：《郑州小双桥商代遗址即隞都说》，《中原文物》1997 年第 2 期。

陈云鸾：《西周蒡京新考》，《中华文史论丛》1980 年第 1 期。

程妮娜：《金代京、都制度探析》，《社会科学辑刊》2000 年第 3 期。

丁山：《由三代都邑论其民族文化》，《中央研究所历史语言研究所集刊》第 5 本，1935 年。

丁乙：《周原的建筑群遗存和铜器窖藏》，《考古》1984 年第 4 期。

东下冯考古队：《山西夏县东下冯遗址东区、中区发掘简报》，《考古》1980 年第 2 期。

董琦：《论证汤亳的学术标准》，《中国历史文物》2003 年第 5 期。

杜勇：《周初东都成周的营建》，《中国历史地理论丛》1997 年第 4 期。

段鹏琦：《偃师商城的初步勘探与发掘》，《考古》1984 年第 6 期。

方酋生：《论禹都阳城为颍川阳城》，《殷都学刊》2001 年第 4 期。

芳明：《殷商为什么屡次迁都》，《历史教学》1956 年第 7 期。

冯汉骥：《自〈尚书·盘庚〉看殷商社会的演变》，《文史杂志》第五卷第 5、6 期

冯永轩：《说楚都》，《江汉考古》1980 年第 2 期。

傅斯年：《夷夏东西说》，载《庆祝蔡元培先生六十五岁论文集》（下），国立中央研究院，1935 年。

傅熹年：《陕西凤雏建筑遗址初探》，《文物》1981 年第 1 期。

傅筑夫：《关于殷人不常厥邑的一个经济解释》，《文史杂志》第四卷第 5、6 期

顾铁符：《周原甲骨问"楚子来告"引证》，《考古与文物》1981 年第 1 期。

郭沫若：《卜辞中的古代社会》，载《中国古代社会研究》第三编，人民出版社 1977 年版。

郭沫若：《弭叔簋及询簋考释》，《文物》1960 年第 2 期。

果鸿孝：《游农与殷人迁居再探》，《中国古代经济史论丛》1984 年第 4 期。

侯仁之：《关于古代北京的几个问题》，《文物》1959 年第 9 期。

黄盛璋：《驹父盨盖铭文研究》，《考古与文物》1983 年第 4 期。

金景芳：《商文化起源于我国北方说》，载《中华文史论丛》第七辑，上海古籍出版社 1978 年版。

黎虎：《殷都累迁原因试探》，《北京师范大学学报》1982 年第 1 期。

李伯谦：《二里头类型的文化性质与族属问题》，载《中国青铜文化结构体系研究》，科学出版社 1998 年版。

李伯谦：《论晋国始封地》，《文物》1995 年第 7 期。

李锋：《"郑亳说"不合理性刍议》，《华夏考古》2005 年第 3 期。

李锋：《郑州商城隞都说合理性辑补》，《郑州大学学报》（哲学社会科学版）2004 年第 4 期。

李令福：《周秦都邑比较研究》，《中国历史地理论丛》2000 年第 4 期。

李民：《关于盘庚迁殷后的都城问题》，《郑州大学学报》1988 年第

1 期。

李民：《关于盘庚迁殷后的都城问题》，《郑州大学学报》1988 年第 1 期。

李学勤：《青铜器与周原遗存》，《西北大学学报》（哲学社会科学版）1981 年第 2 期。

李永敏：《晋都新田的祭祀遗址》，《文物世界》2000 年第 5 期。

李仲操：《莽京考》，《人文杂志》1983 年第 5 期。

李仲操：《京室基址辨》，《文博》1993 年第 6 期。

李自智：《秦九都八迁的路线问题》，《中国历史地理论丛》2002 年第 2 期。

李自智：《先秦陪都初论》，《考古与文物》2002 年第 6 期。

刘和惠：《楚丹阳考辨》，《江汉论坛》1985 年第 1 期。

刘庆柱：《中国古代都城考古学研究的几个问题》，《考古》2000 年第 7 期。

刘雨：《金文莽京考》，《考古与文物》1982 年第 3 期。

卢连成：《西周金文所见莽京及相关都邑讨论》，《中国历史地理论丛》1995 年第 3 期。

马保春：《晋汾隰考——兼说晋都新田之名义》，《考古与文物》2006 年第 3 期。

马世之：《关于楚之别都》，《江汉考古》1985 年第 1 期。

［美］张光直：《宗教祭祀与王权》，明歌编译，《华夏考古》1996 年第 3 期。

钱林书：《"鄢郢"解》，《江汉论坛》1981 年第 1 期。

钱林书：《战国齐五都考》，载《历史地理》第五辑，上海人民出版社 1987 年版。

钱穆：《再论楚辞地名答方君》，载《古史地理论丛》，台北大图书公司 1982 年版。

秦文生：《殷墟非殷都考》，《郑州大学学报》1985 年第 1 期。

秦文生：《殷墟非殷都再考》，《中原文物》1997 年第 2 期。

曲英杰：《齐都临淄城复原研究》，《中国历史地理论丛》1991 年第 1 期。

渠川福：《我国古代陪都史上的特殊现象——东魏北齐别都晋阳略论》，载《中国古都研究》第四辑，浙江人民出版社 1989 年版。

沈长云：《论禹治洪水真象兼论夏史研究诸问题》，《学术月刊》1994年第 6 期。

沈长云：《禹都阳城即濮阳说》，《中国史研究》1997 年第 2 期。

石泉：《楚都何时迁郢》，《江汉考古》1984 年第 4 期。

石泉、徐德宽：《楚都丹阳地望新探》，《江汉论坛》1982 年第 3 期。

史念海：《先秦城市的规模及城市建置的增多》，《中国历史地理论丛》1997 年第 3 期。

史念海：《中国古都概说》，载《中国古都研究》第八辑，中国书店1993 年版。

苏仲湘：《论"支那"一词的起源与荆的历史》，《历史研究》1979 年第 4 期。

孙华：《夏代都邑考》，《河南大学学报》（社会科学版）1985 年第1 期。

孙家炳：《楚都遥感考古》，《地图》2003 年第 5 期。

谭戒甫：《先周族与周族的迁徙及其社会发展》，载《文史》第六辑，中华书局 1979 年版。

唐立厂：《莽京新考》，载《史学论丛》第 1 期，北大潜社，1934 年。

万明：《明代两京制度的形成及其确立》，《中国史研究》1993 年第1 期。

王恩田：《岐山凤雏村西周建筑群基址的有关问题》，《文物》1981 年第 1 期。

王贵民：《浅谈商都殷墟的地位与性质》，《殷都学刊》1989 年第 2 期。

王健：《帝辛后期迁都朝歌殷墟试探》，《郑州大学学报》1988 年第2 期。

王睿：《垣曲商城的年代及其相关问题》，《考古》1998 年第 8 期。

谢维扬：《也谈卜辞中的邑与商周国家的国土结构问题》，《历史教学问题》1998 年第 1 期。许顺湛：《中国最早的两京制——郑亳与西亳》，《中原文物》1996 年第 2 期。

晏昌贵、江霞：《楚国都城制度初探》，《江汉考古》2001 年第 4 期。

杨宝成：《殷墟为殷都辨》，《殷都学刊》1990 年第 4 期。

杨鸿勋：《西周岐邑建筑遗存的初步考察》，《文物》1981 年第 3 期。

杨锡璋：《殷墟的年代及性质问题》，《中原文物》1991 年第 1 期。

杨育彬：《再论郑州商城的年代、性质及相关问题》，《华夏考古》2004 年第 3 期。

尹钧科：《古都学与城市历史地理学》，载《中国古都研究》第十二辑，山西人民出版社 1998 年版。

尹钧科：《中国古代都城制度及其在古都学研究中的地位》，载《中国古都研究》第十一辑，山西人民出版社 1994 年版。

俞伟超：《中国考古学中夏、商、周文化的新认识》，载《古史的考古学探索》，文物出版社 2002 年版。

张光直：《关于中国初期"城市"这个概念》，《文物》1985 年第 2 期。

张国硕：《郑州商城与偃师商城并为亳都说》，《考古与文物》1996 年第 1 期。

张新斌：《敖仓史迹研究》，《中国历史地理论丛》2003 年第 1 期。

张正明：《楚都辨》，《江汉论坛》1982 年第 4 期。

赵其昌：《蓟城的探索》，载《北京史研究》第一辑，北京燕山出版社 1986 年版。

赵芝荃：《关于汤都西亳的争议》，《中原文物》1991 年第 1 期。

赵芝荃、黄石林：《偃师商城的发现及其意义》，《光明日报》1984 年 4 月 4 日。

赵芝荃：《论二里头遗址为夏代晚期都邑》，《华夏考古》1987 年第 2 期。

赵芝荃、徐殿魁：《1983 年秋季河南偃师商城发掘简报》，《考古》1984 年第 10 期。

赵中枢：《古都与陪都》，载《中国古都研究》第八辑，中国书店 1993 年版。

郑光：《试论偃师商城即盘庚之殷亳》，台湾《故宫学术季刊》第八卷第四期，1992 年 7 月抽印本。

郑杰祥：《关于偃师商城的年代和性质问题》，《中原文物》1984 年第 4 期。

郑杰祥：《关于偃师商城的年代和性质问题》，《中原文物》1984 年第
　　4 期。

钟林书：《春秋战国时期齐国的疆域及政区》，《复旦学报》（社会科学
　　版）1996 年第 6 期。

朱凤瀚：《从周原出土青铜器看西周贵族家族》，《南开学报》（哲学社
　　会科学版）1988 年第 4 期。

朱士光、叶骁军：《试论我国历史上古都的形成与作用》，载《中国古
　　都研究》第三辑，浙江人民出版社 1987 年版。

邹衡：《论早期晋都》，《文物》1994 年第 1 期。

邹衡：《桐宫再考辨——与王立新、林沄两位先生商榷》，《考古与文
　　物》1998 年第 2 期。

邹衡：《偃师商城即太甲桐宫说》，《北京大学学报》（社科版）1984 年
　　第 4 期。

邹衡：《综述夏商四都之年代和性质》，《殷都学刊》1988 年第 1 期。

［日］饭岛武次：《洛阳西周时代的遗址与成周、王城》，载《考古学研
　　究》第五辑，科学出版社 2003 年版。

［日］松丸道雄：《1971 年的历史学界——回顾与展望》，《史学杂志》
　　1972 年第 2 期。

博士学位论文致谢（代后记）

一直记得，2004 年秋，我拉着三岁半儿子的小手，跟着丈夫，一起踏入陕西师范大学的校门，孩子进入师大幼儿园，开始他人生系统学习的第一个阶段，而我，也开始了系统学习的一个新的阶段——在西北环发中心攻读博士学位。原本与儿子郑重约定，我们互相陪伴、一起成长，在儿子拿到他的幼儿园毕业证书的同时，我也会给他看我的博士学位证书。然而，我失约了。在儿子已是二年级小学生的现在，我才开始总结五年来的学习成果。

五年，走过了坎坷艰难的历程；五年，留下了不可磨灭的记忆；五年，也为以后的学术生涯打下了坚实的基础。

《先秦多都并存制度研究》这篇论文主要是在王社教先生的指导下完成的，论文的选题、思路的确定甚至文字标点的修改，无不倾注着先生的心血。我原来主要从事秦汉时期城市研究，因此，在到中心学习的第一个学期，吴宏岐教授为我确定了论文题目：先秦城市地理研究。这个题目范围较大，包含的内容很多，作为一个博士生，我无力驾驭，也难以深入研究。因此，在吴宏岐教授离开师大后，2005 年春，王社教先生接手指导，经过慎重考虑，我们共同确定了先秦多都并存制度的研究主题，并以此思路为指导开始了对秦国都城体系的具体研究。2005年 9 月，我和吴宏岐教授合作的第一篇论文《秦的圣都制度和都城体系》收到了用稿通知，这是对本论文研究方向和研究方法的一个肯定。因此，在王社教先生的倾力指导之下，我开始了《先秦多都并存制度研究》的研究与写作。王社教先生认真严谨的治学精神，五年间不断的耳提面命，使我获益匪浅。如果说这篇论文还有一定学术价值的话，那应归功于先生孜孜不倦的教导。

西北环发中心的萧正洪老师、侯甬坚老师、朱士光老师、李令福老师、张萍老师、肖爱玲老师等诸位先生，对我的论文提出了许多宝贵建议，使我的写作工作能够顺利开展。我的硕士生导师马正林教授也一直关心着我的学习和工作，给予我诸多指导和帮助。中心办公室的上官娥老师、资料室的张西平老师以及中心的孙老师、李老师等都为我的论文写作提供了很大帮助。各位师兄、师姐、师弟、师妹都是我学习、生活、工作上的益友，对他们的无私支持与帮助，我将永远铭记心间。

在论文写作过程中，许多师长一直鼓励我、支持我，西北大学的徐卫民教授、陕西师范大学历史文化学院的王晖教授和杜文玉教授、西安文理学院的耿占军教授等都对本论文的提纲、结构、内容提出过中肯的建议和意见，感谢他们对我的帮助。

五年苦读，寄托着丈夫的付出、稚子的期望，在这里也向他们郑重道一声"谢谢"！

2009 年 4 月